PUBLICATIONS

DE

L'ÉCOLE DES LANGUES ORIENTALES VIVANTES

IIIe SÉRIE — VOLUME VI

RECUEIL

DE TEXTES ET DE TRADUCTIONS

PUBLIÉ PAR LES PROFESSEURS

II

RECUEIL

DE TEXTES ET DE TRADUCTIONS

PUBLIÉ

PAR LES PROFESSEURS

DE L'ÉCOLE DES LANGUES ORIENTALES VIVANTES

À L'OCCASION

DU VIIIe CONGRÈS INTERNATIONAL DES ORIENTALISTES

TENU À STOCKHOLM EN 1889

TOME SECOND

PARIS

IMPRIMERIE NATIONALE

—

ERNEST LEROUX, ÉDITEUR, RUE BONAPARTE, 28

M DCCC LXXXIX

CÉRÉMONIES RELIGIEUSES

ET

COUTUMES DES TCHÉRÉMISSES,

PAR

M. A. DOZON,

CHARGÉ DU COURS DE RUSSE À L'ÉCOLE DES LANGUES ORIENTALES VIVANTES,
CORRESPONDANT DE L'INSTITUT.

CÉRÉMONIES RELIGIEUSES
ET
COUTUMES DES TCHÉRÉMISSES[1].

La nation des Tchérémisses habite, au milieu de populations tartares, dans les vastes gouvernements semi-asiatiques de Kazan et de Viatka. Elle est séparée en deux par le Volga (*Ioul,* dans sa langue), dont, sur une grande partie de son parcours au moins, la rive gauche, celle qui regarde l'Asie, est bordée de collines, tandis que la rive droite, tournée vers l'Europe, longe de vastes prairies, d'où les dénominations de Tchérémisses montagnards et de Tchérémisses des prairies. Certaines peuplades sont, en outre, désignées par le nom du district administratif qu'elles habitent, et à toutes ces divisions territoriales correspondent des variétés de dialecte, des différences de croyances et de coutumes. Le tchérémisse, il n'est pas difficile de le constater, appartient à la famille des idiomes qu'on appelle, je crois, altaïques ou ouraliens, et, par son système grammatical, il se rapproche peut-être encore plus du finnois que du turc ou du magyar.

---

[1] Религиозные обряды Черемисъ. — Изданіе православнаго миссіонерскаго общества. Казань, типографія и литографія В. М. Ключникова, 1887, in-4°, 87 pages. — Cérémonies religieuses des Tchérémisses. Publication de la Société orthodoxe des missions; Kazan, chez Klioutchnikov, 1887. — Par Gabriel Iakovliév, curé du village d'*Ouñża*.

Bien que les territoires qu'elle occupe soient divisés en paroisses administrées par des prêtres orthodoxes russes, la nation tchérémisse n'est pas même encore nominalement chrétienne dans son ensemble. Les croyances et les pratiques païennes se maintiennent obstinément, en dépit des efforts du clergé russe pour les extirper. Le principal, sinon le seul résultat que celui-ci paraisse avoir obtenu, consiste en ce que les Tchérémisses célèbrent quelques-unes des plus grandes fêtes de l'Église chrétienne, comme Pâques et Noël, mais par des cérémonies païennes. Toutefois, plusieurs des descriptions de l'auteur sont données par lui comme appartenant au passé. Il dit même (p. 49) que, chez les Tchérémisses des montagnes en particulier, les pratiques chrétiennes et les usages russes ont fait déjà assez de progrès en quelques endroits, pour que ceux de la jeune génération se moquent de leurs anciens et, par surcroît, tourmentent ceux qui sont restés *païens;* qualification qu'il applique même aux noms de personnes indigènes[1].

Après avoir passé successivement sous la domination des Bulgares, des Tatares et des Russes, qui tous ont travaillé ou travaillent pour les détacher de la croyance de leurs pères, les Tchérémisses sont devenus méfiants et dissimulés, et ne tolèrent la présence d'aucun étranger à leurs cérémonies, surtout à celles qui sont accompagnées de sacrifices sanglants. Les prêtres russes sont ainsi hors d'état de s'initier aux croyances et aux pratiques du peuple qu'ils cherchent à évangéliser, et dont ils ne savent même pas toujours suffisamment la langue. C'est pour fournir une base solide à leur propagande, leur donner un moyen de com-

---

[1] Le nombre actuel des Tchérémisses est évalué à 200.000.

battre les idées et les superstitions en opposition avec le christianisme, qu'a été rédigé l'opuscule, que nous allons résumer ou traduire. L'auteur était dans les meilleures conditions pour bien connaître et traiter le sujet qu'il s'était proposé. Né de parents tchérémisses, « qui n'étaient pas, dit-il, particulièrement attachés à la foi nationale et observaient *plutôt* les pratiques et les usages chrétiens », il a vécu jusqu'à l'âge de seize ans en Tchérémisse, a pu ainsi observer librement les coutumes civiles et religieuses de ses compatriotes, et a pris part personnellement à la célébration de bien des cérémonies. Mis au ban, comme les autres, après son ordination, et devenu le curé orthodoxe *Gabriel Iakovliév* (il ne fait pas connaître son nom indigène) de la paroisse d'*Ouñza*, il a eu, grâce à ce passé et à sa connaissance de la langue, tous les moyens de compléter, par des interrogations qu'il était difficile d'éluder, les lacunes qui pouvaient subsister dans les souvenirs de son enfance. En mettant par écrit et en coordonnant ce qu'il savait, l'auteur, à côté du but pieux qu'il poursuivait, a, sans le vouloir, servi la science, et on lui doit un petit ouvrage fort curieux, sous un double rapport. Les informations qu'il nous donne ajoutent un chapitre intéressant à l'histoire des mœurs; mais non content de décrire et d'expliquer, il appuie et complète ses assertions par la citation, à la fois dans la langue originale et en traduction russe, de toutes les prières, invocations, conjurations, formules de toute espèce, qui ont rapport au sujet; les nombreux textes tchérémisses (écrits en caractères russes) seront précieux pour les linguistes, mais force nous a été de les négliger et de nous contenter de mettre en français la version russe, qu'on doit supposer exacte. Obligé cependant de citer un certain nombre de

mots et de noms tchérémisses, nous nous sommes vu dans
la nécessité d'adopter, pour les transcrire, un système rai-
sonné, et nous nous sommes arrêté à l'alphabet slavo-latin,
dont l'aperçu se trouve en note[1]. J'avertis le lecteur que les
lettres soulignées dans les mots tchérémisses le sont dans
l'original, apparemment pour indiquer une différence de
son que l'auteur a négligé de faire connaître.

I

DES DIEUX.

Les Tchérémisses partagent leurs adorations et leurs
terreurs entre deux classes d'êtres surnaturels : les dieux
(*jumo*), auxquels ils demandent prolixement « abondance
de tous biens », et des *keremet*, ailleurs *vodož*, qu'ils in-
voquent pour obtenir la guérison des maladies, dont ces
mêmes kérémètes les ont affligés.

Deux ou trois traits principaux caractérisent la religion
des Tchérémisses. Ils n'ont point de clergé (de dogmes, on
ne dit absolument rien), ni même de prêtres; ceux-ci, dans
les rapports avec les dieux, sont remplacés par des *kart*,
choisis pour la circonstance parmi les *vieillards* (car tel est
le sens de ce mot tatar qu'ils ont adopté), et qui remplissent les fonctions de sacrificateurs; quant aux kérémètes,
ils ont pour intermédiaires avec les hommes les sorciers[2] et

---

[1] Voyelles : *a*, *è* (r. э); *y* (r. ы); *o*, *u* (fr., *ou*); *e* (r. e); *i*, *ö*, *ü* (fr., *eu*, *u*).
Consonnes : *k*, *g*; *d*, *t*; *v*, *b*, *m*, *p*; *l*, *n*, *r*; *s*, *z*; *š*, *ž* (fr., *j*, *ch*), *č*
(*tch*); *j* (fr., *ï*).

[2] *Tušman*, du persan *douchman* « ennemi ».

les magiciens des deux sexes, gens fort décriés, s'il faut en croire notre auteur, mais qui n'en paraissent pas moins jouir d'un crédit considérable. Et il n'en saurait être autrement, puisque, les secours de la médecine faisant totalement défaut, le kérémète, dont le sorcier seul connaît la volonté, est l'arbitre unique de la vie et de la mort.

D'interminables prières, des sacrifices d'animaux ou de simples offrandes d'aliments qui, les uns et les autres, sont ensuite consommés sur place à la façon des victimes égorgées par les héros d'Homère, sont la partie essentielle du culte. La bière, on le verra, y remplit un rôle tout à fait prépondérant; aussi l'ivresse (et quelle ivresse que celle de la bière!) est-elle la suite nécessaire de toutes les cérémonies.

On est stupéfait du formalisme infini de cette religion sans prêtres et de ces coutumes, qui seraient assez innocentes en elles-mêmes, si elles n'avaient pour conséquence, comme nous venons de l'indiquer, l'ivrognerie générale et la ruine des gens qui ne cherchent que des occasions de festoyer et de banqueter. Bien que (je le dis une fois pour toutes) j'aie beaucoup élagué et beaucoup abrégé, en m'attachant aux faits les plus intéressants parmi les innombrables détails où entre consciencieusement notre auteur, le lecteur trouvera encore qu'on boit là-bas beaucoup trop de bière, bien que ce soit *ad majorem Dei gloriam*, et qu'on ne suit guère le précepte évangélique de prier en peu de mots.

Si l'on ne peut dire que, parmi les Tchérémisses, quatre mille dieux n'*ont* pas un athée, leur panthéon n'atteint pas moins un total assez respectable : cent quarante dieux, ou environ, chez les Tchérémisses des prairies, et soixante-dix chez ceux des montagnes. Mais il faut dire que ces deux listes ne contiennent point de *noms* véritables, mais bien des désignations par des épithètes ou par des attributs particuliers (d'où l'auteur inclinerait à croire pieusement que la nation a bien pu commencer par être monothéiste); c'est à peu près comme si, au lieu de Zeus, on disait « le dieu de la foudre », et le « dieu de la mer » pour Poseidon. Et en second lieu, que la première liste, à côté des dieux proprement dits, reconnaît quatre sortes d'êtres subalternes, ou divinités inférieures, qui sont comme les auxiliaires ou les satellites des autres. Voici comme ils sont désignés :

1. *Pujr͞so* : créateur, fondateur, prédestinateur[1] du sort à venir de tous les hommes. A en juger par le nom, on devrait supposer qu'on a affaire à un dieu considérable, tandis qu'en réalité, dans les idées des Tchérémisses, il ne s'agit que d'une fonction sans grande importance, qui s'exerce près de chacun des dieux.

2. *Jumon aba͞zy* : mère de (tel ou tel) dieu. Comment il se fait que chaque dieu presque a une mère (*aba*), c'est ce que nul, même parmi les vieillards, ne peut expliquer. Seulement il faut se garder de voir là l'expression de relations conjugales entre les dieux, comme dans la mythologie grecque; une telle idée paraît inconvenante aux Tchérémisses. Loin d'ailleurs que l'être appelé *Jumon aba͞zy* occupe un rang élevé parmi les satellites des divinités principales, il est, au contraire, au dernier ou à l'avant-dernier, et les offrandes dont on l'honore ne sont pas des plus précieuses, comme on le verra plus loin[2].

---

[1] Je risque ce mot.
[2] En réalité, il semble qu'il s'agit d'un être conçu comme masculin.

3. *Piambar*. Dans ce mot on reconnaîtra le persan-tatar *peïghamber*. Les Tchérémisses ayant été autrefois sous la domination des Tatares, et beaucoup d'entre eux vivant encore dans leur voisinage, il en est résulté que plusieurs divinités ont reçu des appellations tatares. Ces noms, d'ailleurs, sont devenus inintelligibles pour la masse du peuple, qui les emploie traditionnellement sans les comprendre. Tels sont les suivants : *on (–khan)*, souverain, tzar, *piambar*, prophète, attaché à un dieu, *kaba* ou *kiava* [1].

4. *Sukhso* [2], ange, et *vitneze*, intercesseur [3], ne font qu'un. C'est un esprit subalterne qui accomplit les ordres de son dieu, ou qui lui présente les prières des hommes. Il est au dernier rang parmi les divinités, et les sacrifices qu'on lui offre sont en proportion de sa dignité.

---

[1] Je réunis ici tous les mots empruntés (par l'intermédiaire des Tatares) aux peuples musulmans, que j'ai rencontrés et qui, pour la plupart, sont mal compris ou ont changé de signification :

Kaba, la kaba de la Mecque, voir la note 2 de la page 10.
Kiamat, la résurrection.
Tamyk (tat.), enfer.
Cheïtan, démon.
Touchman (pers. *douchman*, ennemi), sorcier.
Kart (tat. vieillard), vieillard faisant fonction de prêtre ou sacrificateur.
Piambar (pers. *peïghamber*, prophète), espèce de divinité subalterne;
Saktché (tat. *saktchy*, gardien), en tchérémisse *sukhso*; l'auteur a rendu ce mot en russe par ange (?).
Tunia (ar. *dunia*), le monde (tcher. *siandalyk*).
Païram (baïram), fête.
Salamalykom (selam aleïkoum), salutation en usage surtout dans les noces.

[2] Ou *saktché*, du mot tatar *saktchy*, qui signifie gardien.

[3] Le texte russe porte докладчикъ «rapporteur», mot qui n'aurait ici aucun sens.

Voici les noms, ou pour mieux dire, les désignations des dieux et de leurs satellites, chez les Tchérémisses des prairies. Le texte, en regard duquel la traduction russe est placée, permet de constater que celle-ci tourne souvent à la paraphrase :

> Grand dieu bon, grand dieu de l'univers [1],
> Prédestinateur du sort futur du monde,
> Mère de la naissance, ou de la conception du monde,
> Son prophète, intercesseur près de lui.
>
> Grand dieu du jour blanc (brillant),
> Grand créateur du jour blanc,
> Mère de la naissance, ou de l'existence du jour blanc,
> Son prophète, intercesseur près de lui.
>
> Grand dieu de la *Kaba* [2],
> Prédestinateur du sort futur de la Kaba,
> Mère de la Kaba divine,
> Son prophète, intercesseur près de lui.
>
> Grand dieu du monde ou du peuple,
> Prédestinateur du sort du monde, du peuple,
> Mère de la conception du monde,
> Son prophète, intercesseur près de lui.
>
> Grand dieu du tzar [3],
> Prédestinateur du sort futur du tzar,
> Prophète du dieu du tzar,
> Ange gardien du tzar, intercesseur près de Dieu pour le tzar.

---

[1] L'univers, *tünia*, de l'arabe; dans d'autres dialectes, *siandalyq*.

[2] Le mot est bien arabe et a désigné la kaba de la Mecque, mais les Tchérémisses n'en comprennent plus le sens; chez quelques peuplades, il est pris dans le sens de *ciel*.

[3] Il s'agit bien de l'empereur de Russie; on offre des sacrifices pour lui. (Voir plus loin, p. 27.)

Grand dieu du jour matinal [1],
Créateur ou destin du jour matinal,
Ange du matin et ange du soir.

Grand dieu au-dessus de notre tête,
Grand créateur au-dessus de notre tête,
Ange qui se trouve au-dessus de nos épaules.

Grand dieu protecteur de la maison,
Prédestinateur du sort de la maison,
Ange protecteur de la maison.

Grand dieu du vendredi,
Grand créateur du sort du vendredi,
Mère du dieu du vendredi.

Grand dieu du dimanche (*rušarña*),
Créateur du dimanche,
Mère du dieu du dimanche.

Sept anges, neuf prophètes, mère de sept profits, ou récoltes.

Grand dieu du tonnerre,
Destin ou créateur du tonnerre,
Son prophète, intercesseur près de lui.

Grand dieu de l'éclair,
Destin ou créateur de l'éclair,
Son prophète, intercesseur auprès de lui.

Grand dieu créateur du soleil,
Seigneur du soleil,
Mère du soleil.

Grand dieu créateur de la lune,
Seigneur de la lune,
Mère de la lune.

---

[1] Ou du soleil du matin, car le mot *keče* signifie et le soleil et le jour.

Seigneur des dieux, ou seigneur (régnant) dieu.

Grand dieu créateur des étoiles,
Souverain des étoiles,
Mère des étoiles.

Grand dieu, souverain des vents,
Créateur des vents,
Mère des vents.

Grand dieu du calme (temps serein),
Prédestinateur du calme (serein).

Grand dieu, souverain de l'eau,
Créateur de l'eau,
Mère de l'eau.

Grand dieu, souverain de la mer,
Créateur de la mer,
Mère de la mer,

Grand dieu, souverain du feu,
Créateur du feu,
Mère du feu.

Grand dieu, souverain de la terre,
Grand créateur de la terre,
Mère de la terre,
Ange de la terre,
Trésorier[1] de la terre, c'est-à-dire qui partage la terre,
Gardien de la terre,
Prophète et ange des biens de la terre.

Grand dieu des récoltes du blé,
Grand prédestinateur des récoltes du blé,
Ange des récoltes,
Dispensateur des récoltes,
Gardien du blé.

---

[1] Le mot russe *kaznatchéï* « trésorier, caissier » figure aussi au texte tchérémisse.

Grand dieu de la naissance des enfants,
Prédestinateur du sort des enfants,
Dieu qui donne un fils.

Grand dieu de l'abondance,
Créateur de l'abondance,
Mère de l'abondance.

Grand dieu et créateur des fruits.

Grand dieu de la multiplication de la monnaie[1],
Créateur de la monnaie,
Ange de la monnaie,
Dispensateur de la monnaie,
Conservateur de la monnaie.

Grand dieu de l'accroissement du bétail,
Grand créateur de l'accroissement du bétail,
Mère de l'accroissement du bétail,
Ange (gardien) du bétail,
Dispensateur du bétail,
Protecteur du bétail.

Grand dieu multiplicateur des abeilles,
Créateur des abeilles,
Ange (protecteur) des abeilles,
Dispensateur des abeilles,
Protecteur des abeilles.

Grand dieu, seigneur du brouillard,
Prédestinateur du sort du brouillard, c'est-à-dire de la rosée.

Aïeul et aïeule du givre.

Grand dieu de la maison,
Grand prédestinateur du sort de la maison,
Esprit de la maison.

[1] *Pundo*, mot ancien qui désigne les espèces sonnantes et n'est plus usité que dans les prières. (*Note de l'auteur.*)

Aïeul et aïeule de la maison.

Grand dieu de la fête de Pâques,
Grand prédestinateur du sort de Pâques,
Mère de la Pâques divine.

Grand dieu de la fête d'*agapaïram*, prédestinateur.

A l'occasion des autres fêtes, il est de même fait mention des dieux de ces fêtes.

A l'occasion des noces :

Grand dieu des sept parties du monde,
Grand prédestinateur du sort futur des sept parties du monde [1].

Les Tchérémisses montagnards ont à peu près les mêmes dieux que ceux des prairies, avec quelques différences dans les noms, provenant de la diversité de dialecte. Ils ignorent les classes de divinités subordonnées : *piambar, vitneze, kaznačej* et *serlagyša*. Il n'existe point chez eux de prière spéciale pour chaque dieu, la même prière sert pour tous, avec une simple substitution de nom.

Voici par exemple une prière, écrite sous la dictée d'un honnête Tchérémisse baptisé, mais bien au fait des pratiques religieuses de ses compatriotes. Cette prière est adressée au *grand dieu bon;* mais, sauf le changement de nom, elle reste identiquement la même pour chacun des autres dieux :

« Au grand dieu nous offrons un pain non entamé. Nous versons un plein seau de bière, nous brûlons un grand cierge d'argent au grand dieu; avec ces pleines offrandes, nous implorons du grand dieu bonne santé, accroissement

---

[1] Dieu (le dieu) envoie des sept parties du monde l'époux pour l'épouse, et l'épouse pour l'époux, attendu qu'il a prédestiné leur sort dès le moment de la conception ou de la naissance. (*Note de l'auteur.*)

de la famille, accroissement du bétail, accroissement du pain, union et santé pour la famille, afin que, exauçant nos prières, Dieu nous donne l'accroissement demandé.

« Avec ces pleines offrandes, nous lâchons le bétail en liberté dans les champs; grand dieu bon, donne au bétail santé et tranquillité. Ô Dieu grand et bon! dispense au bétail nourriture et boisson abondantes.

« Au moment où nous lâchons le bétail en liberté, grand dieu! préserve-le des vents nuisibles, des ravins profonds, de la vase profonde, du mauvais œil et la mauvaise langue, des maléfices du sorcier, de tous les ennemis de son repos, des loups, des ours et de toutes les bêtes de proie.

« Dieu grand et bon! le bétail stérile, rends-le fécond; le maigre, rends-le gras; rends plantureux les pâturages, multiplie toute espèce de bétail; grand dieu bon! accorde-nous toute espèce de bétail.

« Quand, à l'époque où commencent les travaux d'automne, nous sortirons dans les champs pour travailler, et après avoir labouré, nous sèmerons les grains, grand dieu, rends larges leurs racines, solides leurs tiges, rends pleins leurs épis à la façon de boutons d'argent. Grand dieu, à ce grain semé donne des pluies chaudes, des nuits calmes, préserve-le du froid et des grêles glacées, préserve-le aussi des chaleurs brûlantes, grand dieu, etc.! »

Je m'arrête, car nous sommes à peine au sixième de cette prière, qui va continuant ainsi, dans une série d'invocations, à solliciter du dieu, que cela concerne, abondance en *récoltes, pain, abeilles, miel, gibier à plumes, gibier à poil, poissons et amphibies* qui vivent dans la mer, *oiseaux aquatiques*, réussite dans la vente et l'achat au marché (*bazar*. Le dieu est prié d'y « faire trouver des marchands vendant bon marché et achetant cher»), abondance en *monnaie* et *argent*. Jamais, je crois, on ne vit plus ingénue et aussi plus prolixe paraphrase du « donnez-nous notre pain quotidien », et dans sa naïveté, elle a encore cela de curieux, qu'elle nous initie aux habitudes des Tchérémisses, avec des détails pittoresques et même d'aspect poétique; à ce titre, on me permettra d'en traduire encore un ou deux passages, et en outre la fin, car cela se termine par une sorte de résumé, destiné, comme il semble, à bien fixer les choses dans la mémoire du dieu invoqué, et aussi par quelques précautions oratoires, comme si le client craignait d'avoir abusé de la générosité de son patron céleste :

« Dieu grand et bon! nous implorons de toi l'abondance en abeilles. Rends fortes les ailes des abeilles. Quand elles vont volant par la rosée du matin, fais qu'elles rencontrent des fruits excellents. Lorsque dans la cour de notre maison nous établirons des ruches, multiplie les abeilles dans la cour de notre maison, et accorde aux abeilles abondance de miel. Alors que, marchant dans la forêt, nous suivrons les marques laissées par nos grands-pères et nos arrière-grands-pères (pour découvrir les ruches sauvages), nous grimperons en sautant à la façon du pivert, nous nous laisserons dévaler après avoir recueilli des rayons de miel semblables à des miches de pain, donne aux abeilles abondance de miel.

« Dieu grand et bon! quand nous sortirons dans la plaine, là tu as des coqs de bruyère, là tu as des gelinottes, là tu as toute sorte d'oiseaux, fais-nous les rencontrer; accorde-nous abondance d'oiseaux.

« Dieu grand et bon! de même que le soleil brille, que

la lune se lève, que la mer, quand le flot a monté, demeure pleine; de même accorde-nous l'abondance en toute sorte de blés, l'abondance de famille, l'abondance du bétail, l'abondance de monnaie et d'argent, toute espèce d'abondance accorde-nous.

« Aide-nous à vivre en gazouillant comme l'hirondelle, en étendant nos jours comme la soie, en jouant à la façon de la forêt, en nous réjouissant à la façon des montagnes.

« Nous sommes jeunes, et la jeunesse est étourdie. Peut-être ce qu'il fallait dire d'abord, nous l'avons dit à la fin, et ce qu'il fallait dire en dernier, nous l'avons dit d'abord; donne-nous raison et intelligence, politesse, santé, paix.

« Aide-nous à vivre bien, maintiens notre vie dans le bien être, ajoute beaucoup d'années à notre vie. »

Cette longue prière peut être adressée à tout autre dieu, il suffit pour cela, comme nous l'avons dit tout à l'heure, d'une simple substitution de nom. Souvent aussi on l'abrège, on la resserre, en conservant ce qu'il y a d'essentiel. Cela dépend du *karte* qui la récite, et qui retranche ou parfois ajoute au gré de sa mémoire ou de son imagination.

On verra plus loin, en leur lieu, de courtes prières en usage dans chaque fête, et les invocations, etc., applicables aux cas particuliers.

II

DES LIEUX DE PRIÈRE ET DES SACRIFICATEURS.

Près de chaque village tchérémisse se trouvent des lieux destinés pour y offrir les sacrifices aux dieux; ce sont ou un bouquet d'arbres en plein champ, ou un espace réservé dans la forêt. On les appelle *jumo-oto* « île divine ou bosquet ».

Il y en a qui servent pour l'usage commun du village, et ils portent le nom de *mer-oto* « bosquets communs », et d'autres particuliers à une seule famille : *nasyl-oto, tukm-oto* « bosquets de famille ». Autour du grand village d'*Uñža*, on trouve quatre bosquets de ce genre consacrés aux dieux, et dont l'un est commun : *mer-oto*. Il sert de point de réunion pour les habitants de tous les défrichements qui dépendent du village; on y voit même quelquefois venir ceux des villages des districts d'Uružum et de Mamadyš; les trois autres ne sont fréquentés, de père en fils, que par certaines familles. Ces bosquets sont formés de vieux arbres, tilleuls, bouleaux, etc.; on les tient proprement, quelques-uns même sont entourés de palissades, et ils sont respectés de la hache, tout au plus si l'on y coupe parfois le bois nécessaire pour les sacrifices ou pour former l'enclos. Les sacrifices d'animaux s'accomplissent dans un bosquet, à la fête de l'*aga-pajram* seulement, laquelle se célèbre avant le commencement des travaux agricoles; la prière, dans tous les villages, a lieu en plein champ, attendu que les offrandes consistent uniquement en pain, crêpes, échaudés et bière.

Ces bosquets ne sont pas les seuls que possèdent des villages tchérémisses; il y en a aussi d'autres destinés pour offrir des sacrifices, non pas aux dieux, mais aux *kérémètes*. Car, et il est nécessaire d'en faire la remarque, les Tchérémisses regardent comme un péché de prier les kérémètes dans un bois consacré aux dieux, et même, durant les sacrifices offerts aux dieux, ils ne prononcent jamais le nom d'un kérémète. C'est dans des bosquets séparés, ou quelque coin écarté, qu'on sacrifie à ces derniers.

Parmi les Tchérémisses des prairies de la localité où habite l'auteur, on choisit spécialement, pour présider aux sacrifices, des individus pris parmi les vieillards considérés et connus pour leur facilité de parole. Ce sont les *kart*, dont il a déjà été question ici. Lors des grandes solennités, il y a plusieurs kartes, un par chaque bûcher, avec lui un *üssö*. Cet *üssö* ou assistant du karte a pour fonction d'égorger les victimes et de s'occuper des préparatifs du sacrifice et du repas qui le suit. Quant aux fonctions du karte, elles seront décrites en leur lieu. Les kartes ne sont pas toujours les mêmes, et on les prend sans distinction parmi les baptisés et parmi les païens : on voit, chez un Tchérémisse chrétien, un karte païen, et à l'inverse. Il ne faut pas confondre ces kartes avec les diseurs de bonne aventure et les sorciers; les premiers sont des vieillards pieux et jouissent de la considération générale, tandis que les sorciers et ceux qui connaissent des formules magiques sont des gens de la plus basse classe, méprisés de tout le monde. On a recours à eux en cas de nécessité seulement, à l'occasion des maladies de toute sorte et faute d'autres moyens de guérison. Il sera question aussi de leurs pratiques, lorsque nous décrirons les sacrifices offerts aux kérémètes.

III

REMARQUES GÉNÉRALES
SUR LES FÊTES ET CÉRÉMONIES.

Les fêtes des Tchérémisses n'ont pas toutes le même caractère. Elles sont : 1° générales ou de circonstance; 2° locales, particulières à une seule commune et célébrées soit en corps par les habitants de celle-ci, soit en même temps dans chaque famille; et 3° domestiques, célébrées dans chaque famille à l'occasion des événements qui l'intéressent.

1. Les prières générales n'ont lieu qu'accidentellement, à l'occasion de grandes calamités, telles qu'une épidémie, une épizootie, une guerre, etc. Ordinairement, lorsqu'un pareil fléau éclate, on cherche parmi les vieillards quelqu'un qui ait eu en songe une révélation. Après avoir convoqué les autres vieillards de sa commune, il leur fait savoir que, d'après la communication ou l'ordre qu'il a reçu en songe, les Tchérémisses, en vue de mettre fin à la calamité présente, ont à s'assembler et à offrir à tels et tels dieux telles et telles victimes. Les vieillards, obéissant à cette manifestation divine, supputent la dépense nécessaire, en répartissent le montant par villages et par maisons, fixent le jour de la solennité, et y convoquent les habitants des villages désignés. La nouvelle se répand promptement, et personne ne refuse de prendre part à la solennité, non plus qu'aux dépenses qu'elle doit entraîner; et celui qui, pour le moment, est sans argent, ne manque jamais d'acquitter plus tard cette dette sacrée. Les hommes seuls, et parmi eux les adultes, participent à cette cérémonie; l'enfance et la jeunesse en sont exclues, si ce n'est à titre de spectateurs. Le lieu fixé pour sa célébration ne peut être qu'un de ces bosquets communs (*mer-oto*) dont il a été parlé, et dont quelques-uns sont en grande vénération; on y vient parfois de lieux fort éloignés[1]. Plus loin, en décrivant la fête du *Surem*, nous dirons comment on se procure les victimes, avec quels rites on les égorge et on les mange; ce sont toujours les mêmes.

---

[1] L'auteur en cite nominativement quelques-uns.

2. Prières ou fêtes communales. Ce sont : la Pâques, l'Agapaïram, le Surem, la prière d'automne à l'occasion de l'enlèvement de la récolte, et les prières annuelles pour les morts. De ces fêtes, l'une, l'Agapaïram, est célébrée en plein champ par les habitants du village réunis; une autre, le *Surem*, se compose d'un sacrifice offert dans un bosquet, et d'une prière, accompagnée d'une course de chevaux; elles se continuent dans les maisons, où l'on s'invite mutuellement à manger et surtout à boire. La Pâques, la fête d'automne et celle des morts ont lieu à la fois pour tous, mais se célèbrent en famille et dans chaque maison.

3. Les principaux événements de la vie de famille, comme la naissance, le mariage, la maladie ou la mort de chacun de ses membres, ont leurs rites et leurs cérémonies particulières.

Plusieurs fêtes coïncident, ou à peu près, avec des fêtes chrétiennes comme Pâques, Noël et la Saint-Pierre. Cette coïncidence est-elle due à l'époque astronomique ou le résultat d'un premier effort du clergé orthodoxe, qui a réussi à déplacer les antiques cérémonies, dans la vue de leur donner, pour ainsi dire, et en attendant mieux, une étiquette chrétienne? C'est ce que je ne puis décider[1].

[1] Voici un indice : l'auteur a traduit le nom de la fête du *soċjal* ou *sortjal* par «Nativité du Christ», en forçant les étymologies, et pour dissimuler, de bonne foi sans doute, la véritable signification de cette fête, commune aux Tchérémisses et aux Tchouvaches, qui tombe entre le 21 et le 27 décembre. Son interprétation est contestée dans une *note du rédacteur* (apparemment chargé de revoir le travail du prêtre tchérémisse), qui, après avoir établi que le véritable sens du mot est «pied de mouton» (voir plus loin, p. 38), ajoute : «L'interprétation de l'auteur, qui lui est commune avec ses

LA PÂQUES (KUGEČY).

Cette fête dure deux jours, le dimanche et le lundi, et est célébrée en commun par les chefs de douze à quatorze familles d'une localité, parfois appartenant tous à un même clan. Ils se réunissent d'abord dans une maison désignée, pour aller ensuite, chacun des deux jours, recommencer la même dévote compotation de maison en maison, jusqu'à épuisement de la série. Le premier jour, après un bain pris à l'étuve, tout le monde met du linge blanc et se pare; on ne boit ni ne mange jusqu'à une ou deux heures de l'après-midi, et ce temps est employé par les femmes à la confection de crêpes, de beignets, d'échaudés, de petits pâtés, etc., qui serviront à la fois d'offrandes aux dieux et de nourriture; on les retrouvera, avec la bière, l'hydromel et l'eau-de-vie, dans toutes les autres fêtes. L'heure arrivée, une bougie de cire est allumée devant les saintes images[1] ou, chez les non baptisés, près d'une cruche (*liangouss*) contenant de la bière. Cela fait, chacun des assistants se lève en mettant son bonnet sur la tête, et l'on procède au choix de deux kartes, d'âges différents. Ceux-ci, ainsi que le maître de la maison, prennent à la main une crêpe et un broc de bière, s'agenouillent, sans pourtant faire le signe de la croix, et prononcent à haute voix une des prières qui ont été rapportées plus haut dans l'énumération des dieux. La

---

compatriotes, est intéressante en ce que, pris d'un grand zèle pour leur nouvelle religion, ils s'efforcent d'y accommoder leurs anciennes croyances païennes. »

[1] Il semblerait, d'après cela, que ce serait là l'unique différence de la cérémonie, telle qu'elle est célébrée par les chrétiens ou par les païens.

prière terminée, ils s'approchent l'un après l'autre du poêle qui a été fortement chauffé à dessein, y versent un peu de bière et quelques parcelles de crêpe ou de pain, ensuite ils jettent aussi dans le feu les offrandes en disant : « Puisse le divin intercesseur recevoir (ces offrandes) et les remettre (au dieu). Esprit du feu, ta fumée est longue et ta langue est tranchante; corrige ce qu'il y a de défectueux (dans nos offrandes), et remets-les ainsi au (dieu). »

Alors ils se relèvent et prononcent une prière plus courte, à la fin de laquelle ils vident leur broc jusqu'à la dernière goutte et mangent un morceau de crêpe. Ensuite ils recommencent à prier de la même manière, en invoquant successivement chacun des dieux, d'abord les dieux supérieurs, et ensuite les subalternes. Après que tous les dieux ont été ainsi invoqués, les deux kartes, et à côté d'eux toutes les personnes présentes, se lèvent devant la table; les kartes remplissent de bière deux brocs, tandis que le maître et la maîtresse du logis se mettent à genoux. Le plus âgé des kartes adresse une prière au grand dieu, et le plus jeune au dieu de la Pâques; après quoi ils versent un peu de la bière de leurs brocs dans la cruche, et adressent aux maîtres du logis la bénédiction suivante : « Puisse le grand dieu bon, le grand dieu de la Pâques, le grand prédestinateur du sort, vous accorder nombreuse famille, santé, paix, accroissement du bétail et abondance de toute sorte; que la mère de l'abondance, la mère des récoltes, du blé, vous apporte l'abondance d'au delà du Volga, d'au delà des montagnes, d'au delà de la mer; soyez riches, ayez neuf fils et sept filles, que votre bétail se multiplie, que votre maison soit riche, ayez beaucoup de bâtiments, que le dieu vous comble de toute espèce d'abondance. Vivez de nombreuses années, demeurez en vie jusqu'à ce que vos cheveux blanchissent et vos barbes soient grises. » Cette bénédiction est répétée, mais sous une forme abrégée, par tous les assistants debout. A chacune des phrases dont elle se compose, les maîtres de la maison répondent par ces mots : « *Amen, amen, liže yle*, amen, amen, qu'il soit ainsi. » Ils reçoivent ensuite des mains des kartes les brocs sur lesquels la bénédiction a été prononcée, et les vident à genoux; après quoi ils se relèvent et montrent à tous leurs hôtes les brocs de bière préparés, les invitant, par une formule consacrée, à les vider jusqu'au fond.

L'assemblée prend place sur les sièges et sur les bancs, et une autre *tournée* commence. L'hôte, commençant par le karte le plus âgé, et l'hôtesse, par le karte le plus jeune, vont successivement s'agenouiller devant chacun des assistants, sans en excepter les enfants, et leur offrent un broc de bière, ne se relevant que lorsqu'il a été bu. Toute la série épuisée, nouvelle et courte bénédiction des kartes, et toute l'assistance se transporte dans l'une des douze ou quatorze maisons qui restent encore à parcourir. Naturellement la compotation se prolonge fort avant dans la nuit.

Le lendemain lundi, répétition des mêmes scènes, mais avec quelques différences. Ce jour-là la chair de cheval est l'aliment principal, et l'hôtesse sert successivement tout le monde à genoux; enfin on joue de la cornemuse et l'on danse. Ces danses, où les kartes interviennent et où la bière a aussi sa place, sont exécutées à tour de rôle par un couple, homme et femme (jamais le mari et la femme ne dansent ensemble), qui s'avancent gauchement et lourdement l'un vers l'autre, en étendant les bras, comme s'ils voulaient s'étreindre. Elles ne sont accompagnées ni d'instruments ni de chants, mais seulement du frappement de mains[1], soit des assistants, soit des danseurs eux-mêmes.

Lorsque tous les couples ayant dansé et bu avec les cérémonies accoutumées, on se dispose à aller continuer la fête dans une autre maison (et pas une n'est omise), les maîtres de celle-ci invitent nominativement toutes les personnes présentes. Il en est ainsi dans chaque maison, et quand ce ne sera pas fini à minuit, la suite est remise au lendemain.

L'auteur remarque, en finissant, que jadis, de l'aveu même des Tchérémisses, fort peu d'entre eux allaient à l'église le jour de Pâques, et le motif qui les y amenait était pure curiosité. Ils ignoraient jusqu'au nom de Jésus-Christ, et par conséquent l'habitude russe de s'entre-saluer avec la formule « le Christ est ressuscité ». Il n'en est plus ainsi aujourd'hui, et bien qu'ils n'aient pas encore complètement renoncé aux cérémonies païennes, le nombre de ceux qui vont prier à l'église augmente chaque année, en même temps que les usages russes (surtout les jeûnes ou carêmes) se répandent.

LE SUREM.

Le *surem* proprement dit est une cérémonie ayant pour objet l'expulsion des démons, accompagnée d'une course de chevaux, qui n'a aucun caractère religieux, mais précédée de sacrifices sanglants, les plus solennels que les Tchérémisses offrent aux dieux. La célébration, qui ne revient qu'après un intervalle variable de trois à cinq ans, coïncide aujourd'hui (on ne sait ce qu'il en était autrefois)

---

[1] C'est de cette action, au reste, que vient le verbe *pliasati*, qui, en russe, signifie danser.

avec la Saint-Pierre, en juillet. Le lundi étant le jour le plus propice, le plus agréable aux dieux, est choisi pour le sacrifice; le *surem* a lieu ensuite, le jour même de la Saint-Pierre.

L'année où il a été décidé qu'on ferait un *surem*, et trois à quatre semaines avant l'époque ordinaire, les Tchérémisses se réunissent dans un bosquet, et là font vœu aux dieux de leur offrir un sacrifice. Une prière a lieu, à la suite de laquelle les femmes et les jeunes filles qui ont apporté des crêpes comme offrandes, mangent dévotement celles qu'on leur rend. Plus tard, une seconde réunion a lieu, dans le but de déterminer à quels dieux il sera sacrifié, dans quelles maisons les victimes seront achetées, quels seront les kartes et leurs assistants (*üssö*), et à quel bûcher chacun d'eux devra *officier*, si l'on peut se servir de cette expression.

Là, en outre, on désigne cinq à sept individus, appelés *koštšy jyng* «hommes ambulants», chargés de choisir les animaux destinés au sacrifice. Avant que d'y procéder, ces *hommes ambulants* prennent un bain, mettent du linge blanc et revêtent un costume tout neuf. Si, dans la maison où ils sont entrés en récitant des prières, l'animal qu'ils examinent avec soin a tressailli à leur vue, c'est un signe que le dieu l'approuve; faute de ce signe, ils vont plus loin continuer leurs recherches, qui se prolongent quelquefois pendant deux jours et plus. On fait même des achats au marché, mais il faut toujours que la victime désignée ait tressailli à la vue ou au contact de ceux qui l'examinent. Ils ne fixent d'ailleurs aucun prix, mais recueillent, après le sacrifice, les contributions volontaires, destinées à indemniser les propriétaires des animaux choisis. Parmi les chevaux et poulains, on ne prend que ceux qui ont le pelage alezan, bai, gris et roux, rarement les blancs; les noirs et les pies sont exclus, de même que les brebis et vaches noires. Remarquons en passant que le cheval, le bœuf et le mouton, dont la réunion forme un sacrifice complet (quelque chose d'analogue au *suovetaurilium* des Romains), sont les seuls quadrupèdes domestiques que paraissent posséder les Tchérémisses, les chiens exceptés.

La même victime ne peut servir pour plusieurs dieux; chacun doit avoir la sienne, de même que son bûcher et son karte. Si quelqu'un de ceux-ci est chargé de sacrifier au dieu du tzar, *kugižân jumolan*, il emploie la prière ordinaire[1], demandant pour l'empereur, santé, salut, paix, abondance, etc.

Dans cette fête, comme dans toutes les autres, on brûle des chandelles de cire, mais qui ne peuvent être achetées ni dans des boutiques ni à l'église; chacun les fabrique dans sa maison, de sa propre cire, et la mèche en est faite de chanvre.

Dans la maison où du bétail a été acheté, on met dans une poêle un peu de beurre de vache et du plomb, qu'on y fait fondre, et l'on adresse en même temps une prière aux dieux, en leur demandant de faire que, si la victime leur est agréable, le plomb fondu prenne dans le beurre la forme de l'animal. Si la première épreuve ne réussit pas, on en recommence deux autres, et en cas d'insuccès, le plomb est jeté et remplacé par de l'autre. Tout étant prêt, et après une courte prière, on s'achemine vers le bosquet : un chariot rempli de bois à brûler et contenant aussi un

[1] Quelquefois on sacrifie en commun au dieu du tzar, et alors la prière est faite uniquement pour le tzar.

chaudron, où fume un tison de bois pourri, ouvre la marche, ensuite vient la victime. Ceux qui l'accompagnent marchent en silence et sans répondre même aux questions des gens qu'ils rencontrent.

Arrivés au lieu déterminé, c'est-à-dire au pied d'un arbre sous lequel on a déjà sacrifié précédemment, ils nettoient avec soin l'emplacement, fabriquent une table d'une forme particulière, appelée *šagy*, à hauteur de ceinture, apportent de l'eau pure, allument du feu, et l'animal est attaché à un pieu de bois frais et taillé exprès.

La table reçoit un vase plein d'hydromel non fermenté, et au bord de ce vase, aussi bien qu'à un pieu de tilleul préparé pour la circonstance, on colle des chandelles de cire. Ensuite on interroge les dieux pour savoir si la victime proposée leur est agréable. A cet effet, de l'eau froide est versée à trois reprises sur le dos de l'animal, en même temps qu'on récite la prière suivante : « Dieux bons et grands (ou, par exemple, dieu du tonnerre, ou enfin le nom du dieu à qui le sacrifice est offert), faites que cet animal tressaille, purifiez-le de la souillure de l'attouchement par les mains humaines et de toute autre impureté, et daignez l'agréer avec amour et bonté. »

A peine l'animal a-t-il eu un tressaillement, qu'ils disent : « Ô grands dieux, oh merci! merci! merci! Vous l'avez fait bien tressaillir, vous l'avez purifié de la souillure de l'attouchement par des mains humaines, vous l'avez agréé avec amour et bonté. »

Cette condition du tressaillement éprouvé par la victime est tellement indispensable, que, pour en amener l'accomplissement, on verse jusqu'à neuf reprises, et à chaque fois trois écuelles d'eau, sur le dos de la pauvre bête. Que l'effet désiré n'ait pas été obtenu, et on la reconduit à la maison, et on fait vœu de la remplacer par une autre victime, dans une occasion subséquente.

Quand la victime actuelle a tressailli, aussitôt elle est égorgée, non par le karte, mais par son assistant, l'*üssö*, et le premier jet de sang est reçu sur une pièce d'étoffe de tille, fabriquée exprès, et qu'on appelle « ceinture bigarrée ». En même temps on éteint provisoirement les chandelles. Puis l'animal est écorché, et la chair est mise à bouillir comme d'ordinaire. Dès que la partie de cette chair réservée comme offrande est cuite, et que tous les autres préparatifs sont terminés, on rallume les cierges, et l'on place sur le *šagy* de l'hydromel et sur une même file neuf écuelles et autant de pains; les pains portent à leur centre un petit renflement, une espèce de bouton (ombilic). Ce nombre de neuf est en rapport avec celui des dieux et des divinités subalternes.

Les victimes ne sont pas les mêmes pour tous. A chacun des dieux supérieurs (*jumo*) on sacrifie un cheval; au *pujršo* une vache, à l'*aba* aussi une vache; au *piambar* un bœuf, au *vitneze* et au *sukhso* un mouton ou une oie.

En l'honneur de chacun des dieux auxquels un sacrifice est offert, on met dans une des neuf écuelles dont il a été fait mention, de petits morceaux des principales parties extérieures et des organes intérieurs du corps de la victime, à savoir : du cœur, des poumons, de la langue, des lèvres, des oreilles, des parties molles de l'œil et des pieds. Quant aux autres écuelles, elles reçoivent les *ombilics* des pains, qu'on arrose d'hydromel. Ensuite les assistants se lèvent pour la prière, laquelle est récitée par le karte, debout et la tête couverte, tandis que les autres, la tête nue, répètent, à chaque période de la prière, les mots : *amen, amen, amen, tuge lize, amen*, qu'il en soit ainsi. Le karte prononce le nom du dieu auquel on sacrifie, et puis il prie comme suit :

« Dieu grand et bon ! le propriétaire de l'animal, après s'être concerté avec ses bons amis, nous a avertis une semaine d'avance; sur son invitation, nous nous sommes rendus chez lui; en arrivant chez lui, les portes étaient ouvertes; quand nous sommes entrés dans l'izba, la table était couverte d'une nappe blanche, et sur la nappe blanche se trouvait une miche de pain blanc non entamée, avec un vase rempli de bière jusqu'au bord, et lui-même, en nous attendant, façonnait un grand cierge d'argent (de cire blanche).

« Dieu grand et bon ! après nous être concertés avec nos bons amis, nous avons fondu du plomb argenté, rempli ce vase de bière, pris un pain non entamé, façonné un grand cierge d'argent, pris un grand tison, et emmenant un grand bœuf aux cornes d'argent, nous sommes venus avec nos amis à ce bosquet.

« En arrivant au bosquet, nous avons établi des bancs, mis sur ces bancs un vase plein de bière, et après avoir allumé un grand cierge d'argent et enfoncé un grand pieu, nous y avons suspendu un grand chaudron.

« Dieu grand et bon ! tu as fait tressaillir le grand bœuf aux cornes d'argent, et voici que, en présence de ces offrandes intactes : un pain non entamé, un plein vase de bière et un excellent animal, nous implorons de toi abondance de postérité, abondance de pain, abondance de bétail... »

Cela est suivi de la grande prière, traduite ci-dessus.

Quand elle est finie, le karte se met en marche, suivi de son assistant, qui frappe d'un couteau une hache, et tous deux font trois fois, la face tournée vers le soleil, le tour de la victime; tout en marchant, ils prononcent ces paroles :

« Ne dites pas que vous avez mangé et bu, avant de savoir ce qu'est ceci; faites-nous la faveur d'agréer cet animal. Par le son de votre fer, faites venir vers nous les bons, et éloignez les méchants par votre fumée.

« Donnez-nous paix, tranquillité, santé, abondance de pain, abondance de postérité et abondance de bétail. »

Le troisième tour achevé, ils jettent sur le bûcher le tison qu'ils tenaient à la main. Le karte s'approche du bûcher, et son assistant lui apporte les neuf écuelles déposées sur le šagy, en commençant par celle qui contient des morceaux de la victime; le karte en répand le contenu sur le bûcher; après quoi il lance aussi les autres dans les flammes, en prononçant l'invocation qu'on a déjà vue plus haut : « Esprit du feu, ta fumée est longue », etc.

Parmi les nombreuses cérémonies qui suivent, il en est une qui semble se rapporter au culte des arbres, et de fait l'auteur qualifie plusieurs fois de « sacré » l'arbre au pied duquel les victimes sont attachées. Ensuite une quête est faite au profit de ceux chez qui l'on a pris les animaux, et enfin le banquet a lieu. Tous, la tête couverte, sont assis autour du karte, qui commence par tailler du pain de seigle dans une grande jarre remplie de bouillon, en invoquant les dieux, après quoi ils mangent la soupe et la chair de la victime; la boisson est de l'hydromel non fermenté. Sont-ils rassasiés, on ravive le bûcher, tous les débris du repas, y compris les os, y sont jetés. On va encore, pour faire disparaître toute trace du sang répandu, jusqu'à allumer un bûcher spécial sur la place où il a coulé. La peau des chevaux et des poulains est également brûlée avec soin; il n'en est pas de même de celles des autres animaux, qui peuvent être employées à divers usages; on regarde toutefois comme néfaste de les vendre à un Tatare.

Ne croyez pas que tout soit fini, vous ne connaissez pas encore les Tchérémisses. La décence ou la coutume ne permet pas, il est vrai, de s'enivrer au banquet du bois sacré, mais il faut bien qu'ils prennent ensuite leur revanche. Ce qui reste de la chair de la victime, ou des victimes quand il s'agit d'un grand sacrifice offert en commun, est rassemblé, remis à celui ou à ceux qui les ont fournies et emporté chez eux. Là la prière recommence, avec l'assistance du karte, et elle est une ruine pour le maître de la maison, car elle se prolonge jusqu'à trois jours entiers, notamment à la suite d'un sacrifice particulier; il est vrai que chacun offre son petit écot, un ou deux kopeks par tête, sans parler de la collecte faite dans le bois. Les mêmes prières, ou à peu près, et invocations qu'on a lues plus haut sont répétées plus qu'à satiété par le karte. Elles occupent plusieurs pages du texte.

Quelques jours après, a lieu la course de chevaux, laquelle n'a d'ailleurs aucun caractère religieux. La population de quelques localités se réunit sur un point déterminé; les jeunes gens et les hommes faits sont à cheval; les femmes tiennent des paquets contenant aliments, pain noir, gâteaux et oignons, qu'elles rangent en ordre sur des tables, apportées du lieu le plus voisin, et qui serviront au festin, après bénédictions prononcées par les vieillards. Puis on monte sur les chariots, les tarantasses ou tous autres objets, d'où la vue est plus étendue, et la course commence. Elle est d'un style tout primitif. Les cavaliers, s'éloignant d'une verste ou environ, reviennent à bride abattue vers la foule et, pour toute récompense, le cheval qui est arrivé le premier reçoit « des louanges », quoiqu'un grain d'orge peut-être fît mieux son affaire. Après trois ou quatre heures de ce divertissement, on se sépare. Le *surem* proprement dit, l'expulsion des démons se prépare. Elle n'a d'ailleurs rien d'intéressant, et ressemble plutôt à un divertissement carnavalesque d'enfants. Des enfants et des jeunes gens se réunissent dans une maison, à l'extrémité du village. Ils sont munis de deux objets destinés à effrayer les diables, les *cheïtan*[1] : des sortes de trompettes, faites d'une tige de tilleul qu'ils ont été précédemment couper dans le bois, et qu'ils entourent de bandes d'écorce de tilleul, et de gros fouets. Pendant que deux vieillards placés l'un à la fenêtre, l'autre à la porte, soufflent dans les trompettes, la jeunesse fait un vacarme endiablé, frappant tout à coups de fouet, les portes, les murs, les bancs, le poêle, les habits qu'ils jettent par terre aux cris de *iou! iou!* Quand ils se sont bien acquittés de cette besogne, le maître leur donne une jatte de lait avec des friandises, et ils passent à la maison voisine. Lorsqu'ils ont ramassé déjà assez de provisions, ils les consomment après une prière, dans une cour où on leur fabrique avec des planches une table et des bancs. Pendant qu'ils mangent, un homme et trois ou quatre femmes se tiennent à genoux.

Les jeunes diables (je parle des garçons) repartent et ils ne laissent pas une izba sans y faire le même charivari. Aussi la chose dure le plus souvent jusqu'au lendemain. A la dernière izba, ils se réunissent tous, et montent à cheval

---

[1] Le fait que l'auteur se sert du mot arabe *cheïtan*, avec son équivalence russe *biesse* (бѣсъ), donnerait à croire qu'il s'agit là d'une croyance et d'une cérémonie d'origine musulmane.

pour aller briser en cérémonie les trompettes contre un tronc d'arbre, qui a été choisi à cet effet dans un pré voisin du bois. Finalement, des bombances ont lieu pendant trois ou quatre jours dans les maisons.

L'*AGA-PAJRAM*, OU FÊTE DE LA CHARRUE.

La fête agricole de la *charrue* (*aga*) revient chaque année à l'époque où la terre, après la fonte des neiges, commence à sécher, et les travaux des champs deviennent possibles, c'est-à-dire vers la fin d'avril ou au commencement de mai. Elle se tient sans aucun mystère, en plein champ. Entendons-nous : il s'agit de la partie à proprement parler religieuse de la solennité, car ensuite celle-ci « se prolonge dans les maisons cinq jours entiers, durant lesquels on voit les Tchérémisses circuler dans un état complet d'ivresse et ne sachant ce qu'ils font ».

Le début de la fête est plus attrayant. Dans chaque maison, on prépare de la bière, de l'hydromel et de l'eau-de-vie. De celle-ci, les plus pauvres achètent au moins un demi-védro[1] et les riches jusqu'à deux et plus. Le grand jour venu, on s'y prépare dès le matin de la même manière que pour la Pâques : bain à l'étuve, habits propres, confection des pâtisseries, offrandes par les femmes, qui en outre font cuire des œufs *rouges*, en usage uniquement dans cette circonstance. Vers midi, on se rend à l'endroit fixé d'avance, dans la campagne; chaque famille porte une lanterne, des chandelles de cire, un védro de bière, les pâtisseries connues et des branches de sapin sur lesquelles le

[1] Le *védro*-russe vaut 1 décalitre 229.

tout sera étalé en bon ordre. Les jeunes femmes portent des caftans verts de drap fin, des bonnets rouges et des ceintures de même couleur. Les pièces d'étoffe qui tiennent lieu de bas, ce qu'on appelle en russe *onoutchi*, sont noires et l'extrémité supérieure en est garnie de fils rouges et de perles. Les hommes ont des caftans blancs entourés de ceintures rouges. Ils sont approvisionnés de monnaie et d'œufs pour jouer à pile ou face. Les jeunes femmes non baptisées portent, au lieu de bonnets rouges, la coiffure appelée *surka*, qui ressemble à une petite planchette de laquelle pendent d'anciennes pièces d'argent.

Quand tout le monde est rassemblé, le premier acte est de choisir parmi les vieillards deux kartes. Des pieux sont plantés en terre; on y suspend les lanternes contenant des chandelles de cire et l'on allume un bûcher pour y consumer les offrandes. Cette cérémonie, avec les prières qui l'accompagnent, est à très peu de chose près celle qui a été décrite à l'occasion de la Pâques.

Les prières terminées, on procède à la construction du *silik*, espèce de banc fait de planches. Les vieillards et les kartes s'y assoient d'un côté et de l'autre les femmes des kartes, et le « régal » commence. Les hommes apportent aux kartes le premier broc de bière et déposent devant chacun d'eux un œuf, une crêpe, un pâté et un échaudé; des femmes offrent les mêmes objets aux femmes des kartes.

Les nouvelles mariées, celles qui le sont depuis le dernier *pajram-aga*, sont l'objet d'une cérémonie particulière. S'approchant l'une après l'autre des kartes pour recevoir leur bénédiction, elles offrent au plus âgé d'entre eux un broc de bière et deux œufs. Le karte prend les œufs, les met en tas, en prend dans le tas deux autres et les remet à la jeune femme en prononçant une bénédiction dont les termes nous sont déjà connus.

A la fin, celle-là prend les œufs et les met dans son sein et, après des formalités très compliquées, elle vide un broc de bière qu'on vient de remplir à nouveau, car le karte en avait préalablement avalé le contenu.

Les Tatares qui travaillent comme ouvriers chez les Tchérémisses viennent par curiosité voir la fête. Ceux-ci ne les admettent pas dans leur société, mais les font manger et boire à part.

Quand l'assistance est repue, qu'elle s'est rassasiée de bière et d'hydromel, les femmes ramassent ce qui reste des victuailles et les remportent à la maison. Quant aux hommes, ils demeurent quelque temps encore pour offrir des actions de grâce, ce qu'ils font en priant la tête couverte, lorsqu'ils sont debout, et la tête nue, lorsqu'ils s'agenouillent; la prière finie, tous ensemble, d'une voix forte et traînante, font entendre un triple *aj tau* « oh, merci! ».

Les jeunes hommes et les garçons, désireux de montrer leur agilité, se livrent à une course dont le but est la porte d'une maison, où déjà les vieillards les attendent. Les cinq premiers arrivés reçoivent des mains du karte des récompenses consistant en serviettes et en œufs.

Alors tout le monde rentre au village et se rend en procession de maison en maison, le karte en tête, suivi des vieillards, des femmes et des filles. Quant aux garçons, ils vont sur les aires à battre jouer avec les œufs rouges, qu'ils poussent comme des balles, car ce jeu, en pareil jour, a la vertu de faire croître les grains du blé qui va être semé et de les rendre pleins comme un œuf.

A l'entrée de la procession dans chaque maison, on offre

au karte un pain ou une crêpe avec un œuf rouge et du fromage; après avoir demandé aux maîtres s'ils se portent bien, il prononce sa bénédiction. Suit un petit repas accompagné d'une prière, et il offre ses remerciements. Le cortège part pour la maison suivante, et cela dure «jusqu'à ce que ceux qui le composent tombent ivres morts».

Néanmoins, et ici je traduis, car cela devient invraisemblable : «Les habitants du village se réunissent chez le plus âgé des deux kartes, apportant de chaque maison un védro de bière et quelques crêpes dans une grande écuelle. Cela est consommé sur place, et ensuite la promenade recommence de maison en maison jusqu'à minuit. Le troisième jour se passe de même; seulement c'est chez le plus jeune karte que la réunion commence, et c'est lui qui préside cette fois à la visite processionnelle de toutes les maisons. Quand elle est finie, la fête proprement dite de la charrue est arrivée à son terme. On se disperse et chacun va où il lui plaît pour festoyer sans ordre. Car les réjouissances ne durent pas moins de cinq fois vingt-quatre heures, où l'ivresse est générale et complète.»

La fin des semailles est suivie d'une *petite fête de la charrue* d'un caractère beaucoup plus modeste et plus sobre. On se contente de manger en famille du gruau et des œufs et d'aller ensuite jouer aux œufs sur les aires, afin, comme nous l'avons déjà dit, d'obtenir des grains pleins comme des œufs.

La fête vient d'être décrite telle qu'elle est célébrée par les Tchérémisses des prairies. Chez d'autres peuplades, elle est ou elle était beaucoup plus simple et suivait l'époque des semailles au lieu de la précéder.

LE ŠOROK-JOL, OU FÊTE DU PIED DE MOUTON.

Cette fête, à rites peu nombreux et fort simples, est à peu près pour le bétail ce qu'est celle de la charrue au regard de la moisson. On croit que si l'on va ce jour-là toucher le pied des brebis en prononçant cette invocation : « Puissent les brebis mettre bas deux agneaux et se multiplier », on aura abondance de bétail.

Elle a lieu un vendredi, entre le 21 et le 25 décembre; elle est commune aux Tchouvaches. Dans son zèle de néophyte et se basant sur une fausse étymologie, notre auteur la donne à tort comme une *fête de la Nativité;* interprétation réfutée par une note du rédacteur ou de la rédaction, probablement la personne qui aura été chargée par la Société des missions de reviser le texte russe des *Obriady*. En tout cas, voici comme l'auteur lui-même la décrit :

« Dans mon enfance, dit-il, les Tchérémisses avaient coutume ce jour-là et dès le chant du coq de se rendre, munis d'une pelle, chacun à son aire et d'y former quelques dizaines de tas de neige représentant autant de monceaux de grains appelés *kyšyl*. Dès le matin, mon grand-père et ma grand'mère mettaient sur une table un certain nombre de pièces d'un kopek, dont ils formaient de petits tas, figurant pour eux des centaines et des milliers de roubles; après quoi on nous envoyait, nous autres enfants, dans le jardin; enfonçant dans la neige jusqu'au-dessus des genoux, nous allions secouer les branches des pommiers en criant qu'il tombait des quantités de pommes; ensuite nous entrions dans la bergerie où, prenant les brebis par le pied, nous prononçions la formule consacrée, rappelée plus haut. »

Il était encore d'usage de faire des petits pâtés de viande et d'y mettre des kopeks et des licols minuscules de tille, de la forme de ceux dont on attache les veaux et fabriqués exprès. Quand on mangeait ces pâtés, celui à qui échéait un kopek devait devenir riche, gagner beaucoup d'argent; le licol annonçait grande richesse en bétail.

Chez plusieurs peuplades des Tchérémisses des prairies, la fête du Pied de mouton est remplacée par celle des jeunes filles. Toutes les jeunes filles du village se réunissent dans une maison et y apportent de la drèche, dont elles brassent de la bière. La fête arrivée, hommes et femmes se rendent à cette maison, où ils sont régalés de bière par les filles, qui chantent et qui dansent et en retour reçoivent de l'argent des visiteurs. Ce n'est pas le seul divertissement : hommes et femmes s'amusent à changer réciproquement de costume; c'est un petit carnaval. Il témoigne, comme au reste toutes les coutumes des Tchérémisses, de la grande liberté dont jouissent les femmes et qui forme un agréable contraste avec les mœurs musulmanes.

COMMENT ON DONNE UN NOM AUX ENFANTS.

Chez les Tchérémisses des prairies, la naissance des enfants n'est accompagnée d'aucune cérémonie religieuse ou prière, non plus que d'aucune réjouissance. La seule cérémonie en usage consiste à nommer le nouveau-né, et c'est la sage-femme qui, avec l'assentiment des parents, accomplit cet acte, au moment où elle coupe le cordon. Si la naissance a eu lieu un vendredi, jour qui s'appelle *kugarnja*, c'est-à-dire *kugu-arnja* ou « grande semaine », on ajoute ordinairement ce mot de *kugu* « grand » au nom de l'enfant :

kugèrga « grand fils », s'il est du sexe masculin ; *kugu-udiür* « grande fille », s'il est du sexe féminin. De même pour ceux qui sont nés le jeudi ou « petite semaine » ou le samedi, appelé *šumat*. Ce dernier mot ou l'épithète de *izi* « petit » sont ajoutés à leurs noms. Pour les autres jours de la semaine, il n'y a rien de particulier.

Ce qui est encore à noter, c'est qu'on cherche, et l'habitude s'en est conservée même chez les Tchérémisses baptisés, à reproduire autant que possible dans les noms des fils la première syllabe ou le son initial du nom du père et de l'aïeul. En voici quelques exemples :

Toktaul, Tokplat, son fils ; Toïblat, son petit-fils ;

Mikška et ses trois fils Mišas, Mičak et Miča ; ses neveux, Mikt, Miklaï, Mikla et Mikybyr ;

Efim, Epsutka, son fils, et les quatre fils de celui-ci : Ontrop, Orslan, Orska et Oci (Ontrop est, je crois, la forme russe d'Eutrope ; ici il y a donc mélange) ;

Ontrop, son fils Osip, ses petits-enfants Vasinga et Vasa (de Basile).

L'auteur ne cite aucun nom de fille ; il remarque seulement qu'ils sont soumis à la même allitération.

Quand il y a baptême, le prêtre impose à l'enfant un nom tiré du calendrier, en excluant tout nom *païen*, c'est-à-dire national.

A ce propos, il faut avouer que, en fait de nomenclature géographique et de noms de personnes, chrétiens et musulmans ont comme à l'envi répandu sur notre petit monde terrestre une déplorable uniformité. Le nombre des lieux appelés Victoria, Albert ou Wellington ne se compte plus, et bientôt ce sera au tour des Wilhelm et des Friedrich. Nous-mêmes n'avons-nous pas, à la Nouvelle-Calédonie, une presqu'île *Ducos,* en place d'un harmonieux vocable canaque? Vous voyez un Chinois avec sa queue, il répond au nom de Martin; un nègre de l'Afrique centrale, c'est un Ahmadou ou un Abdoulkerim, comme il y en a quelques centaines de mille parmi les Turcs, les Hindous, les Malais. Dans cet acharnement à effacer toute trace de l'histoire des lieux et des hommes, les Russes se distinguent par un trait particulier : il faut chez eux affubler presque tout nom étranger ou du moins asiatique, d'un *ev* ou d'un *ov;* de *tourguèn,* qui signifie je ne sais plus quoi en tatar, on a fait Tourguénév, et de *tchouval,* un «sac» en turc, un comte Schouvaloff. Chez les Tchérémisses, encore adorateurs des *jumo* et des *kérémètes,* il n'y aura bientôt plus que des Ivan Vassilitch ou des Vassili Ivanovitch, au choix. C'est bien monotone.

LE MARIAGE ET LES NOCES.

Il n'y a point, chez les Tchérémisses, de cérémonie nuptiale religieuse. Mais les cérémonies des noces, à commencer par la *demande,* sont toutes accompagnées de prières et de bénédictions, toujours répétées scrupuleusement dans les mêmes termes et qui ont évidemment un caractère religieux. C'est encore un karte qui, remplissant la principale fonction, adresse aux dieux les invocations consacrées. A côté de lui, un certain nombre d'autres personnages, hommes et femmes, ont aussi un rôle plus ou moins important; par exemple, le parrain et la marraine de noces, dans la dénomination desquels figure encore le mot arabe tatar de *kiamat,* et que les nouveaux mariés n'appelleront ou ne désigneront jamais, toute leur vie durant, que du nom de père et de mère. La fonction de la marraine est de tresser la chevelure de la fiancée, de lui mettre sa parure de tête et, lors de la distribution des cadeaux, de se tenir à genoux devant les parents du fiancé. Les autres sont : le conducteur du fiancé, qui ne doit jamais le quitter et est tenu en outre de goûter préalablement les aliments et les boissons; le maître des cérémonies; un couple, homme et femme, qui accompagnent la fiancée, un joueur de cornemuse et un joueur de tambour.

Avant de risquer sa demande, le prétendant envoie quelqu'un pour s'assurer des intentions de la jeune fille à son égard. Cela fait, lui-même et non point ses parents, chez les Tchérémisses des prairies, va faire la demande en compagnie d'un voisin ou d'un camarade. Chargés d'un petit sac de cuir qui contient des présents : une miche de pain, des beignets et une oie ou un canard rôti, ils vont d'abord trouver un courtier ou entremetteur, qu'ils envoient demander aux parents de la fille s'ils veulent recevoir le prétendu. Les convenances veulent de leur part un refus, fondé sur ce qu'ils ne songent pas encore à marier leur fille, refus qui n'empêche pas le fiancé de se présenter avec son acolyte. S'il est agréé, on commence par boire le vin qu'il a apporté. Le courtier va ensuite chercher la fille, qui s'était cachée chez quelque amie du voisinage, la ramène; elle revêt ses plus beaux atours et boit aussi du vin.

Il peut arriver que le père ne soit pas consentant, mais cela n'empêche pas la fille, quand le mariage est de son goût, de se parer, de se présenter et, sur l'invitation du courtier, de goûter à un verre de vin, en signe d'assentiment. Là-dessus les parents lui disent qu'elle s'est choisi elle-même un mari et qu'elle n'ait point à rejeter sur eux la faute de ce qui pourrait arriver plus tard. Tous alors se mettent à boire de l'eau-de-vie et l'on entame aussi les présents apportés par le fiancé. A ce moment, quelqu'un des vieillards prononce la première prière, ou, comme on dirait chez nous, appelle les bénédictions du ciel (l'énumération en est connue par ce qui précède) sur les fiancés. Le garçon dépose sur le pain qu'il a apporté une somme qui, selon son état de fortune, peut monter jusqu'à dix roubles.

Quelques jours plus tard, le père du fiancé se rend chez les parents de la fille pour savoir quelle dot (*kuzyk*) recevra celle-ci et aussi quel apport (« achat déguisé », *kalym*) est exigé du jeune homme. Alors commence une négociation opiniâtre (il n'est pas besoin d'aller jusque chez les Tchérémisses pour voir cela), qui dure des heures, car si l'apport demandé est élevé, par exemple, de quatre-vingts à cent roubles, l'autre partie exigera une dot proportionnée : des chevaux, un tarantass avec train en fer, une vache, des moutons, pour chaque membre de la famille et chacun des proches parents une chemise, et pour la fiancée elle-même quantité de vêtements.

Au jour convenu pour le mariage, le père et la mère du futur invitent habituellement leurs voisins et leur parenté dans le but d'aller chercher l'épousée. Premier régal, dont les détails sont très minutieux et au début duquel le karte, un vieillard choisi pour la circonstance et la tête couverte, invoque d'abord le grand dieu des sept parties du monde et le prédestinateur du sort des sept parties du monde, etc. (voir p. 10). C'est le karte qui invite chacun à boire et à manger. On danse au son de la cornemuse.

Après un certain temps, la danse cesse, un silence complet s'établit et le karte s'adresse au maître de la maison en ces termes :

« Vous nous aviez invités il y a une semaine, vous nous avez aussi invités aujourd'hui, nous sommes donc venus d'après votre invitation; nous avons mangé de votre pain non entamé, bu de votre bière non entamée, et d'après votre ordre nous avons dansé et nous nous sommes divertis. Puisque nous avons bu et mangé chez vous, où vas-tu nous envoyer ou bien que nous ordonnes-tu de faire? Si tu nous envoies faucher du foin, nous irons faucher du foin; si tu nous envoies moissonner, nous irons moissonner; si tu nous envoies couper des solives dans la forêt, nous irons couper des solives; si tu nous envoies en route (faire un charroi), nous irons en route; où que tu nous envoies, nous sommes prêts à y aller. »

A quoi l'interpellé répond :

« Depuis longtemps nous désirions prendre pour notre fils (son nom) et pour sa vie entière une famille convenable; c'est pourquoi, après avoir tenu conseil, nous avons demandé à (un tel) sa fille (le nom) afin qu'elle soit la compagne de notre fils sa vie durant; ainsi nous vous envoyons pour ramener à notre fils pour toute sa vie une famille (épouse) couvenable. »

Là-dessus le cortège se met en marche au son de la musique et en chantant. Mais il ne se rend pas directement à la maison de la fiancée; il fait d'abord une station, avec régal et prière, bien entendu, chez le courtier qui, lui, va aux informations chez le père de la fille, car si l'apport (*kalym*) exigé du fiancé n'a pas encore été acquitté en entier, le cortège n'est pas admis. Le courtier reçoit pour ses peines trois ou quatre roubles. Enfin, tout réglé, les invités s'acheminent vers la maison de la fille. Toutefois ils n'y sont pas admis sur-le-champ; on les retient devant la porte; seul le maître des cérémonies (*sabus*) y entre à trois reprises en adressant à chaque fois ce salut au maître : « Êtes-vous en santé et en joie ? » Réponse : « Nous sommes en joie et en santé, grâces à Dieu; entrez. »

Alors on offre un beignet au fromage au *sabus*, qui, après y avoir goûté, le rend en disant : « Nous sommes venus chez vous avec tant d'invités; nous recevrez-vous ? »

Le maître demande :

« Êtes-vous bien arrivés ? n'avez-vous pas eu quelque accident en route ? Vos chevaux, vos habits, tout est-il entier ? N'avez-vous point perdu en chemin vos bonnets et vos gants ? Vos effets sont-ils au complet ? »

Et le *sabus* répond :

« Rien n'est perdu, tout est au complet; seulement un tel (nom du fiancé) n'a qu'un gant, l'autre est perdu; voilà pourquoi nous sommes venus avec tant de gens chercher le gant qui manque; ne serait-il pas chez vous ? »

Après la troisième entrée du sabus, on permet au cortège de pénétrer dans la cour, dont le fiancé fait trois fois le tour du côté du soleil et sur sa charrette. La fiancée est sortie à sa rencontre, et, au moment où il passe à côté d'elle, elle marche à la suite de la charrette. On entre solennellement dans l'izba, où l'on reste d'abord debout et la tête couverte. Cérémonial infini, prières, etc.; j'abrège, en m'arrêtant seulement aux actes les plus caractéristiques.

Avant que les gens de noce ne repartent emmenant l'épousée, on revêt des habits de celle-ci un jeune garçon; la chose a lieu dans une izba séparée et se passe en présence d'un homme et d'une femme portant un titre particulier et qui servent comme de témoins de la part du marié, et a pour objet de préserver la mariée véritable du mauvais œil et de toute espèce de maléfices, quelque forme qu'ils puissent revêtir. Le gárçon ainsi travesti est amené au milieu des assistants par le courtier, qui lui fait faire trois fois le tour de la table où est le père de la fiancée et ensuite le reconduit dans l'izba où celle-ci se trouve. Elle reprend alors son costume et on l'amène auprès de son père et de sa mère. A l'un et à l'autre, elle passe des chemises, à titre de présent, et à leur tour, après qu'elle s'est assise à table entre eux, ils lui donnent quelque monnaie. On apporte alors sur un plat le « gruau du voyage »; tous y goûtent; après quoi les parents bénissent leur fille, que le fiancé prend par la main et conduit jusqu'au tarantass, qui doit les emporter; elle n'y entre pourtant pas tout de suite; mais posant le pied jusqu'à trois reprises sur le marchepied, elle recule chaque fois, et c'est seulement quand le sabus lui a touché le dos de son fouet qu'elle prend place au fond de la voiture, à côté de l'entremetteur, tandis que le marié s'assoit sur le siège. Les deux époux tournent trois fois les guides au moyen d'une petite serviette appelée *la serviette des guides*, et l'on part.

A la première barrière qui se rencontre, on y enfonce une aiguille en prononçant ces mots : « Que toute sorcellerie et tous maléfices restent ici ».

Le tarantass, arrivé à la maison du fiancé, s'arrête devant la porte. De la maison, on apporte aux époux un beignet et un gâteau au fromage ou un peu de beurre de vache. Tous les gens de la noce y goûtent, après quoi le sabus, prenant une aiguille, va l'enfoncer dans la porte en disant:

« Que les méchants sorciers ne puissent entrer ici; qu'ils trouvent cette barrière de fer », et ce n'est pas la dernière occasion où de semblables conjurations soient prononcées.

Pendant ce temps-là, les parents du fiancé se sont assis autour de la table en compagnie de vieillards du voisinage. Le maître des cérémonies vient à trois reprises se présenter devant eux, et la première fois il leur pose cette question :

« Selon votre ordre, et en compagnie de tant de gens, nous vous avons amené pour bru la fille (d'un tel); qu'avez-vous l'intention de donner à votre future bru? Elle désire le savoir. »

Les parents font dire qu'ils donnent une maison; le sabos rentre en disant que cela ne satisfait pas la fiancée : alors on dit qu'on lui donne un cheval ou une vache. A la troisième rentrée du sabus, ils le renvoient dire qu'ils lui donnent leur fils (un tel) pour mari. A peine a-t-elle ouï ces mots, qu'elle descend du tarantass. Sur le seuil, on met des pièces de monnaie sur lesquelles, avant d'entrer, elle marche en se tournant trois fois vers le soleil. Après avoir pénétré dans l'izba, un de ses premiers actes est d'offrir des chemises en présent aux parents de son mari, etc. Ensuite on apporte aux nouveaux époux un petit plat de nouilles, auquel eux seuls doivent toucher.

Ce plat porte le nom de *nouilles de l'enlèvement du voile*, parce qu'alors, pour la première fois, la mariée ôte le voile dont elle était restée jusque-là couverte.

Le temps est venu pour elle d'être coiffée à la manière des femmes. A cet effet, la marraine l'emmène dans la chambre et lui ajuste la coiffure dont il s'agit. Elle diffère de forme et de nom suivant les localités; la forme n'en est pas indiquée; nous apprenons seulement qu'à la parure qui la constitue, on ajoute encore un bonnet orné d'une queue de renard.

Dès qu'elle est coiffée, son premier devoir est d'aller chercher de l'eau en compagnie de quelques jeunes filles[1]. Elle jette d'abord trois grains de perles dans la fontaine en prononçant ces mots : «Puissé-je aller tranquillement (chercher de l'eau), qu'il ne m'arrive aucun malheur!» L'eau rapportée de la fontaine sert à la préparation d'un autre plat de nouilles qui est servi à la jeunesse, mais non aux vieillards. Là finit pour la mariée son existence de jeune fille. Les deux époux sont emmenés en grande pompe, avec danse et musique, à la chambre, où on les enferme pour une demi-heure ou une heure, usage qui, le remarque expressément l'auteur, n'a pas la même signification que chez les Russes, attendu, dit-il, que les rapports entre les deux époux ne commencent que trois jours après la noce et même beaucoup plus tard[2]. Quand ils ont reparu, sous la conduite du sabus et de la marraine, la mariée procède à la distribution très solennelle des cadeaux de noce, qui consistent en chemises et en serviettes. Les frères et les sœurs du mari demandent à leur nouvelle belle-sœur si les cadeaux qu'elle leur a offerts l'ont été sans arrière-pensée et si elle n'a pas l'intention de les réclamer plus tard. Quant au père et à la mère aussi de l'époux, ils commencent par

---

[1] Une coutume identique existe chez les Albanais d'Épire.

[2] Il ajoute, en note, qu'il est très rare parmi les Tchérémisses que les jeunes filles commettent une faute, et que même si une telle faute se découvrait lors du mariage, cela ne donne jamais lieu à un scandale public comme parmi les Russes : on lave son linge sale en famille.

boire la bière qu'on leur présente, puis en versent de l'autre dans des brocs, où ils jettent une monnaie d'argent, et qu'ils offrent aux époux, agenouillés devant eux, en prononçant ces paroles : «Après avoir foulé aux pieds quarante et un sorciers et après avoir obtenu quarante et un biens, levez-vous.» Le sabus, les joueurs de musette et de tambour reçoivent aussi leur serviette, et tout en s'en essuyant le visage, ils disent : «Puissent-ils avoir neuf fils et sept filles et neuf brus et jouir d'une longue vie!»

Le cérémonial des noces est à son terme, il ne reste plus qu'à banqueter, et le festin se prolonge plus ou moins longtemps, selon les moyens de l'époux.

C'est seulement quand il est fini que les Tchérémisses baptisés vont à l'église se faire marier. Il en est quelques-uns cependant qui commencent par là.

L'usage d'enlever les filles, même malgré elles, a subsisté parmi les Tchérémisses, mais aujourd'hui il a disparu. Seulement l'appauvrissement général a mis à la mode une sorte d'enlèvement simulé, qui a pour but d'épargner aux deux familles des dépenses toujours considérables. La fille s'échappe de la maison paternelle et se rend chez l'amoureux, où l'on s'empresse de lui mettre la coiffure des femmes mariées, et, d'un accord commun, les noces *furtives* se font sur un grand pied d'économie. Parmi les peuplades des Tchérémisses montagnards, il en est une, celle que les Russes désignent sous le nom géographique de *Kosmodémion*, qui, tout en ayant adopté plus que d'autres les formes du christianisme et les usages russes, a conservé en fait de noces certaines coutumes à noter. Je le ferai très brièvement.

Dans cette peuplade, les invitations sont faites par deux individus appelés *or-vingy*, qui arrivent à cheval et en chantant, et dans chaque maison s'acquittent de leur mission en ces termes :

« Pierre, fils d'Ivan Nikolaïévitch (par exemple), a demandé en mariage Marfa, fille de Daniel Vasiliévitch. Pour les gens de la noce, on a préparé à boire et à manger; il y aura de la bière à porter une barque, de l'eau-de-vie à boire par grands seaux. On nous a envoyés pour vous inviter, afin que qui voudra vienne aux noces. »

Lors de la distribution des cadeaux, l'épousée et la courtière se tiennent prosternées devant le père, la mère et les parents du fiancé, tandis que le courtier leur tient ce langage au nom de la jeune femme :

« Votre nouvelle bru dit : « Après avoir soigneusement filé
« le chanvre jusqu'au chant des coqs, après avoir, en repous-
« sant le sommeil de la nuit, soigneusement fabriqué de la
« toile, après avoir soigneusement taillé et cousu ces che-
« mises, je viens de les mettre sur vous et de vous *blanchir*.
« Recevrez-vous avec amour ces chemises faites par moi ou
« non? dites-le. » Ainsi parle-t-elle. Si vous n'osez dire qu'elles ne sont pas à votre gré, du moins toussez. »

Réponse de celui qui est interpellé :

« Cette chemise est bonne, elle me plaît. Dieu leur accorde une longue vie, d'être riches, de voir leurs cheveux et leur barbe blanchir, devenir aussi blancs que l'est cette toile; autant il y a de fils dans cette chemise, autant d'années puissent-ils vivre; qu'ils aient sept fils, sept filles et sept brus; qu'ils vivent pour voir les petits-enfants de leurs petits-enfants. »

Sur quoi le courtier reprend :

« Votre nouvelle bru dit : « Pour vous faire honneur, je
« viens de mettre sur vous cette chemise et de vous *blanchir;*

«mais vous, de quels cadeaux comptez-vous m'honorer en
«retour? Je désire le savoir, » dit-elle. Voulez-vous lui donner
en retour un cheval, voulez-vous lui donner une vache,
voulez-vous lui donner une oie, ou voulez-vous lui donner
un canard, ou voulez-vous lui donner une poule? Que
voulez-vous lui donner? Il est temps de le dire. »

Le père et la mère de l'époux se montrent dans leur réponse plus ou moins généreux selon le nombre de leurs enfants. Quant aux autres parents, ils s'en tirent par le don de quelque animal domestique.

A cette manière de doter une fille, on ne saurait assurément refuser le mérite de l'originalité.

FUNÉRAILLES ET USAGES QUI S'Y RATTACHENT.

Le mort tchérémisse est dûment invité au banquet solennel qui suit sa mise en terre, et, bien qu'il soit censé y assister, il n'en est pas moins représenté matériellement par quelque individu affublé de sa défroque. Usage qui rappelle curieusement celui des Romains, chez qui, aux pompeux enterrements des grands personnages, à la suite du char portant le cadavre et en tête de la longue file des images ancestrales, on voyait un bouffon revêtu du costume du défunt et imitant son air, sa démarche, ses gestes.

Habituellement, quand une personne âgée, homme ou femme, est à l'article de la mort, ses enfants lui demandent pour eux et leur propre postérité sa bénédiction ou, si l'on veut, l'expression de souhaits de prospérité. Le cadavre préalablement lavé, revêtu d'habits propres et chaussé de *lapti*[1] neufs, est placé dans une bière qui ne diffère de celle

---
[1] Chaussure faite d'écorce de tilleul.

des Russes qu'en ce qu'une petite fenêtre ou ouverture carrée est ménagée sur l'un des côtés. Au moment où on l'y dépose, on appelle le défunt par son nom, en lui disant : « Que ta place soit chaude! » On le recouvre de toile sur laquelle on place de longs fils de soie ou de laine, en prononçant ces mots : « Que cela te serve de balançoire! » Les brus, parentes et voisines du défunt apportent aussi chacune un morceau de toile d'une demi-aune ou environ, qu'elles déposent sur le visage du mort en disant : « Père (ou oncle) Jean (par exemple), voici pour te couvrir le visage. »

Ensuite on place des chandelles à l'extrémité du cercueil et près d'une écuelle vide, mise là en l'honneur du défunt. Chacun des assistants, prenant une des crêpes préparées pour l'occasion, la réduit en miettes qu'il jette dans l'écuelle, en disant : « Que cette crêpe arrive jusqu'à toi (te satisfasse). Ne pars pas sans boire et sans manger, ayant faim. »

S'il y a de la bière et de l'eau-de-vie, on en verse aussi un peu dans l'écuelle, en prononçant les mêmes paroles.

Cette cérémonie accomplie par tous, le cadavre est placé sur une charrette et, tout en nouant le bas de son vêtement, on lui dit : « N'emporte pas avec toi ta chance, laisse-nous ta chance. »

Au moment du départ une poule est égorgée, pendant qu'on adresse ces paroles au défunt : « Avec ce sang, rachète ton sang de la mort. »

Si le défunt était baptisé, on le porte d'abord à l'église, sinon directement au cimetière païen. Avant de le descendre dans la fosse, on lui met un bonnet, des gants, trois crêpes sur la poitrine et un kopek : « Que cet argent te serve pour acheter la terre. » Ensuite on le descend au moyen de cordes faites pour l'occasion, en prononçant ces paroles :

« Que ton lieu soit chaud ! » Au moment où le cercueil touche le fond, ceux qui le tiennent le soulèvent un peu et le baissent jusqu'à trois fois, en disant : « Ne crains rien ! ne crains rien ! ne crains rien ! », et ils abandonnent les cordes, de même que les pelles qui ont servi à creuser et à remplir la fosse. Avant de s'éloigner, les assistants touchent la tombe de la main, en disant : « Que le poids de la terre soit sur les anciens morts et non pas sur toi ! »

La charrette qui a servi à transporter le cadavre reste trois jours dans la rue à la porte de la maison. Les copeaux provenant du cercueil sont jetés dans un ravin.

Après le retour à la maison, les voisins et les parents, qui assistaient aux funérailles, reçoivent chacun un kopek. On dîne, et pendant ce repas, comme pendant chacun de ceux : déjeuner, dîner et souper, qui auront lieu dans les quarante jours suivants, une écuelle, contenant un peu de tous les aliments servis, est placée à part en l'honneur du défunt.

Ici nous ne sommes, pour ainsi dire, encore qu'au début des cérémonies funéraires. En effet, une triple commémoration des morts a lieu le troisième, le septième et le quarantième jour après le décès. Il y a peu à dire des deux premières, mais la troisième offre des détails fort intéressants.

Pour cette commémoration du quarantième jour, la famille brasse de la bière, achète une ou deux mesures (*vedro*[1]) de bière, les riches mêmes jusqu'à trois, tue un bélier ou une brebis, mais obligatoirement une poule, et invite tous les parents et voisins. Le jour même, au coucher du soleil,

---

[1] Le *vedro* russe est d'une contenance de 10 litres 229.

on se rend à la tombe afin d'inviter le défunt; pour cela, on dépose dans une charrette divers objets à son usage : un coussin, une miche de pain ou des crêpes et une bouteille d'eau-de-vie. Arrivé au cimetière, on brise le pain en miettes, on le pose sur la fosse et on l'arrose d'eau-de-vie, en disant : « Que cela arrive jusqu'à toi! » Ensuite on adresse au mort cette invitation : « Voilà que ta quarantième fête (*pajram*) est arrivée, viens à ta fête. Aïeux, aïeules, oncles, tantes et parents, venez tous; seigneur de ce monde, juge et maître de ce monde, laissez-le se rendre à sa fête, et vous-mêmes accompagnez-le à sa fête. »

Lors du retour à la maison, quelqu'un de la famille sort à la rencontre du défunt, et ceux qui étaient au cimetière lui disent : « Voici que nous ramenons comme convive tel et tel (on dit son nom); vous, faites-lui accueil, invitez-le à entrer dans l'izba. » L'homme, venu à la rencontre du défunt, appelle celui-ci par son nom et dit : « Viens à ta quarantième fête, entre dans l'izba avec nous. »

Ensuite, prenant le coussin, il le porte dans l'izba, le dépose à la place où sera l'écuelle destinée au défunt et allume des chandelles.

Au moment où il pose le coussin sur un banc, il répète encore son invitation.

Tous les convives étant réunis, un vieillard, choisi parmi les plus expérimentés, et faisant fonction de karte, s'assied, colle une chandelle à l'écuelle du défunt ou à une bûche placée là exprès, allume les chandelles et prononce la commémoration en ces termes :

« Père ou oncle Aleksa, voici que nous célébrons ton quarantième jour, nous te dressons un grand cierge d'argent, que ce cierge arrive jusqu'à toi (te satisfasse), que ton monde de ténèbres s'éclaire pour toi, puisses-tu avoir la félicité, vis dans le contentement!»

Tous les autres ancêtres, parents et voisins précédemment décédés, sont supposés être aussi venus à la fête, et des chandelles sont allumées en leur honneur. Cependant le vieillard, après avoir jeté des fragments de crêpes et versé un peu de bière et d'eau-de-vie dans l'écuelle, répète ce qui vient d'être rapporté, et en prononçant le nom du mort, il ajoute : « Que ce régal, nourriture et boisson, arrive jusqu'à toi; puisses-tu avoir beaucoup à boire et à manger!... »

Cette même formule est répétée ensuite par les autres assistants. La poule et des œufs sont divisés en morceaux, tous en goûtent à la ronde et ce qui reste est placé sur la table.

Les voisins apportent également des crêpes, qui une bouteille d'eau-de-vie, qui une poule bouillie. Le vieillard, en les recevant, dit : « Voici que ton voisin tel (le nom), par honneur et par affection pour toi, a apporté ce régal : qu'il arrive jusqu'à toi! », etc.

La répétition de ces formules sacramentelles est interminable; ce qui y apporte un peu de variété, c'est que, pendant qu'elles se débitent, on joue de la cornemuse ou du psaltérion[1], mais sans chanter ni danser.

Danses et chants ne commencent que lorsque, tous ayant *commémoré* le défunt, les convives sortent dans la cour, emportant l'écuelle de celui-ci, une cruche de bière et une bouteille d'eau-de-vie; dans cet équipage, ils vont jusqu'à la palissade ou à la grange, et là brisent et jettent l'écuelle,

---

[1] *Gouzli*, en russe. Ce n'est pas du tout l'instrument qui porte ce nom en serbe; mais je crois cette espèce de harpe horizontale (*tsimbalom*) en usage parmi les Tziganes de Hongrie.

la cruche et la bouteille (après les avoir vidées), en appelant le défunt. Après quantité d'autres commémorations, vient une invocation qui est à noter. Elle est adressée au seigneur du monde, etc., « qu'on supplie de tenir solidement le défunt, de ne pas le laisser revenir au logis pour effrayer les vivants ou leur faire du mal ». C'est-à-dire que les Tchérémisses croient, ni plus ni moins que les Français, aux revenants.

Cependant un individu, qui a été désigné par le défunt avant d'expirer, revêt les habits de celui-ci, qu'il va décrocher sans bruit de la solive où ils sont suspendus. Il reste sur l'escalier, pendant que tous rentrent dans l'izba; après quoi, l'interpellant du nom du mort, ils lui adressent l'invitation suivante :

« Ô père Jean! tu es déjà arrivé à ta fête, entre dans l'izba festoyer avec nous; après avoir passé la nuit, tu repartiras demain à l'aube. »

Tous sortent et le pressent d'entrer, mais il fait d'abord semblant de s'y refuser; on apporte de l'eau-de-vie et de la bière, et on lui donne à boire; puis, quand il est entré, on le fait asseoir à la première place. Tous l'interpellent du nom du défunt qu'il représente; si la femme de ce dernier est encore vivante, elle l'appelle son *vieux*, et les enfants leur père. Réciproquement, il leur dit : « *Ma* femme, *mes* enfants. » La musette ou le tympanon se fait entendre, et l'on invite celui qui fait le personnage du mort à danser le premier.

Il se rend à cette invitation, mais en se bornant toutefois à se tourner trois fois du côté du soleil; pour les autres, ils se livrent aux danses accoutumées, tout en chantant. Le festin se prolonge toute la nuit ou à peu près, jusqu'à ce qu'enfin le compère déguisé dépouille le costume du mort, et ainsi finit la cérémonie.

Outre ces honneurs, qui accompagnent ou suivent les funérailles individuelles, les morts ont encore annuellement trois fêtes communes, c'est-à-dire célébrées à la même époque dans chaque famille d'abord, et ensuite par une réunion d'un certain nombre de ménages. On les appelle *kološa-pajram* « fête des morts », ou *tošto mari-païram* « fête des anciens hommes ». L'une commence le jeudi de la semaine sainte et se prolonge jusqu'au samedi dans une immense *beuverie*, au cours de laquelle on ne voit guère, paraît-il, d'adulte qui ne soit ivre.

Les deux autres fêtes ont lieu le septième dimanche qui suit la Pentecôte, et après l'enlèvement des récoltes. On s'y grise moins, parce qu'elles sont de plus courte durée. Des rites observés, il résulte que les morts sont considérés, au moins par le plus grand nombre des Tchérémisses, comme des dieux (des Mânes), auxquels on adresse à peu près les mêmes prières et de qui l'on attend les mêmes faveurs que des dieux reconnus.

La fête principale commence le mercredi saint par des observances, qui sont à peu près les mêmes que celles des Juifs au jour du sabbat : aucun travail, pas de poêle allumé, ni de sol balayé; de plus, on se garde de toucher à un bâton ou de prendre un fuseau, lesquels, l'été venu, se changeraient en autant de serpents. Puisque j'en suis sur l'article des superstitions qui ont cours à l'endroit des morts, il me faut ajouter que, tous dieux qu'ils sont, ils ont la propension maligne de causer des maladies aux gens et au bétail; ainsi, dans une prière, on leur adresse cette supplication :
« Ne (nous) touchez pas au cœur ni au foie, et ne faites

point de mal au bétail. » En effet, les maladies du cœur et du ventre leur sont attribuées, et quand un animal domestique reste égaré pendant plusieurs jours, ce sont les morts qui le cachent; on leur promet alors une *commémoration*.

Le jeudi saint, la véritable fête commence, d'abord dans chaque famille seule, pour se continuer dans une réunion d'un certain nombre de ménages. Les rites et les pratiques qu'on y observe n'offriraient plus rien de nouveau au lecteur : toujours les mêmes crêpes et autres friandises, la même bière, les mêmes chandelles, la même poule sacrifiée et les mêmes invocations répétées sans cesse et sans fin, qui ne sont, en somme, que des variantes ou un abrégé de la grande prière traduite plus haut. Il faut pourtant en donner un ou deux exemples.

La première de toutes est adressée à trois êtres surnaturels, d'un caractère très vague, « Le maître (ordonnateur) de l'enfer, le chef de l'enfer, le juge de l'enfer. » Le mot russe *ad* (dérivé du *hadès* grec) est employé ici à rendre deux mots, dont l'un est tatar, *tamyk*, et signifie « enfer », et l'autre arabe, *kiamat*, et désigne la résurrection des morts dans les idées musulmanes. Le fait est que les Tchérémisses ne comprennent qu'imparfaitement ou pas du tout ces mots étrangers. Croient-ils à l'enfer? Croient-ils à une autre vie, différente de la semi-existence ou de la demi-mort de la tombe? Nulle part notre auteur ne s'explique là-dessus, et son silence est significatif.

Une des nombreuses cérémonies de la fête consiste en ce que, à un certain moment, quatre ou cinq individus sortent de l'izba dans la cour, au son de la cornemuse, et y font entre autres quelques libations (la bière répandue en l'honneur des morts a la vertu, quand on en boit, de préserver du mal de dents); puis, rentrant dans l'izba, ils disent à ceux qui y étaient restés que les anciens morts les ont chargés de transmettre leur bénédiction en ces termes :

« Vivez heureusement, que votre blé soit abondant, que vos maisons soient riches, nombreux soit votre bétail, que vos femmes vous enfantent des jumeaux, que vos familles soient nombreuses! Vivez dans l'aisance et la prospérité. »

DES KÉRÉMÈTES.

On a déjà vu que les Kérémètes, appelés aussi dans quelques endroits *vodož*, sont comme l'antithèse des dieux, qu'ils tourmentent les hommes, leur envoient des maladies ainsi qu'au bétail et que, dès lors, c'est à eux que les hommes doivent adresser prières et offrandes pour obtenir la guérison, à moins pourtant qu'il ne s'agisse de peste, d'épidémies, d'épizooties, car c'est des dieux qu'on implore en commun, la cessation de ces calamités[1].

Au reste, il y a un autre moyen, plus économique, de régler ses comptes avec un kérémète trop importun. C'est à peu près celui employé dans la fable de *L'Homme et de l'Idole de bois* :

> Certain païen chez lui gardait un dieu de bois,
> ....
>   Il lui coûtait autant que trois :
>   Ce n'était que vœux et qu'offrandes,
> Sacrifices de bœufs.....
> A la fin, se fâchant de n'en obtenir rien,
> Il vous prend un levier, met en pièces l'idole.

[1] Voir ci-dessus, p. 20.

C'est ainsi qu'un certain Tchérémisse du nom de Moïse, excédé des vexations d'un kérémète qui ne lui laissait pas de repos et lui envoyait maladie sur maladie, résolut de se défaire de lui. Pour cela, aidé de quelques voisins, il entoura de broussailles et de paille le bouquet de bois consacré audit kérémète, et le feu y fut mis. Bientôt on vit fuir un animal ressemblant à un chien, sans aucun doute le kérémète, et que les Tchérémisses assommèrent. Quelques-uns le virent plus tard en songe; il leur dit que, puisqu'on avait brûlé sa demeure et qu'on l'avait tué lui-même, il s'éloignait pour toujours. Et de ce moment, Moïse fut tranquille et exempt de maladies.

Ce paraît être pourtant un cas unique que cette exécution, et les kérémètes, semble-t-il, jouissent ou jouissaient d'un crédit égal à celui des dieux. Bosquets à eux particulièrement consacrés (il n'y en a pas moins de neuf autour d'un village que l'auteur ne désigne que par des initiales), arbres sacrés, prières, offrandes et sacrifices, il ne leur manque rien et l'on ne voit pas trop en quoi leur culte diffère de celui rendu aux *jumo*, aux dieux bienfaisants. Une anecdote qui se rapporte à un fait de la vie de notre auteur montre ce culte en action et nous dispensera de tout autre détail sur un sujet déjà épuisé :

«Mon grand-père, dit-il, était commerçant. Ma grand'mère était dévote à Dieu, non moins qu'aux kérémètes. Elle priait de préférence saint Nicolas, d'ordinaire en faisant le signe de la croix. Mais quand les affaires allaient mal, il fallait absolument acheter des petits pains et de l'eau-de-vie et les offrir aux kérémètes afin d'obtenir leur assistance. Lorsqu'elle mourut, j'avais environ quatorze ans; déjà je fréquentais l'église et j'écoutais la lecture de l'Évangile, mais nos parents ne voulaient pas encore vivre à la russe, c'est-à-dire qu'ils continuaient à adorer les kérémètes et n'observaient pas les carêmes. Il arriva que mon frère le plus jeune, Artémi, âgé de six ans, tomba malade. Ne sachant que faire, mes parents s'adressèrent aux sorcières, et celles-ci, ensuite de leurs conjurations, prononcèrent que la maladie était l'œuvre de trois kérémètes : Iar, Iauš et Iksa, et qu'il fallait leur sacrifier trois veaux. Nous avions justement alors trois veaux, et mon père, sans hésiter, les offrit en sacrifice, sans profit pour le malade. Une sorcière à qui il eut de nouveau recours prescrivit cette fois le sacrifice de trois moutons, ce qui fut encore fait. On sacrifia encore à d'autres kérémètes, mais sans succès; la santé de l'enfant ne s'améliorait pas. Alors les sorcières dirent que les offrandes n'avaient pas été agréées par les trois premiers kérémètes, mais comme il ne restait plus de veaux à mon père, elles lui conseillèrent de les remplacer en achetant au bazar chez le boucher les têtes de trois de ces animaux, avec les pieds et les cœurs. L'acquisition faite, il fallait aller les brûler dans un ravin et, pour cela, y porter du bois. Je me refusai d'abord à le faire, en alléguant que je ne voulais pas adorer les kérémètes, qui n'étaient que des démons. Je finis pourtant par me laisser persuader, mais, après avoir déposé à terre ma charge de bois, je me postai à quelque distance pour observer ce que ferait mon père. Ayant allumé le bûcher et disposé au-dessus les têtes, il s'agenouilla et commença à supplier les kérémètes de les agréer gracieusement et avec amour; après quoi il se mit à les arroser d'eau tout comme si elles eussent été vivantes et afin de les faire tressaillir, en signe qu'elles étaient agréables; toujours à genoux, il se prosterna plusieurs fois et finit par prendre et secouer successivement chacune des têtes en prononçant ces mots : *vičken, aratèn nalda, irsyr̄zym iryktyda*! « Recevez gracieusement et avec amour »! Et cela fait, il se mit à dire : *tau, tau, tau, yrzialtaryšta*! « Merci, merci de ce que vous les avez fait tressaillir. »

« Toute cette cérémonie par laquelle mon père semblait vouloir tromper les kérémètes, me parut si ridicule que je ne pus me retenir d'éclater de rire; de quoi mon père me tança en disant que j'avais ainsi offensé les kérémètes, qui n'agréeraient pas le sacrifice. Cette année-là, on dépensa chez nous de cette manière et sans aucune utilité environ trente-cinq roubles. Mais, l'année suivante, la famille commença à observer les jeûnes et à fréquenter l'église. Les kérémètes furent abandonnés. Aujourd'hui, en cas de maladie, on a recours aux prières de l'église, quelquefois même à l'extrême-onction. »

Les kérémètes n'ont, pas plus que les dieux, de véritables noms; ils sont désignés comme suit :

Grand homme de la montagne.
Intercesseur auprès de lui.

Oncle du pont (*küvar*).
Intercesseur auprès de lui...

Kérémète du haut de la montagne...

Nouveau kérémète...

Kérémète des abeilles...

Kérémète qui fréquente le village...

Kérémète de la cabane.

Et chez une peuplade de Tchérémisses montagnards :

Vodož (ou kérémète) de fer.
Sa mère.
Son fils.
Intercesseur ou laquais qui porte le pan de son habit.

Vodož du rivage...
Sa mère, etc.

Kérémète du lac.

Kérémète du fossé.

Kérémète-Makar.

Kérémète de la source de l'Iounga.

Vodož de la cabane.

Ces dénominations sont bien vagues. Au reste, sous quelle figure les Tchérémisses se représentent-ils ces ennemis de leur repos ? C'est ce qu'on ne nous dit pas, pas plus que pour les dieux. Ceux qui vont à Kazan prennent la statue, plus grande que nature, du poète Derjavine pour le kérémète appelé *grand homme de la montagne*, à cause des grandes dimensions de la statue, et il en est de même de la *grande* image miraculeuse du Sauveur qui se trouve dans l'église du monastère de Kizik.

Ce même kérémète *Kuruk-kugu-jyng* est encore appelé *Tzar du Nord*. Il possède une armée invisible qui, en temps de guerre, vient au secours de l'empereur de Russie; aussi ce dernier lui adresse-t-il des prières, faute de quoi le kérémète passerait du côté de son adversaire. L'image miraculeuse dont il vient d'être parlé, est même pour eux une preuve que les Russes prient ce kérémète.

L'origine bien peu ancienne, semblerait-il, de ces êtres a donné lieu à quelques traditions des plus puériles.

Le *vodož* de fer et le *vodož* du rivage étaient, raconte-t-on, d'abord des soldats déserteurs qui faisaient beaucoup de mal aux Tchérémisses; ils savaient des formules magiques, ce qui rendait presque impossible de les prendre. A la fin pourtant, cernés de tous côtés, ils grimpèrent sur un chêne qui s'élevait au bord même de la Grande-Iounga, et de là ils dirent aux gens qui les entouraient que, même après leur mort, ils les tourmenteraient, les affligeraient de diverses maladies et qu'il serait impossible aux Tchérémisses de vivre, s'ils ne les adoraient. Cela dit, ils se précipitèrent dans le fleuve, où ils trouvèrent la mort. D'après les prescriptions des sorciers, on commença à leur offrir des sacrifices. Selon cette tradition, c'est alors seulement qu'il se forma des kérémètes; il n'en existait pas auparavant et l'on n'honorait que les dieux.

Je finis par l'histoire du kérémète *Makar* (Macaire) dont le nom figure dans la seconde des listes données plus haut :

« Makar était un chicaneur qui ne cherchait que procès. Il avait quatre fils[1]. Or un jour qu'il avait un litige à propos d'un champ, il imagina, avant que le peuple se transportât sur le lieu contesté, de creuser aux quatre coins du champ autant de petites fosses où il plaça ses fils, et, afin qu'on ne les vît pas, il les recouvrit de gazon et de feuilles. Le peuple arrivé, il lui proposa de demander à la terre elle-même à qui elle appartenait. La question fut en effet posée, et les fils, de leurs cachettes, répondirent qu'elle était à Makar. En conséquence, le peuple, voyant que la

[1] Cette histoire fait songer involontairement à l'ancienne satire si populaire en Russie sous le nom de *Jugement de Chémiakine*.

terre elle-même avait prononcé, l'adjugea à Makar. Mais il ne s'éloigna pas aussitôt et quand le père, resté seul, alla découvrir les fosses, il y trouva ses quatre fils morts étouffés. Ce que voyant, il expira sur-le-champ; après quoi se forma là même le kérémète Makar. »

Son nom, sous la forme de *Makarlyk*, est devenu une injure et une malédiction.

NOTICE BIOGRAPHIQUE

SUR

JEAN ET THÉODOSE ZYGOMALAS,

PAR

M. ÉMILE LEGRAND,

PROFESSEUR À L'ÉCOLE DES LANGUES ORIENTALES.

AVIS AU LECTEUR.

Nous tenons à déclarer, en tête de cet essai biographique, que nous ne le considérons pas comme une étude définitive. Il y reste plus d'une lacune à combler, qui le sera peut-être quelque jour par de nouvelles découvertes. Le but que nous nous sommes efforcé d'atteindre était de recueillir et de coordonner tous les détails concernant la vie des deux personnages que nous voulions mettre en lumière. Si nous y avons réussi, c'est surtout grâce aux documents aussi nombreux qu'intéressants que M. Basile A. Mystakidès a copiés à notre intention, avec un zèle et un soin au-dessus de tout éloge, dans divers manuscrits de Martin Crusius, conservés à la Bibliothèque universitaire de Tubingue. Que M. Mystakidès nous permette de lui exprimer publiquement ici la vive reconnaissance que nous gardons de l'affectueux dévouement qu'il a mis à nous seconder; son précieux concours nous a permis de rendre moins imparfait le travail qu'on va lire.

NOTICE BIOGRAPHIQUE

SUR

JEAN ET THÉODOSE ZYGOMALAS.

Le prince ou le seigneur auquel appartenaient Argos et Nauplie vers la fin du xive siècle[1] avait pour trésorier, dans la première de ces villes, un certain Michel Sagomalas[2],

---

[1] Les renseignements vagues et erronés fournis par Théodose Zygomalas (voir *Turcogræcia*, p. 92) ne permettent pas de déterminer avec précision sous quel prince son trisaïeul était en fonctions. On ne saurait toutefois placer la naissance de Michel Zygomalas à une époque plus ancienne que 1375 ou 1380. Le dernier Français qui régna sur Argos et Nauplie fut Guy d'Enghien. Sa fille ayant épousé un Vénitien, la Sérénissime République profita de ce mariage de l'unique héritière pour se faire céder par elle les deux dites villes contre une pension annuelle et viagère de sept cents écus d'or. Cette cession eut lieu, suivant la chronique de Dorothée, en 1389 (voir Buchon, *Nouvelles recherches historiques sur la Principauté française de Morée*, t. I, première partie, Paris, 1843, in-8°, p. 136), mais Venise n'en jouit pas longtemps, car Nerio Acciaiuoli et son gendre Charles Tocco avaient déjà occupé ces deux seigneuries. Ce fut peut-être sous leur gouvernement que Michel Zygomalas remplit la charge de receveur des finances. En tout cas, il ne saurait être question des de La Roche, dont le dernier rejeton mâle était mort au mois d'octobre 1308 (Cf. Buchon, *ibidem*, p. xci).

[2] Il y a dans le texte (*Turcogræcia*, p. 92) Καγομαλᾶς, faute typographique que Crusius a corrigée dans son errata (*ibid.*, f. liminaire signé β 4, verso). Cette rectification n'a pas empêché plusieurs auteurs modernes de reproduire l'erreur primitive. Et pourtant la traduction latine de Crusius (*ibid.*, p. 92) donne *Sagomalas*; dans le titre de l'épigramme de Jean en l'honneur du Conseil des Dix (*ibid.*, p. 259), on trouve encore Σαγομαλᾶς, et aussi à la page 323 (*ibid.*).

qui était, en outre, vérificateur des poids et mesures. Cette seconde fonction lui valut, paraît-il, de voir son nom primitif transformé en celui de Zygomalas, métamorphose qui avait l'avantage de rappeler constamment aux intéressés les balances, à la justesse desquelles il était tenu de veiller. Ce Michel, le plus ancien des Zygomalas dont il soit fait mention, eut un fils nommé Jean, qui abandonna Argos, berceau de sa famille, pour aller se fixer à Nauplie. Jean Ier eut pour fils Eustathe, qui fut père de Jean II et aïeul de Théodose[1]. C'est spécialement de ces deux derniers que nous avons à nous occuper ici. On ne possède d'ailleurs sur les autres que fort peu de renseignements.

[1] Voici le passage de la lettre de Théodose Zygomalas concernant sa famille (*Turcogræcia*, p. 92); il s'adresse à Crusius : Θαυμάζω δὲ καὶ κατὰ τοῦτο ὅτι καὶ κώνωπος οἰκίαν ζητεῖς, καὶ γενεὰν ἡμῶν μαθεῖν θέλεις · πλὴν καὶ τοῦτο οὐκ ἀποκνήσω. Ὡς ἀκούω καὶ ὡς ἐν εὐεργετικοῖς ἀρχοντικοῖς γράμμασι τοῦ γένους ἡμῶν ὁρῶ, πρὸ τριακοσίων ἤδη ἐνιαυτῶν (τὸ ἐκεῖθεν δὲ ἀφίημι λέγειν διὰ τὸ μακρήγορον), ὅτε Γουιδών τις ντὲ Βὶν (?) λεγόμενος, Γάλλος, καὶ ὁ μετὰ τοῦτον Ἰάκωβος ντὲ λὰ Ῥόκας ἦσάν ποτε κύριοι Ἀθηνῶν, καὶ ἐνωτίζοντο ὅτι ἡ νέων Ῥωμαίων, εἴτε Γραικῶν, βασιλεία ἀσθενεῖν ἄρχεται, καὶ εἰς Ἄργος μετῴκησαν, τότε Μιχαῆλον Σαγομαλᾶν Θησαυροφύλακα εἶχον · καὶ πᾶν ὅ τι ζυγῷ διεδίδοτο ἦν ἐπ' ἀδείας αὐτῷ · ὅθεν, ὡς οἶμαι, καὶ τὸ Ζυγομαλᾶς ὠνομάσθη, ζυγοστατεῖν ὡρισμένος καὶ τὰ μέτρα τῆς ἀρχῆς διευθετεῖν. Καὶ μετὰ Μιχαῆλον Ἰωάννης Ζυγομαλᾶς, ὅς καὶ μετῴκησεν εἰς Ναύπλιον · Ἀργεῖοι γὰρ τὸ ἀνέκαθεν ἡμεῖς · καὶ μετὰ Ἰωάννην Εὐστάθιος ὁ ἐμὸς πάππος, εἶτα πατὴρ Ἰωάννης ὁ ἐμός, καὶ ἐγώ, σὺν Θεῷ, ἔχων ἀδελφὸν ἕνα καὶ ἀδελφὰς δύο. Et plus loin (*ibid.*, p. 93) : Εὐχὴν δὲ σολομώντειον εἶχε καὶ ἔχει τὸ γένος ἡμῶν · οὔτε πλοῦτον, οὔτε πενίαν, ἀλλὰ τὰ δέοντα, καὶ οὔτε τῶν περιβλέπτων, οὔτε τῶν ἀφανῶν · μούσαις συνόντων καὶ ὑπηρετούντων αὐταῖς, καὶ τῇ μεταδόσει τούτων, καὶ ταῖς ἐπιστήμαις βοηθούμενοι καὶ τρεφόμενοι.

I

Jean Zygomalas naquit à Nauplie, vers 1498[1]. Les premiers éléments de l'instruction lui furent donnés dans sa ville natale[2]; et, comme il nous l'apprend lui-même[3], il suivit, pendant un peu plus de deux ans, les leçons d'un maître habile, que Staurace Malaxos avait attiré à Nauplie, mais dont le nom nous est malheureusement inconnu. Il fut aussi élève du célèbre Arsène Apostolios, archevêque de Monembasie, et eut, à l'école de ce savant prélat, François Portus pour condisciple[4].

Il était, à cette époque, impossible aux jeunes Grecs d'acquérir dans leur pays une instruction complète et solide. Ceux d'entre eux qui désiraient élargir le cercle de leurs connaissances devaient aller à l'étranger : la plupart choisissaient l'Italie. Jean Zygomalas se rendit à Padoue[5].

---

[1] D. Joannes Zygomalas ex Nauplia Peloponnesi est... Anno 1578 forte octogenarius fuit (*Turcogræcia*, p. 491).

[2] Er sagte auch [ber alte Zigomala] ob bem Tische baß er mit Franciscus Portus aus Creta, ber nun Professor zu Genua ist, bey ben Ertzbischoff zu Monemfasia (als es noch ber Venediger gewesen) unb Nauplio studiert habe. (Étienne Gerlach, *Türckisches Tagebuch*, Francfort-sur-Main, 1674, in-fol., p. 304.) — Er hab einen Lehrmeister, ben Ertzbischoff zu Monemfasia Arsenium, welcher Apophthegmata ober kurtze nachbenkliche Reben zusammen geschrieben. (Id., *ibid.*, p. 274).

[3] Voir plus loin la Vie de Staurace Malaxos par Jean Zygomalas.

[4] Dicebat mihi... Gerlachius Joannem Zygomalam sibi Constantinopoli dixisse Franciscum Portum fuisse olim in Peloponneso suum condiscipulum (Crusius, *Turcogræcia*, p. 520). Voir aussi la note 2.

[5] Cum nemo sit qui liberales artes hodie juvenes doceat, non erubescit [patriarcha Hieremias], in virili ætate, dialectica, rhetorica et ethica a Rhetore suo sene Joanne Zygomala (nunc cathedralis ecclesiæ scripturarum interprete) audire : qui artium harum mediocrem cognitionem Patavii ante plures annos

Nous ne savons s'il fréquenta longtemps les cours de la célèbre université de cette ville ; mais, au dire de Martin Crusius, il n'en aurait rapporté qu'une légère teinture de la dialectique, de la rhétorique et de l'éthique [1]. Il y apprit au moins suffisamment le latin et l'italien [2].

Jean Zygomalas se destinait à l'état ecclésiastique. Le penchant très vif que, de son propre aveu [3], il avait pour le beau sexe ne pouvait, dans un pays où les prêtres se marient, contrarier en rien sa vocation. La date de son entrée dans les ordres nous est inconnue; toutefois elle fut antérieure à 1530. Car, en cette année-là, désirant obtenir la cure de Saint-Georges-des-Grecs à Venise, il pria un de ses amis qui résidait dans cette ville, le Zantiote Alexandre Néroulis [4], de lui servir d'intermédiaire à cet effet auprès des chefs de la colonie hellénique. Ceux-ci ayant favorablement accueilli la requête qui leur était adressée, Néroulis invita Zygomalas à se rendre à Venise, pour y prendre possession du poste qu'il avait sollicité. Il ajoutait qu'il pourrait l'occuper pendant un an et que, à l'expiration de ce terme, il lui serait loisible de rester en fonction, si toutefois les administrateurs de la communauté grecque voulaient bien lui continuer leur confiance [5]. Cette affaire eut-elle les suites que comportait l'acceptation des propositions de Jean Zygo-

---

hausit. Epitomen dialecticæ, rhetoricæ et ethicæ, Basileæ impressam, patriarchæ vertit. (Crusius, *Turcogræcia*, p. 205.)

[1] Voir la note précédente.

[2] Voir Crusius, *Turcogræcia*, p. 491.

[3] Voir Étienne Gerlach, *Türckisches Tagebuch*, p. 372.

[4] On peut consulter sur Alexandre Néroulis notre *Bibliographie hellénique des xv⁰ et xvi⁰ siècles*, t. I, p. 252, 254 à 258, 262, 297 à 299.

[5] Voir plus loin, sous le n° 1, la lettre d'Alexandre Néroulis à Jean Zygomalas.

malas? Celui-ci exerça-t-il le ministère pastoral à Venise? L'absence de documents nous met dans l'impossibilité de répondre à cette question. La liste chronologique des desservants de Saint-Georges, publiée par Jean Veloudo[1], ne contient pas le nom de Zygomalas, mais elle est incomplète pour les premières années, et elle présente incontestablement une lacune entre 1527 et 1533. Il peut donc se faire que Zygomalas ait été curé de l'église grecque de Venise dans cet intervalle.

Serait-ce, par hasard, à cette époque qu'il adressa une pétition au Conseil des Dix pour le prier de lui conserver son titre d'*exarque-orateur*? Nous l'ignorons. Les inépuisables archives de Venise nous révéleront peut-être quelque jour la date exacte de ce curieux document, dont le texte, que nous reproduisons ci-après, nous a été transmis par Crusius :

ΕΙΣ ΑΙΝΟΝ ΤΗΣ ΛΑΜΠΡΟΤΑΤΗΣ ΚΑΙ ΥΨΗΛΟΤΑΤΗΣ ΒΟΥΛΗΣ ΤΩΝ ΔΕΚΑ
ΙΩΑΝΝΟΥ ΤΟΥ ΣΑΓΟΜΑΛΑ ΕΠΙΓΡΑΜΜΑ.

Φής ποτε, ὦ Ἀγάμεμνον (Ὅμηρος ὁ κλεινὸς ἔγραψεν)·
αἴθε, Ζεῦ τε πάτερ καὶ σὺ Ἄπολλον ἄναξ,
κἈθηναίη, εὐφράδμονες δέκα τοι ἔσαν ἴσοι
Νέσ]ορι, ἡδυεπεῖ ῥήτορι τῶν Πυλίων.
Ἄρτι δὲ, εἰ ἔζης, δέκ' ἂν αἰτήσειας ὁμοίους
ἥρωσιν βουλῆς τῶν Βενετῶν μεγάλης,
οὔτι γ' Ἀχαιῶν, οὔτ' ἐθνέων ἄλλων· ὅτι τῶνδε
εἰς τὸν ὄλυμπον ἄνω γῆν τε ἔγνω διέπειν·
ἀλλ' ὦ τρισσὰ κάρηνα ἀρίσ]ης μήτιος ἄκρα,
κλῦτέ μευ εὐχομένου, καὶ τὰ δέοντα δότε[2].

[1] Voir Ἑλλήνων ὀρθοδόξων ἀποικία ἐν Βενετίᾳ (Venise, 1872, in-12°). p. 170 et suiv.

[2] *Turcogræcia*, p. 259. Une note marginale de Crusius afférente à cette pièce de vers est ainsi conçue : *Fortassis ante 1540 Christi annum : quo Turcis*

Excell. signori capi, io vostro ser. Zuane, clerico da Napoli, do riverentia. Non adimando altro si non la riserva del mio titulo che è *exarchorhetor*, non altro. Perho quanto più posso genuflexo la prego voglino al più presto expedirmi, acio resti obligatissimo da peccator, a pregar il signor nostro che vi faza il merito in questo secolo et il più nel futuro, perchè soccorati et expediti presto i vostri fidelissimi servitori, et a quelle mi ricomando[1].

A ses fonctions d'orateur, Jean Zygomalas, comme beaucoup d'autres ecclésiastiques grecs, joignait encore celles de notaire public. Cette charge, que lui avait conférée le patriarche Jérémie Ier, faillit lui être enlevée dans les circonstances suivantes :

Métrophane, métropolitain de Césarée, ayant été chargé, par le patriarche Denys II[2], de faire une tournée exarcale, avait étendu ses visites jusqu'aux églises grecques de l'Italie[3]. Comme il devait nécessairement s'aboucher avec les autorités de ce pays, et qu'il en ignorait la langue, force lui fut de choisir un interprète, et il prit en cette qualité Jean Zygomalas. Ils se trouvaient à Ancône[4], lorsque celui-ci fut

---

patria Joannis Zygomalæ Nauplia tradita est a Venetis, scriptum. Ajoutons que la traduction littérale en latin, qui se trouve en regard du texte grec, est l'œuvre de Jean Zygomalas lui-même. (Voir *Turcogræcia*, p. 259, note.)

[1] *Turcogræcia*, p. 259.

[2] Voir sur lui : Gédéon, Πατριαρχικοὶ πίνακες, t. Ier, septième fascicule (CP., 1889, in-8°), p. 504 et 507-510.

[3] Non en 1549, comme l'a supposé Jean Velondo (Ἑλλήνων ὀρθοδόξων ἀποικία ἐν Βενετίᾳ, p. 61), mais très probablement en 1546; car la lettre synodale où est condamné le voyage de Métrophane à Rome porte la date du mois de novembre 7056 de la création, ou 1547 de notre ère. Voir plus loin, sous le n° 2, cet important document.

[4] La colonie grecque d'Ancône était alors assez importante. Par un bref du 21 août 1524, le pape Clément VII lui avait accordé l'église Sainte-Marie-de-la-Porte-Cypriane, connue aussi sous le nom de *Sainte-Anne*. (Voir Rodotà, *Rito greco in Italia*, t. III (Rome, 1763, in-4°), p. 228.)

informé qu'un certain Jean Gavalas avait, grâce à ses intrigues, réussi à se faire nommer tabellion par le patriarche ou par le métropolitain de Nauplie, peut-être par les deux à la fois. Il pria Métrophane d'adresser au patriarche des représentations à ce sujet. Métrophane écrivit au patriarche Denys une lettre, où il lui disait en substance : « La charge de notaire a été octroyée, il y a longtemps, à Jean Zygomalas, orateur de la ville de Nauplie, par la grande église, ainsi qu'il conste d'un écrit à lui délivré par votre prédécesseur Jérémie, écrit que nous avons vu et lu. Instruit de ce qui s'était passé et considérant que cet acte de spoliation lui causait une grande honte et un grave préjudice, Zygomalas a ressenti une douloureuse indignation de se voir, contrairement à toute équité et à toute raison, dépouillé d'une fonction dont il retirait de quoi subvenir à ses besoins ainsi qu'à ceux de sa femme et de ses enfants. Le fait est d'autant plus regrettable que Jean Zygomalas se trouve actuellement ici avec nous, prodiguant ses services à votre Sainteté dans notre présente tournée exarcale. Sans le concours qu'il nous prête, nous n'eussions rien pu faire dans ce pays-ci. En effet, également versé dans le latin et dans le grec, toutes les fois que cela nous est nécessaire, il nous sert d'interprète auprès des magistrats et des autorités, au plus grand profit de l'église patriarcale. Il a quitté, pour nous suivre, son père vieux et infirme, sa femme et ses enfants, et il a négligé ses affaires personnelles. Voilà déjà longtemps qu'il a manifesté l'intention de retourner dans sa patrie; mais, sur nos instances, il est resté, préférant souffrir dans ses intérêts par suite de son absence, plutôt que de laisser la grande Église exposée à encourir quelque dommage. Il a, en outre, affronté plus d'un danger et a souvent exposé sa vie dans nos pérégrinations sur terre et sur mer. Aussi n'est-ce pas seulement la jouissance d'une charge aussi modeste dont il serait digne, mais il mériterait que l'église patriarcale lui accordât une récompense bien supérieure. »

Métrophane termine en suppliant le patriarche de confirmer Zygomalas dans ses fonctions de notaire, et l'adjure d'abroger les concessions faites à Jean Gavalas, ou à toute autre personne, car il est contraire à l'équité que les méchants soient honorés au détriment des bons[1].

Quand les Vénitiens furent contraints de céder Nauplie aux Turcs, en 1540, Jean Zygomalas n'abandonna pas sa ville natale, comme tant d'autres de ses concitoyens ; ou, s'il l'abandonna, ce ne fut que temporairement. Dans une lettre de lui, datée du 5 septembre 1549 et adressée au sacellaire de l'église métropolitaine de Zante[2], il est question d'un séjour qu'il avait fait dans cette île, où il comptait de nombreux amis. Il se proposait d'y retourner ; mais, le patriarche œcuménique lui ayant intimé l'ordre de se rendre à Constantinople, pour assister à un concile qui était convoqué dans cette ville, il dut remettre à plus tard la réalisation de son dessein. A cette date, il était toujours en relations avec Alexandre Néroulis. Celui-ci lui écrivit, le 1er octobre 1549, pour l'engager à obéir à l'injonction de son supérieur hiérarchique : ce à quoi Zygomalas paraissait avoir quelque peine à se décider[3].

Cependant Jean Zygomalas continua de faire partie du

---

[1] Voir l'intéressante lettre de Métrophane, datée d'Ancône, le 12 mai [1546, selon toute probabilité], dans la *Turcogræcia*, p. 288-289.

[2] Voir plus loin, sous le n° 3, le texte de cette lettre.

[3] Voir plus loin, sous le n° 4, le texte de cette lettre.

clergé de Nauplie jusqu'en 1555[1]. Cette année-là, cédant aux instances du patriarche Joasaph, il alla se fixer à Constantinople, pour y professer la langue grecque ancienne et les belles-lettres, car il n'y avait alors à peu près personne qui se livrât à cet enseignement dans la capitale de l'empire. Il eut, pour débuter, une quinzaine d'élèves, dont plusieurs existaient encore en 1581, particularité que Théodose a pris soin de noter, bien qu'elle ne présente en soi rien d'extraordinaire[2].

La chronique dite *de Dorothée* affirme que le susdit patriarche Joasaph fut élève de Jean Zygomalas[3]. La chose est possible. Il put suivre ses leçons à Nauplie en 1543; mais cette date, que fixe Constantios[4], ne repose sur aucun document[5]. Constantios est un Apollon Pythien rendant des oracles : il faut se garder d'accepter sans contrôle les affirmations d'un auteur dont les écrits fourmillent d'erreurs de toute espèce. Manuel Gédéon a exprimé, lui aussi, l'opinion[6] que Joasaph eut Zygomalas pour maître à Nauplie;

---

[1] Dans sa longue lettre à Crusius, datée du 7 avril 1581, Théodose Zygomalas affirme que son père a quitté Nauplie depuis vingt-six ans : μετοικήσαντες αὖθις ἀπὸ Ναυπλίου πρὸ κς' ἐτῶν ἐνταῦθα, αἰτίου ὄντος καὶ ἀξιώσαντος τοῦ ἁγιωτάτου πατριάρχου ποτὲ κυροῦ Ἰωάσαφ, τῶν μαθημάτων ἕνεκα, ἵνα μεταδῷ [Ἰωάννης ὁ Ζυγομαλᾶς] ταῦτα· οὐδεὶς γὰρ ἦν σχεδὸν τότε ὁ διδάσκων γράμματα· καὶ ἐδίδασκεν τὴν Ἑλλήνων φωνὴν καὶ τέχνην εἰς μαθητὰς ιε', ἐξ ὧν εἰσιν οἱ πλείους. (*Turcogræcia*, p. 92.) Voir aussi Gerlach, *Türckisches Tagebuch*, p. 270-271.

[2] Voir la note précédente.

[3] Εἶχε διδάσκαλον τὸν κὺρ Ἰωάννην τὸν Ζυγομαλᾶν. (Βιβλίον ἱστορικόν. Venise, 1743, in-4°, p. 447.)

[4] Patriarche œcuménique; né en 1770, mort en 1859.

[5] Constantios, Περὶ τῆς πατριαρχικῆς σχολῆς, dans ses Συγγραφαὶ ἐλάσσονες (Constantinople, 1870, in-8°), p. 348.

[6] D'abord, avec quelque hésitation, dans son étude sur *le patriarche Joa-*

mais il n'apporte, par malheur, aucune preuve à l'appui de son dire. Peut-être se rapprocherait-on de la vérité, en supposant que, comme le fit plus tard le vénérable patriarche Jérémie Tranos[1], Joasaph le Magnifique, alors qu'il occupait le trône œcuménique, ne rougissait pas d'assister aux leçons de son grand orateur. Quoi qu'il en soit, un seul fait nous paraît incontestable, c'est que Jean Zygomalas compta Joasaph au nombre de ses élèves.

Dès son arrivée à Constantinople, Zygomalas fut nommé orateur de la grande Église[2]. Il habitait, avec sa famille, une maison à trois étages voisine du patriarcat[3]; mais il logea aussi dans l'église de la Source-d'Or[4], très probablement quand il eut perdu sa femme. Celle-ci, qui se nommait Graziosa[5], mourut vers 1574[6]. Son mari lui composa l'épitaphe suivante :

---

saph II le Magnifique, publiée par le Ἡμερολόγιον τῆς ἀνατολῆς τοῦ ἔτους 1883 (C. P., 1882, in-8°), p. 224; ensuite catégoriquement, dans ses Πατριαρχικοὶ πίνακες, septième fascicule (Constantinople, 1889, in-8"). p. 511.

[1] Voir ci-dessus, p. 71, note 5.

[2] Il était déjà orateur de Nauplie, depuis six ans au moins. Voir plus loin la signature de sa lettre, publiée sous le n° 3.

[3] Non longe inde (du patriarcat), ortum versus, est d. Joannis Zygomalæ domus, habens tres contignationes, in supremo plana, et amœna, unde in mare despectus est. (Crusius, Turcogræcia, p. 190.)

[4] Διονύσιος ἱερομόναχος καὶ ἔξαρχος τοῦ Γαλατᾶ anno 1578. Habitat is in ecclesia Χρυσοπηγῆς, et interdum cum eo Joannes Zygomalas (Crusius, Turcogræcia, p. 507).

[5] Voir Turcogræcia, p. 259.

[6] Dixit mihi Gerlachius Joannis Zygomalæ uxorem ætate anum fuisse, et mortuam (quantum meminisse possit) altero sui Constantinopolin adventus anno, videlicet 1574 Christi. Liberos mares reliquisse Theodosium protonotarium et Stamatium notarium; fœminas vero aliquot filias. (Voir Crusius, Turcogræcia, p. 223.) Voir encore à la page 491 du même ouvrage.

Τὴν ἐκτετοξεύσασαν ἐνθαδὶ βίου
τριπήχεων γῆς μῆκος (ὦ τῆς ζημίας)
κρύπ1ει· ὅμως μάλισ1α τὴν σορὸν νόει
κεύθουσαν αὐτὴν τῷ τεθνηκυίας κλέει,
ὡς Φαέθων ἅπασαν δόξαν ἀσ1έρων [1].

Le 21 janvier 1575, Martin Crusius, professeur à l'université de Tubingue, désirant entrer en correspondance avec des Grecs, adressa une première lettre à l'orateur de la grande Église[2] et au fils de celui-ci[3], le protonotaire, dont il ignorait alors les noms. Il remercie Jean Zygomalas de ses bons offices auprès du patriarche œcuménique, lors de la remise de la lettre que Crusius avait écrite à ce dernier[4].

Le professeur allemand, très touché d'avoir reçu une réponse et convaincu que le vieux Zygomalas lui avait rendu service en cette circonstance, tenait à lui adresser ses remerciements. Crusius le priait de lui écrire et lui envoyait, à titre d'hommage, l'oraison funèbre de Barbe Schnepff[5], en grec et en latin. Prononcée dans la première

---

[1] Nous supposons que ces cinq vers sont l'œuvre de Jean Zygomalas, mais rien ne le prouve. Ils figurent dans la *Turcogræcia* (p. 259) entre une lettre dudit Zygomalas et son épigramme en l'honneur du Conseil des Dix reproduite ci-dessus (p. 73). Le titre est ainsi conçu : Ἐπιτάφιον εἰς τὴν ἐμὴν (φησὶ Θεοδόσιος ὁ Ζυγομαλᾶς) μητέρα Γρατζιόζαν. La parenthèse indique que c'était Théodose qui avait envoyé cette épitaphe à Crusius.

[2] *Turcogræcia*, p. 259.

[3] *Turcogræcia*, p. 425.

[4] Cette lettre se trouve dans la *Turcogræcia* (p. 410-411). Elle est datée de Tubingue, le 7 avril 1573. Confiée à Gerlach, celui-ci ne put la remettre au destinataire que le 15 octobre suivant. (Voir le *Türckisches Tagebuch*, p. 29, et la *Turcogræcia*, p. 486.)

[5] Elle était fille du réformateur wurtembergeois Jean Brentz, sur lequel

de ces langues par Jacques Heerbrand[1], elle avait été traduite dans la seconde par Crusius.

A Théodose Zygomalas, Crusius écrit qu'il sait par Etienne Gerlach combien il lui est redevable pour l'affaire des lettres écrites au patriarche. Il désirerait, en outre, apprendre de lui quelles villes grecques parmi les plus célèbres, telles que Thessalonique, Athènes, Chalcédoine, Nicée, existent encore aujourd'hui. Il voudrait aussi obtenir des renseignements sur l'état de la langue, savoir s'il en existe une grammaire et un dictionnaire, si le Nouveau Testament a été traduit dans l'idiome vulgaire.

Jean Zygomalas répondit à Crusius le 15 novembre 1575[2] : il le remercie du présent de l'oraison funèbre; il a admiré la connaissance profonde que le professeur allemand possède des deux langues. Il se déclare tout disposé à lui rendre service; mais il est pauvre, et si Crusius lui faisait obtenir un subside du duc de Wurtemberg, il lui en serait fort reconnaissant; car, comme dit Démosthène, il faut de l'argent, et sans argent on ne peut rien faire. Il n'en demande, d'ailleurs, que parce qu'il en a un extrême besoin, principalement pour payer le tribut au sultan. Si une subvention lui était octroyée, il se mettrait avec une plus grande ardeur à la recherche des manuscrits inédits; il lui en en-

---

on peut consulter : J. Heerbrand, *Oratio funebris de vita et morte Brentii* (Tubingue, 1570, in-4°); J.-P. Gros, *Memoria Brentii renovata* (Wittemberg, 1698, in-4°); J.-W. Camerer, *Brenz der württb. Reformator* (Stuttgart, 1840, in-8°); Chr. Palmer, *Ueber Brentz als Prediger und Katechet* (Tubingue, 1870, in-8°). Théodoric Schnepff, mari de Barbe, était professeur à Tubingue.

[1] Professeur à l'université de Tubingue. né à Nuremberg, en 1521, mort en 1600.

[2] Voir la lettre dans la *Turcograecia*, p. 427.

verrait des copies ou même les originaux, pour les livrer à l'impression.

A la même date (15 novembre 1575), Théodose écrit, lui aussi, à Crusius[1]. Il répond avec grands détails à la plupart des questions qui lui avaient été posées, mais il ne le fait pas toujours avec l'exactitude et la précision qu'on serait en droit d'exiger. Il joint à sa lettre une Exhortation à l'étude, adressée aux jeunes gens et écrite par Hermodore Lestarchos, mais qu'il a retouchée lui-même en plusieurs endroits[2].

Crusius profite de cette circonstance pour nous apprendre que Jean Zygomalas était un homme aux manières élégantes, doué d'un esprit italien, faisant l'ornement du patriarcat. Il portait, ajoute-t-il, une longue soutane et ressemblait d'une façon frappante à Philippe Mélanchthon. S'il lui arrivait d'accompagner Étienne Gerlach quelque part : «Elle est malade,» disait-il, en montrant sa bourse vide. Et alors Gerlach payait pour lui[3].

Martin Crusius resta longtemps en relations épistolaires avec la famille Zygomalas. Nous le voyons encore, dans les premières années du xviie siècle, écrire à Théodose. Le brave professeur de Tubingue poussait le philhellénisme jusqu'à la passion. C'était une âme candide et sans fiel; il

---

[1] Voir sa lettre dans la *Turcogræcia*, p. 428-435.

[2] Voir dans la *Turcogræcia*, p. 435-439. Le texte primitif, tel qu'il est sorti de la plume d'Hermodore Lestarchos, a été publié dans le Σύγγραμμα περιοδικόν du Syllogue hellénique de Constantinople, t. XI, p. 44.

[3] Vir elegantibus moribus et ingenio italico est, et patriarchatui ornamento. Si imaginem Philippi Melanchthonis vides, hujus Zygomalæ expressam figuram vidisti. Veste longa utitur... Hic, si quando cum d. Gerlachio aliquo iret aut navigaret, dicebat, monstrato inani marsupio : ἀσθενεῖ. Tunc ille pro ipso persolvebat. (*Turcogræcia*, p. 491.)

n'a pas laissé échapper dans ses nombreux écrits un seul mot désobligeant à l'adresse de ces correspondants avec lesquels il prenait un si vif plaisir à s'entretenir. Il est pourtant plus que probable que son compatriote et ami, Étienne Gerlach[1], qui avait connu personnellement les Zygomalas, ne s'était pas fait faute de l'édifier sur leur compte.

Gerlach, qui avait accompagné à Constantinople, en qualité de chapelain, David Ungnad, ambassadeur de l'Empereur, résida dans cette ville environ six ans, de 1573 à 1578[2]. Durant ce laps de temps, il rédigea avec la plus grande ponctualité un journal, dans lequel il a donné place à une foule de particularités précieuses concernant les personnes qu'il fréquentait et les faits qui venaient à sa connaissance.

Ce journal est une mine féconde de très curieuses et très précises informations, et sa rareté seule explique pourquoi il n'a pas été utilisé, au même titre que la *Turcogræcia* de Crusius, par les savants grecs qui ont traité *ex professo* de l'histoire ecclésiastique et littéraire de leur pays pendant le XVIe siècle[3].

[1] Sur Gerlach on peut consulter : *Oratio funebris in obitum reverendi et clarissimi viri d. Stephani Gerlachii*, sacrosanctæ theologiæ doctoris et professoris in Academia Tubingensi celeberrimi, necnon in ecclesia decani fidelissimi, habita ibidem die ultimo januarii 1614, per Matthiam Hafenrefferum, sacrosanctæ theologiæ doctorem et ejusdem professorem ordinarium : p. t. academiæ rectorem. *Tubingæ*, typis Iohan. Alexandri Cellii. Anno M.DC.XIV. In-4° de 1 f. et 86 pages.

[2] Il y arriva le 6 août 1573 (voir son *Türckisches Tagebuch*, p. 20, et la *Turcogræcia*, p. 485) et n'en repartit que le 4 juin 1578 (voir *Türckisches Tagebuch*, p. 505).

[3] Voici le titre complet de ce livre : Stephan Gerlachs deß Aeltern Tage-Buch, Der von zween Glorwürdigsten Römischen Käysern, Maximiliano und Rudolpho, Beyderseits den Andern dieses Nahmens, Höchstseeligster Gedächt-

Jean Zygomalas occupe dans cet ouvrage une place très considérable que justifient son rang élevé dans le clergé de Constantinople et les rapports suivis qu'il entretint avec l'auteur. Certes, le vieil orateur de la grande Église ne se doutait pas, dans ses moments d'épanchement *inter pocula*, à la table de l'illustrissime ambassadeur, que des paroles auxquelles il n'attachait sans doute qu'une très mince importance étaient soigneusement recueillies et écrites pour la postérité par la plume d'un impitoyable greffier.

On a dit que deux prêtres de religions différentes ne pouvaient guère se regarder que de travers. C'est ce qui semble s'être produit entre l'Allemand luthérien et le Grec orthodoxe. Gerlach nous représente Jean Zygomalas comme un vieillard sans dignité, fourbe, rusé, menteur, aimant plus que de raison les friands morceaux, les vins fins et les jolies filles. Si Gerlach n'a pas exagéré les ombres dans ce portrait, il faut avouer que ce rigide protestant n'était pas très scrupuleux sur le choix de ses fréquentations. Personne ne l'obligeait à admettre chez lui ce vieux *Hurer*, comme il

nüß, An die Ottomannische Pforte zu Constantinopel Abgefertigten, Und durch den Wohlgebohrnen Herrn Hn. David Ungnad, Freyherrn zu Sonnegt und Preyburg, ꝛc. Römisch-Käyserl. Raht, Mit würcklicher Erhalt- und Verlängerung deß Friedens, zwischen dem Ottomannischen und Römischen Käyserthum und demselben angehörigen Landen und Königreichen, ꝛc. Glücklichst vollbrachter Gesandtschafft: Auß denen Gerlachischen, Zeit Seiner hierbey bedienten Hoff-Prediger-Ampts-Stelle eygenhändig auffgesetzten und nachgelaſsenen Schrifften, Herfür gegeben durch Seinen Enckel M. Samuelem Gerlachium, *Special Superintendenten* zu Gröningen, in dem Hertzogthum Würtemberg, Mit einer Vorrede, Herrn Tobiæ Wagneri, der H. Schrifft D. und Prof. auch. Cantzlers bey der Hohen-Schul, und Propstes der Kirchen zu Tübingen. Franckfurth am Mayn, In Verlegung Johann-David Zunners. Getruckt bey Heinrich Friesen, 1674. In-folio de 22 f. liminaires non chiffrés (y compris le frontispice et quatre portraits en taille-douce), 552 pages et 18 f. non chiffrés.

l'appelle. Après tout, il ne pouvait peut-être pas, en pareille matière, se montrer plus difficile que son « gracieux maître ».-David Ungnad, que sa haute situation et sa qualité de grand seigneur autorisaient à se montrer plus collet monté que son aumônier, avait un jour intimé l'ordre au concierge de l'ambassade de ne plus laisser entrer Jean Zygomalas; mais il ne tarda pas à lever lui-même cette consigne sévère.

Pour notre part, nous sommes persuadé qu'il n'y a rien que d'absolument exact dans les récits de Gerlach; mais on y sent percer à chaque ligne le dépit qu'il éprouva, avec les autres théologiens wurtembergeois, de voir courageusement repoussées par le patriarche Jérémie Tranos les avances du luthéranisme à l'église orthodoxe. La connaissance que Jean Zygomalas possédait de la langue grecque ancienne le désignait comme un des principaux rédacteurs de ces réponses fameuses où l'église grecque expose fièrement sa doctrine, sans chercher à dissimuler l'horreur qu'elle éprouve pour les nouveautés de la Confession d'Augsbourg.

Gerlach, qui avait servi d'intermédiaire à ses coreligionnaires auprès du patriarcat œcuménique, ne put voir sans un vif regret le piteux échec de ses négociations et dut garder rancune à Jean Zygomalas de la fermeté qu'il mit toujours à défendre ses croyances religieuses. Avec cet esprit chagrin qui se peint sur son visage[1], avec sa morgue allemande renforcée de la raideur luthérienne, Gerlach ne pouvait se montrer tendre envers la nature vive et toute en dehors du prêtre grec. Celui-ci était sans doute loin d'être un modèle de perfection et ne devait certainement posséder qu'une

---

[1] Voir ses portraits en tête de son *Turckisches Tagebuch*.

éducation très rudimentaire ; mais il n'était peut-être aussi qu'une sorte de grand enfant capricieux et mal élevé : type dont les échantillons n'étaient pas très rares, à une époque, dans les rangs du clergé grec orthodoxe.

A notre avis, Gerlach prenait Jean Zygomalas trop au sérieux. Il n'avait pas su reconnaître ce qu'il y avait d'inconsciente gaminerie dans ce personnage, ni distinguer ce qu'il fallait imputer non pas à l'individu, mais à la société à laquelle il appartenait et au milieu où il avait toujours vécu. Et pourtant ce vieux, comme Gerlach aime à l'appeler, ce vieux, malgré son amour pour l'argent, demeure incorruptible et reste intraitable, quand il s'agit d'une question de dogme. Rien au monde ne l'obligerait à renier la foi de ses pères. Le Christ lui-même, dit-il, descendrait du ciel pour lui ordonner d'admettre l'addition du *filioque* dans le *Credo*, qu'il refuserait de lui obéir. Cette exagération ne prouve-t-elle pas combien étaient vaines les espérances des luthériens, lorsqu'ils cherchaient à se découvrir des ancêtres chez les Grecs ?

Le style raboteux du journal d'Étienne Gerlach nous autorisait à ne pas en serrer le texte de trop près dans la traduction des extraits qu'on va lire ; mais si nous n'avons pas cru devoir nous astreindre à suivre servilement notre modèle, nous ne croyons pourtant pas avoir dépassé les bornes d'une latitude permise, comme on s'en convaincra, si l'on compare notre version avec l'original. Nous avons seulement élagué çà et là quelques réflexions, qui ne se rattachaient pas assez intimement à notre sujet. Ces suppressions, d'ailleurs peu nombreuses, ont été indiquées par des points.

Avant de placer sous les yeux du lecteur les extraits du Journal, nous devons faire observer que, bien que Gerlach donne encore, à la date du 26 avril 1576 et même ultérieurement, le titre d'*orateur* à Jean Zygomalas, celui-ci avait dès lors cessé de remplir cette charge. En effet, le dimanche 22 avril 1576, jour de la fête de Pâques, le patriarche l'avait créé grand interprète des saintes Écritures[1].

II

Extraits du *Türckisches Tagebuch* d'Étienne Gerlach.

24 avril 1576 (troisième jour des fêtes de Pâques). — L'orateur (*i. e.* Jean Zygomalas) a mangé l'agneau pascal avec ses deux fils et deux jeunes marchands de Nauplie, ses beaux-frères. J'ai été invité au repas, ainsi que Christophe Pfister et mon janissaire. L'agneau pascal était farci d'œufs. On nous a servi en outre un pâté de poulet haché, des cerises sèches du Péloponnèse et du fromage. On nous a donné à chacun un couteau, deux assiettes et une serviette. La table était ronde et munie d'un rebord, afin que rien ne pût tomber. L'orateur a dit le bénédicité et fait le signe de la croix sur les mets. Debout devant la table, une personne tenait un verre et versait du vin; une autre portait de l'eau dans un verre pour mélanger. C'était du vin de Mitylène, le plus renommé qu'il y ait à Constantinople. Quand quel-

---

[1] Magnus ecclesiæ interpres a patriarcha creatus fuit 1576 Joannes Zygomalas, Theodosii pater, festo paschatis, quod fuit aprilis 22 (Crusius, *Turcogræcia*, p. 342). Rhetor Joannes Zygomalas, festo paschatis 1576, μέγας ἑρμηνευτὴς τῶν θείων γραφῶν (Doctor s. paginæ) in templo, cum impositione manuum, et commendatione ad populum, a patriarcha creatus est. (Voir *Turcogræcia*, p. 497.) Cf. aussi Gerlach, *Türckisches Tagebuch*, p. 183.

qu'un voulait boire, il portait un toast à tous les convives, en commençant par son voisin; car on boit à la ronde et à tour de rôle. Des deux marchands dont j'ai parlé plus haut, l'un portait le costume et parlait la langue de l'Italie; l'autre, de la Pologne. Ils ont adopté pour la plupart le costume des Vénitiens, qui étaient maîtres de Nauplie, il y a trente-six ans, mais qui actuellement ne possèdent plus rien dans le Péloponnèse [1].

30 avril 1576. — L'orateur reçoit du patriarche un traitement annuel de 50 ducats en espèces[2]; il gagne environ autant en faisant des écritures. Son fils Théodose, protonotaire, ne reçoit pas du patriarche plus de 2,000 aspres (50 thalers); il peut aussi retirer 2,000 aspres de ses écritures. Ses dépenses s'élèvent au double de cette somme. Il dit qu'ils sont quotidiennement huit à table et qu'il lui faut 1 ducat par jour[3].

15 mai 1576. — Le patriarche a envoyé sa lettre de réponse (concernant la Confession d'Augsbourg) à mon maître et à son secrétaire particulier, par l'orateur, le protonotaire et un moine. L'orateur offrit à mon maître de la *terre cachetée*[4]; et, dans l'espoir d'obtenir de lui quelque cadeau,

---

[1] Pages 182-183.

[2] Rhetori quotannis patriarcha salarium dare dicitur CL taleros. (Crusius, *Turcogræcia*, p. 491.)

[3] Page 188.

[4] C'est la TERRE DE LEMNOS, *qua contra pestem fluxumque sanguinis utuntur, quæque in omnes cibos imperatori turcico raditur.* (Lettre de Gerlach à Crusius, datée de Sofia, 24 juin 1578, dans la *Turcogræcia*, p. 508.) — Cavasi la terra Lennia, à questi nostri tempi ogn' anno una sol volta il dì festo d'agosto, e non senza superstitione. Imperochè si persuadono che solamente quella che in esso giorno si cava, habbia il virtù che se gli attribuiscono. Coloro che la cavano sono Greci, ma i Turchi vi soprastano, cioè il go-

il vanta ses services tant envers MM. Augier[1], Albert[2] et Charles[3] que pour la rédaction de la susdite réponse[4].

vernatore dell' isola che chiamano vaijuoda, ed alcun' altri de' primi officiali; ma non però posson far così buona guardia che coloro che cavano non ne nascondin qualche particella. Essendo poi altresì cosa meravigliosa quanto sia soave l'odore che fuori d'essa fodina ne respira. Benche non tutta poi sia affatto buona, eligendo quella a punto che frà certe pietre fragili trovasi nascosta, e che appaia ben grassa e tenace. Cavasi dal levar del sole per 6 hore continue e non più. Coprendo poscia nel fondo d'essa cava quella sola parte che cavano in ciascun' anno, nè mai la discuoprano se non fin' all' anno venturo in quel medesimo giorno : essendo per altro pena capitale che nessuno nè apertamente, nè di nascosto ardisca di cavarne. Nè se ne cava molta quantità per esser il tempo così breve, e la cava così stretta che non vi possono stare, se non pochi lavoratori. Tutta quel'a poi che hanno per eletta, si lava per mano d'un solo à quest' opera specialmente costituito, e come è lavata, trasportasi in alcuni sacchi in alto pendenti, sinche tutta l'acqua si coli; ciò fatto, si cava fuori e dimenasi colle mani com' una pasta, et finalmente formansi pallotte maggiori e minori, e segnansi col sigillo imperiale. Lasciania poi seccare e la mandan tutta sigillata col medesimo sigillo in Costantinopoli al Gran Signore. Questa terra non si trova poi nell' isola per denari à comperare, perchè non si lascia nelle mani, nè in arbitrio di veruno. E se bene si concede al governatore dell' isola che se ne possa per se qualche poca della sigillata serbare, e parimente à qualch' un altro de' primati, non v' è nulla di meno chi di costoro ardisca di venderla, e però la donano a questo ed a quell' altro amico, e l' istesso fà colui che la lava, à cui per privilegio se ne dona un sacchetto, benchè non signata coll' antedetto sigillo. (Francesco Piacenza, *L'Egeo redivivo*, Modène, 1688, in-4°, p. 432.)

[1] Augier Gislen de Wissbegze, plus connu sous le nom de Busbecke ou Busbecq, ambassadeur de l'Empereur à Constantinople, en 1554.

[2] Albert de Wyss succéda à Busbecke en 1563.

[3] Charles de Rym succéda à Albert de Wyss en 1569, et fut remplacé par David Ungnad en 1573.

[4] Page 193. — Dans cet extrait, nous nous sommes légèrement écarté de l'original, qui nous paraît corrompu et dont la traduction littérale présenterait un non-sens. Voici d'ailleurs le texte allemand : Den 15 hat er dieses sein Antwort-Schreiben durch den Herrn Rebner, Protonotarium und einen Mönch in unser Hauß geschickt, meinem Herrn, sambt seinem absonderlichen Schreiben weisen, und hernach in meinem Gemach versieglen lassen. Der Herr Rebner meinem

27 mai 1576. — L'orateur m'a dit : «Je dois reconnaître que les Grecs ont des défauts. Ils sont Grecs, c'est-à-dire menteurs. Habitant au milieu de gens très méchants, qui les trompent journellement, les Grecs leur rendent la pareille : c'est ce qui fait que le mensonge n'est pas une honte à leurs yeux.» Zygomalas s'applique à lui-même les paroles suivantes du psaume dix-huitième : *Au milieu des pervers, tu deviendras pervers*. Il me raconta ensuite qu'on lui en voulait, qu'on le disait tout à fait luthérien, et qu'enfin on croyait que je le corrompais avec de l'argent[1].

18 juin 1576. — L'orateur reçoit du patriarche 150 thalers par an[2]. Il a tous les jours six personnes à nourrir; en outre, la dignité du patriarcat exige qu'il porte de riches vêtements de soie[3]. S'il n'avait que son traitement, il ne pourrait jamais subvenir à toutes ses dépenses; aussi, pour suppléer à ce qui lui manque, il se voit forcé de faire des écritures, de mendier des secours et de recourir à d'autres expédients encore[4].

Si l'on pénètre plus avant dans la Grèce, on y trouve moins de Turcs et un genre de vie plus simple, quoique les mœurs y soient partout corrompues. L'orateur lui-même et son fils Théodose vivent dans la plus grande mésintelligence : à telle enseigne que le fils bat son père et que, de

Herrn versieglete Erben verehrt, auch bey dem Herrn Augerio, Herrn Alberten und Herrn Carl seine Dienste, so er bey Verfertigung dieses Antwort-Schreibens geleistet, herauß gestrichen und deßwegen von meinem Herren eine Verehrung verhoffet.

[1] Page 200.
[2] Cf. Crusius, *Turcogræcia*, p. 491.
[3] Crusius (*Turcogræcia*, p. 491) dit en parlant de Jean et de Théodose Zygomalas : *In honorem patriarchatus serico vestiuntur*.
[4] Page 212.

concert avec son beau-frère, il voulait vendre la maison du vieux, ainsi que celui-ci me l'a raconté le 19 du présent mois[1].

28 août 1576. — Aujourd'hui, je suis allé voir le vieux Zygomalas et je l'ai trouvé alité depuis le 15 courant. La cause de sa maladie vient de ce qu'il a trop bu et trop mangé le jour de l'Assomption. Le patriarche, paraît-il, s'était levé pendant le repas et s'était écrié : « Que celui qui m'aime mange et boive ferme ! » Aussi, pendant six heures, de 11 heures du matin à 5 heures du soir, on fut en liesse. Mais, le lendemain, Zygomalas vomit tous les poissons qu'il avait mangés (la fête était tombée un mercredi, c'est-à-dire un jour maigre)[2].

Ici se place un épisode que Gerlach intitule méchamment (en manchettes) : *Maria der Sausser Patronin*[3]. Zygomalas y raconte que Marie, mère de Dieu, lui est apparue dans sa chambre, s'est avancée vers lui rayonnante de majesté, lui a tâté le pouls et lui a dit : « Courage, tu ne mourras pas de cette maladie. » Gerlach ajoute que, dans sa reconnaissance, Zygomalas a composé en l'honneur de la Vierge une petite pièce de vers, qui a obtenu l'approbation du patriarche et de tous les savants grecs auxquels elle a été montrée. Gerlach n'en a cité que les quatre premiers vers et deux mots du cinquième[4] ; mais Crusius, à qui elle avait été communiquée, nous l'a conservée dans son entier. Nous

---

[1] Page 212, seconde colonne.
[2] Page 239, seconde colonne.
[3] Pages 239-240.
[4] *Türckisches Tagebuch*, p. 240.

la reproduisons ci-dessous, bien qu'elle dénote chez son auteur plus de bonne volonté que de talent poétique :

Τεινεσμοῦ [1] βελέεσσιν ἁλοὺς, ταῦτ' ἤματα (αἴ αἴ)
τὰ στονόεντ' ἀνέτλην, ὄσσε Θεῷ δ' ἐτάνην·
μούνη ἀλλὰ πανάγν' ἔρκος, κράτος ἡ νεολαίας [2],
δμῶα τεὸν σ' ἴσχεις τῆσδε σαῶς' ὀδύνης [3]·
σήμερον οὖν ὅτ' ἐκ γῆς οὐλυμπόνδε βεβήκεις,
καὐτὴ τῆς νούσου ῥύεο, Θεοτόκε·
νεῦσον ἄρ' ὀλβιόδαιμον, σοῦ θεράποντος λιταῖς,
ᾧ ψυχὴν καὶ σῶμ' ἴασιν ἀντινέμοις [4].

Crusius fait suivre ces vers des lignes ci-après, qui confirment le récit de son ami Gerlach : *Cum 15 aug. 1576, festo ascensionis S. Mariæ, Græcis sacratissimo, patriarcha epulum solenne suis (hominibus facile plus c) dedisset, meus honorandus Joannes, modo ibi non servato, tenasmo aliquandiu laboravit. Itaque hoc carmine deiperam virginem, tanquam perfugium unicum, invocat ut se morbo, tempore ascensionis suæ, liberet sanitatique restituat : cum quidem ante in somnis sibi cum majestate conspectam et consolantem non semel dixerit. Hoc ergo carmen Græcis ita placuisse intelligo, ut id etiam in templo ad imaginem Mariæ suspenderint* [5].

Ajoutons que Gerlach (qui décidément ne péchait pas par excès d'adresse) crut devoir profiter de cette circonstance pour formuler les objections habituelles des protestants

---

[1] Gerlach donne τεννασμοῦ et Crusius τειναμοῦ (*sic*).

[2] Dans ce vers, Crusius écrit πάνγυ' (*sic*) et ajoute ἡ avant νεολαίας. Ce dernier mot est traduit par Gerlach entre parenthèses : (*novi populi*).

[3] Sur ce vers, Crusius fait la remarque suivante, dans une note marginale : *Fort.* μ' ἴσχεις : *nisi τὸ σ' ponatur inusitate pro* σύ.

[4] *Turcogræcia*, p. 259-260.

[5] *Turcogræcia*, p. 260.

contre l'invocation des saints[1]. Le moment était mal choisi. Ses arguments ne réussirent pas à ébranler la foi du vieux Grec en Celle à qui l'église orthodoxe adresse ce salut significatif : Χαῖρε, φιλοσόφους ἀσόφους δεικνύουσα· χαῖρε, τεχνολόγους ἀλόγους ἐλέγχουσα· χαῖρε, ὅτι ἐμωράνθησαν οἱ δεινοὶ συζητηταί[2].

Nous reprenons la suite des extraits du *Tagebuch*.

10 novembre 1576. — Aujourd'hui, Jean Zygomalas, le vieil orateur, est venu chez nous se plaindre amèrement de la grande violence de Michel Cantacuzène[3]. «Le patriarche Jérémie[4], disait-il, que j'ai servi cinq ans (car il n'est patriarche que depuis ce temps-là[5]), m'avait promis un traitement annuel de 200 ducats; il ne m'a jamais intégralement payé, mais il m'avait autorisé à prélever sur les biens ecclésiastiques ce qui me restait dû. Il y a, en effet, des localités où j'aurais pu me faire payer; mais Cantacuzène s'y est opposé, sous prétexte que les églises avaient déjà des charges assez lourdes. Si je me présente à la porte de Cantacuzène, je ne suis pas admis, et ses janissaires me re-

---

[1] Voir *Türckisches Tagebuch*, p. 240, première colonne.

[2] Paroles empruntées à l'Ἀκάθιστος Ὕμνος.

[3] Sur ce personnage, on peut consulter notre *Recueil de poèmes historiques en grec vulgaire relatifs à la Turquie et aux Principautés danubiennes* (Paris, 1877, in-8°), p. 1-15.

[4] Sur Jérémie Tranos, on consultera : Constantin Sathas, Βιογραφικὸν σχεδίασμα περὶ τοῦ πατριάρχου Ἱερεμίου β' (Athènes, 1870, in-8°); et Manuel Gédéon, Πατριαρχικοὶ πίνακες, t. I, huitième fascicule (CP. 1889, in-8°), p. 518 et suiv.

[5] Il y avait, à la date du 10 novembre 1576, quatre ans, six mois et cinq jours que Jérémie occupait le trône œcuménique. Son élection avait eu lieu le dimanche 4 mai 1572. (Voir Malaxos, Πατριαρχικὴ Κωνσταντινουπόλεως ἱστορία, dans la *Turcogræcia*, p. 176.)

poussent. » Il me raconta que ledit Cantacuzène avait déposé le patriarche Joasaph, mort à Andrinople[1], et illustre par son grand mérite et sa réputation de sainteté, parce que ce dernier s'opposait à ce qu'il s'ingérât dans les affaires ecclésiastiques, mais voulait qu'il ne s'occupât que des choses qui le regardaient ; qu'il l'avait alors remplacé par Métrophane, qui devait lui verser annuellement 2,000 ducats et 4,000 au sultan ; enfin que, Cantacuzène étant allé jusqu'à demander 3,000 ou 4,000 ducats, Métrophane s'était déclaré dans l'impossibilité de payer une pareille somme (il avait déjà donné 16,000 ducats en huit ans) et avait été chassé à son tour[2]. Ce fut alors, ajoute le vieux Zygomalas, qu'on éleva au patriarcat Jérémie, lequel se contente de vivre du revenu des biens ecclésiastiques. Cantacuzène, étant maître partout, n'agit qu'à sa volonté ou selon son bon plaisir ; le patriarche n'ose pas le contredire, même dans l'affaire la plus insignifiante, attendu que Cantacuzène est intime ami du grand vizir, avec lequel il partage l'impôt du sang.

Zygomalas m'apprend que nul n'est créé métropolitain, avant d'avoir donné à Cantacuzène 600 ducats, qu'il est obligé d'emprunter quand il ne les possède pas lui-même ; et que, par conséquent, ces gens-là n'ont presque d'autre but que de ramasser de l'argent, afin de pouvoir être nom-

---

[1] La date exacte de son décès est inconnue, mais on peut la fixer approximativement à 1565, quelques mois après sa déposition. Cf. Manuel Gédéon, Πατριαρχικοὶ πίνακες, t. I, septième fascicule (CP. 1889, in-8°), p. 511-512.

[2] Il résigna le patriarcat le dimanche 4 mai 1572, date à laquelle fut élu son successeur, Jérémie Tranos. (Voir Malaxos, Πατριαρχικὴ Κωνσταντινουπόλεως ἱστορία, dans la *Turcogræcia*, p. 176.)

més évêques et métropolitains. Aussi, quand quelqu'un d'eux obtient une telle dignité, il extorque à ses ouailles, pendant trois ou quatre ans, tout l'argent qu'il peut, afin de rembourser celui qu'il a emprunté pour en faire cadeau à Cantacuzène.

Zygomalas affirme (ce qui n'est pas difficile à croire) qu'il a écrit contre Cantacuzène une invective ou pamphlet, dans lequel il dit que ce personnage mérite la corde et le bûcher, parce qu'il s'approprie tous les revenus ecclésiastiques, afin de pouvoir, par ses largesses, conserver la faveur du grand vizir. Telles ont été les doléances de Zygomalas. Je vais maintenant parler de son impudence et de sa grossièreté.

Mon noble maître, qui avait plusieurs affaires à régler avec le grand vizir,... ne voulant pas recevoir Zygomalas, celui-ci se mit alors à me narrer les fidèles services qu'il avait rendus, pendant plusieurs années, à notre cour impériale, ainsi qu'à son Excellence. Cependant il ne nous a jamais rendu le plus léger service; si, d'ailleurs, il a fait la moindre chose pour les prédécesseurs de mon maître, MM. Augier et Charles, il en a été très largement payé. Mon maître n'estime aucunement les serviteurs du genre de Zygomalas, qui, quand il vient, ne pense qu'à prendre ou à demander. Aujourd'hui, il est venu dans l'intention d'emprunter 25 thalers et même davantage, promettant un gage, mais n'apportant ni n'envoyant rien du tout. Il a demandé ensuite quelques livres de viande de veau, qu'on lui a données; et aussitôt il en a redemandé pour deux ou trois jours, afin de se remplir le ventre, en prévision du jeûne qui commence pour les Grecs le 14 de ce mois et dure jusqu'à Noël. Il a demandé, en outre, un fût de vin de Panormos[1], cru très cher et qu'il trouve bon. Il veut faire un échange avec mon maître, et lui donner en troc de son vin, qui est très aigre. Je n'ai toutefois rien pu dire de cette proposition à son Excellence mon maître, que révoltent des demandes aussi effrontées. Du reste, il ne peut plus souffrir ce vieillard, depuis qu'il lui apporta, au mois de mai dernier, la réponse du patriarche concernant la Confession d'Augsbourg. J'avais fait demander cette réponse au patriarche par mon domestique ; mais le rusé Zygomalas, espérant pêcher quelque chose, ne voulut pas s'en dessaisir, disant que ce document ne pouvait être remis qu'entre les mains de l'illustre ambassadeur. En effet, il ne tarda pas à se présenter chez son Excellence, suivi d'un moine du patriarcat, du protonotaire son fils, et des janissaires au service du patriarche. Le vieillard salua son Excellence au nom du patriarche, dont il lui remit le livre, c'est-à-dire la réponse. Mon maître me la passa, après l'avoir rapidement parcourue. Le vieux Zygomalas voulait qu'on en fît un paquet pour l'envoyer à Crusius, à Tubingue. Mon maître lui dit : « Je me charge de l'expédier. » Là-dessus, le vieillard exhiba des lettres de Charles Rym et de plusieurs autres personnages, grâce auxquelles il croyait prouver qu'il était un ancien serviteur de l'empereur romain et de ses ambassadeurs à Constantinople. Comme Monseigneur paraissait n'accorder qu'une

---

[1] Abest Palormus Constantinopoli 25 milliaribus germanicis aut etiam amplius, quæ 9 vel 10 horarum spatio, vento satis secundo, emensi sumus. Est autem Palormus, Græcis Panormos, oppidulum vinetis amœnissimum, a Græcis ut plurimum, paucis Turcis et Italis habitatum. Vina hujus loci generosissima sunt, et singulis annis in magna copia Constantinopolim portantur. (Extrait d'une lettre de Gerlach à Samuel Heiland, en date de CP. le 1ᵉʳ février 1577, dans David Chytræus, *Oratio de statu ecclesiarum hoc tempore in Græcia*, etc. Francfort, 1583, in-8°, p. 254.)

médiocre attention à ses bavardages et ne semblait pas disposé à lui faire le magnifique cadeau sur lequel il comptait, le vieux nous montra quelques petits morceaux de terre cachetée et un peu de safran qu'il vanta beaucoup, disant que c'en était de la meilleure qualité. Mais, lorsque son Excellence l'ambassadeur commença à prendre un air un peu étrange et qu'il les congédia, le vieillard et son fils s'aperçurent qu'ils avaient donné un coup d'épée dans l'eau. Le fils était tellement furieux que, dans ma chambre, j'eus toutes les peines du monde à lui faire comprendre qu'il avait bu. Quant au vieux, il n'avait pas complètement renoncé à l'espoir d'obtenir un cadeau. Aussi, le lendemain matin, m'envoya-t-il son jeune fils avec un billet pour me demander une explication sur quelques passages de la dialectique : cela n'était pas dans ses habitudes, mais il espérait encore recueillir quelque chose. Ce nouveau stratagème n'ayant pas réussi davantage, il commença à m'entretenir de la grande amitié qu'il m'avait toujours portée. A la fin, voulant le contenter, je lui donnai 2 thalers. Mais, ayant eu de moi le petit doigt, il voulut avoir de mon maître la main tout entière, et il le pria de lui prêter 25 thalers; mais son Excellence s'aperçut de la ruse de l'artificieux vieillard, ordonna aux gardiens de la porte de ne plus le laisser entrer, et dit avec colère : *Hæc est insidiosa civitas.* Voilà une politesse rusée ou une ruse polie [1].

17 novembre 1576. — Aujourd'hui, le vieux Zygomalas est venu chez nous pendant le dîner. Il apportait un plat d'argent, dans l'espoir que je lui en offrirais quelques ducats. Son Excellence mon maître lui en a donné trois.

[1] Pages 267-269.

Zygomalas m'a raconté que c'était le vieux et courageux patriarche Joasaph qui l'avait fait venir de Nauplie. « Ce patriarche, dit-il, se trouvant dans cette ville pour quelque temps et ayant appris que je connaissais le bon grec ancien, me promit 300 ducats par an, si je voulais abandonner tout mon avoir et me rendre à Constantinople, avec ma femme et mes enfants. A cet effet, je confiai l'administration de mes biens au mari que je venais de donner à ma fille, sur le conseil du patriarche, et je pris le chemin de Constantinople. Dès mon arrivée, je fus nommé orateur et secrétaire de la grande Église, et aussi professeur de quelques moines; ceux-ci, aujourd'hui qu'ils possèdent certaines notions de grec littéraire, dont ils me sont entièrement redevables, se sont posés vis-à-vis de moi en rivaux jaloux et ingrats.

« Lorsque l'immixtion de Cantacuzène dans les affaires ecclésiastiques est devenue par trop considérable, le courageux patriarche n'a pu la tolérer; aussi a-t-il été déposé, et remplacé par Métrophane. Ce dernier ayant été expulsé à son tour, Cantacuzène a nommé le patriarche actuel, qui n'a presque rien en dehors de ses moyens d'existence; car le grand vizir et ledit Cantacuzène sont les vrais patriarches et dévorent les biens de l'église. Le patriarche était antérieurement métropolitain de Larisse, en Thessalie, et il a eu pour maître le moine Matthieu [1], qui, pendant le carême, prêchait au peuple en grec ancien. C'est ce religieux que

---

[1] Monachus quidam non indoctus, Matthæus nomine, lingua puriore græca, vulgo ignota, concionatus est. Quod se vulgo non accommodet, non probatur. Audivi eum (c'est Gerlach qui parle : lettre à Crusius du 17 mai 1576) 25 martii Galatæ in templo Χρυσοπηγῆς (ubi et patriarcha, missa Basilii habita, eleemosynam collegit) de Incarnatione Christi dicentem. Voce est promptissima, verbis selectis, sed nimium celer (*Turcogræcia*, p. 205). (Voir aussi le *Türckisches Tagebuch*, p. 167-168, et la *Turcogræcia*, p. 197.)

le patriarche a, ces temps-ci, envoyé pour la seconde fois comme exarque, ou collecteur d'impôts, dans les églises grecques de l'Occident, et qui, à chacun de ses voyages, a rapporté chez lui près de 500 ducats de bénéfice personnel. En effet, outre les redevances que métropolitains et évêques envoient au patriarche, ils sont encore tenus de faire don à l'exarque de 10 ou 15 ducats[1].

« La semaine dernière, le patriarche a excommunié deux prêtres de Crète, l'un appelé Jean Nathanaël[2] et l'autre Pierre Rhodius[3]. Voici à quelle occasion. Le patriarche a envoyé ses collecteurs d'impôts en Crète, comme cela se pratique tous les trois ou quatre ans. Or, dans cet intervalle de temps, beaucoup de personnes lèguent, en mourant, à l'église patriarcale et au patriarche lui-même 300 ou 400 ducats, de sorte que ces legs pieux atteignent souvent, au bout de ces trois ou quatre ans, le chiffre de 2,000 ducats et plus. Tel est le butin dont ces deux prêtres ont voulu frustrer le patriarche ; telle est aussi la raison pour laquelle ils ont résisté à ses exarques. En outre, ils ont été dénoncés comme frayant avec les Latins et menant mauvaise vie. C'est pour ces motifs que le patriarche les a déposés. Sur ces entrefaites, le baïle vénitien, qui s'est arrêté en Crète[4], a écrit au baïle d'ici[5] de proposer sa mé-

---

[1] Cf. *Turcogræcia*, p. 502.

[2] Sur Jean Nathanaël, voir notre *Bibliographie hellénique des xv⁰ et xvi⁰ siècles* (Paris, 1885, in-8°), t. II, p. 24, 201 à 202, 204, 205 et 422.

[3] Sur Pierre Rhodius, nous ne possédons aucun renseignement.

[4] A son retour de Constantinople à Venise. Ce devait être Jacques Soranzo, que la Sérénissime République avait chargé d'aller féliciter Mourad III sur son avènement. Il était arrivé à Constantinople le 30 juin 1575. Il ne portait pas le titre de baïle, mais celui d'orateur.

[5] C'était alors Jean Correr, élu le 6 février 1575 et parti pour Constan-

diation, afin d'empêcher que cette affaire ne donne naissance à quelque schisme ou division pernicieuse. C'est moi, continue Zygomalas, qui ai servi d'intermédiaire auprès du patriarche pour le prier de lever l'excommunication, à la condition toutefois que, si, à l'avenir, les deux susdits prêtres s'attaquent au patriarche, ils se soumettront de nouveau à son jugement. Ils devront aussi, à tout appel qui leur sera fait, se rendre sans résistance à Constantinople, et surtout n'apporter aucune entrave aux opérations des exarques envoyés par le patriarche, mais plutôt leur prêter assistance [1]. »

24 novembre 1576. — Aujourd'hui, Jean Zygomalas est venu chez moi et m'a dit : « Vous m'avez souvent prié de vous apporter des livres, comme je le faisais pour M. Charles Rym. Voici le commentaire d'Eustrate *Sur le premier livre de l'Éthique.* » Il se mit ensuite à me faire l'éloge du volume : 1° il en exalta le contenu; 2° il fit observer que le texte était écrit sur un beau parchemin, qui, vendu au détail, ne coûterait pas moins de 6 aspres le feuillet, et que l'ouvrage entier comptait près de deux cents feuillets; 3° il ajouta que l'écriture était si belle et si correcte que, sous ce rapport, je ne pourrais rien trouver de plus soigné. On devrait acheter ce manuscrit, ne serait-ce que pour y apprendre les abréviations. Il ne peut avoir été écrit que par la main d'un bienheureux et il est digne de figurer dans une bibliothèque royale.

Je lui demandai ce qu'il pouvait bien valoir. « 50 ducats »,

---

tinople le 16 avril suivant, en même temps que Jacques Soranzo, dont il est question dans la note précédente.

[1] Pages 270-271.

me répondit-il. Mais il ajouta qu'il servirait de courtier auprès du Grec auquel il appartenait; qu'il insisterait tant et tant que peut-être l'obtiendrait-il pour 30 ducats ou même pour 25. Je lui répondis que des livres si chers ne me convenaient pas du tout; que, d'ailleurs, cet ouvrage avait déjà été imprimé. Je lui proposai cependant d'en écrire à M. Crusius. Il y consentit, et me pria non seulement de dire du livre tout le bien possible, mais d'ajouter que lui, Jean, en faisait grand cas et que c'était grâce à ses négociations avec le propriétaire qu'on pourrait l'obtenir pour 25 ducats : ce qui est, disait-il, la valeur du volume, lors même qu'un frère devrait l'offrir à son frère. Je lui répondis : «M. Crusius ne l'achètera pas si cher.» «Écrivez alors 10 ducats, reprit-il; quoique, à un pareil prix, je ne le laissasse pas moi-même.» Mais, sur cette somme, je devais lui avancer immédiatement 6 ducats. Ayant allégué mon impossibilité de le faire, il m'a conseillé de les emprunter à mon maître. J'ai refusé; mais il ne voulait pas sortir de la maison que je ne lui eusse avancé 3 ou 4 ducats. Il m'engageait à les emprunter à nos interprètes, et il allait leur faire la proposition lui-même, lorsque, rougissant de tant d'effronterie, je lui donnai 3 ducats. Il me les arracha des mains, en disant : «Vous ne vous imaginez pas que je vous le laisserai pour cet argent-là!» Mais, si l'on veut se faire une idée de ce fin et astucieux renard, il faut savoir que ce livre lui appartient et que, il y a plus d'un an déjà, il m'avait prié de lui en faire venir de Tubingue deux exemplaires imprimés[1].

11 décembre 1576. — Aujourd'hui, Jean Zygomalas est

---

[1] Page 273.

venu chez moi m'annoncer que les notables du Péra ou Galata l'ont prié d'aller prêcher dimanche prochain, 16 courant, sur la Cène (S. Luc, *Évang.* 14, 16), et il m'a montré le commencement de son sermon. Pour expliquer la Cène, il parle du Christ fait homme et envoyant son serviteur inviter les hôtes.

Il me dit aussi que le patriarche Métrophane briguait de nouveau le patriarcat et qu'il avait, à ce sujet, présenté une supplique au sultan, au moment où celui-ci sortait à cheval de la ville; et cela bien que dans sa précédente négociation avec Cantacuzène, il eût promis de renoncer à tous ses droits.

Zygomalas a aussi souhaité la bienvenue à M. Simich et lui a fait cadeau de deux toiles peintes, valant environ 8 ou 10 aspres, et qu'il disait être l'œuvre de sa fille.

Le 12 décembre, dans l'espoir d'obtenir un cadeau, il a envoyé ici son fils Eustathe [1]. Celui-ci était accompagné d'un moine du mont Sinaï, nommé Joasaph [2].

22 décembre 1576. — Aujourd'hui, Jean Zygomalas est venu chez moi et m'a montré un nouveau sermon, ou prône, qu'il doit prononcer à la prochaine fête de Noël [3]. Il l'a commencé par une invocation à la vierge Marie, qu'il appelle son espérance, une mère de lumières, etc. Il y

---

[1] Eustathe est le même que Stamatius. Sur une lettre de celui-ci envoyée à Crusius, Théodose avait écrit : Σταμάτιος ὁ Εὐστάθιος. (Voir *Turcogræcia*, p. 227, où figure un *fac-similé* de sa signature.)

[2] Page 276.

[3] Dans une lettre à Crusius, en date du 17 mai 1576, Gerlach écrit : «Die 26 februarii currentis anni, rhetor (nunc magnus scripturæ interpres) de ultimo judicio ad populum declamavit» (*Turcogræcia*, p. 205). Ce sermon, comme celui dont parle ici Gerlach, ne se retrouvera probablement jamais. Peut-être Jean Zygomalas ne les écrivait-il pas tous.

traite de l'union des deux natures dans le Christ... Il prêche au peuple, moitié en grec littéral, moitié en grec vulgaire [1].

26 *décembre 1576.* — Aujourd'hui, Jean Zygomalas est venu chez moi, et, suivant son habitude, il a commencé par me dire qu'il avait voulu me rendre un service en me procurant un ouvrage aussi précieux qu'utile. Donc, selon mon désir (il voudrait me vendre de vieux livres comme à M. Augier), il s'est livré à de soigneuses recherches et a mis la main sur un livre admirable : ce sont les lettres de Synésius, savant philosophe et théologien, qui ne le cède pas même à saint Basile. Il a fait de ce livre l'éloge le plus outré, disant que l'écriture en était aussi correcte qu'élégante et qu'il ferait honneur à une bibliothèque royale. Il me l'a ensuite montré et j'ai constaté qu'il y manquait quelques feuillets au milieu et à la fin. Zygomalas m'a dit que, le vendeur ayant besoin d'argent, il lui avait fait croire que son livre était sans valeur, afin de l'obtenir à meilleur compte. Il a ajouté que l'ouvrage valait 25 ducats et que, s'il avait de l'argent, il ne manquerait pas de l'acheter lui-même (et pourtant le livre lui appartenait déjà). Finalement, il s'est proposé comme courtier, promettant de négocier avec tant d'adresse qu'il finirait par l'avoir à un prix moins élevé. Il a exprimé l'opinion que si M. le Chancelier [2] ou M. Crusius le voyaient, ils en donneraient certainement une très bonne somme, attendu que c'est un précis de toute la philosophie. Il m'a très vivement engagé à lui faire à ce sujet une avance de quelques ducats ; car la vue de l'argent

---

[1] Page 278.
[2] Jacques Andreæ, chancelier de l'université de Tubingue.

déciderait le vendeur à laisser le livre à meilleur marché. Je l'ai renvoyé avec son livre [1].

8 janvier 1577. — Aujourd'hui, le vieux Zygomalas est venu chez nous durant le dîner. Admis en notre présence, il nous a salué de la part du patriarche et a commencé aussitôt à nous dire : « Voici une nouvelle qui vous fera grand plaisir. Le patriarche a l'intention de m'envoyer à Vienne auprès de l'empereur romain et du clergé, pour tâcher d'arriver à un accord et à une union dans la religion. » Ce voyage lui causait une joie sincère. Il disait qu'il ne négligerait rien pour se conformer à toutes les prescriptions du patriarche. Pour moi, je m'imagine qu'il a lui-même suggéré cette idée au patriarche, et cela dans son propre intérêt et avec l'espoir d'obtenir de l'Empereur un magnifique cadeau. Mais lorsqu'il eut appris que l'Empereur était papiste, qu'il n'y avait rien à faire avec notre clergé et que, par conséquent, il n'arriverait à aucun résultat en cette affaire, il répondit : « Que pouvez-vous savoir de ce qu'il en est à Tubingue? Je n'ignore certes pas que le Chancelier est un homme d'un grand poids, mais l'Empereur seul est le chef. » Il voulait emporter des lettres de Méhémet Pacha et de son Excellence mon maître pour l'Empereur et notre clergé, et partir avec M. Simich, qui pourtant n'y aurait jamais consenti. On lui a ensuite donné 2 thalers; comme cette somme ne lui paraissait pas suffisante, il a demandé si ce présent lui était offert de la part de l'ambassadeur impérial. C'était donner à entendre qu'un pareil cadeau ne lui semblait pas digne d'un tel personnage.

A table, il nous a raconté qu'il avait fait ses études avec

[1] Page 279.

le Crétois François Portus[1] (actuellement professeur à Genève[2]) chez l'archevêque de Monembasie[3] (du temps des Vénitiens) et à Nauplie. Il nous dit aussi qu'au village de San-Stefano, sur la mer de Marmara, il y avait un centenaire qui avait épousé une toute jeune fille, dont il avait eu des enfants[4].

13 janvier 1577. — Aujourd'hui, le vieux Zygomalas a assisté à mon sermon sur ce passage d'Isaïe, 7 : *Voici qu'une Vierge a conçu,* etc. Et, après le sermon, il m'a dit qu'il avait cru remarquer chez moi des gestes oratoires étranges. Je lui demandai au nom de M. Crusius un discours ou sermon en grec vulgaire. Mais il me répondit qu'il préférait rédiger cent sermons en bon grec ancien, plutôt que d'en écrire un seul en grec vulgaire, et qu'il ne voulait pas se casser la tête pour une langue aussi barbare. Je lui fis observer qu'il valait mieux prêcher en langue vulgaire dans l'intérêt même du peuple, qui ne comprenait pas l'autre. Il me répliqua qu'il suffisait que le sermon fût compris d'un ou deux auditeurs; que, d'ailleurs, je pourrais prier le patriarche de faire prêcher dorénavant dans une autre langue[5]. Mais le

---

[1] Sur François Portus, voir ma *Bibliographie hellénique des XVe et XVIe siècles* (Paris, 1885, in-8°), t. II, p. VII-XX.

[2] Le texte ne donne ni *Genf* ni *Ginevra,* mais *Genua.* Cependant le doute n'est pas possible.

[3] Arsène Apostolios, fils de Michel, sur lequel on peut consulter notre *Bibliographie hellénique,* t. I, p. CLXV-CLXXIV.

[4] Pages 303-304.

[5] Nec, ut putas, in concionando barbara, sed antiqua lingua utuntur, quia facilius sibi esse dicunt complures orationes in antiqua componere quam unam in vulgari; et satis esse si duo tresve intelligant; aut, si libeat, patriarchæ mandent ut alia lingua utantur. (Lettre de Gerlach à Martin Crusius, en date du 1er février 1577, dans la *Turcogræcia,* p. 197.)

motif pour lequel ils n'emploient pas le grec vulgaire, c'est qu'ils ne possèdent ni les saintes Écritures, ni aucun ouvrage religieux, ni sermons rédigés dans cet idiome [1].

Zygomalas fit présent à mon maître d'un morceau d'étoffe de soie pour confectionner un coussin, laquelle valait à peine 30 kreutzers : il agissait toujours à la façon des Turcs, qui vous offrent 3 deniers pour qu'on leur rende 3 thalers; et, cette fois encore, il est arrivé à ses fins, car mon maître lui a donné 10 thalers pour ce morceau d'étoffe de soie [2].

19 mars 1577. — Aujourd'hui, m'étant rendu au patriarcat, Stamatius, fils du vieux Zygomalas, s'est plaint à moi de la lubricité et de la violence de son père. « Après avoir, m'a-t-il dit, dépensé tout son avoir avec des courtisanes, il veut maintenant prendre une jeune femme et vendre la maison. Il m'a mis à la porte, moi son fils, ainsi

---

[1] Ici Gerlach commet une double erreur : 1° la raison invoquée par les prêtres grecs pour ne pas prêcher en langue vulgaire est bien la véritable (aujourd'hui encore les choses se passent de la même façon); 2° en 1577, s'il n'existait pas de versions de la Bible imprimées à l'usage des Grecs, il y avait depuis longtemps déjà des recueils de sermons : celui d'Alexis Rhartouros, paru en 1560 (voir ma *Bibliographie hellénique*, t. I, p. 308), et celui de Damascène le Studite dont j'ai décrit une édition de 1570 (*Bibliographie hellénique*, t. II, p. 12), qui n'est pas la plus ancienne. Gerlach ignorait encore l'existence du livre de Damascène, dont il eut connaissance plus tard : Damascenus ὑποδιάκονος καὶ Στουδίτης... Hic illius liber, nomine Θησαυρός, in pagorum Græciæ et Thraciæ templis, suis dominicis et festis diebus quibus ejus λόγοι inscripti sunt, a sacerdote ad populum legi solet : ut ait d. Gerlachius (*Turcogræcia*, p. 53-54). Quant aux sermons de Rhartouros, Crusius les connaissait : *Sunt doctæ et pulchræ conciones*, dit-il (*Turcogræcia*, p. 250), et il ajoute qu'il les avait lus à Essling, du 14 au 29 décembre 1571, chez son beau-père Urbain Vetscher, qui les lui avait prêtés.

[2] Page 304.

que les anciennes femmes[1]. » C'est pourtant ce même Stamatius qui a pris la défense de son père dans les démêlés que celui-ci a eus avec son fils aîné Théodose, et s'est séparé de son frère. Le père, au contraire, accusait ce jeune fils d'être mal élevé, désobéissant, entêté, et d'avoir voulu l'étrangler; il déclarait le renier pour son fils et vouloir le déshériter[2].

6 avril 1577 (veille de Pâques). — Aujourd'hui, le vieux Zygomalas est venu chez nous et a demandé à mon maître 5 ducats, afin de pouvoir fêter le jour de Pâques; il n'y avait pourtant pas longtemps qu'il avait reçu de lui 10 thalers. Après lui avoir fait connaître les nombreuses dépenses qu'il avait dû supporter, mon maître lui a néanmoins donné un ducat, et moi un autre. Il nous a ensuite demandé un morceau de viande de la cuisine[3].

9 mai 1577. — Je suis allé au patriarcat, où le vieux Zygomalas m'avait assigné rendez-vous; mais il avait voulu me jouer un mauvais tour, car il ne s'y est pas trouvé. Il avait été fâché quand, selon son habitude bien connue de mendier avec impudence, ayant voulu vendre un morceau de la robe du Christ à mon maître, ce dernier lui avait répondu qu'il ne faisait aucun cas d'une pareille chose. Il m'avait aussi offert deux méchants mouchoirs, qu'il m'assurait provenir de la Sainte-Montagne (là se trouve, dit-il, un monastère, le principal d'entre vingt-quatre, dont les moines nommés Pauliniens, parce qu'ils observent la règle

---

[1] Il y a dans l'original : und die alten Weiber. Il faut peut-être traduire : et les *vieilles* femmes.

[2] Page 323.

[3] Page 331.

de saint Paul, vivent du travail de leurs mains; ce sont eux qui tissent ces mouchoirs et les distribuent ensuite de côté et d'autre comme des objets de piété; il avait pu en obtenir deux. Or tout cela n'était que mensonges[1]), mais je ne voulus pas les accepter. Voilà pourquoi il m'a joué ce tour. Je lui ai donné, il y a quelques semaines, le 6 avril, un ducat sur sa promesse formelle de me copier quelque chose de Bryennius. Mais tout est fourberie chez lui, il n'a rien tenu. Je l'ai prié de me prêter le livre, afin de pouvoir y copier moi-même un discours. Il m'a répondu qu'il ne lui était pas permis de le faire[2].

20 mai 1577. — J'ai accompagné Zygomalas de chez nous jusqu'au patriarcat. Chemin faisant, un Turc lui a renversé son chapeau. Zygomalas, outré de colère, l'a traité de coquin, de diable et de fripon; mais l'autre n'a fait qu'en rire et a continué sa route. J'ai été introduit auprès du patriarche et je lui ai offert un nouveau Testament bien relié[3].

1er juin 1577. — Le vieux Zygomalas a vendu à notre cuisinier un sac de farine pour un ducat, afin de pouvoir célébrer demain la fête de Bacchus. Il cherche à se procurer de l'argent en mendiant ou en brocantant; mais, au bout de quelques jours, il ne lui reste plus rien. Il veut du muscat ou d'autres bons vins (il ne se contente plus de vin de table). Il n'a pas honte de venir chez nous demander de l'argent, du vin et de la viande. Il faut lui donner du lard fumé et autre chose encore. Il vient nous offrir un peu de

---

[1] Cette histoire de moines suivant la règle de saint Paul nous paraît, en effet, inventée à plaisir.
[2] Page 344.
[3] Page 348.

safran, dans l'espoir d'obtenir mieux en échange. Cela s'appelle *do ut des*[1].

2 juin 1577. — Ainsi que le vieux Zygomalas nous en avait informés le matin, les Grecs ont célébré la fête de Bacchus en mangeant, buvant et s'amusant, à l'occasion du prochain carême en l'honneur des saints apôtres Pierre et Paul. Zygomalas nous a demandé un morceau de viande; on le lui a donné. Bientôt il est revenu une seconde fois chercher du vin muscat, sans se munir d'aucun vase, et une troisième fois nous demander une portion de poulet[2].

3 juin 1577. — Zygomalas est venu et a emporté une bouteille de vin muscat, sans même dire merci. J'ai eu avec lui un entretien sur la procession du Saint-Esprit, du Père et du Fils. Il m'a répondu : « Quand bien même le Christ descendrait du ciel et déclarerait que le Saint-Esprit procède du Père et du Fils, les Grecs ne le croiraient pas[3]. »

1er août 1577. — Aujourd'hui, le vieux Zygomalas est venu chez moi et m'a proposé de me copier les *Officia ecclesiastica et politica cum energiis*[4]. Mais ses exigences sont telles, que je n'ai pu profiter de cette offre de service. En effet, il

[1] Pages 355-356.
[2] Page 356.
[3] Page 356.
[4] Il s'agit de l'ouvrage de Georges Codinos : Περὶ τῶν ὀφφικιάλων τοῦ παλατίου τῆς Κωνσταντινουπόλεως, καὶ τῶν ὀφφικίων τῆς μεγάλης ἐκκλησίας, dont la première édition ne parut qu'en 1588, in-8° [à Francfort-sur-Main, suivant Hanke (*De byzantinarum rerum scriptoribus græcis*, Leipzig, 1777, in-4°, p. 683); à Leyde, suivant Niceron (*Mémoires*, t. XVI, p. 197); mais plus vraisemblablement à Heidelberg, si l'on en croit Hoffmann (*Lexicon bibliographicum*, t. I, p. 510)]. Le premier éditeur ne connaissait pas le nom de l'auteur.

demandait 1 ducat ou 2 par semaine pour sa nourriture, 1 thaler pour le papier et l'encre, et beaucoup plus encore pour sa peine. Il écrit avec une lenteur dont on n'a pas idée; de sorte que l'ouvrage entier, qui vaut à peine 1 ducat, m'en aurait coûté 8.

Lors des dernières fêtes de Pâques, il me proposa de me copier un discours de Bryennius, dont il ne pouvait me prêter l'ouvrage : je lui donnai pour cela 1 ducat, et je n'ai pas encore vu une seule ligne de lui[1].

3 août 1577. — Zygomalas est venu me dire qu'il avait obtenu, à force de prières, tous les actes des patriarches depuis la prise de Constantinople, date à laquelle Gennadius occupa le trône œcuménique ; que ces documents contenaient une foule de choses intéressantes, mais qu'il voulait simplement me les montrer[2]. Chez lui tout n'est qu'invention : il ne craint pas, pour se faire valoir, de recourir au mensonge et n'en rougit jamais. Il vient de me dire qu'il a pour moi plus de sympathie que pour le baïle et tous les autres : cela, jusqu'à ce qu'il m'ait soutiré quelque chose. Quand il redouble de flatteries à mon égard, lorsqu'il me dit que je puis disposer de sa maison et de tous ses livres, comme s'ils m'appartenaient, je puis être sûr qu'il va me mendier quelque chose. En effet, le voilà déjà qui me de-

---

[1] Pages 370-371.
[2] Gerlach écrivait à Crusius que les manuscrits étaient chers à Constantinople et qu'il était difficile de s'en procurer «quod librarios Græci paucissimos eosque rudes habeant. Nolle etiam ad describendum commodato dare. Se jam diu frustra laborare ut Officia palatii ex libro cujusdam nobilis Græci habeat;» que Augier Busbecke, conseiller de Sa Majesté Impériale et son ambassadeur à Constantinople, avait rapporté avec lui plusieurs caisses pleines de manuscrits; et que Charles Rym, prédécesseur de David Ungnad, en avait également acquis un grand nombre (voir *Turcogræcia*, p. 498).

mande ce que je voudrais donner pour avoir tel ou tel livre. Lui ayant souvent dit qu'il ne m'avait encore rien apporté, alors qu'il avait fourni de si bons livres à mon prédécesseur, il m'a répondu qu'il avait un livre magnifique et m'a demandé ce que je voulais lui en donner. Quand il a vu que je n'étais pas disposé à m'en rendre acquéreur, il a déclaré qu'il était décidé à vendre ses habits pour acheter le livre 10 ou 15 ducats et le faire ensuite imprimer à Venise, ce qui lui permettrait de réaliser un bénéfice de 1,000 ducats. Il trafique avec moi comme un juif. Après s'être préalablement entendu avec le propriétaire d'un livre pour l'avoir au meilleur marché possible, il vient me dire que quelqu'un possède tel livre et qu'il veut bien me servir d'intermédiaire pour l'obtenir à bon compte. Le livre vaut tant, je dois y mettre tant; il ne manque jamais d'ajouter qu'il en donnerait lui-même davantage, s'il avait l'argent. C'est ce qu'il m'a rabâché quand il m'a apporté l'*Eustratius* : « J'en donnerais bien 20 ducats », disait-il, et il l'a laissé en dépôt chez moi pour 6 thalers. Je lui ai demandé une dizaine de fois quelle était la personne qui avait le livre à vendre, mais je n'ai jamais pu rien tirer de lui. Il craint que je n'aille l'acheter moi-même et qu'il ne perde ainsi le profit sur lequel il compte. Ils ont aussi l'habitude, lorsqu'ils possèdent un livre de quelque valeur, d'en faire une copie et, quand il se présente un acheteur, ils la lui vendent le plus cher possible, comme un ouvrage inédit; mais ils gardent toujours l'original.

Jean Zygomalas et ses fils font mauvais ménage. Il y a quelques semaines, j'accompagnai le vieux chez lui. Nous y trouvâmes Stamatius occupé à tréfiler de l'argent. Le père commença aussitôt à le quereller; le fils traita son père de

vieux fou, de chien, de diable. Après avoir riposté, le père
me dit que son fils était un assassin et avait déjà tué beaucoup de gens ; enfin que, à l'instant même, Stamatius lui
avait dit que, si je n'eusse pas été là, il l'aurait jeté par la
fenêtre ou lui aurait fendu la tête. Le vieux me pria de faire
administrer la bastonnade à son fils par mon janissaire. Une
fois même il était arrivé que, dans une querelle analogue,
le fils avait battu le père. Celui-ci demanda alors à un Turc
comment on traiterait chez lui un pareil fils. Le Turc répondit qu'on lui couperait la main.

Le vieux Zygomalas avait eu aussi une dispute semblable
avec son fils Théodose, le protonotaire, avant le départ de
celui-ci pour les îles[1]. Le fils lui avait lancé à la tête une
cruche de vin ; sur quoi, le vieux ayant jeté les hauts cris,
les voisins étaient accourus. Le père était longtemps resté
sans lui parler, ni souffrir qu'il lui adressât la parole. Cette
dispute venait de ce que le fils avait refusé à son père de
l'argent pour ses amourettes. J'ai entendu dire, et son fils
lui-même me l'a affirmé, que Jean Zygomalas est un paillard. Aussitôt qu'il a un peu d'argent, il court à Galata
trouver des femmes de sa connaissance ; il les presse contre
lui et les embrasse, mais c'est tout ce qu'il peut faire. Cela
est d'autant plus aisé à croire que, à deux reprises différentes, il a déclaré lui-même, à la table de son Excellence
mon maître, que, lorsqu'il voyait une jeune fille, ce n'était
pas l'envie qui lui manquait, mais que l'accomplissement
de l'acte lui était impossible. Il disait avoir couché avec
beaucoup de femmes à Venise, et fait maintes folies de ce
genre ; mais il déclarait n'avoir jamais pris de force aucune

---

[1] Il s'agit de son départ pour sa tournée exarcale. Il quitta Constantinople
le 10 octobre 1576.

femme : ce dont, d'ailleurs, il reconnaissait n'avoir pas eu besoin, attendu qu'on n'en manquait pas qui ne demandaient pas mieux.

Il ne rentre presque jamais chez lui de toute la semaine; il va écornifler chez l'un et chez l'autre des ambassadeurs chrétiens, et il n'est pas pour tous un hôte agréable. De plus, il importune leurs gens et emprunte à ceux-ci de l'argent, qu'il ne rend jamais. Pendant ce temps-là, son jeune fils fait ripaille à la maison. Il envoie chercher le meilleur vin, des poulets, du poisson, etc., et il mange et boit, toujours avec des femmes. Son expérience personnelle en Italie et l'exemple de son père à la maison lui ont appris à mener une pareille vie.

Le vieux Zygomalas me coûte déjà, à moi Gerlach, environ 20 thalers, que je lui ai donnés à plusieurs reprises; mais ce que j'ai reçu de lui n'en vaut pas 3. Toutes ses promesses sont vaines : aussitôt qu'il a de l'argent dans sa bourse, tout bienfait est oublié. Il voulait partir pour Vienne, il y a quelques semaines, dans l'intention d'y enseigner la langue grecque. Il avait aussi suggéré au patriarche l'idée de confier à quelqu'un la mission d'aller tenter une union entre les Grecs et les luthériens, disant qu'il s'en chargerait volontiers lui-même. Mais il ne fait rien qu'en vue de gagner de l'argent. Tantôt il parle en notre faveur, tantôt contre nous, surtout quand il est irrité ou que je le contredis. Il me traite alors de Luther et d'hérétique. Actuellement, il veut aller avec le baïle à Venise et y faire imprimer des livres[1].

11 février 1578. — Théodose m'a parlé des injustes vio-

---

[1] Pages 371-372.

lences de son père, le vieux Zygomalas, qui veut vendre la maison, bien qu'elle ne lui appartienne pas. L'emplacement seul, a ajouté Théodose, m'a coûté 500 ducats, que j'ai donnés à mon père et à mon frère Stamatius, à la place de ma mère. J'ai, en outre, dépensé plus de 1,000 ducats pour la construction. Malgré cela, mon père veut vendre la maison, sous prétexte qu'elle lui appartient, qu'il est le maître de ses enfants et qu'il a le droit d'aliéner tout ce qu'ils possèdent. Ces prétentions lui sont pourtant contestées par le patriarche, l'ambassadeur de France[1] et le baïle de Venise[2], qui me déclarent propriétaire de la maison et affranchi de l'autorité paternelle, parce que je suis depuis plusieurs années au service du patriarcat. Voilà déjà trois ans que j'ai donné l'anneau à ma fiancée; et cependant je ne puis l'amener chez moi, car mon père ne me laisserait pas un instant de repos. Il court par la maison durant la moitié de la nuit, criant et grondant, m'injuriant et m'outrageant de la plus cruelle façon. Il a dépensé en trois ans 400 ducats, qu'il avait reçus de différents côtés; il m'a, en outre, pris à moi-même 100 ducats et plus de 100 autres au patriarche. Il était très économe dans sa jeunesse, mais il est devenu tellement dissipateur, qu'il dépenserait aisément 10 ducats par jour, s'il les avait. Je le prie de rester à la maison, où je lui fournirais ce qu'il lui faut pour boire et manger, mais il n'en veut rien faire. Il décampe et, à son retour, il recommence à quereller, de sorte que je me cache pour éviter de le rencontrer[3].

[1] Probablement Jugé, qui remplissait l'intérim de l'ambassade de France à Constantinople, en 1578.
[2] C'était alors Nicolas Barbadico.
[3] Pages 456-457.

III

Théodose Zygomalas, fils de Jean et de Graziosa [1], naquit à Nauplie [2], en 1544 [3]. La plus ancienne mention de lui que nous connaissions remonte au lundi 7 février 1563. A cette date, déjà notaire de la grande Église, il finissait de copier, très probablement pour le savant Jean Sambucus [4], auquel il a appartenu, le manuscrit qui est aujourd'hui le *Codex Vindobonensis 64 historicus græcus ecclesiasticus* [5]. On lit, en effet, à la fin de ce volume, la souscription suivante :

Ἀντεγράφη τὸ παρὸν βιβλίον ἐκ πρωτοτύπου παλαιοῦ διὰ χειρὸς ἐμοῦ Θεοδοσίου, νοταρίου τῆς μεγάλης ἐκκλησίας, ἐν ἔτει ἀπὸ κτίσεως

---

[1] Voir le titre de l'épitaphe de Graziosa dans la *Turcogræcia*, p. 259, et aussi ce même ouvrage, p. 223.

[2] Puisqu'il ne quitta cette villle qu'en 1555, alors âgé de 11 ans. Dans sa lettre à Crusius du 7 novembre 1581, Théodose déclare (*Turcogræcia*, p. 92) qu'il y avait vingt-six ans que ses parents avaient abandonné Nauplie pour aller à Constantinople.

[3] Il avait 33 ans en 1577. Voir la note 3, p. 115.

[4] Michel Néander nous apprend que Sambucus était en relation avec Jean Zygomalas : Cum istis [epistolis] eas etiam adjungere hoc loco licuisset, quas a Johanne Zygomala, viro septuagenario majore et plurium linguarum et inter cæteras etiam latinæ linguæ callente, magnæ ecclesiæ, quæ est Constantinopoli, interprete, prolixe et amice scriptas, in ipso autographo legendas nuper Vienna Austriæ ad nos misit clarissimus, celeberrimus et doctissimus vir d. Johannes Sambucus, Cæsareæ Majestatis medicus, historicus et consiliarius. Verum quia et copiosiores atque prolixiores illæ epistolæ erant, et ego nollem augeri libellum accessione plurium pagellarum recentium, illo labore putavi hoc tempore esse supersedendum. (Michaelis Neandri; *Bedencken an einen guten Herrn und Freund*, Eisleben, 1583, in-8°, fol. 65 v°.)

[5] C'est un *chartaceus* de 200 feuillets. Il contient l'Histoire du concile de Florence par Sylvestre Syropoulos (*vulgo* Sgouropoulos).

κόσμου ζοα', ἰνδικτιῶνος ζ', μηνὶ Φεβρουαρίῳ ζ', ἡμέρᾳ δευτέρᾳ. Τῷ συντελεσΊῇ τῶν καλῶν Θεῷ δόξα[1].

Les données nous manquent pour préciser la date à laquelle Théodose fut nommé protonotaire. Bien que sa pauvreté, comme il le dit lui-même[2], ne lui eût pas permis d'étudier à son gré, il était, paraît-il, versé dans la lecture des Pères, et cette connaissance le rendait très utile au patriarche œcuménique. Il recevait un traitement annuel de 200 ducats ou 300 thalers (1,125 francs). Il différait de beaucoup de ses compatriotes, affirme Crusius, en ce qu'il était un homme loyal, confiant et ennemi de la fourberie. Il avait une barbe noire, était (comme son père) de taille moyenne et portait des vêtements de soie[3].

A l'automne de l'année 1576, Théodose fut chargé, par le patriarche Jérémie, d'accomplir une tournée exarcale dans les îles de l'Archipel et sur la côte occidentale de l'Asie Mineure[4]. Il quitta Constantinople le 10 octobre, à midi.

---

[1] Lambecius, *Commentariorum de augustissima bibliotheca cæsarea Vindobonensi liber octavus* (édit. Kollar), Vienne, 1782, in-fol., colonnes 1064-1065.

[2] *Turcogræcia*, p. 431.

[3] Filius ejus (matre circ. 1574 mortua) d. Theodosius, 1577 an. 33 annorum, protonotarium agit, scribens nomine patriarchæ ad reliquos patriarchas, metropolitas, episcopos et alios, litteras et mandata, aliaque ad patriarchatum pertinentia. Satis in lectione Patrum versatus : ideoque opera ejus plurimum patriarcha utitur. Salarium ejus quotannis circ. cc ducati, seu ccc taleri. Barbam nigram habet : et fratrem nomine Stamatium, patriarchæ notarium. Theodosius, præ multis Græcis, candido, non diffidente et fallaci, ingenio est. Ipsius et patris faciem mihi depictam misit Gerlachii successor, d. Solomon Schweigkerus. Ambo mediocri (quanta est mea) statura sunt : et in honorem patriarchatus serico vestiuntur. (Crusius, *Turcogræcia*, p. 491.)

[4] Voir plus loin, sous le n° 8, la circulaire adressée, à cette occasion, par le patriarche œcuménique, aux archevêques et évêques. Elle est datée du mois de septembre 1576.

Il nous a laissé une relation fort succincte de son itinéraire, écrite à l'intention et sur la prière de Gerlach. Elle fournit un certain nombre d'indications soit historiques, soit d'une autre nature, toutes très précieuses à recueillir. On trouvera ce document sous le n° 9, à la suite de la présente étude. Durant ce même voyage, il recueillit, également pour Gerlach, les signatures de tous les prélats avec lesquels il eut l'occasion de se trouver en rapports. Elles figurent plus loin sous le n° 11.

Théodose Zygomalas fut absent de Constantinople un peu plus d'une année. Il rentra dans cette ville le 17 octobre 1577[1]. Ses relations avec Gerlach semblent alors être devenues plus fréquentes qu'auparavant.

Le 5 novembre 1577, il fait une visite à David Ungnad, l'ambassadeur impérial, et lui offre de la *terre cachetée* rapportée de Lemnos[2].

Le 3 janvier 1578, Gerlach remet à Théodose une montre et une lettre de la part de Martin Crusius[3].

Le 10 du même mois, visite de Théodose à Gerlach[4].

Le 20, nouvelle visite. Il annonce au chapelain de l'ambassade impériale, que les lettres venues de Tubingue et l'*Abrégé de théologie* de Jacques Heerbrand ont été expédiés au patriarche cinq jours auparavant[5]. Il demande et obtient

---

[1] Den 19 (Oct. 1577) hat mir der alte Zigomala gesaget daß sein Sohn Theodosius, als Tributsamler deß Patriarchen (ἔξαρχος) vor Tagen wieder kommen und ein Buch von der Verachtung der Welt mit sich gebracht. (Gerlach, *Türckisches Tagebuch*, p. 393.)

[2] *Türckisches Tagebuch*, p. 403.

[3] *Türckisches Tagebuch*, p. 445.

[4] *Türckisches Tagebuch*, p. 446.

[5] Dans une lettre écrite par Crusius à David Chytræus, au mois d'avril 1579, on lit :... Deinde 1 octobris [1577] *Compendium theologicum* d. Jacobi

un exemplaire de la traduction grecque de la Confession d'Augsbourg[1].

Heerbrandi, quod ea æstate græce a me conversum fuit[*], domino patriarchæ misimus : quod quæ in illa Apologia (il s'agit de la lettre apologétique écrite à Jérémie par Lucas Osiander [pour Jacques Andreæ] et Crusius, le 18 juin 1577, et dont le texte se trouve dans les *Acta et Scripta theologorum wirtembergensium et patriarchæ Constantinopolitani d. Hieremiæ*, Wittenberg, 1584, in-fol., p. 144 et suiv.) forte brevius et obscurius tractentur, hic expressius et copiosius forte posita sint. Utrunque vero scriptum Viennæ concurrens, 3o decembris 1577, cum pluribus nostris literis concurrentibus, Gerlacus accepit : quæ cum patriarchæ reddere, circiter 2 diem januarii 1578, vellet, jam is ad visitandas ecclesias suas in Græciam exiverat. Quidam vero, per ejus τοποτηρητὴν missus, scripta illa ei in Thessalia 4 die martii reddidit. (Davidis Chytræi *Oratio de statu ecclesiarum hoc tempore in Græcia*, etc., Francfort, 1583, in-8°, p. 105-106.) Ajoutons aux renseignements qui précèdent que la lettre à Jérémie, datée du 1ᵉʳ octobre 1577, est également publiée dans les *Acta et Scripta*, etc., p. 381 et suiv. Elle lui avait été expédiée de Constantinople, le 15 janvier 1578, ainsi que Gerlach nous l'apprend : Den 20 [Jan. 1578] kam Theodosius Protonotarius zu mir, und sagte daß vor fünf Tagen schon alle Schreiben, sambt der Antwort und dem Auffzug chriftlicher Lehre D. Heerbrands, an den Patriarchen fortgeschickt seyen, durch einen Priester mit Namen Stephanus, der von Ephefo hieher gekommen, des Metropoliten daselbsten Tod angezeiget, und zugleich umb dessen Stell angehalten. (*Türckisches Tagebuch*, p. 448.) Crusius (*Turcogræcia*, p. 502) raconte également ce qui précède et ajoute : D. Gerlachius, jam ad nos reversus, mihi dixit illum presbyterum, nomine Stephanum, consecutum fuisse eam dignitatem, quia etiam imp. Muratæ commendationem habuerit : cui ille antea pulcherrimos Ephesi hortos diligenter coluerit.

[1] *Türckisches Tagebuch*, p. 448. Imprimée à Bâle, chez Jean Oporinus,

[*] In epistola, 16 maii 1577 scripta, optat Gerlachius illud opus ad græcæ ecclesiæ utilitatem græce converti, quod etiam a patriarcha cupi. Ideo magna autoritate hortatrice, ego pro mea tenui parte, a 28 junii (inter binas quotidie prælectiones, et examina candidatorum utriusque laureæ) usque ad 18 septemb. (uno calamo, perpetuo stans aut ad libros discurrens) conversionem eam ξὺν Θεῷ absolvi : munde M. Joan. Trachæo describente. Deinde, anno 1579, alteram (fere altero tanto majorem) editionem a 3 septembris ad 3o usque octob. (interspersa eorum, quæ passim accesserant, conversione) eodem illo calamo græce reddidi : quam mihi meus Jacobus Maier munde descripsit. (Crusius, *Turcogræcia*, p. 502.)

Le 26, Théodose et son frère Stamatius prennent part à un repas donné par le nouvel ambassadeur impérial, Joachim de Sinzendorff[1].

Le 1ᵉʳ février 1578, Théodose porte à Gerlach une image de la Vierge très finement exécutée. Il lui donne, à titre de cadeau pour Jacques Andreæ, chancelier de l'université de Tubingue, le commentaire de saint Grégoire de Nysse sur le Cantique des Cantiques. Il vend à Gerlach les discours de saint Grégoire 12 thalers, et un Aristide 3 thalers. Enfin il lui remet à l'intention de Martin Crusius un certain nombre de lettres en grec vulgaire[2].

Le 11 février 1578, Théodose fait à Chalki et à Nissa (îles du groupe des Princes) une excursion en compagnie de Gerlach. Il a avec lui une longue conversation, dont nous avons traduit ci-dessus[3] le seul fragment qui nous ait paru intéressant, celui où il est question de ses démêlés avec son père[4].

Le 29 mars 1578, Théodose porte à Ungnad de la *terre* en 1559, la traduction grecque de la Confession d'Augsbourg par Paul Dolscius était devenue fort rare. Il n'en fut envoyé que six exemplaires aux Grecs ; Crusius a pris soin de le noter (*Turcogræcia*, p. 496) dans les termes suivants :

Augustanæ Confessionis exemplaria 6 his data sunt, singulis unum.
- Hieremiæ patriarchæ.
- Theodosio Zygomalæ.
- Metrophani, Berrhœæ metropolitæ.
- Gabrieli, qui postea factus est Philadelphiæ metropolita.
- Symeoni hierodiacono.
- D. Michaeli Cantacuzeno : qui sibi in vulgarem linguam transferendum curavit.

L'exemplaire destiné au patriarche lui fut envoyé par Crusius, le 16 septembre 1574 (*Turcogræcia*, p. 488) et ne lui fut remis que le 4 mai de l'année suivante (*ibidem*, p. 491).

[1] *Türckisches Tagebuch*, p. 449.
[2] *Türckisches Tagebuch*, p. 451.
[3] Voir p. 112-113.
[4] *Türckisches Tagebuch*, p. 453.

cachetée. L'ambassadeur lui fait remettre par Gerlach une somme de 10 thalers, etc.[1].

Enfin, le mercredi 4 juin 1578, Gerlach quitte Constantinople pour retourner en Allemagne[2]. Il emporte avec lui pour Crusius une lettre de Jean Zygomalas, datée du 31 mai[3], dans laquelle celui-ci le remercie de lui avoir envoyé une montre ainsi qu'à son fils Théodose. Il lui adresse en échange quelques petits écrits sur différents sujets, μίκρ' ἄτ̑α ἔγγραφα : Λόγον, ajoute Crusius en note, *Joannis Zygomalæ περὶ ἀζύμων et de S. cruce historiolas, et de igne purgatorio opinionem sancti Pauli, ac de nativitate Christi sententiarum farraginem. Deinde in vulgari lingua* λόγον Θεοφάνους μοναχοῦ *in templo patriarchico recitatum et a Symeone Cabasila descriptum, atque* Ματθαίου μοναχοῦ (*qui est* τοῦ τῆς Βερροίας *frater*) περὶ εἰκόνων λόγον[4].

Théodose envoie aussi à Crusius une lettre fort intéressante[5]; elle est datée du 1er juin 1578 et contient l'énumération de tout ce que le protonotaire patriarcal envoie au professeur de Tubingue :

Deux bourses fabriquées à Athènes[6] (dont on lui avait fait cadeau à lui-même[7]);

---

[1] *Türckisches Tagebuch*, p. 477.
[2] *Türckisches Tagebuch*, p. 505. — Die 4 junii 1578, concessa a sultano potestate, οἱ περὶ Γερλάχιον e Constantinopoli discesserunt, quæ erat ἡ τετάρτη τῆς ἑβδομάδος, nempe dies Mercurii. (*Turcogræcia*, p. 509-510.)
[3] Elle est publiée dans la *Turcogræcia*, p. 465-466.
[4] *Turcogræcia*, p. 510.
[5] Elle est publiée dans la *Turcogræcia*, p. 466-468.
[6] Les bourses fabriquées à Athènes étaient célèbres. (Voir Demétrius Cambouroglous, Ἱστορία τῶν Ἀθηναίων, t. I, deuxième fascicule (Athènes, 1889, in-8°), p. 81.)
[7] Voici le passage : ἐξ Ἀθηνῶν φιλτάτων σοι μαρσύπια δύο πεμφθέντα μοι (peut-être par son ami Nicanor, métropolitain d'Athènes) δέξαιό μοι

Quelques morceaux de *terre cachetée*[1];

Un beau vase en terre de Lemnos, et quelques autres menus objets sans grande valeur. Parmi ces derniers, Crusius mentionne : *in tabella complicatili eleganter depictam* τὴν Θεοτόκον τὸν παῖδα Ἰησοῦν ἐνηγκαλισμένην[2].

Il y a, en outre, deux manuscrits : 1° le commentaire de saint Grégoire de Nysse sur le Cantique des Cantiques, dont il a déjà été question plus haut[3] et qui était en réalité un cadeau destiné à la bibliothèque universitaire de Tubingue, comme en fait foi la note suivante écrite en tête du volume par Théodose lui-même :

Σοφοῖς ἀνδράσι κυρίοις Ἰακώβῳ τῷ Ἀνδρέου, πραιποσίτῳ καὶ καγκελλαρίῳ, Θεοδωρήτῳ Σχνεπφίῳ, Ἰακώβῳ τῷ Ἑερβράνδῳ, Λουκᾷ τῷ Ὀσιάνδρῳ, τοῖς διδασκάλοις τῆς Θεολογίας, καὶ Μαρτίνῳ τῷ Κρουσίῳ, τῷ ἑκατέρας γλώτ7ης διδασκάλῳ, Θεοδόσιος, πρωτονοτάριος τῆς ἐν Κωνσ7αντινουπόλει ἐκκλησίας τοῦ πατριαρχείου, ἐκ τῶν ἐνόντων ὀρθῶν καὶ παλαιῶν βιβλίων, τοῦτο φιλοτιμησάμενος, μικρὸν ἀντίδωρον ποιησάμενος, τῇ βιβλιοθήκῃ καὶ ἀκαδημίᾳ τῇ περιφανεῖ Τυβίγγης ἀναθέσθαι ἀξιῶ, μνήμης χάριν. Ἀπὸ Κωνσ7αντινουπόλεως, ͵αφοη' ἔτει ἀπὸ τῆς σωτηρίας[4].

Crusius ajoute : *Liber is* τοῦ δευτέρου μήκους (*quartæ formæ*) *est, rubro corio asserculis inducto, foliorum* 252, *quem ego* (Κρούσιος) *mihi a 14 januarii usque ad 4 martii 1579 de-*

εὐμενῶς. (*Turcogræcia*, p. 468.) Gerlach (*Türckisches Tagebuch*, p. 502) ne mentionne qu'une seule bourse : Der Protonotarius schickte dem Herrn Crusio einem zu Athen gemachten Beutel.

[1] Gerlach, qui n'oublie rien, nous apprend (*Türckisches Tagebuch*, p. 502) qu'il y en avait soixante-dix.
[2] *Turcogræcia*, p. 510.
[3] Voir page 118.
[4] *Turcogræcia*, p. 510.

scripsi; postea in bibliothecam academiæ autographum illatum est [1]. Et, le 13 avril 1579, écrivant à Théodose, Crusius lui disait encore, entre autres choses :

Οὔπω ἐξ Σαξονίας ἐπανῆλθεν ὁ κύριος καγκελλάριος· ἀλλ' οὐκ εἰς μακρὰν ἐπανήξειν προσδόκιμός ἐστιν· ἔστι δὲ νῦν αὐτοῦ τοποτηρητὴς (ὃν προκαγκελλάριον ὀνομάζομεν) ὁ κύριος Θεοδώρητος ὁ Σνέπφιος· ὃς τῇ σήμερον, ᾖ ταῦτα ἔγραφον, ἔλεξέ μοι, αὐτῷ ἐν τῇ οἰκίᾳ αὐτοῦ ἐντυχόντι, οὕτως· ἐγὼ μὲν, ἔφη, νῦν λίαν πολυάσχολος, ἄλλως τε καὶ ἐλθούσης μοι ἐκ τοῦ ἄρχοντος ἡμῶν ἐντολῆς περὶ πράγματος ἀναγκαίου. Σὺ δὲ, φίλε κηδεστὰ Κρούσιε, γράφων τῷ κυρίῳ Θεοδοσίῳ, ἄσπασαι αὐτὸν ἐξ ἐμοῦ φιλικώτατα, καὶ δήλωσον αὐτῷ ἡμῖν τὸ δῶρον αὐτοῦ, τὴν τοῦ νυσσαέως βίβλον, πάνυ ἡδὺ καὶ τίμιον εἶναι· κἀμὲ διὰ μεγάλας αἰτίας αὐτὸ οὔπω εἰς τὸ τῆς ἀκαδημιακῆς βουλῆς συνέδριον εἰσενεγκεῖν· ἀλλὰ ταμιεύεσθαι εἰς τὴν ἐπάνοδον τοῦ κυρίου καγκελλαρίου. Τότε γὰρ οὗτος αὐτὸ τῷ συνεδρίῳ συνιστῶν ἐπιδώσει· καὶ μετὰ τιμῆς ἐν τῇ τῆς ἀκαδημίας βιβλιοθήκῃ, εἰς μνήμην τοῦ κυρίου Θεοδοσίου, ἀποτεθήσεται. Ταῦτα μὲν ἐκεῖνος, τὰ αὐτὰ δὲ καὶ ὁ κύριος Ἐερβράνδος [2].

2° Un manuscrit renfermant des extraits de l'Écriture sainte (κεφαλαιωδῶς περιέχον τινὰ, ὡς οἶμαι, dit Théodose Zygomalas, λόγου ἄξια, ἐκ τῆς γραφῆς πάντα [3]).

Théodose envoyait encore à Crusius un tissu de diverses couleurs, qui pouvait servir à recouvrir un superbe tapis pourpre, cadeau du patriarche [4].

[1] *Turcogræcia*, p. 510.
[2] *Turcogræcia*, p. 514.
[3] *Turcogræcia*, p. 467.
[4] Ὁ παναγιώτατος πατριάρχης εὔχεται ὑμῖν ἀπὸ Θεοῦ δοθῆναι πᾶν ἀγαθὸν καὶ σωτήριον· καὶ αὐτὸς μὲν ὑμῖν πέμπει ὑφάπλωμα καλὸν καὶ ὡραῖον. Ἐγὼ δὲ ..... καὶ ὑφαντόν τι δαίδαλον, ὃ γίνεται τὸ ἐπάνω, εἰ θέλετε, τοῦ ἑτέρου ὑφαπλώματος. (*Turcogræcia*, p. 467.) Notons que, dans le passage que nous venons de citer, le texte original porte εἰ θέλετον.

Étienne Gerlach apportait, en outre, dans ses bagages, les manuscrits suivants, fournis par Théodose Zygomalas :

1° Demosthenes, magnam differentiam ad excusum habens, additis nonnullis vitis Plutarchi.

2° Thucydides.

3° Theodoreti ἐραστής, cum explicatione epigrammatum, quæ non extant.

4° Κεραμέως λόγοι θεολογικοὶ, non extantes.

Ces quatre manuscrits avaient été achetés 37 thalers.

5° Liber canonum (cui Acta conciliorum, Patrumque autoritates plurimæ, inserta). 12 taleris.

6° Testamentum novum cum iconibus, Psalterio adjuncto (ex libris Michaelis Cantacuzeni), 10 taleris, quod Græci 15 ducatis redimere voluerunt.

7° Manasses historicus, non editus. 3 taleris.

8° Festorum Græcorum canones cum explicatione libri psaltici (qui, usitatissimus Græcis, ὀκτώηχος dicitur). 4 taleris.

9° Liber sermonum theologicorum.

10° Orationes Gregorii theologi, cum expositione τοῦ Σερρῶν, metropolitæ olim Heracliæ. 12 taleris.

11° Theodosius Melitenus, historicus. 12 venetis ducatis seu zechinis, quorum unus 26 baciis valet[1].

Théodose Zygomalas avait inséré dans sa lettre une liste d'ouvrages imprimés dont on avait alors besoin au patriarcat[2]. Crusius envoya, en 1580 seulement, les ouvrages ci-après, très élégamment reliés, lesquels n'arrivèrent à

Quant à la couleur du tapis, le grec n'en dit rien, mais Crusius a ajouté cette particularité dans sa traduction : *purpurei coloris tapetem*. (Voir *Turcogræcia*, p. 467, lignes 15 et 16 de la seconde colonne.)

[1] *Turcogræcia*, p. 510.

[2] La liste est reproduite dans la *Turcogræcia*, p. 468.

destination que l'année suivante et furent reçus par le patriarche Jérémie[1] :

a. Eusebii et adjunctorum ecclesiasticam Historiam, typis Roberti Stephani[2].
b. Ejusdem præparationem[3] et demonstrationem Evangelicam[4].
c. Basilii magni et Gregorii Nazianzeni opera, Basileæ excusa[5].
d. Justinum martyrem[6], Epiphanium[7], sententias Antonii et Maximi[8].
e. Aetium medicum[9], et Æliani opera[10].
f. Josephi Judæi historiam[11].

[1] *Turcogræcia*, p. 510.
[2] Paris, 1544, in-fol. (Voir Hoffmann, *Lexicon bibliographicum*, t. II, p. 231.)
[3] Paris, 1544, in-fol. (ex officina Rob. Stephani). (Voir Hoffmann, *ibidem*, t. II, p. 230.)
[4] Paris, 1545, in-fol. (ex officina Rob. Stephani). (Voir Hoffmann, *ibidem*, t. II, p. 231.)
[5] Pour saint Basile : Bâle, Froben, 1557, in-fol. (Voir Hoffmann, *ibidem*, t. I, p. 436). Pour saint Grégoire de Nazianze : Bâle, *Hervagius*, 1550, in-fol. (Voir Hoffmann, *ibidem*, t. II, p. 311.)
[6] Paris, *Robert Estienne*, 1551, in-fol. (Voir Hoffmann, *ibidem*, t. II, p. 648.)
[7] *Opera plura*, Bâle, *Hervagius*, 1544, in-fol. (Voir Hoffmann, *ibidem*, t. II, p. 150.)
[8] Les *Sententiæ* d'Antonius Melissa et de Maxime le Confesseur font partie des *Sententiarum sive capitum theologicorum præcipue ex sacris et profanis libris tomi tres*, publiés à Zurich, 1546, in-fol., par Conrad Gesner. C'est certainement cette édition qui fut envoyée à Constantinople. (Voir Hoffmann, *ibidem*, t. III, p. 711-712.) Les *tomi tres* ne forment qu'un volume d'environ 300 pages.
[9] Très probablement l'édition de Venise, *Alde*, 1534, in-fol. Une traduction latine avait paru à Bâle, chez Froben, 1533-1535, en trois volumes in-fol. (Voir Hoffmann, *ibidem*, t. I, p. 90-91.)
[10] Très probablement l'édition de Zurich, 1556, in-fol., donnée par Conrad Gesner. (Voir Hoffmann, *ibidem*, t. I, p. 9.)
[11] L'édition des œuvres complètes donnée à Bâle, chez Froben, en 1544, in-fol., par le savant humaniste et philologue Arnold Arlenius de Bois-le-Duc.

Plures tunc habere non potuimus, ajoute Crusius. Gerlachius autem, pro se, D. Theodosio Lexicon Varini Favorini[1] : cui antea quoque pulcherrimum Testamentum novum Roberti Stephani[2], et aureum annulum donaverat.

A propos de cette lettre, Martin Crusius nous donne la description du sceau de Théodose Zygomalas : *In sigillo D. Theodosii vir coronatus apparet cum gladio in dextra; circum vero* : Θεοδόσιος πρωτονοτάριος[3].

Après le départ d'Étienne Gerlach, Jean Zygomalas et son fils Théodose entretinrent des relations amicales avec Salomon Schweigger[4] (les Grecs traduisirent son nom et ne

---

[1] L'édition de Bâle, 1538, in-8°, plutôt que celle (in-folio) donnée à Rome par Zacharie Callergi, en 1523. (Voir Hoffmann, *ibidem*, t. III, p. 217-218.)

[2] Il y en a plusieurs éditions portant le nom de Robert Estienne.

[3] *Turcogræcia*, p. 510-511.

[4] Solomon... noster (ut ab ortu ejus incipiam) natus est Haigerlochii, in Zollerensium comitum ditione, anno salutis 1554, postridie s. paschatis, inter 8 et 9 horam pomeridianam, parentibus honestis, Henrico Sueiccero, ejus loci archigrammateo, et matre Catharina Knæchtina, oriunda ex vico non postremi in prædicto comitatu nominis Gruerna appellato. Avum paternum habuit Franciscum Sueiccerum, qui nec a bonis literis, nec a poesi latina alienus, archigrammateum Sultzæ (wirtembergico ad Neccarum oppido) suo seculo egit. Maternus avus Joannes Knæchtus fuit : eruditionis nomine doctis charus, præsertim Zollerensi comiti d. Josuæ. Solomon, a sexto ad duodecimum circiter ætatis annum, Sultzensem scholam frequentans, ibi apud paternum avum aviamque vixit. Inde Tybingam missus, M. Joanni Crapnero, anatolicæ tunc scholæ moderatori, ad biennium commissus fuit. Hinc in cœnobium Alperspachium missus, ejus scholæ lectiones triennium et prope sex menses audivit. Inde ad superioris monasterii Hærn Albæ scholam translatus, cum ibi amplius biennio fuisset, primam lauream Tybingæ consecutus, postea ibi in stipendium illustre receptus est. Cupiditate autem quadam incredibili exteras et longinquas regiones videndi ardens, die 26 septembris 1576, inde decessit... Principio itaque in Austriam descendit, ubi evangelicam doctrinam tradere incipiens, Græcii manus impositione ad hoc consecratus est. Inde in ecclesia Heralda, proxime Viennam sita, sub excellenti viro Adamo Geiro,

l'appelaient guère autrement que Σιωπικός), l'aumônier du nouvel ambassadeur impérial, Joachim de Sinzendorff. Théodose surtout paraît avoir été intimement lié avec le prêtre luthérien. Quand le protonotaire patriarcal épousa la jolie jeune fille, à laquelle il était fiancé depuis trois ans[1], il invita Schweigger à sa noce. Celui-ci nous a laissé de cette cérémonie et des réjouissances dont elle fut l'occasion un récit fort circonstancié, dont on nous saura gré de donner ici la traduction[2].

Le dimanche 2 novembre de «l'an de grâce 1578, Théodose Zygomalas, protonotaire du patriarche de Constantinople, célébra son mariage avec mademoiselle Irène, fille de Moschus[3]. Je fus invité à cette fête, car Zygomalas était un de mes meilleurs amis. J'obtins de mon maître 12 thalers que j'offris au fiancé de la part de son Excellence, et je lui fis cadeau moi-même de 3 thalers. La cérémonie avait lieu dans la soirée. A ce moment se réuni-

Osterbergico Wiselburgicoque domino, a paschali tempore usque in mensem septembrem, anno 1577, officium fecit. Hinc commendatione præstantium virorum factus est nobilis strenuique herois d. Joachimi a Sintzendorffio et Goggitscha, aulici Cæsareæ Majestatis consiliarii, concionator aulicus; cumque eo, 10 novembris prædicti 1577 anni, Constantinopolim a Cæsarea Majestate legato, profectus : a calend. januar. 1578 usque ad 3 diem martii 1581 anni, aulam illustrem pura Christi doctrina fideliter erudiit. (*D. Solomoni Schweigkero Sultzensi, qui Constantinopoli in Aula Legati Imp. Rom. aliquot annos Ecclesiasta fuit : et in Ægypto, Palæstina, Syria peregrinatus est : Gratulatio, scripta a Martino Crusio, etc., etc.* Strasbourg, 1582, in-4°, feuillet signé *Bij*, r° et v°.)

[1] Voir ci-dessus, p. 113.

[2] Nous la devons à l'amitié de M. Lambrecht, secrétaire de l'École des langues orientales vivantes. Qu'il nous permette de lui en exprimer ici nos plus sincères remerciements.

[3] Le père d'Irène avait pour prénom Georges. Ce détail nous est révélé par une lettre de Joasaph, métropolitain de Monembasie, à Théodose Zygomalas. (Voir *Turcogræcia*, p. 322, 1ʳᵉ colonne, lignes 1 et 2.)

rent les amis et invités du fiancé; tous les hommes se rendirent chez celui-ci et s'assirent, dans une belle et vaste pièce, l'un à côté de l'autre, sur de longues banquettes basses, comme à l'école. En entrant, les convives étaient aspergés dans la figure avec de l'eau de nard, contenue dans une fiole de verre. Il y avait dans la pièce un jongleur juif[1], qui amusa les hôtes en crachant du feu, en faisant des passes rapides avec un sabre nu, en sautant, et en exécutant des mouvements de corps et des gestes lascifs. On passa ainsi deux heures, durant lesquelles les invités arrivèrent peu à peu. On servit aussi des confiseries, dont chacun prenait tant qu'il voulait, et que l'on mangeait ou qu'on mettait dans son mouchoir pour les emporter.

« Enfin tous les invités se levèrent et accompagnèrent à pied le fiancé jusque chez la mariée, où l'on s'assit dans une chambre. Là se trouvaient les vêtements de la future, ainsi que ses bijoux et joyaux dans des corbeilles tressées, recouvertes de cuir, dont les Grecs se servent en guise de coffres ou d'armoires. Une partie de ces vêtements, tels que chemises, voiles, mouchoirs, pantalons de femme, etc., étaient accrochés à une corde le long du mur; le père de la fiancée en tirait d'autres des corbeilles, les montrait et les énumérait aux convives : il y avait une robe de satin, un manteau de velours violet, un costume de satin blanc et un autre de damas bleu. Il ne manquait pas d'ajouter le prix de chaque vêtement, puis il les mettait tous en tas à côté de lui. Un greffier en dressait l'inventaire et mentionnait les estimations de chacun d'eux. Le père de la future apportait en outre 400 thalers, qu'il versa sur les genoux

---

[1] Je supprime ici quelques mots désobligeants à l'adresse des Israélites. Si Schweigger eût vécu de nos jours, il aurait certainement été antisémite.

du futur. On remit ensuite tous les effets dans les corbeilles.

« Un bon moment après, quand on eut allumé, une petite vieille conduisit la fiancée dans sa chambre. La mariée était tellement chargée d'ornements et de parures que, par son costume, elle ressemblait à une comtesse ou à une princesse : elle portait une jupe de brocart d'or, une robe de velours brun ou rouge foncé, bordée de passementeries en or; elle avait de faux cheveux dorés et la tête ceinte d'une couronne d'or fin, enrichie de belles pierreries. Elle portait autour du cou un collier d'or, et avait des bracelets et des boucles d'oreilles avec des perles et des pierres précieuses. Elle avait le visage fardé (Hélène la Grecque ne devait pas être plus jolie), et sa beauté était naturelle et non pas due au maquillage. La future avait quatorze ans. Son père était tailleur et ne portait pas d'habit de cérémonie, mais des vêtements tout ordinaires. A mon avis, la parure de la mariée pouvait valoir près de 300 ducats; et, si l'on s'en tenait aux prescriptions de la bulle d'or, c'est à peine si une telle parure pourrait être permise à une comtesse. C'est là, du reste, chose commune parmi les femmes grecques : il n'en est pas de si pauvre qui ne porte un costume de soie, des colliers et des bracelets d'or, et s'ils n'en sont pas, il faut au moins qu'ils soient d'argent.....

« Lorsque la Vénus grecque, avec tous ses atours, fut entrée dans sa chambre, le patriarche[1] se présenta et se plaça devant le fiancé et la fiancée; ceux-ci mirent leurs deux petits doigts l'un dans l'autre, formant ainsi comme

---

[1] C'était Jérémie Tranos.

une agrafe ou deux anneaux d'une chaîne, ce qui signifiait sans doute que les futurs époux devaient rester unis et comme attachés par des liens indissolubles. Le marié avait sur son chapeau une bande large d'un doigt et qui me parut recouverte de cuir brun; il portait un vêtement de satin violet et un manteau de drap noir d'Angleterre, le tout recouvert d'une pièce de taffetas rouge. Le patriarche, qui se tenait devant eux, lut, pendant un quart d'heure, très rapidement dans un livre en bon grec. Je ne pus comprendre que quelques mots et surtout le mot *bénédiction,* qui revenait assez souvent. Le bruit et le vacarme des assistants empêchaient de saisir ce qu'il lisait. Autant que j'ai pu apprendre par la suite, il a exposé aux futurs que le mariage était une institution sainte et divine, et que, pour cette raison, une fois entrés dans cet état, ils devaient vivre pieusement, rester unis dans la bonne comme dans la mauvaise fortune et s'aimer réciproquement. Le patriarche leur a donné la bénédiction à plusieurs reprises et, le mariage ainsi conclu, il s'est retiré.

« On conduisit alors la mariée dans sa chambre et les hommes se rendirent dans une maison voisine : il y avait là une très grande pièce, où l'on avait dressé une longue table, autour de laquelle prirent place une partie des convives, tandis que d'autres s'assirent par terre, à la manière orientale. On servit alors à boire et à manger, notamment des viandes marinées avec des oignons, du mouton rôti, du poisson et des soupes grecques : toutes ces victuailles étaient savoureuses et excellentes. Pendant le repas, les jongleries faisaient rage : on sautait, on chantait, des Mauresques se livraient à la danse avec des gestes lascifs et lubriques, presque honteux à voir. Les Grecs lampaient ferme, restant assis par terre, dans la crainte de tomber. Je n'ai vu personne faire de cadeaux au marié. Chacun buvait à ses frais, et cette ripaille ne dure pas moins de cinq à huit jours. Quand un Grec en a assez pris, il s'allonge par terre à côté de la table et dort pendant quelque temps. A son réveil, il recommence à boire, en variant les vins. Ils continuent de la sorte durant plusieurs jours sans se quitter, et ne se lèvent que pour satisfaire quelque besoin naturel. Et, en cela, ils surpassent même les Allemands, d'autant plus que le vin abonde à Constantinople et y est à très bon marché..... Quand les convives furent pleins de vin doux, ils commencèrent leur *tripudia* à la grecque : ils croisent les bras, forment un cercle et tournent en rond, en frappant des pieds; l'un d'entre eux chante et les autres répètent le refrain. Lorsque j'eus suffisamment contemplé ce spectacle, j'allai me coucher dans le lit qu'on m'avait préparé[1]. »

Le même Salomon Schweigger annonça d'ailleurs à Crusius le mariage de Théodose par une lettre, dont voici un passage :

Secundo novembris præteriti anni, d. Theodosius Zygomalas nuptias cum formosissima et modestissima virgine Εἰρήνῃ Μοσχινῇ *celebravit, ætatis suæ 14 annorum*[2]... *Quibus nuptiis et ego interfui ac nomine domini mei magnifici 14 taleris, meo nomine 3 taleris ipsum muneratus sum et totius actus nuptialis actor fui... Mitto tibi effigies duorum amicorum nostrorum græcorum :* τὴν τοῦ πρώτου ἑρμηνέως καὶ τὴν τοῦ πρωτονοταρίου (*utriusque Zygomalæ*), *quas primis lineis adum-*

---

[1] Salomon Schweiggers Beschreibung der Reyss von Tübingen auss... nach Wien... bis gen Constantinopel (dans le Reyssbuch des heiligen Landes, ander Theil, Francfort-sur-Main, 1609, in-fol.), p. 87-88.

[2] Les jeunes Grecques sont souvent nubiles dès l'âge de 12 ans.

bravi. De quibus nemo dubitabit quin vere repræsentaverim : cujus rei vel d. Stephanus[1] *testis erit. Byzantii, 8 martii* 1579 [2].

On pense bien que Crusius lui-même n'eut garde de laisser passer une si belle occasion de féliciter son ami.

Die 29 augusti ejusdem anni (*i. e.* 1579), écrit-il, inter alia, d. Theodosio his verbis gratulatus sum :

Ἔγνων δὴ πρῶτον περὶ τοῦ σεμνοῦ γάμου σου, τοῦ μετὰ τῆς ὡραιοτάτης παρθένου Εἰρήνης, καὶ ἥσθην ἐκ ψυχῆς. Εὔχομαι δ' ὑμῖν ἀμφοῖν εἰρήνην ἐκ τοῦ εἰρηνεύσαντος σωτῆρος τὸν πατέρα τῷ ἀνθρωπίνῳ γένει, εἰρήνην τῇδέ τε κἀκεῖ μακαρίαν, εἰρήνην φίλην, τὸ γλυκὺ καὶ πρᾶγμα καὶ ὄνομα, κατὰ τὸν σὸν θεῖον Γρηγόριον. Εἶτα δὲ τὴν προσφιλεστάτην τοῦ πατρός σου καὶ τὴν σὴν ἐδεξάμην εἰκόνα, καὶ τοῖς φίλοις δείκνυμι, καὶ ἐν κειμηλίοις ἔχω · ἀποδημίαν δὲ συνεξαρχικὴν οὐδεμίαν ἐκομισάμην, οὐδὲ ὁ καλὸς ὁ Γερλάχιος ἔχει, φεῦ τοῦ ἀτυχήματος! ἀλλὰ πέμποις ἔτι καὶ νῦν καὶ ἄλλα ἀξιόγνωστα περὶ τῆς Ἑλλάδος, τῶν νήσων, τῆς Ἀσίας, τῆς Θρᾴκης, ὅσα πρὸς Ἑλλήνων γένος.

Indidi eidem epistolæ quiddam ad novam nuptam cum inscriptione :

Τῇ σεμνῇ Εἰρήνῃ τῇ τοῦ κυρίου Θεοδοσίου τοῦ Ζυγομαλᾶ γαμετῇ ὁ Κρούσιος μικρὸν δωρίδιον.

Item picturam elegantem decem ætatum feminei sexus, ubi subscripti typis sunt hi rhythmi, singulis iconibus suus versiculus :

---

[1] Étienne Gerlach.
[2] Crusius, *Germanogræcia* (Bâle, 1585, in-fol.), p. 231.

Δεκα των Γερμανιδων ηλικιαι.

 1 o Iar. Ein Freulin iunck.
 2 o Iar. So gehts im Sprunck.
 3 o Iar. Ists Hoffart vol.
 4 o Iar. Thut ier die eh wol.
 5 o Iar. Versorgts ier Haus.
 6 o Iar. Ists geitzig überaus.
 7 o Iar. Göts-fürchtig rein.
 8 o Iar. Gehts am Stäbelein.
 9 o Iar. Jamer und Not.
 1 o o Iar. Kumbt der bitter Tod.

Converti ego et subjeci :

Δεκαέτις, νινιοφρονήτρια.
Εἰκοσαέτις, χοροπηδήτρια.
Τριακονταέτις, τεκνοφροντίστρια.
Τεσσαρακονταέτις, οἰκοτηρήτρια.
Ἑξηκονταέτις, χρηματοδιψήτρια.
Ἑβδομηκονταέτις, θεομαστεύτρια.
Ὀγδοηκονταέτις, βακτροπορεύτρια.
Ἐννενηκονταέτις, πονοδακρύτρια.
Ἑκατονταέτις, τυμβοδύτρια.

Μαρτῖνος Κρούσιος, Τηβίγγῃ, ,αφοθ', ἀγαθῇ καὶ εὐφροσύνῃ ψυχῇ, ὡς φιλέλλην χριστιανός[1].

Le 24 février 1580, c'est-à-dire environ six mois plus tard, Théodose annonçait à Crusius la réception de sa lettre et la joie qu'elle avait causée à toute sa famille :

Οἱ ἐν τῷ ἐμῷ οἴκῳ πάντες ἀντασπάζονται τὴν ἀγάπην ὑμῶν τὴν ἐν Χριστῷ, καὶ πάντας τοὺς οἰκείους σοι ὑγιαίνειν εὔχονται· ἀπὸ δὲ

---

[1] Crusius, *Germanograecia*, p. 232.

τῶν παρ' ἡμῖν καλῶν πέμψαι ἀντίδωρον τοῦ πεμφθέντος σοι δώρου μελετῶσι διὰ τοῦ κοινοῦ φίλου Σολομῶντος. Εὐτυχοίης καὶ ὑγιὴς διατελοίης κατ' εὐχὴν ἡμετέραν, ἐπικουροῦντος Θεοῦ[1].

Nous avons dit précédemment que l'aumônier de l'ambassade allemande à Constantinople, Salomon Schweigger, était, à l'exemple de Gerlach, entré en relations avec Jean et Théodose Zygomalas et nous venons de voir qu'il avait pour ce dernier une sympathie toute particulière. Durant son séjour en Orient, il recueillit, pour s'en former une sorte d'album, les attestations de ses amis grecs. Parmi un certain nombre de ces documents reproduits dans le texte original par Crusius[2], nous trouvons les deux suivants :

† Ἔγωγε Ἰωάννης ὁ Ζυγομαλᾶς καὶ μέγας ἑρμηνεὺς τῆς θείας γραφῆς ἐν τῇ πατριαρχικῇ ταύτῃ τῆς Κωνσταντινουπόλεως μεγάλῃ ἐκκλησίᾳ, φιλίας χάριν τῆς πρὸς τὸν σοφὸν κύριον Σολομῶντα τὸν Σιωπικὸν (ὃν καλῶς οἶδα ἄνδρα πλήρη σοφίας καὶ φρονήσεως) ταυτὶ σημειοῦμαι, χαίρων ὅτι καὶ ἐγὼ καὶ ἄλλοι ἴδομεν ἄνδρα τοιοῦτον, ἤτοι Ἑρμοῦ τρόφιμον καὶ Μουσάων, κἀμοὶ φίλον πιστότατον, οὗ, κατὰ Γρηγόριον τὸν Ναζιανζοῦ, οὐκ ἔστιν ἀντάλλαγμα τῶν ὄντων οὐδέν. Ἔτει τῆς χριστογονίας ͵αφπ'.

† Ψεύδεσθαι, ἀνελεύθερον· ἀλήθεια, γενναῖον καὶ κάλλιστον, Θεῷ τε μέγιστον, ὡς καὶ Ὅμηρος δηλοῖ·

Τοῦτο γὰρ ἐξ ἐμέθεν γε, μετ' ἀθανάτοισι, μέγιστον
τέκμωρ· οὐ γὰρ ἐμοὶ παλινάγρετον, οὐδ' ἀπατηλὸν,
οὐδ' ἀτελεύτητον, ὅ τί κεν κεφαλῇ κατανεύσω.

[1] *Germanograecia*, p. 232. — La lettre à laquelle est empruntée ce passage avait déjà été publiée par David Chytræus, *Oratio de statu ecclesiarum hoc tempore in Græcia*, etc. (Francfort-sur-Main, 1583, in-8°), p. 137-140.

[2] Dans la *D. Solomoni Schweigkero Sultzensi... Gratulatio*, du feuillet signé *Cij* v° au feuillet *E* r°.

Ἀληθεύων τοίνυν βεβαιοῦμαι τὸν σοφὸν διδάσκαλον τοῦ περιφανεστάτου πρέσβεως τοῦ ἁγιωτάτου βασιλέως Ῥωμαίων, κύριον Σολομῶντα, ἄνδρα σπουδαῖον εἶναι καὶ ἀρετῆς ἀντεχόμενον, ὡς πείρᾳ ἔγνων αὐτοῦ τὴν καλοκαγαθίαν. Ὅθεν καὶ τὴν φιλίαν τούτου ἀποδεχόμενος, ταῦτα ἐσημειωσάμην μνήμης ἕνεκα καὶ σαφηνείας τῆς ἐμοῦ πρὸς αὐτὸν διαθέσεως καὶ ἐν κυρίῳ ἀγάπης. Κατὰ τὸ ζπη' ἀπὸ τῆς συστάσεως τοῦ παντὸς, ἐν μηνὶ ἀπριλλίῳ α', ἰνδ. η'· ἀπὸ δὲ τῆς σωτηρίας 1580.

Ὁ τῆς μεγάλης ἐκκλησίας τοῦ πατριαρχείου
Κωνσταντινουπόλεως πρωτονοτάριος
Θεοδόσιος ὁ Ζυγομαλᾶς.

Les étrangers qui visitaient Constantinople étaient toujours sûrs de trouver auprès de Théodose Zygomalas un accueil bienveillant. C'est ce qu'éprouvèrent le Poméranien François Billerbeck et le Hollandais Georges Dousa.

Billerbeck, sur le voyage duquel on peut consulter une excellente note de Crusius (*Turcogræcia*, p. 233), s'exprime ainsi à la fin d'une lettre adressée à David Chytræus et datée de Constantinople, le 9 juillet 1581 : *Gennadii, patriarchæ Constantinopolitani, confessionem Mahometo II, Turcarum imperatori, statim post Constantinopolim captam, postulanti exhibitam, mitto; communicatam mecum a Theodosio Zygomala, præsentis patriarchæ Jeremiæ protonotario*[1]. L'année précédente François Billerbeck avait déjà eu l'occasion de lier connaissance avec Théodose. Se trouvant au patriarcat pour affaires,

---

[1] Davidis Chytræi *Oratio de statu ecclesiarum hoc tempore in Græcia*, etc. (Francfort, 1583, in-8°), p. 69. Chytræus a publié cette Confession de foi dans ce même ouvrage, p. 173 et suiv.; le texte grec est suivi d'une traduction latine. Sur cette Confession et ses nombreuses éditions, on consultera avec fruit l'excellent travail du docteur J.-C.-T. Otto, *Des Patriarchen Gennadios von Konstantinopel Confession* (Vienne, W. Braumüller, 1864, in-8°).

en compagnie de trois autres personnages, on avait interrogé le protonotaire sur la situation faite à l'Église grecque par le Gouvernement turc. Les réponses de Théodose servirent à rédiger un rapport qui fut expédié à Vienne par l'ambassadeur impérial, et que nous reproduisons plus loin sous le n° 16. Il porte la date du 15 avril 1580.

Georges Dousa se trouvait à Constantinople en 1597. Il rapporte[1] que, ayant visité (en compagnie de Stanislas Golscius, ambassadeur de Pologne à CP.) la Citerne impériale (appelée aujourd'hui par les Turcs *Yérè-batan-séraï* ou *Palais souterrain*), il constata qu'un ruisseau s'y déversait avec fracas, et il ajoute que Théodose Zygomalas avait alors exprimé l'opinion (d'ailleurs erronée : ce que ne soupçonne pas Dousa) que ce petit cours d'eau devrait être le Cydaris. Théodose s'exagérait aussi le nombre des colonnes qui soutiennent la voûte de ce vaste réservoir; loin de dépasser 500, comme il se l'imaginait, elles n'atteignent en réalité que le chiffre de 336.

Cet empressement vis-à-vis des étrangers et surtout envers les protestants rendait le protonotaire suspect à ses compatriotes, qui le traitaient d'hérétique. *Theodosius*, écrit Georges Dousa, *quoniam magnam ex antiquitatis studio capit voluptatem et libenter cum exteris, si quid singulare novit, communicat, pro hæretico apud vulgus (id quod sæpe apud me conquestus) sugillatur*[2]. C'est cet amour des choses antiques qui avait inspiré à Théodose la louable idée de recueillir les inscriptions qu'il lui était arrivé de rencontrer sur sa route, dans ses différentes pérégrinations. Il avait même, paraît-il,

---

[1] *Georgii Dousæ de itinere suo Constantinopolitano Epistola* (Leyde, 1599, in-8°), p. 40.

[2] *Ibidem*, p. 42.

acquis certaines connaissances en épigraphie, et une partie des inscriptions publiées par Dousa proviennent de la collection formée par le protonotaire : *partim a me e monumentis antiquis erutæ, partim a Theodosio Zygomala, in hoc studiorum genere haud tralatitie versato, in aliis Græciæ locis descriptæ sunt*[1].

Nous ne possédons que peu de renseignements sur Théodose Zygomalas pendant les dernières années du xvie siècle. Il perdit son père à une date qui n'est pas connue; le vieil orateur (devenu interprète des saintes Écritures) vivait encore le 1er mars 1581[2]. Ultérieurement, il n'est plus question de lui. Il avait d'ailleurs environ 83 ans, et l'on peut supposer, sans trop d'invraisemblance, que son existence ne se prolongea pas beaucoup au delà de cet âge.

Le vendredi 31 août 1587, vers 6 heures du soir, arrivait à Tubingue, se rendant à Rome, Gabriel, métropolitain d'Ochrida. Il y avait dans sa suite un petit homme d'Argos, jaune et noir, nommé Théodore, fils de Georges; il habitait Constantinople, où il était chargé des affaires que ledit métropolitain pouvait avoir à traiter avec le Divan. C'était un parent des Zygomalas. On pense si Crusius profita de cette bonne occasion pour s'informer de ses amis. Théodore raconta à Crusius que trois enfants étaient déjà nés à Théodose de son mariage avec Irène Moschus[3] : Constantin, Alexandre et une fille encore anonyme, parce qu'elle n'avait pas été baptisée[4]. Nous ignorons quelle part de vérité il

---

[1] *Ibidem*, p. 91.

[2] Voir plus loin, sous le n° 21, la lettre de Théodose à Gerlach, vers la fin.

[3] Théodose s'étant marié le 2 novembre 1578, l'aîné de ses enfants ne pouvait avoir plus de 8 ans en 1587.

[4] Theodorus ὁ τοῦ Γεωργίου, τοῦ ἐκ τοῦ Ἄργους, τῆς μεγάλης ἐκκλησίας Ἀρχειδῶν ὑπηρέτης καὶ διοικητής. Habitabat Constantinopoli, efficiens man-

peut y avoir dans ce renseignement. Toujours est-il que les noms de Constantin et d'Alexandre ne figurent pas dans une note émanant à coup sûr directement de Théodose et dont il sera question plus loin.

Théodose Zygomalas avait eu maille à partir, nous ignorons à quel sujet, avec Alexandre Phortios[1], de Corfou; celui-ci attaqua violemment le protonotaire et un certain Manuel Tzetzépas, dans un pamphlet en vers iambiques[2], dont on ne connaît actuellement que la préface et qui devrait être de la dernière violence, à en juger par le titre, que voici :

Κωμῳδοδιάλογος ὁ ἐπικληθεὶς Φιλαλήθης, ὃν ξυνέγραψε κατὰ τοῖν δυοῖν ἀθέοιν καὶ μιαρωτάτοιν ἀνδροῖν, εἰ θέμις τοιούτοιν ἀνδροῖν καλεῖν, μηδεμίαν ἀνδρὸς ἐμφέρειαν ἐχόντοιν, τοῦ τε πατραλοίου καὶ μητραλοίου Θεοδοσίου Ζυγομαλᾶ, τοῦ παρὰ τὴν ἀξίαν τὴν τοῦ πρωτονοταρίου τῆς μεγάλης ἐκκλησίας κλῆσιν λαχόντος, οἴμοι, καὶ Μανουήλου τοῦ Τζετζεπᾶ, τοῦ ἐξ Ἀλϐανῶν ἕλκοντος τὸ γένος, τοῦ παιδείας καὶ ἐπιστήμης γραμμάτων τὸ παράπαν ἀμετόχου, οἵ ποτε φθόνῳ βληθέντες καὶ τὸν ἐξ Αἰτωλίας γραψάμενοι Γεώργιον, κατεψεύσαντο ἐκείνου ἀτεχνῶς· ὃς δείκνυσι καὶ τίνες μὲν τῶν μητροπολιτῶν βίον βιῶσι σεμνὸν καὶ τοὺς ξένους ξενίζουσι γνώμῃ φιλοδι-

---

data patriarchæ (c'est-à-dire de Gabriel, métropolitain d'Ochrida, auquel Crusius donne le titre de patriarche, et qui était réellement ainsi qualifié dans ses lettres de créance) in aula sultani. Habebat uxorem et liberos, Theodosii Zygomalæ affinis. Ein feins Männlein, galb und schwartz. Dicebat Theodosio, ex Irene, Theodoræ filia, natos esse liberos Constantinum et Alexandrinum (sic) καὶ θυγάτριον ἀνώνυμον ἔτι, διὰ τὸ μήπω βαπτισθῆναι. (Voir Crusius, *Annales suevici*, Francfort, 1595-1596, t. II, p. 803.)

[1] Sur ce personnage, voir notre *Bibliographie hellénique des XVᵉ et XVIᵉ siècles*, t. I, p. cc-cci, et t. II, p. 171, 178, 179 à 181.

[2] Voir Sathas, Βιογραφικὸν δοκίμιον περὶ τοῦ πατριάρχου Ἱερεμίου β' (Athènes, 1870, in-8°), p. 137.

καίῳ, τίνες δ' αὖ τούτους τῇ φειδωλίᾳ προσηνεχόντες ὑπὸ πάντων μισοῦνται, ὁ ἐκ Κερκύρας Ἀλέξανδρος Φόρτιος[1].

Ce titre nous fournit l'occasion de faire quelques remarques, qui ne seront pas déplacées ici. D'abord à quelle époque fut composée cette invective? On peut répondre avec toute certitude : postérieurement au 1ᵉʳ mars 1581, puisque Alexandre Phortios appelle Théodose parricide et que le père de celui-ci vivait encore à cette date[2]. Mais, dans l'état actuel de la question, il est impossible de préciser davantage. D'autre part, Georges l'Étolien, qui avait été attaqué par Théodose Zygomalas et Manuel Tzetzépas, était mort, à l'âge d'environ 55 ans, au mois de septembre 1580[3]. En outre, le 30 août 1584, le copiste André Darmarius, qui se trouvait à Tubingue pour affaires[4], disait à Crusius que les Corinthiens d'alors étaient ἔμποροι καὶ ἐκβεβαρβαρωμένοι· τούτων ἦν εἷς πεπαιδευμένος, Γεώργιος ὁ Αἰτωλὸς, ὃς πρὸ δ' ἢ ε' ἐτῶν τέθνηκεν[5]. Nous ignorons quelle avait été l'origine des démêlés de Théodose avec Georges l'Étolien. Nous savons d'ailleurs que celui-ci avait l'esprit caustique et exerçait sa verve aux dépens des notaires de Constantinople. C'est encore Crusius qui nous apprend cette particularité : Georgius ὁ Αἰτωλὸς, ἄρισ7ος ποιητὴς, καταγελῶν τῶν νοταρίων πάντων ἐν Κωνσ7αντινουπόλει,

[1] Sathas, Νεοελληνικὴ Φιλολογία (Athènes, 1868, in-8°), p. 141.
[2] Voir ci-après la lettre publiée sous le n° 21.
[3] Martin Crusius, *D. Solomoni Schweigkero Sultzensi gratulatio* (Strasbourg, 1582, in-4°), fol. 4 du cahier C r°.
[4] Voir plus loin, sous le n° 29, divers documents concernant André Darmarius.
[5] *Codex Tybingensis* Mb 37, p. 135. Nous devons faire observer ici une fois pour toutes que la numérotation de ce manuscrit est fort défectueuse; il est tantôt chiffré par pages et tantôt par feuillets.

ὡς ν΄ ὄντων ἢ καὶ πλειόνων. Οὐδεὶς οὕτως ὡραίως γράφει ὥσπερ αὐτός. Ἔχει γυναῖκα καὶ ἐκ γυναικὸς ταύτης παῖδας [1].

Théodose Zygomalas cessa d'être protonotaire à une date qui reste à fixer. Il avait déjà échangé cette charge contre celle de dikæophylax au mois d'avril 1600[2]; et un document de l'année 1604, qui nous a été conservé dans la Νομικὴ συναγωγὴ de Dosithée, le mentionne avec son nouveau titre : Θεοδοσίου δικαιοφύλακος αἰτητικὸν συγχωρήσεως δι' οὓς ἐλάλησε λόγους, ὡς συμφέροντας [3].

Après avoir longtemps négligé ses amis de Tubingue, Théodose se souvint d'eux dans la mauvaise fortune. Il avait eu le malheur de perdre une forte somme d'argent, sur laquelle il comptait pour établir ses enfants, dont deux au moins étaient en âge de se marier. Cette somme, rapporte Crusius, s'élevait à 130,000 aspres ou 3,250 thalers (plus de 12,000 francs)[4]. Si l'on tient compte de la rareté du numéraire, vers l'année 1600, surtout à Constantinople, la perte était considérable pour un homme de la condition de Zygomalas. Il conçut l'espoir de réparer cette brèche, en recourant à la générosité de ses amis allemands. Cependant il ne s'adressa pas directement à eux. Nous avons dit plus haut [5] que le vulgaire voyait d'un mauvais œil ses rap-

[1] *Codex Tybingensis Mb 37*, p. 108.
[2] Voir ci-après le document n° 22.
[3] Sathas, *Bibliotheca græca medii ævi*, t. III, p. 553.
[4] Theodosius ἑκατὸν καὶ τριάκοντα ἐζημιώθη χιλιάδας ἀργυρίων καὶ πένης ἐστί, καὶ πτωχία, τῷ πολυκεφάλῳ θηρίῳ, παλαίει. 130 millia asprorum, si 40 aspri faciant 1 talerum, sunt 3,250 taleri. Et en marge : Mille aspri sunt 20 coronati. Ergo 130,000 aspri sunt 2,600 coronati. (Crusius, *Diarium*, dans le *Codex Tybingensis Mh 466*, t. VII, p. 244, sous la date du 12 avril 1599.)
[5] Voir p. 134.

ports avec les hérétiques. Les choses pouvaient s'envenimer davantage, si l'on venait à savoir qu'il sollicitait l'or des protestants pour constituer une dot à ses enfants. En outre, la publication de la *Turcogræcia* avait été très préjudiciable à Théodose[1]. On se montrait fort irrité de ce qu'il eût communiqué à Crusius une foule de documents destinés à rester secrets. A trois siècles de distance, il est encore facile de comprendre que la mise au jour de certaines lettres, la divulgation de certains renseignements, n'était pas faite pour plaire aux intéressés. Zygomalas s'en plaignit amèrement, mais Crusius ne semble pas avoir compris qu'un ouvrage, dont l'apparition fut, à juste titre, si favorablement accueillie par ses compatriotes, pouvait être fort désagréable aux Grecs. Margounios lui-même, bien qu'il ne fût pas, comme Théodose, exposé aux récriminations, critiqua vivement cette publication, à laquelle l'excellent Crusius ne voyait pas malice[2]. Une chose pourtant aurait dû désarmer les

[1] Voir la lettre de Crusius publiée ci-après sous le n° 26.

[2] Margounios suspecte, à notre avis, tout à fait gratuitement la sincérité du philhellénisme de Crusius (dans une lettre en date de Venise, 19 octobre 1590, adressée au patriarche Jérémie et publiée par C. Sathas, Βιογραφικὸν σχεδίασμα περὶ τοῦ πατριάρχου Ἱερεμίου β', Athènes, 1870, in-8°, p. 124-126). Il veut voir dans le brave professeur de Tubingue un loup dévorant caché sous la peau d'un agneau. Les critiques qu'il lui adresse portent sur des questions dogmatiques ou relèvent des futilités indignes d'arrêter, ne fût-ce qu'un instant, l'attention d'un homme aussi intelligent que l'évêque de Cythère. Pour donner au lecteur une idée des vétilles qui irritent la susceptibilité de Margounios et qu'il dénonce très gravement à l'indignation du patriarche Jérémie, nous signalerons les suivantes (nous empruntons à Sathas le texte que nous reproduisons) :

Τὸ καθ' ἡμῶν μᾶλλον ἢ ὑπὲρ ἡμῶν τοῦ Κρουσίου πρὸ ἐτῶν ἓξ ἐκδοθὲν σύγγραμμα[a], παναγιώτατε δέσποτα, ἔχει μέν τι προσφιλὲς, τοῖς δὲ καλῶς

[a] On voit que Margounios ne s'était pas pressé pour formuler ses griefs.

Grecs, c'est que, si le professeur de Tubingue mettait à nu leurs petites misères, il ne sortait pas du rôle de simple greffier, il ne se livrait à aucun commentaire désobligeant.

ἐξετάζουσι καὶ γνώμην ἀνδρὸς καταθηρᾶσθαι μεμελετηκόσιν, ἐγκεκρυμμένον ὅτι μάλισ]α τὸν ἰὸν ἔχειν πεφώραται, καὶ προσωπεῖον μόνον περικεῖσθαι χρησ]ότητος ᵃ. Αὐτίκα γὰρ ἡ ἅπασα τῶν ἐκείνου λόγων ὁρμὴ ἔκ τε τῆς ἐπιγραφῆς τοῦ βιβλίου (Τουρκογραικίαν γὰρ αὐτῷ ἐνέθηκε τὴν ἐπιγραφήν ᵇ) καὶ ἐξ αὐτοῦ τοῦ προοιμίου προανακρούεται ..... Ἐν γοῦν τῇ μδ' σελίδι ἡμᾶς συναντῶντάς φησι λέγειν · εὐλογημένε δέσποτα ᶜ. Ἐν δὲ τῇ μη', ὅτι μόνη ἡ ἐπὶ τῷ τοῦ Χρισ]οῦ κατορθώματι πίσ]ις τὸν ἄνθρωπον ἐνώπιον τοῦ Θεοῦ δικαιοῖ ᵈ... Ἐν ρϚ', τὴν τῆς ὑπεράγνου δεσποίνης ἡμῶν ὑπὲρ ἡμῶν πρεσβείαν ἀθετεῖ ᵉ · ρϟζ', τοὺς τῶν ἁγίων βίους πολλοὺς ἐμπεριέχειν μύθους διατείνεται ᶠ, καὶ ἐμπαικτικώτερον διασύρει ἡμᾶς ἐπὶ τῇ μουσικῇ ὡς δρὰ δρὰ λέγοντας ᵍ ..... ἐν φγ', μέγα φρονεῖ ἐφ' ᾧ ὅ τε λογιώτατος Θεοδόσιος ὁ

ᵃ Les critiques de Margounios ne nous persuaderont jamais que Crusius mentait impudemment, quand il écrivait à François Portus, le 2 septembre 1570 : ἐπιθυμῶ τοίνυν, λογιώτατε κύριε, ὑπὸ σοῦ γνωσθῆναι ὡς τῆς ἑλλάδος φωνῆς καὶ τοῦ ἑλληνικοῦ ἔθνους (φεῦ τῆς αὐτοῦ ὑπὸ τοῖς βαρβάροις δουλείας) θαυμασ]ής τε καὶ φίλος ὡς οὐδεὶς τῶν ὁμοεθνῶν μᾶλλον. (*Turcograecia*, p. 516.)

ᵇ Ce reproche est puéril. A ce compte-là, Sathas serait donc blâmable d'avoir intitulé un de ses ouvrages : Τουρκοκρατουμένη Ἑλλάς?

ᶜ Il n'y a rien de pareil à la page 42 de la *Turcograecia*. Crusius y rapporte que Schiltebergerus, qui avait parcouru l'Orient de 1394 à 1427, affirme, dans son *Historia germanica*, qu'il était de coutume à CP. qu'un laïque *in publico sacerdotem obvium habens, reverenter capite nudato et corpore inflexo, ab eo petat* : Efflogi mena, despota (εὐλόγει μένα, δέσποτα), *benedic mihi, domine*, etc.

ᵈ Crusius exprime ici l'opinion des luthériens et ne reproche nullement aux Grecs de ne pas penser comme lui sur ce sujet.

ᵉ *Hac de re nihil in s. litteris*, dit Crusius : ce qui est parfaitement exact. Il constate simplement la différence des croyances et se montre plus tolérant que Margounios; il ne blâme pas les Grecs d'invoquer la Vierge.

ᶠ A cette époque, les Λόγοι du *Trésor* de Damascène le Studite, rédigés en langue vulgaire, étaient lus aux fidèles. Or ces Λόγοι sont pleins de récits (qu'on me passe le mot) abracadabrants. Qu'on lise, par exemple, la réjouissante histoire de S. Georges et de l'omelette aux oignons, que l'auteur lui-même qualifie de θαῦμα γλυκύτατον κατὰ πολλὰ ..... καὶ χαριέσ]ατον. (Θησαυρός, éd. de 1628, fol. 8 r° du cahier signé ν).

ᵍ Il faudrait n'avoir jamais entendu les nasillements des chantres grecs, pour donner tort à Crusius.

Cet enfant terrible ou, pour me servir d'une qualification que lui a appliquée un de ses compatriotes [1], *cette vieille commère souabe*, ne possédait pas un grain de méchanceté; il restait philhellène quand même, ayant toujours la bourse à la main pour soulager l'infortune des quêteurs grecs, se plaignant à peine quand sa bonne foi était indignement surprise par des aventuriers, porteurs d'encycliques patriarcales qu'ils avaient eux-mêmes fabriquées [2].

Revenons à Théodose Zygomalas. Il eut soin de ne pas adresser sa lettre en Allemagne. Sachant que Maxime Margounios, évêque de Cythère, était en relations épistolaires avec Crusius, il lui écrivit une lettre, où il expose l'état de misère auquel il est réduit et le pressant besoin qu'il a d'être secouru pour pouvoir marier ses deux enfants. Margounios s'empressa de transmettre à Crusius la missive de Zygomalas.

Ζυγομαλᾶς καὶ ὁ ὁσιώτατος ἐν ἱεροδιακόνοις κῦρ Συμεὼν ὁ Καβάσιλας τὴν ἑαυτοῦ ἐκυσάτην εἰκόνα [a].

[1] Feu Guillaume Wagner, professeur au Johanneum de Hambourg, dans une lettre en français, à nous adressée le 14 juin 1876.

[2] Voir plus loin la lettre de Crusius publiée sous le n° 26.

[a] Crusius ne se montre aucunement fier de ce que son portrait avait été embrassé par Théodose Zygomalas et Syméon Cabasilas (et il n'y avait vraiment pas de quoi en tirer vanité), mais raconte tout simplement la chose : *D. Solomon* (*i. e.* Schweigger) *pingendi gnarus est* ... *ideoque d. Cancellarii faciem*, *et meam indigni*, *illic* (à CP.) *ex memoria* (*satis bene*, *ut intelligo*) *depinxerat Theodosio*, *ὃς, μετὰ τοῦ Καβασίλα Συμεῶνος, αὐτὴν ἐφίλησε*. — Ταῦτα καὶ τὰ τοιαῦτα, ajoute Margounios, ἐμπεριέχει καθ' ἡμῶν τὸ βιβλίον τοῦ ἐν προσχήματι ἀγάπης καθ' ἡμῶν, μᾶλλον δὲ κατὰ τῆς ἐκκλησίας αὐτῆς τεκταινομένου· καὶ εἰ μὲν ἀνεκτά, συναθωώσω καὐτὸς τὸν ἄνδρα ἐφ' οἷς τετόλμηκε, παναγιώτατε δέσποτα· εἰ δ' οὖν, περιζώσαις σου τὴν ῥομφαίαν, καὶ τοὺς περὶ σὲ λογιωτάτους ἄνδρας περὶ τὴν ἀπολογίαν ἐφόπλισον Margounios ne pouvait mieux exhorter le vénérable patriarche à partir en guerre contre les moulins à vent; mais Jérémie, qui ne se sentait certainement pas d'humeur à marcher sur les traces du héros de Cervantès, n'écouta pas les conseils de l'évêque de Cythère, et celui-ci reconnut sans doute qu'il était allé trop loin; car, plus tard, nous le voyons correspondre amicalement avec Crusius. (Voir plus loin le document n° 23.)

Le professeur allemand fut douloureusement ému d'apprendre la détresse de Théodose; mais il ne pouvait la soulager lui-même, il n'était pas riche et il avait 74 ans. Il adressa en faveur de son ami une pétition à Matthias Hafenreffer et à Étienne Gerlach, le premier recteur, le second vice-chancelier de l'université de Tubingue[1]; mais cette supplique n'obtint pas l'effet qu'il en avait espéré. On n'accorda aucun subside, et tout ce que le pauvre vieux philhellène put envoyer à Zygomalas se réduisit à 5 ducats offerts au nom de Gerlach et au sien.

C'est par ce peu réjouissant épisode que se termine, en 1601, ce que nous connaissons des relations de Crusius avec les Zygomalas. Malgré le soin scrupuleux avec lequel Crusius recueillait les moindres détails, ses *Diaria*[2] conservés à la bibliothèque universitaire de Tubingue ne semblent pas contenir tout ce qu'on s'attendrait à y trouver.

Indépendamment de ses nombreuses lettres[3], notes[4] et opuscules (la plupart rédigés sur la prière de Crusius ou de Gerlach), les uns publiés dans la *Turcogræcia* et ailleurs, les autres reproduits ci-après ou encore inédits[5], on possède de Théodose Zygomalas une traduction en grec vulgaire du roman de *Calila et Dimna* (Στεφανίτης καὶ Ἰχνηλάτης). Nous en connaissons quatre manuscrits :

1° Le *Parisinus* 2902 A de l'ancien fonds grec. C'est un

---

[1] Elle se trouve dans le tome VIII, p. 163, du *Codex Tybingensis Mh 466*. Elle porte la date du 26 mai 1600.

[2] Neuf volumes formant le *Codex Tybingensis Mh 466*.

[3] Voir la *Turcogræcia*, passim, et la *Germanogræcia*, p. 205.

[4] Nous en reproduisons une plus loin, parmi les documents, sous le n° 12.

[5] Signalons entre autres une courte notice sur le mont Athos et une autre sur le mont Sinaï, toutes deux dans le *Codex Tybingensis Mb 37*, fol. 13 et suiv.

petit volume in-4° de 119 feuillets. Après une énumération des différentes versions de l'ouvrage, on lit ce qui suit au folio 13 v° :

Καὶ νῦν ἐγὼ Θεοδόσιος καὶ πρωτονοτάριος Ζυγομαλᾶς Ναύπλιος τὸ ἐμετάφερα εἰς ἀπλῆν καὶ σύντομον σ]ράταν, ὅτι καὶ τὸ ἑλληνικὸν πολλοὶ τὸ ἐτέφρωσαν ἄλλως καὶ ἄλλως.

Et au folio 26 r° :

Καὶ νῦν ἐγὼ Θεοδόσιος εἰς τὴν ἀπλῆν γλῶσσαν ἐν ἔτει σωτηρίῳ χιλιοσ]ῷ ἐξακοσιοσ]ῷ δεκάτῳ τετάρτῳ[1].

2° Le manuscrit de l'école grecque de Péra à Constantinople, lequel porte la date de 1584. Il a été signalé pour la première fois par Constantin Sathas[2].

3° Le manuscrit n° 35 (fol. 104-128) appartenant à la bibliothèque de la communauté grecque de Gallipoli; il a été achevé de copier, le 10 août 1599, par Eugène, fils de feu Euthyme. A la fin du texte, on trouve les vers suivants :

ΣΤΙΧΟΙ ΤΟΥ ΑΥΤΟΥ ΘΕΟΔΟΣΙΟΥ.

Μυθικὴ βίβλος ἐξ ἰνδικῆς σοφίας
προσενεχθεῖσα πρὸς γλῶσσαν τὴν περσίδα,
ἀραβικήν τε, εἶτα τὴν ἑλληνίδα,
καὶ νῦν πρὸς ἀπλῆν τὴν τῶν πολλῶν δημώδη ·

[1] A partir du folio 97 r°, l'écriture du susdit manuscrit change, et au verso du dernier folio on lit, de la main du second copiste, la souscription suivante (dont je rétablis l'orthographe) : Ἐτελειώθησαν αἱ δεκαπέντε συνομιλίαι τοῦ φιλοσόφου Περζοὲ μὲ χάριν καὶ βοήθειαν τοῦ κυρίου καὶ Θεοῦ καὶ σωτῆρος ἡμῶν Ἰησοῦ Χρισ]οῦ ἐν μηνὶ Ἰουλίου 15, ἡμέρᾳ πέμπ]η, ἐν ἔτει 1675, καὶ ἐγράφη διὰ χειρὸς τοῦ πανιερωτάτου μητροπολίτου Δέρκων καὶ Νεοχωρίου κυρίου Χρυσάνθου· καὶ ἐτελειώθη διὰ χειρὸς ἐμοῦ Θεοδοσίου ἱερέως διὰ ἐξόδου τοῦ τιμιωτάτου Χρισ]οδούλου Ῥεῆς ἀπὸ τὰ Θεραπεῖα, καὶ μηδεὶς βουληθῇ καὶ ἀποξενώσῃ αὐτὸ ἀπὸ τὰς αὐτοῦ χεῖρας, ἄνευ τοῦ θελήματος αὐτοῦ.

[2] *Bibliotheca græca medii ævi*, t. III (Venise, 1872, in-8°), p. ξη'.

αἰνιγματωδῶς συντείνουσα τὰς ϖράξεις
ϖρὸς βιωτικοὺς ϖαροιμιώδεις ὕθλους,
οὓς ὁ Περζουὲ μεταγλωτ7ίσας ϖρῶτος,
Συμεὼν Φιλόσοφος δεύτερος ἀνεφάνη,
ὃς καὶ ἀμηρᾶς καὶ ῥὴξ ἦν Σικελίας,
Καλαβρίας τε ϖρίγκιπος Ἰταλίας.
Αὖθις Θεοδόσιος ταυτὶ γεγράφει,
δῶρον τῷ καιρῷ χρήσιμον τοῖς ἀνθρώποις
ἡδονῆς, ὡς φέροντα ϖρὸς ὁδὸν ξένην.
Λόγοι σοφισ7ῶν μετασχηματισθέντες
ἔπεισι ϑαυμάσια ἐξυφασμένοι [1].

4° Enfin le *Dresdensis Da 34*, qui est un *chartaceus* in-4° de 148 feuillets, écrit au xvii° siècle. On y lit :

Ἀπὸ ἑλληνικὴν εἰς ἁπλῆν γλῶσσαν μετεφράσθη παρ' ἐμοῦ τοῦ ταῦτα σχεδιάσαντος Θεοδοσίου ϖρωτονοταρίου Ζυγομαλᾶ [2].

Nous n'avons pas trouvé trace de Théodose Zygomalas postérieurement à la date de 1614, que porte le *Parisinus* 2902 A (au folio 26 r°). Il était alors âgé de 70 ans.

On a vu précédemment que Jean Zygomalas avait envoyé à Crusius plusieurs de ses élucubrations. C'était sans doute quelques bagatelles de mince importance, à en juger par le peu d'attention que le destinataire leur accorde. Nous

---

[1] A. Papadopoulos-Kérameus, Ἔκθεσις ϖαλαιογραφικῶν καὶ φιλολογικῶν ἐρευνῶν ἐν Θράκῃ καὶ Μακεδονίᾳ κατὰ τὸ ἔτος 1885 (Constantinople, 1886, in-4°), p. 11. D'après l'indication donnée par A. Papadopoulos-Kérameus, cette version n'occuperait, dans le codex n° 35 de Gallipoli, que 24 feuillets. C'est peu; et, s'il n'y a pas là quelque erreur de chiffres, ladite version ne saurait y être complète; à moins toutefois que le manuscrit ne soit d'un grand format et d'une écriture très fine.

[2] Voir Dr. Franz Schnorr von Carolsfeld, *Katalog der Handschriften der königl. öffentlichen Bibliothek zu Dresden*, t. I (Leipzig, 1882, in-8°), p. 291.

n'ajouterons rien à ce qui en a été dit[1]. Nous devons, en revanche, signaler ici l'opuscule que nous publions ci-après et que Zygomalas a consacré à retracer la biographie d'un de ses compatriotes et amis : Staurace Malaxos. Ce document, resté jusqu'à ce jour inédit, est, sans aucun doute, le plus important qui soit sorti de la plume de Jean Zygomalas, et il est inutile de faire ressortir combien il est une précieuse contribution à l'histoire de la ville de Nauplie. Nous aurions aimé à le faire précéder d'une notice sur la famille Malaxos; mais les détails dans lesquels il aurait fallu entrer nous eussent entraîné trop loin des limites qu'il nous est présentement interdit de franchir.

Un second ouvrage dû à Jean Zygomalas est décrit plus loin sous le n° 6, où sont également reproduites les pièces liminaires; il fut compilé pendant un séjour de Zygomalas en Italie, séjour auquel il est fait une allusion dans l'épître dédicatoire de Jean Foresti.

Nous terminerons cette notice en plaçant sous les yeux du lecteur une liste généalogique de ceux des membres de la famille Zygomalas, dont il nous a été possible de découvrir les noms.

1. Michel Sagomalas, surnommé Zygomalas[2].
2. Jean, premier du nom, fils de Michel.
3. Eustathe, fils de Jean Ier.
4. Jean, deuxième du nom, fils d'Eustathe. Épouse Graziosa; est nommé grand orateur en 1555, et grand interprète des Écritures en 1576.
5. N., fils d'Eustathe[3].

[1] *Turcogræcia*, p. 510.
[2] Pour ce nom et les trois suivants, voir *Turcogræcia*, p. 92.
[3] N'est connu que par l'existence de son fils Stamatius II, prêtre de Nauplie. Ce dernier écrit à Théodose : ὁ ἐντιμότατος κύριος Μιχαὴλ, ὁ γαμβρός

6. Théodose, fils de Jean II et de Graziosa, né en 1544. Était notaire dès 1563 et fut par la suite protonotaire et dikæophylax de l'église patriarcale; épouse, en 1578, Irène, fille de Georges Moschus [1] et de Théodora [2].

7. Stamatius, premier du nom, fils de Jean II et notaire du patriarcat œcuménique [3].

8. Anne [4], fille de Jean II; épouse, en 1555 [5], à Nauplie, Michel Pauliotis [6].

9. Marie, fille de Jean II; épouse un tailleur nommé Adamis et habite avec lui à Constantinople [7].

10. Stamatius, deuxième du nom, fils de N. (Voir n° 5.)

11. Constantin, fils de Théodose et d'Irène [8].

12. Alexandre, fils de Théodose et d'Irène.

13. Photinos, fils de Théodose et d'Irène, notaire du patriarcat œcuménique, né en 1582.

14. Chrysothémis, fille de Théodose et d'Irène, née en 1585.

σου, μετὰ τῆς ἀρχοντίσσας, τῆς ἡμετέρας ἐξαδέλφης καὶ τέκνων, καλῶς ἔχουσι. Et ailleurs au même : ὑπὸ τοῦ αὐθεντὸς τοῦ γαμβροῦ σου βιασθεὶς καὶ τῆς κυρίας Ἄννης, τῆς παμποθήτου σου αὐταδέλφης καὶ ἡμετέρας ἐξαδέλφης (*Turcogræcia*, p. 321). Crusius a considéré Stamatius II comme oncle paternel de Théodose (*Turcogræcia*, p. 324), parce qu'il a traduit ἐξαδέλφη par *nièce;* mais, au xvi° siècle, le sens de ce mot était bien précis et ne signifiait pas autre chose que *cousine*. Stamatius II était donc fils d'un frère de Jean II et cousin germain de Théodose.

[1] Voir ci-dessus, p. 125.

[2] *Turcogræcia*, p. 324.

[3] Fratrem Theodosius habet, Stamatium notarium (*Turcogræcia*, p. 275). (Voir encore la *Turcogræcia*, p. 223), et surtout les extraits du *Türckisches Tagebuch* de Gerlach traduits ci-dessus.

[4] *Turcogræcia*, p. 324.

[5] Cette date est celle-là même à laquelle Jean II quitta Nauplie après avoir marié sa fille. (Voir ci-dessus, p. 77.)

[6] *Turcogræcia*, p. 324. Ce Michel Pauliotis était notaire à Nauplie; une bulle du patriarche Métrophane, datée du mois de mars 7088 de la création, le confirme dans sa charge. (Voir *Turcogræcia*, p. 282.)

[7] Voir *Turcogræcia*, p. 223 et 324.

[8] Pour Constantin et Alexandre, voir ci-dessus, p. 135.

15. Susanne, fille de Théodose et d'Irène, née en 1590.
16. Jean, troisième du nom, fils de Théodose et d'Irène [1], né en 1593.
17. N. né de Théodose et d'Irène.
18. Mariette [2], fille de Stamatius II.
19. Catherine [3], fille d'Anne Zygomalas et de Michel Pauliotis.

Cet essai généalogique devrait aussi comprendre le nom de Pierre Zygomalas, mentionné dans une lettre de Stamatius II [4], mais nous ignorons quelle place il aurait droit d'y occuper.

[1] Les noms de ces quatre derniers enfants de Théodose se trouvent indiqués comme il suit dans la note ci-dessous rédigée par Crusius (*Codex Tybingensis Mh 466*, t. VII, p. 241), et portant la date de 1597 :

Φώτιος, 15
Χρυσόθεμις, 12
Σωσάννη, 7
Ἰωάννης, 4
} annorum.

Le premier de cette liste est tantôt appelé Φώτιος, tantôt et le plus souvent Φωτεινός. Ajoutons qu'il peut se faire que Constantin et Alexandre (signalés ailleurs, mais ne figurant pas dans cette liste) fussent déjà morts à la date où Théodose envoya à Crusius les quatre noms ci-dessus. (Voir encore pour les noms de ces quatre enfants et pour le cinquième nom dénommé le *Codex Tybingensis Mh 466*, t. VII, p. 237 et p. 243.)

[2] *Turcogræcia*, p. 324.
[3] *Turcogræcia*, p. 222 et 223.
[4] *Turcogræcia*, p. 324.

APPENDICE.

N° 1.

LETTRE D'ALEXANDRE NÉROULIS
À JEAN ZYGOMALAS.

Ἰωάννῃ τῷ Ζυγομαλᾷ.

Εὐλαβέστατε καὶ τιμιώτατε ἐν ἱερεῦσιν, ἐκ μέσης μου τῆς ψυχῆς, λίαν ἠγαπημένε μοι ἀδελφὲ ἐν Χριστῷ, κύριε Ἰωάννη, τὸν Θεὸν παρακαλῶ τοῦ ὑγιαίνειν τὴν σὴν ἁγιωσύνην πανοικί· καὶ γὰρ ἐγώ, διὰ τῶν σῶν ἁγίων εὐχῶν ἀκουομένων τῷ Θεῷ, ἕως νῦν καλῶς μὲν ἔχω τῷ σώματι, τῇ δὲ ψυχῇ, κύριος οἶδεν ὁ πάντα ἐπιστάμενος. Πλὴν γινωσκέτω ἡ σὴ τιμιότης πῶς τὴν ἐχθὲς ἔλαβον τὴν γραφὴν ἥνπερ μοι ἔπεμψας, καὶ εἶπον διὰ τὴν σὴν ἁγιωσύνην τοῖς πανευγενεστάτοις καὶ ψυχαῖς καὶ σώμασι λαμπροτάτοις, πρώτοις δὲ ἄρχουσι καὶ ἀδελφοῖς λέγω τοῦ ἁγίου καὶ πανσέπτου ναοῦ τοῦ μεγάλου Γεωργίου· καὶ πάντες λίαν ἀσμένως ἐδέξαντο τὴν σὴν ἁγιωσύνην, ἵνα ἡ σὴ τιμιότης ἔλθῃ ἐφημερεύειν εἰς τὸν ναὸν χρόνον ἕνα καὶ ἐξαγορεύειν τὰς ψυχὰς τοῦ χριστοφόρου λαοῦ· καὶ, ἂν ἀρέσκῃ τοῖς ἀδελφοῖς, ποιήσεις δ' ἂν καὶ ἑτέρους χρόνους· εἰ δὲ βούλει εἰς τὸν οἶκόν σου ἐπανελθεῖν, τοιούτῳ δὲ τρόπῳ ἵνα ὀφείλειν σε δοῦναι τῷ εὐλαβεστάτῳ ἱερεῖ Τριζέντῳ[1] φλουρία πεντήκοντα τὸν καθέκαστον χρόνον. Καὶ οὕτως ὁ σὸς Ἀλέξανδρος Νερούλης γράφω τῇ σῇ ἁγιωσύνῃ μετὰ βουλῆς καὶ θελήσεως τῶν ὑψηλοτάτων μοι αὐθεντῶν καὶ ἀδελφῶν τῶν κάτω

---

[1] Sur ce personnage peu recommandable, on peut consulter : Jean Veloudo, Ἑλλήνων ὀρθοδόξων ἀποικία ἐν Βενετίᾳ (Venise, 1872, in-12), p. 57 et suiv.

γεγραμμένων¹· καὶ εἰ βούλεται ἐλθεῖν ἡ σὴ τιμιότης, τὴν ταχίστην ἐλθὲ, ἢ πέμψον ἡμῖν ἀπόκρισιν.

Ἀπὸ Βενετίας, ͵αφλ΄, μηνὸς αὐγούσ]ου θ΄.

Une copie de cette lettre existe dans le *Codex Taurinensis* grec LXIV.C.III.7. du catalogue de Pasini (actuellement coté C.II.3), au fol. 84 r°. Une seconde copie se trouve en ma possession, dans un petit recueil manuscrit de lettres émanant de personnages plus ou moins connus et écrites pour la plupart dans la première moitié du xvii° siècle. C'est à ce recueil, achevé de copier le 14 décembre 1654, que j'emprunte le texte publié ci-dessus; il présente avec celui du *Taurinensis* quelques variantes sans importance, provenant surtout de l'inexpérience du copiste de ce dernier manuscrit. Je n'ai pas cru devoir les signaler.

N° 2.

LITTERÆ SYNODICÆ LATINIZANTES GRÆCOS EXCOMMUNICANTES, CONSTANTINOPOLI CONFECTÆ.

Θεὸς ἡγείσθω τοῦ λόγου τοῦδε. Ἐπειδήπερ, παραχωρήσει Θεοῦ, διὰ πλῆθος ἴσως τῶν ἡμετέρων ἁμαρτιῶν, ὁ χρηματίσας μητροπολίτης Νικομηδείας, μετὰ θάνατον τοῦ ἀοιδίμου ἐκείνου πατριάρχου κυροῦ Ἱερεμίου, πνεύματι φιλαρχίας κάτοχος ὢν, ἠθέτησε μὲν τὸν συνοδικῶς γεγονότα κανόνα παρά τε τοῦ τηνικαῦτα τῇ Κωνσ]αντινουπόλει ἐνδημοῦντος τοῦ ἁγιωτάτου πατριάρχου Ἱεροσολύμων καὶ τῶν πανιερωτάτων ἀρχιερέων, ὧν εἷς καὶ αὐτὸς ἐτύγχανε συνευδοκῶν ὁλο-

---

[1] Les noms manquent dans les deux copies.

ψύχως γενέσθαι αυτόν· εν ᾧ, και τοις των αγίων αποστόλων κανόσι και των οικουμενικών συνόδων επόμενοι, διωρίσαντο απαξάπαντες αυτοί, μετά και των εν ολίγῳ ελθόντων ιερωτάτων αρχιερέων, συνάμα τοις τιμιωτάτοις εκκλησιαστικοῖς άρχουσι και σταυροφόροις [της] ιεροαγίας και καθολικής μεγάλης του Χριστού εκκλησίας, και τοις τιμιωτάτοις και ευγενεστάτοις άρχουσι και παντί τῷ χριστωνύμῳ λαῷ, ίνα ο εξ αυτών των αρχιερέων τολμήσων ληστρικώς τε και επιβατικώς τον πατριαρχικόν θρόνον λαβείν, ή διά χρημάτων ή δι' αρχόντων ή όχλων, υπάρχῃ ο τοιούτος αυτοκαθαίρετος και γεγυμνωμένος πάσης αρχιερωσύνης και θείας χάριτος, και υπόδικος τῷ αναθέματι· ωσαύτως και οι στέρξοντες αυτόν ως πατριάρχην και άλλων επιτιμίων και αρών έχοι (sic), ώς γε πλατύτερον και αριδηλότερον εν τῷ τοιούτῳ ιερῷ και συνοδικῷ τόμῳ εμφέρονται, κἄν ότι μάλιστα τούτον κατακεκρύφασι. Και ήθέτησε μεν τον τοιούτον όρον και την οικειόχειρον εν αυτῷ και εθελούσιον υπογραφήν ο ρηθείς Διονύσιος· και μηδόλως την ιεράν των αρχιερέων προσμείνας γενέσθαι συνάθροισίν τε και τελείαν σύνοδον (ήτις δη περί τε αποκαταστάσεως πατριάρχου και της ανατολικών αντιοχικών πατριαρχικών διακρίσεως και άλλων πολλών αναγκαίων και κανονικών υποθέσεων συνηθροίζετο), χρήμασί τε και δωρεαῖς τον δημώδη υποθείρας λαόν και εξαπατήσας, αυθωρεί την καθολικήν εκκλησίαν καθήρπασε βιαίως και τυραννικώς, ή μάλλον ειπείν ληστρικώς και επιβατικώς. Έπειτα δε, αποφεύγοντος αυτού την εσύστερον ζητουμένην και γενομένην κατ' αυτού κρίσιν παρά τε των συνελθόντων εσύστερον πανιερωτάτων αρχιερέων και των ζηλωτών της νομίμου και κανονικής διορθώσεως της καθολικής εκκλησίας τιμιωτάτων αυτής κληρικών και ευγενεστάτων αρχόντων, και πολλάκις μεν υποσχεθέντος συνελθείν και κριθήναι κανονικώς και νομίμως, τοσαυτάκις δε αυτούς απατήσαντος τρόποις δολίοις, κάντεύθέν τε προσθήκης χρημάτων επεισφρησάσης κακώς μεν και επισφαλώς, ήτις και πρότερον ηπειλείτο, ει μη γένοιτο κρίσις συνοδική, επιτεθήναι, αυτός και ταύτης ολοψύχως δεξάμενος αδιάλειπτον χρέος τῇ του Χριστού εκκλησίᾳ επέθηκεν. Ηθέτησε δε και την έγγραφον αυτού ομολογίαν και υπόσχεσιν, ήντινα υποκριθείς τοις ἀρχιερεῦσι δέδωκε τοῦ ἀπέχεσθαι αὐτὸν τῶν σιμωνιακῶν καὶ τῶν λοιπῶν ἀνομημάτων, καὶ πολυχρυσείους εἰσφορὰς τοῖς χειροτονηθεῖσιν ὑπ' αὐτοῦ ἀρχιερεῦσιν, ὡς μὴ ὤφελε, κατεπράξατο. Αὖθις δὲ τοὺς φαυλοβίους καὶ ἀναξίους πάντας ἐντὸς τοῦ βήματος καὶ βαθμοῦ τῆς ἀρχιερωσύνης καὶ ἱερωσύνης εἰσήγαγε. Καὶ, ζῶντος τοῦ ἀρχιερέως Πισσιδείας, χωρὶς παραιτήσεως, ἕτερόν τινα ἀνάξιον χειροτονήσας, ἐξαπέσ]ειλε.

Τὸ δὲ μέγισ]ον πάντων τῶν ἀνομημάτων καὶ ἀσεβειῶν, ὅτι παμμίαρόν τινα καὶ ἀνόσιον μητροπολίτην Καισαρείας δῆθεν κεχειροτονηκώς, εἰς τὰ ἑσπέρια μέρη τοῖς Λατίνοις λεγᾶτον αὐτὸν καὶ ἐπίτροπον ἐξαπέσ]ειλε, γράμμασιν αὐτὸν καὶ ἱεροῖς λειψάνοις καὶ ἄλλοις δωρήμασι καθοπλίσας μεγάλοις. Ὅς γε δὴ ἐκεῖσε γεγονὼς καὶ ταῖς λατινικαῖς ὑποκύψας ἐγγράφως τε καὶ ἀγράφως αἱρέσεσι, καὶ ὡς εἷς ἐξ αὐτῶν γενόμενος, παντοίαν ἄδειαν εἰληφὼς, λειτουργίας καὶ χειροτονίας ἔν τε τῇ Βενετίᾳ καὶ τῇ Ἀγκῶνι καὶ ἀλλαχοῦ ἐκτετέλεκε· καὶ, μέχρι Ῥώμης παραγενόμενος, τῷ ἀνοσίῳ καὶ αἱρεσιάρχῃ καὶ πάπᾳ τῶν Λατίνων ἥνωται, καὶ τὴν καθολικὴν τῶν ὀρθοδόξων ἐκκλησίαν, ὡς λεγᾶτος δῆθεν τοῦ Κωνσ]αντινουπόλεως, ἥνωσεν αὐτοῖς, ὡς εἶχε πάντως ἀπ' αὐτοῦ τὴν ἀνάθεσιν, ὑποσχεθεὶς ὅτι μάλισ]α καὶ τὰς ἀνατολικὰς καὶ πατριαρχικὰς ἐκκλησίας ὀρθοδόξους οὔσας ἑνῶσαι ταχέως, ὡς τὰ προνοίᾳ Θεοῦ ἐμφανισθέντα ἡμῖν αὐτοῦ γράμματα διαγορεύουσιν. Ἔτι τε καὶ εἰς τοὺς ἀνοσίους καὶ ἀνιέρους καὶ σχισματικοὺς καὶ λατινόφρονας ἐπισκόπους τῶν Κυπρίων τὸν μητροπολίτην Ῥόδου ἐξαποσ]είλας, διὰ γραμμάτων καὶ δι' ἐκείνου τὴν ὀρθόδοξον καὶ καθολικὴν ἐκκλησίαν αὐτοῖς ἑνῶσαι προῄρηται, οὖσιν ἀπεσχισμένοις κανονικῶς ὑπ' αὐτῆς τῆς ἁγίας καὶ οἰκουμενικῆς ἕκτης συνόδου, διὰ τὰ αὐτῶν ἐξάγισ]α ἀτοπήματα. Διὰ ταύτας τοίνυν τὰς παρανομίας καὶ τὴν τῆς ὀρθοδόξου πίσ]εως ἀνατροπὴν καὶ κατάλυσιν, καὶ τἆλλα πάντα τὰ ἀνομήματα, ἅτινα, συνόδου γενομένης ἀρχιερατικῆς, ἀποδειχθήσονται, ζήλῳ θείῳ κινηθέντες ἡμεῖς οἱ κάτωθεν ὑπογράψαι οἰκειοχείρως ὀφείλοντες, ἀρχιερεῖς τε καὶ κληρικοὶ τῆς ἐν Κωνσ]αντινουπόλει ἱεροαγίας τοῦ Χρισ]οῦ καθολικῆς καὶ ἀποσ]ολικῆς μεγάλης ἐκκλησίας, καὶ πάντα φόβον καὶ προσπάθειαν ἀνθρωπίνην ἀποσεισάμενοι, ἐν Χρισῷ τῷ ἀληθινῷ Θεῷ ἡμῶν, τοῖς τιμιωτάτοις καὶ εὐγενεσῖάτοις ἄρχουσι τοῖς πρὸς διόρθωσιν σπουδάσαι προθυμουμένοις, ἰδοὺ παρέχομεν διοριζόμενοι ἵνα σὺν αὐτοῖς ἀγωνισώμεθα ὑπὲρ τῆς βοηθείας τῆς ὀρθοδόξου πίσῖεως ἡμῶν, καὶ καταλύσιν (sic) τῶν παρανομιῶν · καὶ ἐλευθερίαν τῆς καθολικῆς μεγάλης ἐκκλησίας, μητρὸς πάντων τῶν ὀρθοδόξων, νομίμως καὶ κανονικῶς καὶ ἐκκλησιασῖικῶς διευκρινοῦμεν κατὰ ὡς εἰκός · καὶ ἀπαθῶς καὶ ἀπροσωπολήπῖως μέχρις αἵματος ἐναθλῆσαι σχεδόν.

Εἰ δέ τινες ἐξ ἡμῶν αὐθαδειάσαντες ἀλλοτρόπως διαπρᾶξαι τολμήσωσι, καὶ ἀθετῆσαι τοὺς ἰδίους αὐτῶν λόγους ἢ τὰς ὑπογραφὰς βουληθῶσιν, εἰ μὲν ἀρχιερεῖς εἰσιν, ἔσῖωσαν ἀσυγγνώσῖως αὐτοκαθαίρετοι πάσης ἀρχιερατικῆς τάξεως καὶ αὐτοκατάκριτοι καὶ τῷ αἰωνίῳ ἀναθέματι ὑπόδικοι · κληρικοὶ δὲ καὶ ἱερεῖς αὐτοκαθαίρετοι καὶ ἀνίεροι ἔσονται καὶ ἀλλότριοι τῆς δόξης τοῦ Θεοῦ καὶ κληρονόμοι τῆς αἰωνίου καὶ ἀτελευτήτου κολάσεως · λαϊκοὶ δὲ ἔσῖωσαν ἀφωρισμένοι παρὰ τῆς ἁγίας καὶ ὁμοουσίου καὶ ζωοποιοῦ καὶ ἀδιαιρέτου τριάδος, τοῦ ἑνὸς τῇ οὐσίᾳ καὶ φύσει τῶν ὅλων Θεοῦ, καὶ κατηραμένοι καὶ ἀσυγχώρητοι ἔν τε τῷ νῦν αἰῶνι καὶ ἐν τῷ μέλλοντι, καὶ μετὰ θάνατον ἄλυτοι, κἂν ὁποῖοι ἄρα καὶ ὦσιν, ἡ μερὶς αὐτῶν μετὰ τῶν σῖαυρωσάντων τὸν κύριον καὶ τοῦ προδώσαντος αὐτόν.

Ὅθεν καὶ εἰς τὴν περὶ τούτων δήλωσιν καὶ ἀσφάλειαν ἐγένετο καὶ ὁ παρὼν ἔγγραφος τόμος ἡμῶν, καὶ ἐδόθη τοῖς εὐγενεσῖάτοις ἄρχουσι καὶ ἀγαπητοῖς κατὰ πνεῦμα ἡμῶν υἱοῖς καὶ ἀδελφοῖς εἰς ἀσφάλειαν. Ὀφείλουσι καὶ αὐτοὶ ὁμοίως ἡμῖν τὴν αὐτὴν παρασχεῖν ἔγγραφον πίσῖωσιν εἰς μείζονα τῆς ἀληθείας βεβαίωσιν.

Ἐγράφη κατὰ μῆνα νοέμβριον τοῦ ͵ζνϛ' ἔτους, ἰνδικτ. ϛ'.

ὁ Χρισῖιανουπόλεως.

ὁ Ἄργους καὶ Ναυπλίου.

ὁ ἐν ἀρχιερεῦσι Μητροφάνης.

ὁ μέγας σακελλάριος τῆς μεγάλης ἐκκλησίας διάκονος Συμεὼν, ἱερομόναχος καὶ πνευματικός.

ὁ σακελλάριος τῆς μεγάλης ἐκκλησίας παπᾶ Θεόδωρος.

ὁ πρωτέκδικος τῆς μεγάλης ἐκκλησίας παπᾶ Δημήτριος.

ὁ Μανουὴλ ὁ ῥήτωρ τῆς μεγάλης ἐκκλησίας.
ὁ κανσ]ρίσιος τῆς μεγάλης ἐκκλησίας Ἰωάννης ἱερεύς.
Παντολέων ὁ Εὐγενικός.
ὁ πρωτονοτάριος τῆς μεγάλης ἐκκλησίας παπᾶ Ἀργυρός.
ὁ ὑπομιμνήσκων Γεώργιος ἱερεύς.
Κωνσ]αντῖνος πρεσβύτερος καὶ διδάσκαλος τοῦ ἀποσ]όλου.
ὁ διδάσκαλος τοῦ εὐαγγελίου παπᾶ Ἀνασ]άσιος.
ὁ ἄρχων τῆς ἐκκλησίας Δημήτριος ἱερεύς.
παπᾶς Ἰσίδωρος.
παπᾶς Μανουὴλ ὁ Γεργούτζης.
ὁ ἄρχων Κουβουκλησίας.
ὁ ἄρχων Ῥάλης.
ὁ ἄρχων ἀδελφὸς αὐτοῦ.
ὁ κύριος Μιχαὴλ Ῥάλης.
κύριος Ἰωάννης Κυμηνᾶς.
κύριος Πασχάλης Κριτόπουλος.
κύριος Μανουὴλ Κρομήδης.
κύριος Δημήτριος Κρομήδης.
κύριος Κωνσ]αντῖνος Σπετζιέρης.
κύριος Πασχαλης Σπετζιέρης.

Ce document est extrait du *Codex Tybingensis* Mb 37, fol. 28-31. Immédiatement après, on trouve la note reproduite ci-dessous :

ANNOTATIO AD ILLAS SYNODICAS LITTERAS.

Intelligitur patriarcha Dionysius (quem secuti sunt Joasaph, Metrophanes et Hieremias) qui Metrophanem, metropolitam Καισαρείας, legatum Venetias misit ad colligendam pecuniam. Hic vero est Romam ad papam profectus, ejusque pedes deosculatus promisit unionem orientalis ecclesiæ cum romana. Quod cum clerici et nobiles Constantinopolitani rescivissent, contra Dionysium patriarcham et legatum ejus Metrophanem, coegerunt synodum, præsentesque litteras contra latinizantes confecerunt. Cum autem Dionysius se purgasset quod inscio se Romam profectus esset Metrophanes, hic solus destitutus et excommunicatus est. Post 7 vero vel 8 annos Metrophanes in notitiam et familiaritatem veniens Michaelis Cantacuzeni, crebris muneribus ipsum afficiens, per eum obtinuit id consortium Ecclesiæ recipi et excommunicationis vinculo solvi. Nec id tantum, sed etiam patriarchæ honores consecutus est. Cum enim Joasaph patriarcha in nonnullis resisteret Cantacuzeno, pro libidine in ecclesia græca dominari volenti, tandem, qualicunque contra ipsum inventa causa (quod scilicet domum quandam patriarchatus in Creta contra canones vendidisset et in creatione metropolitarum pecuniam accepisset : quæ tamen consensu totius collegii fecerat) depositus est, eique suffectus Metrophanes, qui Cantacuzeno singulis annis 2,000 ducatorum de bonis ecclesiæ pependit. Qui cum tandem 4,000 peteret eaque Metrophanes dare recusaret, depositus est et constitutus hodiernus Hieremias.

N° 3.

LETTRE DE JEAN ZYGOMALAS
AU SACELLAIRE DE L'ÉGLISE MÉTROPOLITAINE DE ZANTE.

Τῷ εὐλαβεσΊάτῳ καὶ τιμιωτάτῳ
ἐν ἱερεῦσι παπᾷ κυρίῳ καὶ σακελλαρίῳ
τῆς Θεοφρουρήτου μητροπόλεως δοθείη
εἰς Ζάκυνθον.

ΕὐλαβέσΊατε καὶ τιμιώτατε καὶ ἡμῖν ἐν Χρισ]ῷ τῷ Θεῷ σπλαγχνικώτατε καὶ τριπόθητε ἀδελφὲ καὶ πάτερ, ὑγιαίνοι ἡ ἁγιωσύνη σου κατὰ τὸν διπλοῦν ἄνθρωπον, καὶ ἐν πᾶσιν ὅλως εὖ ἔχοις ὡς ἂν αὐτὸς Θεῷ εὔξαιο· συνυγιαίνοιεν δέ μοι καὶ οἱ σοὶ προσφιλέσΊατοι παῖδες καὶ οἱ τὰ πάντα ἄρισΊοι καὶ τιμιώτατοι ἀδελφοὶ τῆς ἁγιωσύνης σου, καὶ μᾶλλον ὁ μισὲρ Ἱερώνυμος καὶ οἱ λοιποὶ αὐτόθι ἡμέτεροι φίλοι καὶ ἀδελφοί· συνυγιαίνω σοι γὰρ καὶ αὐτὸς τανῦν, Θεοῦ συνάρσει, καίπερ χαλεπῇ πρὸ ὀλίγου περιπεσὼν ἀσθενείᾳ, ἧς ὁ κύριός με πάλιν ῥαῖσαι ηὐδόκησεν.

Εἰδέτω ἡ ἁγιωσύνη σου ὅτι, ἀφ' οὗπερ αὐτόθεν οἴκαδε ἐπανῆλθον, φροντίσι καὶ περισπασμοῖς οὐ τοῖς τυχοῦσι νυκτὸς καὶ ἡμέρας συμπλέκομαι, οὐ τοῖς εἰωθόσι λέγω καὶ οἷς ἅπαντες φύσει ὑποκείμεθα, ἀλλὰ τοῖς μεγίστοις καὶ τοῖς περὶ μεγίστων καὶ ἄκρων ὑποθέσεων τὸν σκοπὸν ἔχουσιν. Ὁ γὰρ παναγιώτατος ἡμῶν αὐθέντης καὶ δεσπότης ὁ οἰκουμενικὸς πατριάρχης, ἐπιστείλας ἅπασι τοῖς ὑπὸ τὴν ἁγιωτάτην μεγάλην ἐκκλησίαν τελοῦσιν ἀρχιερεῦσι πανιερωτάτοις καὶ θεοφιλεστάτοις ὡς ἀπαξάπαντας αὐτοὺς μικροὺς καὶ μεγάλους εἰς τὴν βασιλίδα τῶν πόλεων ἀνελθεῖν καὶ συναχθῆναι ἀπαραιτήτως, συνόδου χάριν, δι᾽ ἃ ἐλέγομεν νεωστὶ ἀναφυέντα σκάνδαλα, ἔγραψε καὶ ἡμῖν τοῖς ταπεινοῖς, πρόφασιν καὶ πάλιν ἄλλην παραίτησιν ἀποσεισαμένοις συμπορευθῆναι, καὶ τῇ ῥηθείσῃ ἀναγκαιοτάτῃ συμπαρεῖναι συνόδῳ. Λοιπὸν ἡ μὲν ἐμὴ ἔφεσις ἐν Ζακύνθῳ τὰς διατριβὰς ποιήσειν μετοπώρου ἀρχομένου ἦν τε καὶ ἔστιν· ὁ δὲ καιρὸς καὶ ἡ χρεία, ὡς ἀκούεις, ἄλλα καὶ ἄλλα προὐξένησαν· πλὴν τῷ θεῷ δόξα, τῷ οὐχ ὡς ἡμεῖς θέλομεν, ἀλλ᾽ ὡς ἡ αὐτοῦ ἀγαθότης βούλεται, τὴν ζωὴν ἡμῶν οἰκονομοῦντι. Ὅσον δὲ τὸ ἐφ᾽ ἡμῖν γράφων ἢ ἐπιστέλλων λέγω καὶ ἐπιβεβαιῶ τῇ ἁγιωσύνῃ σου, καὶ διὰ σοῦ πᾶσι τοῖς αὐτόθι ἡμετέροις φίλοις καὶ ἀδελφοῖς, καὶ τιμιωτάτοις ἄρχουσιν, οἷς καὶ τὴν ὑπόσχεσιν ἐποιησάμεθα, ὅτι, θεοῦ συναιρομένου, μετὰ τὸ συμπερανθῆναι τὰ τῆς ῥηθείσης συνόδου (τοῦτο δ᾽ ἔσται, ὡς οἶμαι, δι᾽ ὅλου τοῦ χειμῶνος), πρὸς ὑμᾶς σὺν θεῷ ἀφίξομαι. Καὶ ταῦτα μὲν περὶ τούτων.

Περὶ δὲ ὧν μοι παρήγγειλας γραμμάτων τῆς ἁγιωσύνης σου ἐκ τοῦ ἁγίου τοῦ Κορίνθου, εἶπον αὐτῷ τὸ πᾶν, καὶ σὺν θεῷ οὐ μόνον ταῦτα ἐξ αὐτοῦ λήψεσθαι δι᾽ εὐχῶν σου ἠξιώθημεν, ἀλλὰ καὶ μείζω τούτων, καὶ μείζονος χάριτος τυχεῖν ἡ ἁγιωσύνη σου ἄξιος διὰ τὰς ἀρετάς σου ἐφάνης. Τοίνυν περὶ αὐτῶν μὴ μελέτω σοι· ἐμοὶ γὰρ φροντὶς περὶ σοῦ.

Τὸν αὐθέντην τὸν μισὲρ Μάρκον Ἀντώνιον, τὸν καγκελλάριον, τὸν ἄξιον ὡς ἀληθῶς οὐκ ὀφφικίου τούτου, ἀλλ᾽ αὐθεντικῆς ἀξίας καὶ ἐξουσίας διὰ τὰς αὐτοῦ καὶ πολλὰς καὶ μεγάλας ἀρετὰς, ἀσπάζομαι ποθεινῶς. Τὸν μισὲρ Ντονάδον Σαλβιάτην, τὸν λογιώτατον δικολέκτην· τὸν ἄριστον ἄρχοντα μισὲρ Κάρλον Καστελλᾶνον, τὸν ἐμοὶ ποθεινότατον· τὸν ἄρχοντα τὸν Ἀγιαποστολίτην, ὡσαύτως ἀσπάζομαι ἐκ ψυχῆς. Ἀλλὰ τί ὀνομαστὶ λέγω; ἅπαντας τοὺς λαϊκοὺς ἄρχοντας, μικροὺς, μεγάλους, πτωχοὺς, πλουσίους, ἄχρι καὶ αὐτῶν τῶν παίδων ἀσπάζομαι· ἐκ δὲ τῶν ἱερέων, τὸν εὐλαβέσ7ατον παπᾶν κύριον Φίλιππον, πατέρα τοῦ σοφοῦ Ἑρμοδώρου, προσκυνῶ· τὸν ἡμέτερον παπᾶν κύριον Νούφριον καὶ συμπολίτην ὁμοίως· τὸν οἰκονόμον τὸν παπᾶν κὺρ Κοτρονᾶν ὁμοίως· τὸν ἅγιον τὸν πρωτοπαπᾶν, τὸν ἁγιώτατον κύριον Ἀλέξανδρον τὸν Νερούλην, τὸν ἄρισ7ον ἀρχίατρον, τὸν πατέρα τοῦ Βιτζέντζου, σὺν τῷ ῥηθέντι αὐτοῦ υἱῷ, καὶ τοὺς λοιποὺς φίλους καὶ ἀδελφοὺς καὶ πατέρας, ὧν τὰ ὀνόματα καλῶς οὐκ οἶδα, προσαγορεύω ποθεινῶς.

Ἀπὸ Ναυπλίου, σεπ7εμβρίου ε΄, ͵αφμθ΄.

Ὁ κατὰ πάντα τῆς ἁγιωσύνης σου
Ἰωάννης ὁ Ζυγομαλᾶς
καὶ ῥήτωρ Ναυπλίου.

Comme le texte de la lettre publiée sous le n° 1, celui de la présente est emprunté au manuscrit m'appartenant. Une autre copie figure dans le *Codex Taurinensis* grec LXIV.c. III.7. du catalogue de Pasini (actuellement coté c.II.3), au folio 68 r° et v°.

N° 4.

LETTRE D'ALEXANDRE NÉROULIS
À JEAN ZYGOMALAS.

Al nobile et honorabile come patre
domino domino Joanne Sigomala,
in Napoli di Romania.

Ἀλέξανδρος Νερούλης Ζακυνθίων ἐλάχισ7ός σοί τε τῷ σοφῷ καὶ γενναίῳ ῥήτορι Ναυπλίου, καὶ ὑμῶν θείῳ τε καὶ πανιερωτάτῳ μητροπολίτῃ, θεοφιλεσ7άτοις ἐπισκόποις, πανοσιωτάτοις ἱερομονάχοις καὶ μοναχοῖς, εὐλαβεσ]άτοις πρεσβυτέροις καὶ διακόνοις κληρικοῖς τε καὶ ἀξίαις μοναστρίαις, τὴν προσήκουσαν ἐδαφιαίαν μετάνοιαν ἐπιεικῶς προσάγω τοῖς πᾶσιν· εὐγενεστάτοις δὲ καὶ ὑψηλοτάτοις ἄρχουσι, πλουσίοις καὶ μὴ πλουσίοις, καὶ πᾶσι τοῖς χρισ]οποθήτοις καὶ ἐρασμίοις λαοῖς τῆς Θεοφρουρήτου μητροπόλεως ὑμῶν, χαίρειν.

Ἐπειδὴ πρὸς ἡμᾶς ἧκεν ἡ παρὰ σοῦ πεμφθεῖσα ποθεινοτάτη ἐπιστολὴ, ἐλλογιμώτατε Ἰωάννη, τοσοῦτον ηὐφράνθην, ὥστε, ἐν αὐτῇ τῇ ὥρᾳ ᾗπερ ἀναπτύξας αὐτὴν ἀνέγνων, ὑπολαμβάνειν με εἶναι καὶ ἀκούειν τῆς τῶν ἐπιστολῶν τοῦ μεγάλου Βασιλείου ἡδύτητος, ἣν παρὰ τῆς σῆς ῥεομένην γλυκύτητα τὴν τοῦ ἀκούοντος θάλπειν ψυχήν· μᾶλλον δὲ ἐπὶ τὸ καλῶς καὶ ἄνευ πλάνης τινὸς πρὸς τὴν πατρίδα σε ἀφικέσθαι, καὶ τὸ εὐθαλὲς καὶ παλίνορσον ῥαιβὸν τῆς σῆς ὑγιείας, καὶ τὰς προσαγορεύσεις ἃς ἡμῖν πολλὰς πέπομφας, ὑπερήσθην, νὴ τὸν Φίλιον· τὴν δὲ ἐς Κωνσταντινούπολιν ἀποδημίαν τὴν σὴν λίαν ἠνιάθην, νὴ κατὰ τὸν τὴν ἀλήθειαν ὄντα, καίπερ ἡμεῖς καθ' ἡμέραν καὶ ἐς τὴν αὔριον παρακεχηνότες τῷ αἰγιαλῷ καὶ τὰς ἀκάτους περισκοποῦντες, εἴ ποτέ σε θεάσωμεν. Νῦν δέ σοι ἀνάγκης κατεπειγούσης, ὡς ἔφης, συνόδου ἕνεκεν, ἀνέλθε σε καλοῦντι, ἀγαθῇ τύχῃ, καὶ βίος σωτήριος ἔστω ὑμῖν, ὃς ἐστι καὶ ἔνεστι, καὶ ἡμῶν μὴ ἀμνημονῇς, δεόμεθα. Ὁ γὰρ θεοφιλέστατος ἡμῶν καὶ πρῶτος ἐν ἱερεῦσι, καὶ ὁ θεοφιλὴς σακελλάριος, καὶ πᾶς ὁ θεῖος καὶ ἱερατικὸς κλῆρος, καὶ οἱ εὐπατρίδαι μικροί τε καὶ μεγάλοι, ἱλαρῷ τῷ προσώπῳ σε προσαγορεύουσιν.

Ἐκ Ζακύνθου, πυανεψιῶνος νουμηνίᾳ, ͵αφμθ'.

Comme le texte des lettres publiées sous les n°s 1 et 3, celui de la présente est emprunté au manuscrit m'appartenant. Une autre copie se trouve dans le *Codex Taurinensis* grec LXIV.C.III.7. du catalogue de Pasini (actuellement coté C.II.3), au folio 76 r°.

N° 5.

VIE DE STAURACE MALAXOS,
PAR JEAN ZYGOMALAS.

(Parisinus n° 1090 du supplément grec.)

[1] Βίος τοῦ ἐν μακαρίᾳ τῇ λήξει γενομένου ἁγίου καὶ ἀοιδίμου πατρὸς ἡμῶν Σταυρακίου ἱερέως τοῦ Μαλαξοῦ καὶ σκευοφύλακος τῆς ἁγιωτάτης μητροπόλεως Ναυπλίου παρὰ Ἰωάννου τοῦ Ζυγομαλᾶ, ῥήτορος τῆς αὐτῆς μητροπόλεως, τῷ συντετμημένῳ συνταχθεὶς λόγῳ.

Ἔκτοτε μὲν, ὦ φίλη πατρὶς καὶ αἰδέσιμος, ἡνίκα μοι ἡ ἄελπτος ἐκείνη καὶ πέρα δεινῶν φωνὴ τὴν τοῦ κοινοῦ πατρὸς ἐγνώρισε τελευτὴν, ἥ μου καὶ τὴν καρδίαν ξίφους διῆλθε δίκην, οὐκ ἀδακρυτὶ ἐμαυτὸν τῷ περὶ ταῦτα γράφειν ἐκδοῦναι καὶ ὕφει λόγου τῷ ὡς εἰκὸς ἐπιτεθῆναι κατὰ πρῶτον ἐπῆλθε λόγον· οὐχ ἥκιστα δὲ τὸ μετὰ ταῦτα τοῦ τοιούτου ἀντεποιούμην ἔργου, ἱκανόν μοι χρέος εἶναι τῷ νῷ ὑποδεικνύων καὶ συνιστῶν. Ταῦτά τε τοῦ λόγου κατὰ λόγον ἢ περὶ λόγον ἀνδρὸς ἐκχεθῆναι μέλλοντος, ὃς δῆτα μὴ ὅτι γε τῆς κατ' αἴσθησιν ἡδονῆς ἀλλὰ καὶ πνευματικῆς δήπου τῆς ἀπολαύσεως, οἷα φιλεῖ γίνεσθαι, ταῖς τῶν φιλαρέτων καὶ εὐδρομούντων αἴτιος ἔσται ψυχαῖς, ἢν ταῦτα ἐφετικῶς μοι συστρεφόμενα. Ὁ δ' αὖ διαβατικώτατος καὶ πολυπραγμονέστατος λογισμὸς ταῦτα παρατρέχων καὶ τὴν αὐτοῦ πρὸς τοὔργον ἀσθένειαν ἐννοῶν, τοῖς ὑπὲρ αὐτὸν τὸ πρᾶγμα || [2] ἐγχειρίζων σιωπᾶν μᾶλλον ἐπείθετο, ἀδυνάτων μὴ ἐπιχειρεῖν πρὸ πολλοῦ διὰ τὸν ἐπηρτημένον μεμαθηκὼς κίνδυνον.

[1] Fol. 221 r°.
[2] Fol. 221 v°.

Οὕτως οὖν ἑτερορρεποῦς μοι τῆς ὑποθέσεως καθεσ]ηκυίας, καὶ ποτέρα προσχεῖν ἀμηχανοῦντός μου, καὶ οὐχ ἅπαξ ἀλλὰ πολλάκις πειραθέντος μὲν διακρῖναι, μὴ δυνηθέντος δὲ, ἀλλ' ἄκρᾳ κατεχομένου ἀπορίᾳ, ὢ τῆς ἀρρήτου σου, καρδιογνῶσ]α καὶ νεφρῶν ἐτασ]ὰ θεέ μου, σοφίας καὶ περὶ τοὺς διὰ σὲ καὶ ἐν σοὶ τὸν βίον ἀπολιπόντας κηδεμονίας ἀνεκλαήτου, ἄνωθεν ἀναξίως μὲν ἐμοὶ τῷ ἁμαρτωλῷ καὶ γεώδει, ἀξίως δὲ τῷ δι' ὃν ὁ λόγος, τουτὶ γνώριμον γίνεται. Νυκτὸς γὰρ ὑπνώτ]ων μὲν τὸ σῶμα, κινούμενος δὲ τῷ ἀεικινήτῳ καὶ ἀκοιμήτῳ ὀφθαλμῷ τῆς ψυχῆς, ἔξυπνος εἰς χῶρον ξένον πάντη καὶ ἀσυνήθη, καὶ ἐμοὶ τὸ σύνολον καὶ τότε καὶ νῦν ἄγνωσ]ον αὐλισθεὶς, ἐκεῖσε ὃν ἐπόθουν καὶ οὗ ἕνεκα τὸν νοῦν οὕτως ἔκαμνον, θαυμασίως καὶ φοβερῶς τοῦτον εἶδον τὸν τρόπον ζῶντα καὶ τὸ ὅπερ ἔφερεν ἔνδυμα τὸ ἐξ ἐρίων τῆς καμήλου παρρησιασ]ικῶς πως περιβεβλημένον, ἐπί τινος ἀμιμήτου ὅλως ἕδρας καθέζεσθαι, τῷ μὲν μεγέθει τῷ σωματικῷ τοσοῦτον ὅσος καὶ πρὸ τῆς ἐνθένδε ||[1] αὐτοῦ ἦν ἀποβιώσεως, τὴν δ' ὄψιν αἰδέσιμον καὶ λαμπρὸν καὶ ἄλλως εἰπεῖν κράσεως ἔχοντα ἢ ὅτε μεθ' ἡμῶν ἐφαίνετο. Ἐνώπιον δ' αὐτοῦ λαμπὰς ἐπιμήκης ἡμμένη ὄρθιος ἵσ]ατο, ᾗ φωτιζόμενος βίβλον τινὰ μετὰ προσοχῆς καὶ συνέσεως διήρχετο, τοῖς ἀναγινωσκομένοις ὅλως καὶ οὐκ ἀλλαχόσε ἐνατενίζων. Αὐτοῦ δ' ἀπέχων ὡσεὶ πηδήματος διάσ]ημα καὶ προσελθεῖν αὐτῷ βουλόμενος καὶ ἐγγῖσαι οὐχ οἷος ἤμην, οὔτε μὴν τὸ ὄμμα πρὸς αὐτὸν ἆραι ἢ ὁμιλῆσαί οἱ ἐτόλμων · ἀλλ' ἢ εὐλαβούμενος καὶ αἰδοῖ κάτοχος ὄπισθεν αὐτοῦ εἰσ]ήκειν τὸν ἄνδρα θαυμάζων καὶ ἐκπληττόμενος · ὅθεν ἀπροσίτου μοι ὄντος τοῦ ἀνδρός, κατ' ἐκεῖνον αὐτὸν δὴ τὸν τόπον ὕπνος τῶν ὀφθαλμῶν κατεχύθη μου. Ἔδοξε καὶ γάρ μοι τηνικαῦτα ὡσεὶ τέσσαρας ὥρας εἶναι τῆς νυκτός · κοιμηθεὶς δὲ καὶ μετὰ πολὺ ἐνύπνως διϋπνισθείς, ὡς αὖθις ἴδον τὸν θεῖον καὶ ἅγιον ἄνδρα ἐπιμόνως καὶ ἀπαραλλάκτως τῆς πρὸ ὀλίγου κατασ]άσεως καθήμενόν τε καὶ τῇ ἀναγνώσει ἐγκείμενον · «ὢ πῶς, κατ' ἐμαυτὸν ἔλεγον, καὶ νῦν ὁ ἀνὴρ τῆς συνήθους σπουδῆς καὶ ἀρετῆς οὐκ ἀφίσ]αται, ἀλλ' ἔτι ἀκοπιάσ]ως καὶ ἀνενδότως ||[2] αὐτῆς ἀντέχεται·

[1] Fol. 222 rº.
[2] Fol. 222 vº.

ὄντως μακάριος οὗτος, ὅτι τὰ δι' ὧν ἡγιάσθη ἀνὰ χεῖρας ἔχειν ἐθέλει.» Τότε δὴ, τότε ἔξυπνος ἀληθῶς γεγονὼς, ἐκπλήξει ἄκρᾳ ἐπὶ πολὺ συνειχόμην, τὰ ξένως μοι φαντασθέντα ὑπ' ὄψιν ἄγων· μετὰ μικρὸν δὲ εἰς ἐμαυτὸν ἐλθὼν, τῆς ἀπορίας ἔγνων εἶναι τὴν λύσιν καὶ γνώρισμα σαφὲς τοῦ εἰς πᾶσαν τὴν γῆν τὰ τοῦ ἀνδρὸς διαφημισθῆναι κατορθώματα καὶ κόπους καὶ ἀρετὰς, αἷς τὸν τῇδε πληρώσας βίον τοῖς ὄρεσιν ἤγγισε τοῖς αἰωνίοις, καὶ τοῖς ἄνω συνηριθμήθη καὶ υἱὸς φωτὸς, τοῖς φωτοειδέσιν ἔργοις προκαθαρθεὶς, ἐχρημάτισεν. Τοῦτό μοι τὸ τὴν ἀφήγησιν ἐπισκῆψαν προοιμιακῶς, οὕτω τοῦ πόθου καὶ τοῦ λόγου βιαζόντοιν, παραληφθέν. Θείαις τοίνυν ἐμφάσεσιν εἴκοντος, αἷς καὶ τὸ βραχύτατον ὡς ὄντι προσίεται καὶ φίλον ἡγεῖται τὸ κατὰ δύναμιν, τῆς ὁδοῦ τὸ λοιπὸν θαρροῦντως ἐχώμεθα· καὶ εἴ γε τὰ τοῦ ἀνδρὸς πᾶσιν ᾄδεται κομιδῇ καὶ διαβεβόηται, οὐ μόνον τοῖς αὐτόχθοσι, καὶ συμπολίταις τοῦ ἐνδόξου, καὶ περιωνύμου τουτουὶ Ναυπλοίου, ἔνθα ὡς λύχνος ἐν αὐχμηρῷ ἔλαμψεν καὶ τὰς τῆς ἀρετῆς ἀκτῖνας ἐφήπλωσεν, ἀλλὰ καὶ τῇ περιοικίδι πάσῃ ‖ [1] καὶ ὅλως τοῖς πoσῶς τῶν αὐτοῦ ἠξιωμένοις, ὅμως αὐτὰ δὲ καὶ ἡμῶν εἰς ἀνάμνησιν καὶ τῶν μεθ' ἡμᾶς εἰς γνῶσιν καὶ εἴδησιν ἐκθετέον καὶ διηγητέον.

Οὗτος τοίνυν ὁ θαυμαστὸς καὶ θεῖος Σταυράκιος, ὁ φερωνύμως τῷ ὄντι τῇ ἣν ἐνεδύσατο τοῦ σταυροῦ δυνάμει, ἄκος καὶ ἴασις ταῖς τῶν πολλῶν ψυχικαῖς ἀλγηδόσιν ὀφθεὶς, γονέων μὲν ἐξῆλθεν ὀρθοδόξων καὶ εὐσεβῶν καὶ τῆς κατὰ θεὸν ἀντιποιουμένων ἀρετῆς, Ἀνδρονίκου τε καὶ Ἄννης, τῆς χαριτεπωνύμου Ἄννης, τῆς ἔτι παντοίων χαρίτων καὶ ἀρετῶν περιουσίᾳ βριθούσης καὶ περιούσης ἐν τῇ τοῦ μονήρους καὶ μοναδικοῦ βίου γηραιᾷ καὶ φίλῃ ἀμφιάσει· ὧν δεῖγμα μὲν μερικὸν τὰς καθ' ἡμέραν αὐτῆς πτωχοτροφίας, ξενοδοχείας, καὶ ἁπλῶς τὴν ἐλεημονήτιδα χεῖρα φαίη τίς ἄν· τὸ δ' ἐπίπαν ἐναποκρύφως τεθησαυρίσταί τε καὶ θησαυρίζεται. Τοίης δὲ ἀνασχὼν ῥίζης ὁ μέγας Σταυράκιος, ταῖς αὐλαῖς μὲν τοῦ θεοῦ ἀρχῆθεν ἐμφυτεύεται· ἵνα δὲ, ὡς ἄρα καὶ προώρισ7ο, ὁ καθ' ἡμᾶς καὶ περὶ ἡμᾶς οὗτος χῶρος τὸν ἐν αὐτῷ δίκην ἀσ7έρος λάμποντα μὴ ζημιωθῇ, τῆς

[1] Fol. 223 r°.

θείας εκείνης ψυχῆς γόνον, ὃν Σταυράκιος μὲν ὁ πολὺς || [1] ἐγέννησεν, αὐτὴ δ' ἐξέτρεψεν ἡ ἀρετὴ καὶ παντοίαις ἀκολούθως περιέβαλε καὶ κατεσίμωσε χάρισι, λόγον αὐτῷ καὶ θεωρίαν, ὧν τὰ πάντα ἤτλαται, τοῖς αὐτοῦ βραβευσαμένη ἱδρῶσιν· ἐν ᾧ καὶ πατὴρ θανὼν ζῇ τε κἀκεῖσε κἀνταῦθα παρ' ἡμῖν φαίνεται, τὸ ἡμέτερόν φημι εὖχος, ἐν ἱερεῦσιν εὐλαβέστατον Νικόλαον, τὸν καθάπαξ τὸ πατρικὸν φρόνημα τε καὶ ἀξίαν γνησιέστατα διαδεξάμενον, ταύτῃ τοι καὶ γάμοις ὁ μέγας προσομιλῆσαι οὐκ ἀπηξίωσεν. Ὅθεν κἀν τοῖς γεννήμασιν οὐχ ἧτ7ον αὐτὸς ηὐδοκίμησεν ἢ ἐν αὐτῷ οἱ προδηλωθέντες ἐκείνου τοκῆες· μᾶλλον δὲ καὶ πολλῷ πλέον τοιοῦτον ἡμῖν ἐγκατα- λείψας Νικόλαον, οἷον ὁ λόγος ἤδη φθάσας ἐδήλωσεν, ναὶ μὴν Ἀνδρόνικόν τε τὸν σωφρονέστατον νεανίαν, καὶ, συνελόντα φάναι, τὸν λοιπὸν ἅπαντα κατὰ τὴν εὐτεκνίαν καρπὸν πολύχουν· περὶ οὗ ἤθελον μὲν διεξοδικώτερον τῇ ἀφηγήσει ἐνδιατρῖψαι, παμπληθοῦς μοι προ- κειμένης ὕλης εἰς εἰδοποίησιν· ἀπόχρη δ' ὅμως, συντομίας χάριν, ἐν ἐκεῖνο τὸ τοῦ θείου φάναι Δαβὶδ, ὅτι παρὰ τὰς διεξόδους τῶν ὑδά- των ὁ ἀνὴρ πεφυτευμένος τὰ ἔνθεν παρεπόμενα γόνιμά τε καὶ τἄλλα, κατὰ τὸν Ὡσηὲ, || [2] ὅσα δικαιοσύνης γεννήματα καὶ τέκνα γενναίως ἐξήνεγκεν.

Πλὴν ἀλλ' ὁ λόγος τῆς ἀκολουθίας ἐχέσθω καὶ, τὰ τῶν υἱέων ἀφέντες, ἐπ' αὐτὸν ἴωμεν ἤδη τὸν τούτων μετὰ θεὸν αἴτιον. Οὗ καλ- λονὴ μὲν σώματος, παρρησία τε καὶ πηλικότης καὶ τὰ τούτοις ὅμοια, οἷς φυσικῷ ὡραιωθεὶς τῷ θεσμῷ, τοῖς πᾶσι μαργαρίτης ἄλλος ἢ κίων ἔμψυχος χρυσοῦς, εἴ τέ τι τοιοῦτον, ὡς ἀληθῶς ἐγνωρίζετο, ἐκ ποδῶν ἡμῖν νῦν γινέσθωσαν καὶ ὅλως σιωπῇ παραδιδόσθωσαν, τῷ τοιούτων κρατήσαντι, μᾶλλον δὲ αὐτῇ τῇ ἀληθείᾳ, κἂν τούτῳ χαρι- ζόμενοι. Σάλπιγξ γὰρ ὁ μέγας σατυρική τις ἀναφανεὶς, πρὸς τοῖς παρ' αὐτοῦ εὐαγγελικῶς ἀεὶ σαλπιζομένοις, ἔργον ἦν καὶ τοῦτο τῶν ἄλλων ἐπιμελέστατον, τὸ τὰ μὲν τῆς φύσεως ἀνέγκλητα δημοσίᾳ ἀναγορεύειν ὅπως ἂν ἄρα καὶ ἔχοιεν· τὰ δὲ τῆς προαιρέσεως ἐν μετ- αιχμίῳ ἐπαίνων ἵστασθαι καὶ μή· ἐπικαθέζεσθαι δὲ τούτων τὴν τῶν

[1] Fol. 223 v°.
[2] Fol. 224 r°.

ἀρετῶν κυριακὴν οἰκοδομὴν· ἄλλως γὰρ μάτην ἂν ἐκοπίασαν οἱ οἰκοδομοῦντες, κατὰ τὸ λόγιον. Τὰ τοίνυν φύσει τῷ ἀνδρὶ ὡραῖα καὶ αὐτοὶ παραλιπόντες, τὰ τῆς προαιρέσεως ἀναπτύξωμεν.

Ἐκεῖνος μὲν δὴ ‖ [1] ἐν τούτοις ὢν, τῆς θεοπνεύστου γραφῆς ὅλως γίνεται καὶ ταύτην μόνην ὡς εἰκὸς φιλήσας καὶ ἐνστερνισάμενος, καὶ αὐτῶν ἀδύτων ἐντὸς ἐχώρησεν ψυχῆς ἀσβέστῳ καὶ ἀνενδότῳ θερμότητι καὶ φρενῶν ὀξύτητι, πρὸς τῷ καθαρῷ τοῦ βίου καὶ τὸν λόγον οὐ κομψὸν, οἷόν περ τὸ περιττὸν τῆς θύραθεν σοφίας, οὐδὲ νόθον, ἀλλὰ τρανώτατόν τε καὶ γνήσιον ἔχειν προῃρημένος· καὶ τοῦτο μὲν πρὸ τοῦ διὰ ταῦτα ἱερωθῆναι, τοῦτο δὲ καὶ τὸ μετὰ ταῦτα, ὅτε καὶ Σταυράκιος τῇ ἱερατικῇ ἀξίᾳ διαφανῶς ἦν ἐμπρέπων, καὶ τιμῶν αὐτὴν οὐδ᾽ ἧτ7ον τῇ ἀγωγῇ καὶ πολιτείᾳ ἢ ὑπ᾽ ἐκείνης αὐτός. Ἐπεὶ δὲ καὶ μικρὸς τὸν μέγαν, θεῖοι δ᾽ ἄμφω γε διαφόρως, ναὸν δεχθῆναι ἔμελλεν, τέως μὲν ἡ τοῦ ἀνδρὸς ἀρετὴ πᾶσι τὴν αὐτοῦ περιμάχητον ἐποίει ὑποδοχὴν, δυσούριος αὐτοὺς καθισ7ῶσα ἐν τῷ τίς ἄρα μύρου τοιούτου φιλαλήθως καταλληλότερον δοχεῖον προτείνειεν. Ὁ δὲ οὐχ οὕτως ἀλλὰ τὰ πολλὰ νόμῳ κρείτ7ονι εἴκων, ἀναδυόμενος, μηδ᾽ ὀφθῆναι σχεδὸν τοῖς οὕτω εἰς αὐτὸν διακειμένοις ὠρέγετο. Ὅθεν καί τινα παρὰ τὴν τῶν πολλῶν προσδοκίαν, οὐκ ἐξ ἀνθρώπων ἀλλὰ θεόθεν, θεῖον κληροῦται ναὸν εἰς ἐφημερίαν ἐλαχίστης ὄντα τῆς κατα-‖ [2] στάσεως, τῷ καὶ τοῖς ἄλλως ἐφέσεως ἔχουσι παραρριπτούμενον, τὸν τοῦ μεγάλου φημὶ Ἀρχισ7ρατήγου. Τὴν οὖν ὀλίγην ὁ πολὺς προστασίαν ἐγχειρισθεὶς, καὶ μικρὸν οὕτω λαχὼν ὁ μέγας τὸ ποίμνιον, ἥκισ7᾽ ὀλίγης ἢ μικρᾶς ἀξιοῖ εἰς ἐπισκοπὴν τῆς φροντίδος καὶ ἐπιμελείας, καίτοι γε τοῦ πολλοσ7οῦ τῆς τῶν αὐτοῦ χειλέων ἐξερχομένης φωνῆς ἱκανωτάτου πρὸς τὴν τοιαύτην μοῖραν ὑπάρχοντος, ἀλλ᾽ ἄκρας καὶ τῆς ἀνὰ κράτος. Στοχασμὸς γὰρ ἦν τῇ θείᾳ καὶ μακαρίᾳ ἐκείνῃ ψυχῇ οὐ τὸ τυχὸν καὶ καθευρεθὲν περισώζειν καὶ διαφυλάτ7ειν, ἢ τὸ τοιοῦτον μὴ ὀλιγοσ7ευθῆναι, ὡς τοῖς πολλοῖς τῶν ὀλιγοψύχων, ἀλλά γε σὺν πᾶσι τούτοις τὸν ἀγαθὸν καὶ πιστὸν δοῦλον τὸν τὰ τάλαντα παρὰ τοῦ δεσπότου ἐμπισ7ευθέντα, μᾶλλον δὲ αὐτὸν τὸν δεσπότην μιμούμενος,

[1] Fol. 224 v°.
[2] Fol. 225 r°.

ἓν ἦν αὐτῷ τὸ σπουδαζόμενον τὸ, τὸ ἓν ἐπ]απλασίως αὐξῆσαι, καὶ τὸ ὀλιγοσ]εῦον μεγαλιῶσαι. Κἀντεῦθεν ἦν ἰδεῖν τὸ διεσπαρμένον ὑπ' αὐτοῦ συναγόμενον καὶ τῷ ἀριθμῷ ἐγκαταλεγόμενον· τὸ ἡμιθανές, ἀναζωπυρούμενον· τὸ ἀσθενές, θεραπευόμενον· τὸ καλὸν, καλλιεῦον· τὸ καλλιεῦον, καλλισ]εῦον· τὸ δὲ τοιοῦτον, ‖ [1] ἀγαθυνόμενον· πᾶσι πάντα γενόμενον τὸν αὐτὸν, ἵνα τοὺς πάντας κερδάνῃ. Εἶχεν οὖν οὕτω ἐφ' ἱκανὸν χρόνον τὰ πρῶτα τοῦ ἀνδρός· ὅτε δὲ καὶ καιρὸς ἐφέσ]ηκε, τῶν μὲν τοιούτων λῆξιν, ἄλλης δὲ κληρουχίας ἀρχὴν ποιούμενος, τηνικαῦτα καὶ Σταυράκιος ὁ μέγας, οὕτω τοῦ πνεύματος κινοῦντος καὶ διεξάγοντος, εἰς τὸν τοῦ μεγάλου Νικολάου ναὸν μεταφέρεται, καὶ τῆς ὑπ' αὐτοῦ ἐνορίας τοὺς οἴακας ἐγκαίρως ἀναλαμβάνει τῶν πολλῶν δῆτα διαφερόντως ἐχούσης καὶ τῆς κατὰ θεὸν εὐπρεπείας ἐξηρτημένης.

Πλὴν ἀλλ' οὐδὲ τὸ ἐν ταύτῃ τῇ μεταθέσει συμβὰν παριδεῖν ἄξιον, ἵν' εἰδῶμεν, μᾶλλον δὲ, οἰκειότερον εἰπεῖν, ἀναμνησθῶμεν πῶς ἄρα τοῖς ἀγαθοῖς καὶ ἀγαθὰ πράτ]ουσιν αἴφνης ὁ βάσκανος συνήντησε μῶμος· πειρώμενος μὲν ἀνακόψαι, τὰς πλεκτάνας εἰς ἅλωσιν προσ]ησάμενος, οὐδὲν ὅμως ἀνύων, ἀλλὰ καὶ καταργούμενος ὑπὸ τῶν ἐπὶ κύριον πεποιθότων· οὗτοι γὰρ ὡς ἀληθῶς ὄρει ἐοικότες τῷ ἁγίῳ, οὐδαμῶς ταῖς τοῦ Βελίαρ σαλεύονται προσβολαῖς. Τὸ δὲ ἦν βλάξ τις καὶ ἀνάγωγος φαινόμενος ἱερεὺς τὸν προμνημονευθέντα τοῦ μεγάλου Νικολάου προκατειληφὼς θεῖον ναὸν, καὶ τοῦτον διὰ τὸ γῆρας παραιτησάμενος, ἄλλον τε ἡσυχασ]ικώτερον τῆς πόλεως ἔξω ‖ [2] κληρωσάμενος· ὃς, ἐπεὶ τῆς Σταυρακίου ἤσθετο ἀναγκαίας καὶ ἀπαραιτήτου ἐκεῖσε εἰσόδου, καὶ μὴ ἐνεγκὼν, ἀλλὰ συνήθως βασκήνας, εὐθὺς λοιπὸν τῆς πρὸς τὰ δικασ]ήρια εἴχετο· αὐτίκα τε ἀγωγῆς σύσ]ασις καὶ ἀδικίας κραυγαὶ καὶ ὅσα τοιαῦτα, τοῦ τῆς Κορίνθου τότε προέδρου κυροῦ Μακαρίου, τοῦ πανιερωτάτου καὶ ἀοιδίμου ἀρχιερέως, ἐνταυθοῖ καθευρεθέντος καὶ ἔτι τὰ τοιαῦτα ἐπισκοποῦντος. Μετάπεμπ]ος οὖν ὁ θεῖος ἀνὴρ πρὸς τὰ κατ' αὐτοῦ προταθέντα ἀπολογηθησόμενος γίνεται, καὶ μετὰ πλείσ]ης ὅσης παραγίνεται τῆς χαρᾶς. Τί δὲ ἡ γεν-

---

[1] Fol. 225 v°.
[2] Fol. 226 r°.

ναιόφρων ἐκείνη καὶ θεία ψυχὴ ἆρά γε λόγοις πιθανοῖς ἢ ταῖς πολυσ1ρόφοις καὶ ἑλικταῖς ἀντιθέσεσι καταβαλεῖν ἐπεχείρησε τὸν ἀντίδικον, ἢ τὴν ἣν ὠφλίσκανεν ἐλέγξαι καὶ παρασ1ῆσαι ἄνοιαν καὶ ἀντιτυπίαν τῆς ἀληθείας ἄντικρυς; ἥκισ1ά γε τούτων ἑνὶ κἂν ἐχρήσατο· ἀλλ᾽ ἢ μάλ᾽ ἀσμένως καὶ ἱλαρῶς τὸ καὶ λόγου καὶ σιωπῆς ὥραν καὶ σ1αθμοὺς ἐπισ1άμενον ἐκεῖνο ἀνοίξας σ1όμα, τῷ ἀρχιερεῖ· «σοὶ μὲν, ὦ δέσποτα, ἀναμφιβόλως ἡ τῶν ἐκκλησιῶν ἐσ1ιν ἐξουσία· καὶ ἴδε ἐγώ τε καὶ ὁ περὶ οὗ ἡ ἀγωγὴ ναὸς σά ἐσ1ιν ἅπαντα·» ||[1] τῷ δ᾽ ἐνάγοντι· «σοὶ δ᾽, ἀδελφὲ, ἴδε τὴν τοῦ ναοῦ ἐγχειρίζω κλεῖδα καὶ ἔχεις ὃ βούλει» ἀπεκρίνατο. Ταῦτα μὲν ὁ πολὺς ἐφθέγξατο, καὶ τῇ τοῦ σ1όματος, κατὰ τὸν ψαλμῳδὸν, φυλακῇ καὶ περιοχῇ τὴν χρυσῆν καθεῖρξε γλῶτ1αν καὶ ἐθαλάμευσεν. Οἱ δὲ πέριξ ἔφοροί τε καὶ κτήτορες τοῦ ναοῦ καὶ ἄλλοι ὅσοι θεοφιλεῖς παρ᾽ ἐλπίδα ταῦτα τὸν ἄνδρα εἰπεῖν ἀκούσαντες, καὶ τὸ μὲν τῆς ἀρετῆς ἐκμαγεῖον ὑποχωρεῖν, τὸ δ᾽ ἀντίτυπον νεανιεύεσθαι ὁρῶντες καὶ ἑαυτοὺς οὐ μᾶλλον, εἰ ταῦτα τοῦτον ἂν ἔσχε τὸν τρόπον, βεβλάφθαι, μονονοῦ θείῳ ζήλῳ ἐξαφθέντες, τὸν κακὸν κακῶς διεχειρίσαντο καὶ ἀπώλεσαν. Οὗπερ ἄρα καὶ γεγονότος, ἡ μὲν ἀναιδὴς ὑλακὴ φροῦδος ἐξάπινα ἦν, ὁ δὲ Σταυράκιος καὶ μὴ θέλων, ἀλλὰ τὰ πολλὰ διὰ τὸ ἀσκανδάλισ1ον ἀναινόμενος, τὴν παρ᾽ αὐτοῦ δοθεῖσαν ἐπανεδέξατο κλεῖδα, καὶ ψήφῳ ἅμα καὶ βίᾳ τοῦ ἱεράρχου τὴν τῆς ἐκκλησίας ἐνεχειρίσθη ἐπισκοπήν. Ἦν οὖν θεάσασθαι τουτὶ τὸ ἐπὶ τοῖς τροπαίοις ᾀδόμενον παρὰ πάντων ᾄδεσθαι καινὸν ᾆσμα καὶ ἐπινίκιον· οὐχ ὡς τοῦ ἁπλουσ1έρου ἡτ1ηθέντος, ἀλλ᾽ ὡς τοῦ κερδαλεόφρονος ἀποκρουσθέντος ||[2] καὶ ἀποσκυβαλισθέντος, καὶ τῆς προσβολῆς ἐλθούσης μὲν, τῷ τοσούτῳ δὲ προβόλῳ περιρραγείσης καὶ διαλυθείσης. Ὅθεν καὶ μετ᾽ οὐ πολὺ Σταυρακίῳ τῷ μεγάλῳ, τῷ τῆς ἐκλογῆς σκεύει, μεθ᾽ ὅσης τῆς χαρᾶς καὶ ἀγαλλιάσεως, παρά τε παντὸς τοῦ εὐαγοῦς κλήρου καὶ τῶν λοιπῶν τῆς πολιτείας θεοφιλῶν, τὸ τοῦ σκευοφύλακος δίδοται ὀφφίκιον, οὕτω τοῦ πράγματος ἀναγκαιοτάτου ὄντος.

Εἶχεν οὖν ἡ λυχνία τὸ φῶς, οὐ μόνον τοὺς ἀγχιθυροῦντας ἀλλὰ καὶ τοὺς μακρὰν ὄντας οὐχ ἧτ1ον τῷ τόπῳ ἢ καὶ τῇ προαιρέσει Φω-

---

[1] Fol. 226 v°.
[2] Fol. 227 r°.

τίζον καὶ καθαῖρον. Ἀλλὰ τίς εἰδικῶς δύναιτ' ἂν ἐξαριθμῆσαι τὰ τοῦ ἀνδρὸς ἐν τούτῳ τῷ δευτέρῳ τεμένει κατορθώματα, τῷ τοῦ μεγάλου φημὶ Νικολάου, νοῦν ἤδη νικῶντα καὶ αἴσθησιν καὶ ἰσχὺν ἐμήν τε καὶ τῶν οἷς βίος ἐσ̓ὶν ὁ λόγος ὑπερεκπίπ̓οντα; Εἰ γὰρ μεγάλα τὰ ἐκ τῆς ϖρώτης βαλϐῖδος καὶ καθ' ὑπεροχὴν μέγισ̓α, ὥσπερ ἄρα καὶ ὄντα τυγχάνει, τί ἄν τις τὰ δεύτερα μὲν τῷ χρόνῳ, ϖρῶτα δὲ καὶ ὑπὲρ τὰ ϖρῶτα τῇ τάξει καὶ τῇ ἀξίᾳ, καλέσειε τοῦ ἀνδρός; Ἐκεῖνα μὲν γὰρ ϖρὸς ταῦτα συγκρινόμενα, οὐδ' ὅσον || [1] σκιαγραφία ϖρὸς τὴν ἀλήθειαν ἀντωπῆσαι δύνανται, καὶ τοῦτό ἐσ̓ιν ὅπερ ὁ λόγος ϖροωμολόγησεν, ὅτι τὰ τοῦ ἀνδρὸς καὶ τέχνης σ̓άθμια καὶ ἰσχὺν ϖᾶσαν ὑπερηκόντισεν. Εὐθὺς γὰρ ὁ μέγας καὶ ἔμψυχος οἶκος τὴν εὐπρέπειαν τοῦ θείου ἐξ ὅλης τῆς αὐτοῦ ψυχῆς καὶ διανοίας ἀγαπήσας, μᾶλλον δ' ἀγαπῶν, ἔλεγε μὲν σὺν τῷ ἀποσ̓όλῳ τὸ «τίς με χωρίσει ἀπὸ τῆς ἀγάπης τοῦ θεοῦ;» Ἔλεγε δὲ σὺν τῷ ψαλμῳδῷ τὸ «εὐλογήσω τὸν κύριον ἐν ϖαντὶ καιρῷ, διὰ ϖαντὸς ἡ αἴνεσις αὐτοῦ ἐν τῷ σ̓όματί μου». Ταύτῃ τοι καὶ τοῦ κατὰ θεὸν ἐπαίνου οὐ μικρῶς ἐπισ̓ρέφεται, καὶ φροντιζῶν φροντιῶ ἑαυτῷ διελέγετο· καὶ «οὐ δώσω ὕπνον τοῖς ὀφθαλμοῖς μου, οὐδὲ τοῖς βλεφάροις μου νυσ̓αγμὸν, ἕως οὗ λήξω τὴν ὡραιότητα καὶ τὸν αἶνον τοῦ θεοῦ μου ζητῶν»· ὃν καὶ τριχῇ τελεῖσθαι γινώσκων ἢ τοῖς χείλεσι μόνοις, ἢ τοὔμπαλιν τῇ καρδίᾳ μόνῃ, ἢ καὶ κατ' ἄμφω γε καρδίᾳ τε καὶ χείλεσι (ὅπερ καὶ μεσότητος ὂν ὡς ὑπερϐολῆς τε καὶ ἐλλείψεως ἀναιρετικὸν, ἀρετὴ καὶ ἄκρον ϖέφυκε λέγεσθαι), τούτου δὴ τοῦ τρίτου ὁ ἀνὴρ ὅλος ἀρετὴ ὢν ἀντεποιεῖτο τοῦ τρόπου. Ὅθεν βούλομαι μὲν εἰπεῖν, || [2] εὐλαϐοῦμαι δὲ εἴ γε λόγου ἀκολουθίᾳ καὶ τῷ κατὰ σάρκα ἐμῷ γενετῆρι ἐπαίνου μικρόν τι ἀφιερώσω· ϖιπ̓έτω πλὴν φθόνος καὶ εἰρήσεται τἀληθές.

Αὐτὸν γὰρ τὸν ἐμὸν κατὰ σάρκα ϖατέρα[3] ὁ θέσει κοινὸς ϖατὴρ μουσικῆς μετασχόντα ἐπιστάμενος καὶ ὁρῶν, οὐ ϖαρέργως οὐδὲ με-

---

[1] Fol. 227 v°.

[2] Fol. 228 r°.

[3] Jean Zygomalas parle ici de son père Eustathe. Ce sont ici les seuls détails que nous possédions sur ce personnage. Nous avons vu précédemment (page 75) qu'il vivait encore à l'époque où son fils accompagna Métrophane en Italie.

τρίως, οὐδ᾽ ὅσον γεύσασθαι μόνον καὶ μέχρι τῶν προαυλίων αὐτῆς γενέσθαι, ὡς οἱ πολλοὶ, ἀλλὰ καὶ εἴσω χωρήσαντα καὶ αὐτῶν ἀδύτων ἐντὸς εἰσελθόντα· ἄλλως τε καὶ πρὸς τῷ τοιούτῳ τῆς τέχνης, καὶ αὐτῆς πηγὴν εἶναι τῆς ἀηδονίδος καὶ καλλικελάδου φωνῆς, πρᾶγμα τῶν σπανίων νῦν μάλιστα καὶ παρ᾽ ὀλίγοις εὑρισκόμενον, τοῦτον, πάντα λίθον, τὸ τοῦ λόγου, κινήσας, παρ᾽ ἑαυτῷ προσηγάγετο, καὶ ὁμοψύχους, μικροῦ δὲ δεῖ λέγειν καὶ ὁμοσλέγους τόν τ᾽ ἐμὸν καὶ τοὺς σὺν αὐτῷ πατέρα ἐποίησεν, ἵν᾽ εἰς δόξαν τοῦ ὑπὸ πάσης τῆς κτίσεως ὑμνουμένου Θεοῦ ὁ αὐτοῦ οἶκος πλήρης μὲν καὶ τῶν τοῦ ἀνδρὸς ἢ ναμάτων μελισλαγῶν τῶν ἐκ τῆς τοῦ πνεύματος διδασκαλίας, πλήρης δὲ καὶ τῆς τὸν Θεὸν, ὡς ἀνωτέρω δεδήλωται, ὑμνούσης φωνῆς. Ἔνθεν τοι ‖ [1] ὡς ἀληθῶς καὶ ὅπου Σταυράκιος ἦν ὁ μέγας καὶ ἡ περὶ αὐτὸν ἦν ἐν Χριστῷ ἐκτήσατο τάξιν, ἐκεῖσε εἰπεῖν ἐπὶ γῆς ἦχος καθαρὸς ἑορταζόντων ἐφαίνετο· ἐκεῖσε χαρὰ ἡ τὴν πνευματικὴν ἀπόλαυσιν προξενοῦσα· ἐκεῖσε τέρψις, τὸ ἡδὺ ὑπὲρ τὸν τοῦ Ἀλκινόου κῆπον, τὸν καὶ χρυσᾶ μῆλα φέροντα, ἐφ᾽ ἃ ἐλθεῖν Ἡρακλέα λόγος· ἵνα δὲ συντόμως τὸ πᾶν συνελὼν εἴπω, ἐκεῖσε παράδεισος ἄλλος ἐπὶ γῆς ἐγνωρίζετο· ὅθεν καὶ πλήρης μὲν ὁ ναός, πλήρης δὲ γυναικῶν, πλήρης πρεσβυτέρων καὶ νεωτέρων καὶ πάσης ἁπλῶς ἡλικίας ἀεὶ ἐτύγχανεν ὤν. Ὧν ὁ μέν τις τὴν ἐν τῇ θείᾳ γραφῇ ἀκρίβειαν καὶ τὸ ἐνταῦθα τοῦ ἀνδρὸς ᾔδε φιλόπονον· ὁ δὲ τὸ σὺν ὥρᾳ ῥεῦμα τοῦ στόματος· ὁ δέ τις τὸν θεῖον ἐκεῖνον ζῆλον, ᾧ ἔστιν ὅτε Ἠλίας ἄλλος ἢ Πέτρος ὁ θερμότατος γινόμενος, τοὺς κατὰ τῆς ἀληθείας ὁρμῶντας σφάτ]ειν τῷ τοῦ πνεύματος ἐπειρᾶτο ξίφει, καθὸ ναὶ καὶ χωρὶς αἱμάτων μάρτυς καὶ χωρὶς πληγῶν σ]εφανίτης ὁ πολὺς τοῖς πᾶσιν ἦν τε καὶ ἔσ]ι. Ἀλλ᾽ ἆρά γε τὰ τοιαῦτα ἱκανῶς ‖ [2] τοῖς φιλοκάλοις καὶ φιλαρέτοις τὴν τοῦ ἀνδρὸς παρέσ]ησαν ἀρετὴν, καὶ αὐτὴν οὐρανομήκη ἤδη ὑπέδειξαν; ἢ βούλεσθ᾽ ἵνα μεταξὺ τῆς ὁδοῦ καὶ μυσ]ικώτερόν τι ἐξείπω τελεσθὲν μὲν κατὰ τοὺς παρελθόντας τῶν χρόνων, ὀψὲ δέ ποτε μόνον μετὰ τὴν ἐκείνου ἀποβίωσιν παρὰ τῆς φίλης μητρὸς, τῆς χαριτεπωνύμου Ἄννης, ἢ καὶ μόνη τὸ τοιοῦτον μυσ]ικὸν

[1] Fol. 228 v°.
[2] Fol. 229 r°.

ὑπὸ τοῦ παιδὸς ἐνεπιστεύθη, ἀπαγγελθὲν, ἐν αὐτῷ τῷ τοῦ Χριστοῦ ὀνόματι ὁρκισθείσης μηδενὶ τὸ πιστευθὲν κοινώσασθαι ἢ ἄλλως δημοσιεῦσαι, τοῦ αὐτῆς ζῶντος υἱοῦ, καθὰ δὴ καὶ ἐγένετο; Ἀκούσατε τοίνυν, κἀγὼ φόβῳ καὶ χαρᾷ συνεχόμενος διηγήσομαι.

Νοσήσας ποτὲ ὁ Φιλοπονῶν οὗτος ἀνὴρ νόσον τὴν φρικωδεστάτην ὑφ᾽ ἧς καὶ λίαν κατακρατηθεὶς, τὸ αὐτὸν λοίσθια πνέειν τοῖς πᾶσι γνώριμον ἦν, κατ᾽ ἐκείνην τὴν νύκτα πλῆθος ὁρᾷ ἀνδρῶν ἀγγελοειδῶν λευχειμονούντων πρὸς αὐτὸν ἐλθόντων· οἳ δὴ καὶ αὐτῶν ἐν μέσῳ τὸν ἄνδρα θέμενοι, ξένης τινὸς καὶ θαυμασίας εἴχοντο τῆς ὁδοιπορίας, καθ᾽ ἣν καὶ ἐζοφωμέναι καὶ σκοτειναὶ ὄψεις δαιμόνων παρῆσαν, πειρώμεναι μὲν ἀφαρπάσαι ἐκ τοῦ ‖ [1] μέσου τὴν μακαρίαν ἐκείνην ψυχὴν, ἀποσκορακισθεῖσαι δ᾽ ὅμως καὶ διασκορπισθεῖσαι ὑπ᾽ αὐτῶν. Ὅθεν τῶν τοιούτων, τῇ προσλασίᾳ τῶν αὐτὸν φυλασσόντων ἀγγέλων, ἀπαλλαγεὶς, ὁρᾷ ὅτι τῷ ἐπουρανίῳ προσάγεται βασιλεῖ, ἔν τινι τόπῳ ἐν ὑψηλῷ καὶ ἐπηρμένῳ καθεζομένῳ τῷ θρόνῳ, κύκλῳ δὲ πλήθους οὐρανίων παρισταμένου στρατιῶν καὶ δυνάμεων εἰς ὑπηρεσίαν. Οὗ ἔμπροσθεν γενόμενος, τρόμῳ μὲν προσκυνεῖ καὶ ἐδαφιαίαν κατατίθησι τὴν μετάνοιαν· ἀκούει δὲ φωνὴν ἐκείνην ἐξενεχθῆναι τοῖς αὐτὸν προσενηνοχόσι καὶ οὑτωσὶ παρεστήσασιν ἀγγέλοις λέγουσαν· «οὐχ οὗτός ἐστιν ὃν προσενεγκεῖν μοι ἐκέλευσα· ἀλλ᾽ ἄλλος· ἄρατε οὖν αὐτὸν καὶ ἀποκαταστήσατε ἐν ᾗ διῆγε μονῇ ἔτι αὐτοῦ χρῃζούσῃ· ὃν δ᾽ ἴστε, τοῦτον ἑλόντες ἐνέγκατέ μοι.» Αἴφνης δὲ ὁ ἱερὸς Σταυράκιος τηνικαῦτα ἔξυπνος γεγονὼς οὐδενὶ μὲν τὴν οὕτως ἔχουσαν ὡμολόγησε θεοπτίαν ἢ τῇ μητρί· χαίρων δὲ ἦν καὶ τῷ θεῷ εὐχαριστῶν ἐπὶ τῆς κλίνης, τοῖς τε περὶ αὐτοῦ δακρυρροοῦσι καὶ κοπτομένοις, γυναικί τε καὶ τοῖς φιλτάτοις ‖ [2] παισὶ, ἀδελφοῖς τε καὶ ἄλλοις συγγενέσι καὶ φίλοις, μὴ οὕτω ποιεῖν ἔλεγεν, ἀλλ᾽ ἤδη χρηστὰς ἔχειν περὶ αὐτοῦ ἐλπίδας ὡς μὴ τότε θνηξομένου· οὕτω φάσκων εἰς θεὸν βεβαίως πεποιθέναι, καθὰ δὴ καὶ ἐξέβη. Τῆς γὰρ ἡμέρας ἐπιλαμψάσης, ὦ θεοῦ κριμάτων, ἄλλος τις ἱερεὺς, καὶ αὐτὸς δίκαιος καὶ θεοσεβὴς, εἰ καὶ μὴ ὡς Σταυράκιος, τὸ πνεῦμα τῷ κυρίῳ

[1] Fol. 229 v°.
[2] Fol. 230 r°.

παρέδωκε και προς αυτόν εξεδήμησεν. Τί ούν σοι τω φιλολόγω δοκεῖ ακροατῇ; Αρά γε τῶν, ὧν οι πάλαι εκείνοι θείοι και άγιοι άνδρες, ίνα μή κατ' όνομα λέγω, θεοπτιῶν ηξιώθησαν, δευτέρα αύτη; ήκισθ', ως έγωγε γνώμης έχω· οίμαι δε και πάντας ούτω φρονείν τους νουνεχῶς τω πράγματι επιβάλλοντας. Ούτω λοιπόν Σταυράκιος ο πάνυ παρρησίας είχε της προς τον θεόν· και ούτω άνωθεν η εκείνου εσ]αθμίζετο και ημών εις ωφέλειαν ῳκονομείτο ζωή.

Αλλά τί το μετά ταύτα ο ανήρ; μών πάλιν ραΐσας προς το ραθυμείν απέκλινεν ή της νόσου πρόφασιν λαβόμενος της συνήθους έσ]η πορείας; Μάλλον μέν, ει και κλινήρης || [1] έτι ών, της του καιρού ζημίας εθλίβετο· κακείθεν εύ ποιείν και ωφελείν τους πολλούς ουκ απέσχετο· ήδη δε και, τη αυτόν κινούση του πνεύματος ρωσθείς δυνάμει, πάντα ποιών ήν και πράτ]ων οις ως εξόν εις το καθ' ομοίωσιν ανέρχεσθαι πέφυκε, και πάλιν ούδ' ούτω τι κατορθούν αυτώ εδόκει, πάντας μέν αναπαύων, πώς γαρ ού; εαυτόν δε μηκέτι. Ένθεν λοιπόν σύν τούτοις, μή τισι φανείη παρεκβατικώτερον τα διηγηθησόμενα χεθήναι, επεί και καιρός ήν ήδη ικανού χρόνου μεθ' υποχώρησιν και της του τον Σταυράκιον μέλλοντος διαδεχθήναι παιδεύσεως, του ιδίου φημί παιδός, του προμνημονευθέντος δηλαδή, νύν εν ιερεύσιν ευλαβεσ]άτου και λογιωτάτου κυρού Νικολάου, ιδού εκ της τα πάντα αρίσ]ως οικονομούσης θείας προνοίας και ο παιδαγωγός και διδάσκαλος ανέτειλεν· ανέτειλεν οίμοι υφ' ηδονής θεόθεν ο όντως διδάσκαλος, ο κατάσ]ασιν άμα και λόγον μηδοτιούν φιλοσόφω βίω αντιφθεγγόμενα και τότε μεν έχων, νύν δε τοιούτος ών τω αληθινώ εντυχών διδασκάλω, τω φωτίζοντι πάντα άνθρωπον φωτισμόν γνώσεως || [2] της άνω και θειοτέρας. Ού δύναμαι κατέχειν τον λόγον εν τούτοις γενόμενος· ένθεν υφ' ηδονής γίνομαι της τοιαύτης γλυκυτάτης αψάμενος διηγήσεως.

Αλλά τί χρή και λέγειν όσα κατ' εκείνο καιρού εν τω ημεδαπώ οίμοι συνέδραμε γυμνασίω; Πώς άν τις χωρίς δακρύων ταύτα εξείποι; Ανέτειλε πλήν το φώς τοις προ πολλού και κατά πολύ αμβλυωπούσι

---
[1] Fol. 230 v°.
[2] Fol. 231 r°.

κἀκείνου ὡς οἶόν τε φάναι δεομένοις. Τὸ συγγενὲς ὑπὸ τοῦ συγγενοῦς φίλτατα ὑποδεχθὲν ἐνσ]ερνίζεται, οἰκειοῦται, συνάπ]εται αὐτῷ, ὑπ' αὐτοῦ διάτορον ἐμφανίζεται, ὑπὸ τοῦ μεγάλου φημὶ Σταυρακίου· ὃς σαλπιγκτὴς παραχρῆμα τῶν τοῦ τοιούτου ἀνδρὸς ἐπαίνων γνησιέσ]ατα χρηματίσας ἅμα καὶ τοῖς περὶ αὐτὸν, τοῖς ἐνθάδε πᾶσι κατάδηλον λοιπὸν ἡ ἀρετὴ τὴν ἀρετὴν ἐποίησε, καὶ φωτὶ τὸ φῶς συναπέσ]ραψεν. Ἦν οὖν ἰδεῖν, Σταυρακίου προάγοντος, διδασκαλεῖα αὐτίκα πήγνυσθαι, ὢ τῆς χαρᾶς· τὸν διδάσκαλον ἐπισ]ατοῦντα, μαθητὰς ἀόκνως φοιτῶντας, καὶ νύκτωρ καὶ ἡμέρας τοῦ τῆς σοφίας νέκταρος ἐμπιπλωμένους. Οἷς καὶ ὁ ταῦτα γράφων ὡς πάντων ‖ [1] συνῆν δεύτερος, συνῆν πλὴν τῷ τοῦ σκευοφύλακος Νικολάῳ, τῷ καὶ τῶν λοιπῶν μετὰ τὸν διδάσκαλον ἡγουμένῳ· κἀκείνῳ νόμῳ φιλίας τῆς πνευματικῆς τε καὶ κρείτ]ονος συνέπνει τε καὶ συνδιητᾶτο, ὡς ἐντεῦθεν μίαν ἑκατέρων ὡς ἀληθῶς φαίνεσθαι τὴν ψυχὴν ἐν δυσὶ σώμασι, κατὰ τὸν λόγον, οἰκοῦσαν. Ποῦ γὰρ, οὐκ οἶδα, Νικόλαος μὲν ἐτύγχανεν, Ἰωάννης δ' οὐ συμπαρῆν μὴ ὅτι γε τῇ κατὰ ψυχὴν ἀχωρίσ]ῳ σχέσει, ἀλλὰ καὶ τῇ τοῦ σώματος, ὡς ἀμφοῖν μίαν μὲν εἶναι, ὡς εἴρηται, τὴν ψυχὴν, ἕνα δὲ τὸν λόγον, τὰ ἀνὰ χεῖρας τῶν βιβλίων κοινὰ, κοινοὺς τοὺς τόπους, κοινὸν τὸν πρὸς ἐπίδοσιν ζῆλον, οὐδέτερον δὲ, τὸν φθόνον; Τί οὖν ὁ τῷ ἐμῷ μὲν ὁμοψύχῳ φύσει, ἐμοὶ δὲ θέσει πατὴρ Σταυράκιος, ὁ πρὸς ταῖς ἄλλαις ταῖς τοῦ πνεύματος καὶ τῶν τοιούτων ἐπιθυμιῶν ἀνὴρ, ἆρ' οὐ ποσὶν ἅμα καὶ χερσὶ καὶ αὐτῇ τῇ αἰδεσίμῳ καὶ τιμίᾳ κεφαλῇ τῆς οὕτω εὐδρομούσης ὑπερασπίζων ἦν νεολαίας; ἆρ' οὐκ ἀλείπ]ης ἄρισ]ος συνετύγχανεν, παντοιοτρόπως μὲν πρὸς τὴν ἀκρόασιν ἡμᾶς ἐρεθίζων ‖ [2] καὶ διεγείρων, ταύτῃ δὲ καὶ ἦθος εὔκοσμον προσκτητέον εἶναι συναγορεύων τῷ διδασκάλῳ, καὶ μηδὲν ἀπηχὲς, μηδ' ἄχαρι ἐν ἑνὶ κἂν τῶν συναναστρεφομένων καὶ συμφοιτώντων φαίνεσθαι, φιλισ]ορῶν κἂν τούτοις ὁ πρὸς τοῖς ἄλλοις καὶ αὐτῆς τῆς ἱσ]ορίας πηγὴ, καὶ τῶν πρακτέων ὑποθήκας πυκνὰς προτιθέμενος; Ἔσ]ι δ' ὅτε, ἵνα καὶ τούτου μνησθῶ, τὸν αὐτὸν ἡμέτερον καίπερ τοιοῦτον ὄντα διδάσκαλον τῇ ἀπολείψει ἢ μὴ

[1] Fol. 231 v°.
[2] Fol. 232 r°.

σώα παρά τινων των διδάκτρων αποτίσει λειποθυμούντα, και εγκαταλείψιν του γυμνασίου, τούτο δη το σύνηθες, επαπειλούντα, τοις εαυτού ο πολύς γλυκέσι και πνευματικοίς λόγοις θεραπεύων, και τα εικότα παραμυθούμενος· μέχρις ου δυσίν επι έτεσι και μικρώ τινι προς ο της διδασκαλίας λόγος ζώση φωνή, και μηδένα καιρόν, μηδ' ώραν παραλείπων χύδην χεόμενος και αφθόνως μεταδιδόμενος διήρκεσεν.

Τούτων δε ούτως εχόντων, επεί ο καλός σπορεύς, τα πάντα Σταυρακίου υπέρ πάντας ǁ [1] συνεργήσαντος, ως ο λόγος εδήλωσεν, τους της αυτού αϋλοσποριας βλαστούς αύξοντας εώρα, ικμάδα τε την προσήκουσαν λαβόντας, οίκοθεν προς το άναντες τη εμφύτω ήκειν θερμότητι, δειν έγνω, άλλους ωφελήσας, και της οικείας επιμεληθήναι ωφελείας. Όθεν και την προς τα Ιεροσόλυμα και τους αγίους εκείνους τόπους φέρουσαν προυτίθετο, μάλλον δε αυτής ήδη και ήπτετο· προσευρέθη και γαρ λόγον περί τούτου συνάρας μετά τινος την αρετήν υψηλού ιερομονάχου την τοιαύτην πορείαν ποιουμένου και καθ' οδόν ενταυθοί περιτυχόντος. Εις είδησιν έρχεται το τοιούτον Σταυρακίω τω μεγάλω, ος και τω διδασκάλω άμα τοις λοιποίς προσελθών, ηξίου μεν αυτόν πρότερον τον τοιούτον υπερθέσθαι σκοπόν ως το σύνολον μη λυσιτελούντα, ου διά το μη φύσει καλόν είναι, αλλά διά το ούπω τον της, ης αυτός ήρα, εφέσεως τον καιρόν πεφθακέναι. Είτα και τοις αξιωματικώς ρηθείσι μη συγκατατιθέμενον, τη του πνεύματος πείθει εξουσία, εγγυώμενος πλήν αυτώ το ποθούμενον προ των θυρών ίστασθαι, ǁ [2] παραγενέσθαι δε μετ' ου πολύ, κακείνου αυτόν τυχείν ολοσχερώς. Πεισθείς ουν και τω θείω και πνευματοκινήτω είξας ανδρί, ιδού, του της επαγγελίας επιστάντος καιρού, ο της ιεροαγίας μεγάλης εκκλησίας μέγας ρήτωρ, ο την τε θύραθεν σοφίαν και την εντός θεολογίαν εις άκρον εξησκημένος, αθρόος επιφοιτά. Τω τοιούτω φωστήρι ο διδάσκαλος εφεσίως συγγίνεται, ειδώς ότι, καθάπερ περί του ανδρός ήκουεν, ούτω και τη των οφθαλμών αξιοπιστοτέρα είδε μαρτυρία, μάλλον δε και δεύτερα των ορωμένων τα φημιζόμενα

[1] Fol. 232 v°.
[2] Fol. 233 r°.

καὶ ἀκουόμενα· κἀκείνῳ ἀκροάσεως ἕνεκα πρὸς τὴν βασιλίδα τῶν πόλεων συναπέρχεται.

Ἀλλά μοι ὁ περὶ τούτου λόγος συντομίας χάριν ὧδε πιπτέτω. Δέδεικται γὰρ, οἶμαι, τό τε ἐνταῦθα τοῦ Σταυρακίου κατόρθωμα, ἥ τε τοῦ οἰκείου παιδὸς τῆς ἐγκυκλίου παιδεύσεως κτῆσίς τε καὶ ὑπὲρ πάντας ἐπίδοσις. Τί δ᾽ ἔτι λείπεται εἴπερ τις τῶν τοῦ ἀνδρὸς κατορθωμάτων κατακορὴς ἐρωτήσειεν ἐπισχών, ἀκούσει ταῦτα· τῶν μὲν εἰς τὴν ἡμετέραν || [1] ἡκόντων, ὦ φίλε, δύναμιν, οὐδὲν ἀληθῶς· τῶν δὲ εἰς τὸν τοῦ μακαρίου λόγον, οὐδὲ τὸ πολλοστὸν εἴρηται. Μακάριος γὰρ ὁ ἀνὴρ τῷ ὄντι καὶ τρισμακάριος, πάντων τῶν κατὰ τὸ ἀγαθὸν νοουμένων τὴν περίληψιν, ὡς ἐξὸν, οἰκείοις κτησάμενος τοῖς ἱδρῶσιν, αὕτη καὶ γὰρ ἡ μακαριότης ἐκ τοῦ πρώτως καὶ ἀληθῶς μακαρισ7οῦ τῷ κατ᾽ εἰκόνα τῆς αὐτοῦ μεγαλωσύνης ποιηθέντι καὶ ὁμοίωσιν δι᾽ ἄφατον ὁδηγουμένη ἔλεος, καὶ τὸ τέλος τοῦ κατ᾽ ἀρετὴν βίου, ὅπερ ἡ πρὸς τὸ θεῖόν ἐσ7ι κατὰ τὸ δυνατὸν ὁμοίωσις, ἀνδρικῶς φθάσας καὶ γενναιότατα. Τῶν γὰρ τῆς ἀρετῆς κλάδων πολλῶν ὄντων καὶ ποικίλων, ὧν καὶ ἕκασ7ος μία τις σωτηρίας ἐσ7ὶν ὁδὸς πρὸς τὴν τὰς μονὰς πολλὰς ἔχουσαν ποδηγοῦσα οἰκίαν, διὰ πασῶν μὲν καὶ εἰς ἄκρον τὸν τὸ σῶμα τῆς ταπεινώσεως φοροῦντα ἄνθρωπον διελθεῖν οὐ δυνατόν· ὁ δὲ τὰς πλείους ἢ ἐλάσσονας ἢ τὰς ἑαυτῷ δυνατὰς ἐργασάμενος οὗτος ἄρισ7ός ἐσ7ί τε καὶ κατὰ τοῦτο εἰς τὸ ἄκρον πεφθακέναι λέγεται. Σκοπῶμεν δὲ τίνας τῶν τοιούτων ἀρετῶν ὁ || [2] μακαρισ7ὸς οὗτος κατωρθώσατο Σταυράκιος.

Οὗτος τῷ ἑαυτοῦ Χρισ7ῷ ἀκολουθῶν τῷ δι᾽ ἡμᾶς π7ωχεύσαντι, οὗ χάριν καὶ τοὺς π7ωχοὺς τῷ πνεύματι μακαρίζοντι, καὶ μόνην τὴν τοιαύτην π7ωχείαν, εἴτουν καρδίαν συντετριμμένην, τὴν καὶ θυσίαν αἰνέσεως ἀπαιτοῦντι, τὸν τῆς ψυχῆς π7οῦτον τῆς σωματικῆς ἀντηλλάξατο εὐπορίας· καὶ διὰ τὸ πνεῦμα π7ωχεύων, τὸν γήϊνον π7οῦτον οἷόν τι βάρος ἀποσεισάμενος, μετάρσιός τε καὶ διαέριος ἀνήχθη, κατὰ τὸν ἀπόσ7ολον, ἐπὶ νεφέλης τῷ θεῷ συμμετεωροπορῶν· τρόπος δὲ ἦν τῷ ἁγίῳ ὃν ἡ ψαλμῳδία ὑφηγεῖται· ἐσκόρπισεν, ἔδωκε τοῖς πένησιν· ἡ

[1] Fol. 233 v°.
[2] Fol. 234 r°.

δικαιοσύνη αυτού μένει εις τον αιώνα τοῦ αιώνος. Τίνα γὰρ τῶν δεομένων ὡς ἀληθῶς Σταυρακίου ἡ ἐλεημονῆτις χεὶρ οὐκ ἠλέησεν; τίνι οὐκ ἐσκόρπισεν; τίνι πεινῶντι τὸν αὑτοῦ οὐ διέτρυψεν ἄρτον; τίνα πλωχὸν ἄσιεγον εἰς τὸν ἑαυτοῦ οὐκ εἰσήγαγεν οἶκον; τίνα οὐ περιέβαλεν καὶ ἀπὸ τῶν οἰκείων τοῦ αὐτοῦ σπέρματος ὑπερεῖδεν; τὸ τῶν μοναχῶν πανταχόθεν ἡκόντων καταγώγιον, τῶν ξένων τὸ παραμύθιον, ὁ μετὰ ||[1] χαιρόντων συγχαίρων πνευματικῶς, καὶ αὖ μετὰ κλαιόντων συγκλαίων, τῶν ἀρχιερέων ἡ τέρψις καὶ θεραπεία, ἀρχιερέων οἴμοι οὓς αὐτὸς μακρὰν ἡμῶν ὄντας καὶ πλησιάσαι καὶ ἐντὸς εἶναί τε καὶ λέγεσθαι ταύτης τῆς ἔκπαλαι τοῦτο πάνυ διψώσης ἐποίησε πολιτείας· οἷς καὶ συνῆν διὰ παντὸς τῆς τοῦ θεοῦ ἐκκλησίας τὰς προσβολὰς ἀποτειχίζων καὶ καθ' ἑκάσιην ἀνὰ κράτος ἀποκρουόμενος, οἷς καὶ συνέπνει, οἷς καὶ συνδιῆγεν, ὑπὲρ ὧν τὰ πάντα δοὺς καὶ μηδενὸς φεισάμενος, καὶ αὐτὴν τέλος ἐξέδωκε τὴν μακαρίαν καὶ ἁγίαν ψυχὴν, μάρτυς ἀναίμακτος ὀφθεὶς καὶ τὸ τοιοῦτον ὑπὲρ τῆς εὐσεβείας καὶ πίσιεως πεπωκὼς τὸ ποτήριον, ὡς τοῖς πᾶσι καταφανές ἐσίιν. Οὕτω δὲ καλῶς καὶ θεοφιλῶς πολιτευσάμενος καὶ τῶν ἀπ' αἰῶνος τῷ θεῷ εὐαρεσίησάντων ἁγίων τοῖς μὲν ἀμιλληθεὶς, τῶν δὲ μικρὸν ἀπολειφθεὶς, ἐπεὶ καὶ ὁ καιρὸς τῆς ἀναλύσεως, εἴτε καταλύσεως μὲν τῆς τοῦ σκεύους ἐπιγείου ἐγγὺς ἦν οἰκίας, κληρουχίας δὲ τῆς ἐν οὐρανοῖς ἀχειροποιήτου, γνώριμος τῷ ἁγίῳ πρὸ ἱκανῶν ἡμερῶν γέγονεν. Ὅθεν καὶ τότε μαλακισθεὶς, ||[2] τὸν θεὸν διὰ προσευχῆς καὶ δεήσεως τὴν αὐτοῦ ἔνθεν ἀπαλλαγὴν ὑπερθεῖναι ποιεῖ δι' ἡμέρας τινάς· ὧν μεταξὺ τὰ κατ' οἶκον ὡς ἔδει οἰκονομήσας καὶ ἄλλα τινὰ ἐξόχως τῆς ἐκκλησίας τῷ ἀρχιερεῖ ἅμα, εἰς τὴν τοῦ τέλους λοιπὸν ἐγκαίρως ἔφθασεν ὥραν.

Ἀλλά γε ποία γλῶτία ἢ φωνὴ τοῖς ἐφεξῆς προβήσεται, ἢ τίς ἀκουσίὰ ποιήσει ὅσα τούτῳ τῷ τελευταίῳ συνέδραμον καιρῷ; Ἄμα γὰρ ὁ θεῖος ἀνὴρ τὰ τελευταῖα ἔκειτο πνέων, καὶ ἅμα, ἵν' ἐκ τοῦ συγγενοῦς ἄρξωμαι, πρὸ τῆς κλίνης παραγωγαὶ τῆς τε τιμίας καὶ σώφρονος καὶ τὸ μὲν σῶμα ἐν γυναιξὶ θηλείαις πρέπον ἐχούσης, τὰς

[1] Fol. 234 v°.
[2] Fol. 235 r°.

δὲ φρένας ἄρσενας κεκτημένης συζύγου, τῶν προμνημονευθέντων οἴμοι τοιούτων παιδίων καὶ θυγατέρων μικρῶν τε καὶ μεγάλων, νύμφης, ἐγγόνων, τῶν λοιπῶν συγγενῶν, πάντων ἀποκλαιόντων, πάντων κρουνηδὸν ὀχετοὺς θερμῶν ἀπολυόντων δακρύων, τὸ σῶμα χερσὶ καὶ ὄνυξι γοερῶς κατακοπτόντων, τοὺς βοστρύχους οἴμοι προρρίζους ἀνασπώντων, τὰς παρειὰς καὶ τὸ πρόσωπον ἐλεεινῶς σπαραττόντων, θέαμα δεινὸν ἦν καὶ ἐλεεινόν· καὶ οὐ μόνον ||[1] καρδίας καὶ σπλάγχνα τῶν τὴν σάρκαν μίαν φορούντων γνωστῶν καὶ φίλων, καὶ τῶν λοιπῶν ἀπείρων ἐκεῖσε παρισταμένων εἰς ὀλοφυρμοὺς καὶ ῥοὰς δακρύων διεγεῖρον, ἀλλὰ καὶ αὐτῶν, οἶμαι, τῶν ἀναισθήτων τὴν σκληρὰν καὶ ἀντίτυπον φύσιν· διὸ κἀνταῦθα μέγα τι τῷ ἁγίῳ γέγονε. Νεκρὸς γὰρ ὢν ἤδη πρὸς τοὺς ἐξιτηρίους οἴμοι τῶν λόγων εὐτονώτερος φαίνεται· ὅθεν καὶ τῶν θείων καὶ παναχράντων προμετασχὼν μυστηρίων μετὰ πάσης εὐλαβείας καὶ ταπεινώσεως καὶ εὐχαριστίας πρὸς λόγους τοὺς τῆς ἀμωμήτου πίστεως τὸ στόμα κινεῖ· ἄνες, ἄφες, συγχώρησον τὰ παραπτώματα ἡμῶν, καὶ εἴ τι ἕτερον, τῷ τὴν αὐτοῦ θείαν ψυχὴν δεξομένῳ θεῷ προσευχόμενος· λαλεῖ τοῖς παισὶ τὰ τελευταῖα οἴμοι, αὐτοῖς τὴν ἐν Χριστῷ ἀγάπην καὶ εἰρήνην ἀφίησι, τούτους καθ' ἕνα εὐλογεῖ, καθ' ἕνα τῶν συγγενῶν, καθ' ἕνα τῶν γνωστῶν καὶ φίλων, καθ' ἕνα τῶν συναδέλφων καὶ τιμιωτάτων κληρικῶν, τῶν εὐγενεστάτων ἀρχόντων. Τούτων ἕκαστος κατανύξει καὶ δάκρυσι βρεχόμενος τὴν θεοειδεστάτην ἐκείνην ὄψιν τοῖς ὀφθαλμοῖς ἰδεῖν ἔσπευδε καὶ συνωθεῖτο, χερσὶ δὲ τῆς τιμίας ἅψασθαι δεξιᾶς καὶ σὺν εὐλαβείᾳ καταφιλῆσαι. Ὁ δ' αὖ πρὸς ἅπαντας λαλῶν ἦν τὰ εἰκότα καὶ ὅλως τῷ θεῷ εὐχαριστῶν, μέχρις οὗ ||[2] ἅμα τὴν λαλιὰν ὁ ἅγιος καὶ ἅμα τὸ πνεῦμα ἀφῃρέθη ὑπὸ τῶν ἀοράτων παρισταμένων καὶ αἰωρουμένων ἁγίων ἀγγέλων, πρὸς οὓς σὺν πᾶσι καὶ τὸ ὄμμα ἄνω πρὸ τοῦ ἀτενὲς εἶχεν καὶ αὐτοῖς οἰκείως συνεσκίρτα.

Ἦν οὖν πᾶς μὲν ἄλλος τόπος ἀπολειπόμενος· εἴ τις δὲ μετέωρος ἢ διώροφος καὶ τριώροφος τῶν οἴκων πλήρης ἀνδρῶν, πλήρης γυναικῶν, παίδων καὶ πάσης ἁπλῶς ἡλικίας, τὴν ἔξοδον τοῦ μακαρίου ἐκείνου

---

[1] Fol. 235 v°.
[2] Fol. 236 r°.

περιμενόντων σκεύους, μεσ̀]αὶ αἱ ἀγυιαὶ, αἱ ἀγοραὶ, ὅλως οἱ τοιοῦτοι τῶν δημοσίων τόπων· ἀρχιερατικὴ ϖαρῆν ἐν τῇ τοῦ μακαρίου κηδείᾳ ϖαρουσία τε καὶ ϖαρρησία, ἧς ϖλὴν αὐτοῦ οὐδεὶς τῶν ἐνταῦθα κοιμηθέντων ἠξίωται· ὁ εὐαγὴς ὅλος καὶ λαμπρὸς οὗτος κλῆρος τὰς ψαλμῳδίας τοῖς δάκρυσι κιρνῶν, ψαλτῶν συμφωνίαι, ϖάντων ἀλαλαζόντων, ϖάντων κλαιόντων ἅμα καὶ ψαλλόντων ἄχρι τῆς συμπληρώσεως τῆς τοιαύτης ἀκολουθίας, ὅτε καὶ τὸ τίμιον ἐκεῖνο σῶμα, μόλις τοῦ τοιούτου λυτρωθὲν ϖερισπασμοῦ, τῷ τάφῳ δοθῆναι συνεχωρήθη.

Ταῦτά σοι τὰ σὰ κατορθώματα καὶ τὰ γέρα ἐξ ἡμῶν τῶν σῶν δούλων καὶ υἱῶν κατὰ ϖνεῦμα, ὦ ϖάτερ μὲν ἡμῶν Σταυράκιε, υἱὲ δὲ τοῦ ἀληθινοῦ Φωτὸς, καὶ ἄνθρωπε τοῦ Θεοῦ ὡς ἐγγίσας Θεῷ, ϖροσενήνεκται. Σὺ δὲ ἀμέσως ‖[1] αὐτῷ ἐντυγχάνων καὶ ἐξ αὐτοῦ Φωτιζόμενος Φώτισον καὶ ἡμῶν ἄνωθεν τοὺς αἰσθητούς τε καὶ νοητοὺς ὀφθαλμοὺς, τῷ σκότει τῶν ϖλαισμάτων ἀμβλυωποῦντας καὶ ϖαραπαίοντας, εἰς τὸ ἀνανεῦσαι καὶ καθαρῶς ἐνταῦθα μὲν ϖεριπατεῖν ἐν τῷ Φωτὶ τῆς ἀληθοῦς γνώσεως, ϖρὸς δὲ τὰς αὐτόθι σκηνὰς, ὅτε καιρὸς μετανασ]ευθέντας τὴν θείαν ἀκατακρίτως ἰδεῖν ἀκτῖνα καὶ ἔλλαμψιν, καὶ ϖαρὰ σοὶ, εἰ μὴ τολμηρὸν ᾖ, ὡς κοινῷ ϖατρί τε καὶ κηδεμόνι συσκηνῶσαι καὶ συναυλισθῆναι. Οὗ γένοιτο τυχεῖν ϖάντας ἡμᾶς σαῖς τε ἁγίαις εὐχαῖς, ἐλέει δὲ καὶ οἰκτιρμοῖς καὶ Φιλανθρωπίᾳ τοῦ κυρίου καὶ θεοῦ καὶ σωτῆρος ἡμῶν Ἰησοῦ Χριστοῦ, ᾧ ϖρέπει ϖᾶσα δόξα, τιμή τε καὶ ϖροσκύνησις ἅμα τῷ ϖατρὶ καὶ τῷ ἁγίῳ ϖνεύματι, νῦν καὶ ἀεὶ καὶ εἰς τοὺς αἰῶνας τῶν αἰώνων. ἀμήν.

[1] Fol. 236 v°.

N° 6.

DESCRIPTION BIBLIOGRAPHIQUE
DE LA GRAMMAIRE GRECQUE DE JEAN ZYGOMALAS.

Ἐπιτομὴ τῆς καθ' Ἕλληνας γραμματικῆς πονηθεῖσα Ἰωάννῃ τῷ Σαγομαλᾷ τῷ Ναυπλιεῖ, ἐν ᾗ τάδε ἐμπεριέχονται· περὶ τῶν ὀκτὼ τοῦ λόγου μερῶν τεχνολογία τις βραχεῖα κατὰ πεῦσιν καὶ ἀπόκρισιν· αἱ τῶν ὀνομάτων κλίσεις, ἐν αἷς πόσα γένη, πόσας καταλήξεις μία ἑκάστη κλίσις ἔχει καὶ πῶς ποιεῖ τὴν γενικὴν καὶ τὰς λοιπὰς πτώσεις σαφέστατα διείληπται· αἱ τῶν ῥημάτων κλίσεις, ἐν αἷς αἱ τρεῖς τῶν χρόνων συγγένειαι ἑκάστης συζυγίας προτάσσονται· συναγωγὴ ῥημάτων συνωνύμων, μετὰ τῆς αὐτῶν συντάξεως διὰ πασῶν τῶν εἰδῶν καὶ ὅπως ποιοῦσι τόν τε παρατατικὸν καὶ τοὺς λοιποὺς χρόνους. Προσετέθησαν δὲ καὶ τάδε· γνῶμαι διαφόρων ποιητῶν αἱ μονόστιχοι· ἐπιγράμματά τινα κατ' ἐκλογήν, γνωμικά τινα θαυμαστὰ τοῦ Δημοσθένους ἐκ τῶν αὐτοῦ λόγων συλλεγέντα.

Compendium grammaticæ græcæ collectum per Joannem Sagomalam Naupliensem, in quo hæc continentur : De octo partibus orationis brevis examinatio per interrogationem et responsionem. Declinationes nominum in quibus quot genera, quot terminationes habeat et quomodo una quæque declinatio genitivum et reliquos casus faciat clarissime tractatum est; declinationes verborum, in quibus tres temporum cognationes cujuscunque conjugationis præmittuntur; collectiones verborum synonymorum cum eorum constructione per omnes regulas etiam cum flexione suorum temporum. Addita sunt etiam hæc : sententiæ diversorum poetarum quæ græce μονόστιχοι appellantur; nonnulla electa epigrammata; quædam divinæ Demosthenis sententiæ ex ejus orationibus excerptæ. Quæ omnia per Joannem Forestum Brixianum translata sunt.

Joannes Forestus nobilissimo ex ordine patricio juveni Federico Badoario [1], magnifici Aloisii filio, s. p. d.

Alexander ille Macedo, qui universum terrarum orbem imperio suo virtute bellica subegit, interrogatus ubi thesauros haberet, amicos sibi fidelissimos ostendit : quo facto, Federice mi observande, non minus omni argento, omni auro et gemmis pretiosissimis charos habendos esse amicos comprobavit. Quam tanti regis sententiam, tu mihi quoties opera et patrocinio tuo opus fuit, verissimam esse ostendisti. Nihil enim unquam intactum reliquisti, quo mihi maxime prodesses, quo honori meo fidelissime consuleres, quo denique decus et præsidium meum te ipsum mihi omnibus in rebus offerres. Qua tua thesauri mei caritate quid melius, quid gratius, quid denique mihi optatius posset evenire? Nulla est argenti vel auri tanta vis, nulla est tanti precii vel tanti gemmarum copia, cui sua in me maxima vel benevolentia vel charitas jure optimo non præferenda videatur. Nec igitur tanti tui in me amoris oblitus, quod nefas esset maximum, videri unquam possim, qua observantia miles strenuus ducem clarissimum, qua fide cliens optimus patronum maximum, qua benevolentia servus fidelissimus dominum clementissimum et de se optime meritum observare et colere jure humano et divino tenetur, eadem ego te observantia, fide, benevolentia et charitate mihi observandum semper duxi. Tu enim humanitate singulari, nobilitate summa et virtute præstanti ornatus omni honore, omni laude et gloria uno omnium qui te norunt consensu dignissimus habendus es. Natura enim ipsa dotibus suis pulcherrimis te ornatum voluit esse; fortuna vero in conferendis in te larga manu beneficiis naturæ non

---

[1] Frédéric Badoaro, gentilhomme vénitien, né en 1518, fondateur de l'académie vénitienne *della Fama*. (Voir sur lui Mazzuchelli, *Scrittori d'Italia*, t. II, première partie, p. 31; et Tiraboschi, *Storia della letteratura italiana* (Milan, 1824, in-8°), t. VII, p. 253.)

cessit, verum certamine quodam altera alteram bene de te merendo superare studuit. Tu vero ipse tibi animi ornamenta studio tanto comparasti ut mihi jure optimo luctandum sit quod te literis et optimis moribus instituendum ab ineunte ætate susceperim qui cum omni modestia et moribus optimis præditus in utraque lingua tantum profeceris ut Federici Badoarii nomen apud clarissimos quosque viros in dies magis elucescat, tantum te mihi moderatori tuo re ipsa devinctum fateris, ut Alexandro magno hac in re nihil cedas, qui et ipse Aristoteli præceptori magis quam patri Philippo se astrictum et obnoxium asserebat, quod ob hoc solum omnibus mortalibus vivendi vim et regnum, a præceptore vero honeste vivendi rationem et optime regnandi modum accepisset, quo præstantius in terris nihil potest esse. Tu igitur animo gratissimo juvenis muneribus plurimis et maximis me ipsum afficere nunquam destitisti, et sic animi tui vere generosi candorem mihi continue perspectum in dies magis in me præ te fers. Quamobrem et ego, ne ingrati animi videar, a qua semper maxime abhorrui, qua via paria paribus referrem, sæpe et multum mecum ipse cogitavi. Sed cum nulla ratione id assequi valeam, te ipsum, qui quotiescunque munus aliquod præclarum tibi ab amicis affertur, eo me dignum statim judicas et hilari fronte impertis, hac in re imitari volui. Nam cum mihi hoc tempore gratissimum a Joanne Sagomala, viro in utraque lingua doctissimo, munus grammaticæ græcæ compendium dono datum fuerit, eodem ego te statim dignissimum esse censui, quod ut fructuosum et adolescentibus utilissimum mihi visum est, sic tu luce dignissimum arbitraberis et in gratiam adolescentium qui græcæ linguæ cupidissimi sunt, et in ea facultate brevissimo temporis spacio et proficere et excellere exoptant, imprimendum curabis, et demum patrocinio tuo non indignum existimabis : quod si a te factum fuerit, non minus tibi debebunt græcarum litterarum cultores quam Aloisio patri tuo, viro magnificentissimo et de republica veneta optime merito, se devinctos esse cives universi et patricii veneti ubique locorum prædicare non desinunt. Cujus tanti viri eloquentia cum sapientia conjuncta egregiæque domi et foris virtutes celebrabuntur illæ quidem non solum latinis, sed pene omnium gentium litteris et linguis, neque ulla unquam ætas de eximiis ejus laudibus conticescet; qui uti paucis ante diebus ad illustrissimum imperatorem Carolum legationis munera felicissime functus est, sic hoc tempore ad Turcum ex communi senatus veneti sententia delectus optimis auspiciis orator accessit et longe melioribus pacis exorator in patriam rediturus, majorem omni trophæo et triumpho laudem et gloriam relaturus est. Quod si nobis contigerit, quibus laudibus Aloisium Badoarium patrem magnificentissimum efferemus? quibus studiis prosequemur, qua benevolentia et observantia complectemur? parietes ipsi hujus nobilissimæ civitatis medius fidius jam illi gratias agere et habere gestiunt, cumque nihil sit opere vel manu factum quod aliquando non conficiat et consumat vetustas, tanti viri laus et gloria in dies magis efflorescet; nam quicquid manu, quicquid lingua, quicquid animo admirabile est, id omne in hujus tanti senatoris laudem et gloriam perducitur. Tu igitur, Federice, optima patris clarissimi vestigia, virtutes egregias et merita in bonos viros sectatus de studiosis adolescentibus bene mereri studebis, hoc græcæ linguæ compendium hilari fronte suscipies atque ut in hominum lucem prodeat, imprimendi curam adhibebis maximam. Vale, omnium bonorum decus eximium et præsidium patriæ certissimum.

Ex gymnasio nostro, calendis martiis MDXXXX.

Ἰωάννης ὁ Σαγομαλᾶς ὁ Ναυπλιεὺς τῷ ἐν ἑκατέρᾳ τῇ γλώτῃ πεπαιδευμένῳ καὶ λογιωτάτῳ Ἰωάννῃ τῷ Φορέσῳ, τῷ αὑτοῦ συντέκνῳ, εὖ πράτ]ειν.

Γεννάδιος, ὁ ἐν πατριάρχαις σοφώτατος ἅμα καὶ ἁγιώτατος, προτραπεὶς ὑπὸ τοῦ τηνικαῦτα τῆς Κωνσ]αντινουπόλεως βασιλεύοντος, ᾧ ὄνομα ἦν Ἰωάννης ὁ Παλαιολόγος, σύγγραμμά τι νέον συνθεῖναι, ὅπερ ἂν αὐτὸς κάλλισ]ον καὶ ὠφελιμώτατον γνοίη, οὐδὲν ἄλλο πεποίηκεν ἢ ὅτι συλλεξάμενος ὡς ἄνθη τινὰ τὰ κάλλισ]α τῶν τῇδε κακεῖσε θείοις τε καὶ σοφοῖς ἀνδράσι ῥηθέντων εἰς ἓν συνήγαγε· συναγηοχὼς δὲ καὶ ταῦτα, οἰκείᾳ μόνον γράψας χειρὶ, τῷ βασιλεῖ ἐνεχείρισε, οἷα δὴ οὐχ οἷός τε ὢν αὐτὸς προσθεῖναι ἢ ἀφελέσθαι τι τῶν πάλαι σοφοῖς εἰρημένων. Τοίνυν καὶ αὐτὸς προτραπεὶς ὑπὸ σοῦ τοῦ πάντων μοι τιμιωτάτου καὶ φιλτάτου συντέκνου ἐπιτομήν τινα γραμματικῆς τοῖς εἰσαγωγικοῖς συνοίσουσαν νέοις ἐπινοῆσαι, ἐν ἀρχῇ μὲν ἱκανὸν χρόνον ἐτέλουν ἀνανεύων καὶ ὅλως ἀναιρόμενος, οἷα δὴ τὴν ἐμαυτοῦ ἄγνοιαν καὶ οὐθένειαν οὐκ ἀγνοῶν· ἐπεὶ δὲ σὺ ὁ ὄντως σοφὸς καὶ φιλέλλην ἀνὴρ ἐνσ]ατικῶς εἴχου μου καὶ οὐκ ἦν ἄλλως γενέσθαι ἢ τὸν σαυτοῦ λόγον εἰς ἔργον ἐκβῆναι διὰ τὸ ἔνοχόν σοι εἶναί με τῆς πρὸς ἐμέ σου εὐνοίας καὶ φιλοφροσύνης ἕνεκεν, ἣν οὐ λόγοις, ἀλλ' ἔργοις δαψιλῶς ἐξέχεας ἐπ' ἐμέ, τοῦτο μὲν τρίτον ἔτος ἤδη τουτὶ ξένον ὄντα με ξενίας καὶ τῆς παρὰ σοὶ μονῆς καὶ ὑποδοχῆς ἀξιώσας, δαπάνης τῆς οἱασοῦν ἥκισ]ά γε φεισάμενος· τοῦτο δὲ καὶ ὥσπερ τραπέζῃ αἰσθητῇ, οὕτω καὶ μαθήμασί με λατινικοῖς ἐκθρέψας· διὸ τρόπον ἕτερον καὶ αὐτὸς τὸν προμνημονευθέντα Γεννάδιον ἐν τούτῳ μιμήσασθαι ἠβουλήθην. Συλλεξάμενος γὰρ καὶ αὐτός τινα τῶν παλαιῶν γε καὶ νέων γραμματικῶν, τουτὶ τὸ ὀλίγον ὅλων ἐξ αὐτῶν ἐδρεψάμην, συντομίας μόνον φροντίσας, ἢ δυνάμεως εἶχον, καὶ τῆς κατὰ πεῦσιν καὶ ἀπόκρισιν μεταφράσεως, φιλοπονήσας δὲ πρὸς τούτοις καὶ τὰς τῶν χρόνων συγγενείας πρὸς τὸ τῶν νέων εὐμνημόνευτον καὶ τὰ ὁμώνυμα τῶν ῥημάτων, καὶ ὅπως συντίατ]ονται κατ' εἶδος κατασ]ρώσας. Μή τις οὖν νομιζέτω τὸ παρὸν συγγραμμάτιον στερεὰν εἶναι τροφὴν ὀδοῦσιν ἁρμόζουσαν παγίοις καὶ δάκνουσιν, ἀλλ' ἁπαλὸν ὅλως βρῶμα καὶ ἐλαφρὸν, τοιοῦτον ἐξεπίτηδες ἐργασθὲν διὰ τοὺς ἁπαλοὺς ἔτι καὶ δεομένους γάλακτος παῖδας, οὓς οὔτε ποικιλότητι φράσεως, οὔτε πλήθει κανόνων βαρῦναι νῦν ἠθελήσαμεν, ἀλλὰ μόνον ὀλίγοις ἄγαν ῥήμασιν αὐτοὺς θεμελιῶσαι θεμελίῳ ὅσον ὀλίγῳ καὶ εὐχερεῖ, τοσοῦτον ἰσχυρῷ καὶ παισὶ δεκτῷ τε καὶ προσφιλεῖ· ὥσπερ γὰρ οἰκίας οἶμαι καὶ πλοίου καὶ τῶν ἄλλων τῶν τοιούτων τὰ κάτωθεν ἰσχυρότατα εἶναι δεῖ κατὰ τὸ Δημοσθένειον, οὕτω καὶ γραμματικῆς καὶ τῶν λοιπῶν εἴτε τεχνῶν εἴτε πράξεων τὰς ἀρχὰς βεβαίας καὶ εὐχερεῖς εἶναι προσήκει. Ἔρρωσο.

Cette grammaire forme le *Taurinensis cccxxi.c.ii.24*; c'est un *chartaceus* in-4° de 138 feuillets. Nous devons la copie du titre et des épîtres dédicatoires à M. Joseph Müller, professeur à l'Université de Turin.

N° 7.

LETTRE DE JEAN ZYGOMALAS
À JACQUES ANDREÆ.

Τῷ σοφωτάτῳ καὶ λογιωτάτῳ ἀνδρὶ, κυρίῳ Ἰακώβῳ τοῦ Ἀνδρέου, τῷ τῆς θεολογίας διδασκάλῳ καὶ πραιποσίτῳ, ἀλλὰ δὴ καὶ καγκελλαρίῳ ἀξιωτάτῳ, δοθείη.

Τῷ σοφωτάτῳ Ἰακώβῳ, τῷ τῆς θεολογίας διδασκάλῳ καὶ πραιποσίτῳ καὶ καγκελλαρίῳ, Ἰωάννης ὁ τῆς Χριστοῦ μεγάλης ἐκκλησίας ἐν Κωνσταντινουπόλει μέγας ἑρμηνεὺς χαίρειν.

† Εἰ καὶ ἄχρι τοῦ παρόντος ἀγαθῇ μόνῃ φήμῃ πρότερον, εἶτα καὶ τοῖς τιμίοις σου οἷς πέπομφας πρὸς τὸν παναγιώτατον ἡμῶν ὧδε πατριάρχην γράμμασιν, ἄλλως τε καὶ οἷς ἐπιστώθην περὶ τῶν σῶν

ἀρετῶν καὶ κατορθωμάτων λόγοις παρὰ τοῦ ἐνταῦθα σοφοῦ ἐκκλησιαστοῦ Στεφάνου τοῦ Γερλαχίου, πέπεισμαι τὴν λογιότητά σου εἶναι ἄνδρα πλήρη σοφίας καὶ φρονήσεως· ὅμως καὶ μήπω δεξάμενος γράμματά σου, ἐπιστεῖλαί σοι δεῖν ᾠήθην εἰς φιλίαν τὴν αὐθεντίαν σου προκαλούμενος. Ἴσθι οὖν, σοφώτατε ἐν θεολόγοις, ὡς ἤδη τὰ πατριαρχικὰ γράμματα τὰ εἰς ἀπόκρισιν ὄντα τῶν κεφαλαίων, ὧν πέμψαντες ἠρωτήσατε περὶ τῆς ἡμετέρας θρησκείας, σὺν Θεῷ, ἀναγκάσει καὶ παραινέσεσιν ἡμετέραις τελειωθέντα, σήμερον ἐνεχειρίσθησαν ᾧ εἴπομεν κυρίῳ Στεφάνῳ τῷ ἐκκλησιαστῇ, τῷ τοῦ διακομισθῆναι ὑμῖν τὴν φροντίδα ἀναδεξαμένῳ. Νομίζω γοῦν, θεολόγων ἄριστε, τὰ πεμπόμενα ὑμῖν ταῦτα πατριαρχικὰ γράμματα εὐφρανεῖν ὑμᾶς ἐν μέρει καλῷ, ἢ τολμῶ εἰπεῖν καὶ ἐν τοῖς κυριωτέροις, ὧν ἐπέμψατε ζητημάτων καὶ κεφαλαίων τῆς πίστεως ὑμῶν. Συμφωνοῦμεν γὰρ, ὡς ὁρῶ, ἐν τοῖς πλείοσι καὶ ἀναγκαιοτέροις τοῖς χριστιανοῖς ἀνηκούσης ὁμολογίας, εἰ καὶ ἔν τισι δοκεῖ τις εἶναι διαφωνία. Χαίρων οὖν ἐπαινῶ καὶ εὐφημῶν, εἶτ᾿ ἐγκωμίων ἐπαίνοις καταστέφω τὴν σὴν μεγαλόνοιάν τε καὶ καλοκἀγαθίαν, ἀνδρῶν σοφώτατε, Θεὸν μαρτυρόμενος τὴν αὐτοαλήθειαν, καὶ τῇ σῇ γνωρίζων τιμιότητι ὡς ὑπὲρ τὰ εἴκοσι πέντε ἤδη ἔτη γνωστός εἰμι, καὶ οὐ μόνον γνωστὸς ἀλλὰ καὶ πιστὸς δοῦλος τῆς ἱερᾶς καὶ θείας τοῦ θεοφρουρήτου καὶ σεβαστοῦ καίσαρος μεγαλειότητος Μαξιμιλιανοῦ· οὗ ἀπόδειξις τὸ συχνάκις πρὸ χρόνου συναναστράφθαι με ἐν τῇ ὧδε περιωνύμῳ αὐτοῦ αὐλῇ τοῖς κατὰ καιρὸν ἑαυτοῦ λαμπροτάτοις πρέσβεσι, τῷ τε κυρίῳ Αὐγερίῳ τῷ Μποσμπὲκ, τῷ μετ᾿ αὐτὸν κυρίῳ Ῥουμβέρτῳ[1], τῷ τε κυρίῳ Καρόλῳ Ῥὶμ καὶ τῷ νῦν κυρίῳ Δαβὶδ, καὶ συναναστρεφόμενόν με διατελεῖν ὡς οἰκεῖον αὐτοῦ δοῦλον. Καὶ ἔτι σημεῖον, ὅτι ἤδη ἔτη ι΄ πρὸς ὑμᾶς, ἤτοι εἰς Βιένναν σωματικῶς παραγενέσθαι με τῆς ὁδοῦ ἀψάμενον, μετὰ τῆς συνοδείας τοῦ ποτὲ ἄρχοντος κυρίου Μιχαήλου, ὀπισθορμήτους ἅπαντας ἡμᾶς ἐποίησαν, ὡς οἱ πάντες σχεδὸν τῶν αὐτόθι οἴδασι, καὶ ὡς ἡ αὐθεντία σου θεάσῃ ἐκ τοῦ ἴσου τοῦ γράμματος, ὃ τηνικαῦτα παρὰ τοῦ ὧδε πρέσβεως ἔφερον.

[1] Erreur de Jean Zygomalas; il faut lire Ἀλβέρτῳ (Albert de Wyss).

Τέλος γίνωσκε λίαν με κεκοπιακέναι και κοπιάσειν με έτοιμον όντα εν τῷ συντεθεικέναι με και γεγραφέναι ἃ πέμπονται ὑμῖν πατριαρχικὰ γράμματα. Τῷ ἐμῷ γὰρ ὀφφικίῳ ἡ ἐνέργεια αὕτη ἀνάκειται· ῥήτορα γὰρ ὄντα με πρότερον πατριαρχικὸν, ἤδη ὁ ἁγιώτατος πατριάρχης εἰς μέγαν ἑρμηνέα τῶν τῆς μεγάλης ἐκκλησίας θείων γραφῶν ἐτίμησε καὶ ἀνεβίβασεν, εἰ καὶ ἀνάξιον, ἀλλ' οὖν ἅτε δοῦλον αὐτοῦ πιστότατον. Ἔρρωσο.

Ἀπὸ τοῦ ἐν Κωνσταντίνου πατριαρχείου, μαΐου ιε΄, ͵αφος΄.
ὁ κατὰ πάντα τῆς αὐθεντίας σου
Ἰωάννης καὶ μέγας ἑρμηνεὺς τῆς μεγάλης τοῦ
Χριστοῦ ἐκκλησίας.

Au haut de la marge droite :

Τὸν σοφώτατον κύριον Μαρτῖνον Κρούσιον, τὸν ἐν τῇ ἑλληνικῇ καὶ ῥωμαϊκῇ μαθήσει καὶ διδασκαλίᾳ ἄνδρα ἄριστον κἀμοὶ φίλτατον, ὡς ἐξ ἐμοῦ διακαεῖ διαθέσει ἄσπασαι, δέομαί σου.

Au-dessous :

Καὶ ἐγὼ Θεοδόσιος πρωτονοτάριος, ὁ τὴν ἀπόκρισιν γράψας, προσαγορεύω τὴν σὴν ἐκλαμπρότητα.

Au bas :

Ὁ παναγιώτατος ἡμῶν πατριάρχης γράφει φιλοστόργως πρὸς σὲ καὶ εὔχεται τῇ αὐθεντίᾳ σου πανοικί.

Bibliothèque royale de Stuttgart, *Cod. hist.* 552. Original autographe. Cette lettre est ainsi endossée : *Allatæ Tübingam*, 18 die junii 1576.

No 8.

LETTRE ENCYCLIQUE DU PATRIARCHE JÉRÉMIE II CONCERNANT LA TOURNÉE EXARCALE DE THÉODOSE ZYGOMALAS.

† Ἰερεμίας ἐλέῳ Θεοῦ ἀρχιεπίσκοπος Κωνσταντινουπόλεως νέας Ῥώμης καὶ οἰκουμενικὸς πατριάρχης.

Ἱερώτατοι μητροπολῖται παντὸς Αἰγαίου Πελάγους καὶ τῶν Κυκλάδων πασῶν νήσων καὶ ὑπέρτιμοι, ὅ τε Ῥόδου, ὁ Χίου, ὁ Μιτυλήνης, ὁ Μηθύμνης, ὁ Παροναξίας, ὁ Λήμνου, ὁ Ἴμβρου, ὁ Ἐφέσου, ὁ Σμύρνης καὶ ὁ Πισσιδείας· καὶ θεοφιλέστατοι ἀρχιεπίσκοποι, ὁ Κῶ, ὁ Καρπάθου, καὶ ὁ Προικοννήσου, ἐν ἁγίῳ πνεύματι ἀγαπητοὶ ἀδελφοὶ καὶ συλλειτουργοὶ τῆς ἡμῶν μετριότητος, ὁσιώτατοι καθηγούμενοι, ἱερομόναχοι καὶ πνευματικοί, ἐντιμότατοι κληρικοὶ οἱ ἐν πάσαις ταύταις ταῖς ἐπαρχίαις εὑρισκόμενοι, θεοσεβέστατοι ἱερεῖς, χρησιμώτατοι καὶ εὐγενέστατοι ἄρχοντες υἱοὶ κατὰ πνεῦμα ἀγαπητοὶ τῆς ἡμῶν μετριότητος, καὶ ἅπας ὁ τοῦ κυρίου χριστώνυμος λαός, χάρις εἴη ὑμῖν ἅπασι καὶ εἰρήνη καὶ ἔλεος ἀπὸ Θεοῦ παντοκράτορος, καὶ ἡ εὐχὴ καὶ εὐλογία τῆς ἡμῶν μετριότητος. Γινώσκειν ὑμᾶς τοὺς πάντας βουλόμεθα ὅτι πολλὰ μὲν προθυμεῖται ἡ μετριότης ἡμῶν διηνεκῶς ὑπὲρ τοῦ διαφυλάττειν τὴν ἐκκλησίαν Χριστοῦ ἀνεπηρέαστον καὶ ἀτάραχον, καὶ τοῦτο ποιεῖ διὰ πολλῶν ἐξόδων καὶ δαπανῶν τῇ εὐγνωμοσύνῃ τῶν εὐσεβῶν ἑκάστοτε χορηγουμένων· οὐδέποτε δὲ χρόνον ὁλόκληρον ἰσχύει διατηρηθῆναι θορύβων ἐκτός· ἀλλὰ τοῦ ἑνός, νεύσει Θεοῦ, καταπαυομένου ἄλλο δεινότερον ἀνακύπτει καὶ ἀναφύεται σκάνδαλον· καὶ ἔστιν ἰδεῖν οὐδὲν ἄλλο ποιοῦντας ἡμᾶς ἢ τὸ καθεκάστῳ διδόναι καὶ βάρη ὑπομένειν ἐκ τούτου πολλὰ καὶ ἐξόδους ἀναριθμήτους ἔχειν, καὶ ἄλλα πάσχειν καὶ φέρειν ὑπὲρ συστάσεως καὶ διαμονῆς τῆς τε τοῦ Θεοῦ ἐκκλησίας καὶ τῆς ἐλευθέρας αὐτῆς πολιτείας και καταστάσεως, άπερ ίσως υμάς ου διέλαθε. Προς δε τούτοις, ή μάλλον ειπείν προ πάντων των άλλων, πιέζειν ημάς και ου μικρών αυτών είωθε και η προ καιρού πολλάκις απαίτησις του αυθεντικού χαρατζίου. Και γαρ απαιτούμενοι τούτο, συν τόκω λαμβάνομεν και τους επείγοντας και απαιτούντας δώροις και συχναίς άλλαις καταπραΰνομεν δόσεσιν· ων δη χάριν ουδέ, βουλόμενοι σωματικώς ελθείν και ευλογίαν μεταδούναι υμίν, ηδυνήθημεν· αλλ' εκωλύθημεν έως άρτι.

Και δια τούτο ανθρώπους οικείους και γνησίους προς υμάς απεστέλλομεν, εξάρχους δηλονότι καθολικούς και το ημέτερον πρόσωπον επιφέροντας, δυναμένους και δια στόματος αναγγείλαι υμίν τα καθ' ημέραν επερχόμενα δυσχερή, και παρ' ημών ευχήν και ευλογίαν κομίσαι προς υμάς τους φιλοθέους και ευσεβείς, τόν τε τιμιώτατον νομοφύλακα της καθ' ημάς του Χριστού μεγάλης εκκλησίας πρεσβύτερον κυρ Σαββατιανόν, και τον τιμιώτατον και σπουδαιότατον πρωτονοτάριον της αυτής μεγάλης εκκλησίας κύριον Θεοδόσιον, τους κατά πνεύμα υιούς αγαπητούς της ημών μετριότητος. Οίτινες πρώτον μεν οφείλουσι και πάσαν άδειαν έχουσι συνάξαι και παραλαβείν τα αυθεντικά χαράτζια και τα άλλα δικαιώματα ημών κατά το δοθέν αυτοίς ημέτερον πατριαρχικόν κατάστιχον της δ' και ε' ινδικτιώνος, τα τεμπάκια, ήτοι τα οφειλόμενα εκ πολλού και τάλλα πάντα τα ανήκοντα ημίν δικαιώματα· είθ' ούτω διεγείραι την προθυμίαν υμών και υπομνήσαι υμάς, ίνα ως και εν άλλω, και νυν βοηθήσητε, και συνδρομή υμών των ιερωτάτων αρχιερέων και θεοσεβεστάτων κληρικών και ιερέων και χρησιμωτάτων αρχόντων, ζητεία γένηται πατριαρχική και αποδοθή προς τους ημετέρους εξάρχους και επιτρόπους· και πάντες μικροί τε και μεγάλοι, νέοι και γέροντες, ιερωμένοι και λαϊκοί, βοηθήσητε τη Μητρί πασών των εκκλησιών, τούτο γινώσκοντες ότι ταις βοηθείαις υμών και μέχρι του νυν αύτη συντηρείται και το από τούδε συντηρηθήσεται μετά Θεού, επιχορηγούντων αυτή τα αναγκαία εκ των καρπών των πόνων υμών, οίτινες ευλογημένοι από Θεού έστωσαν· αλλά και τας εκκλησιαστικάς κρίσεις και υποθέσεις κρίναι και θεωρήσαι αφιλοπροσώπως και ορθώς και εις τον τοῦ δικαίου τόπον ἀποκαταστῆσαι, ὡς τὸ ἡμέτερον πρόσωπον ὑποφέροντες.

Δεξάμενοι οὖν αὐτοὺς μεθ' ἧς προσήκει τιμῆς καὶ φιλοτιμίας οἱ μὲν ἀρχιερεῖς εὐπειθῶς καὶ ἀνυπερθέτως ἀπόδοτε τὰ χαράτζια ὑμῶν πρὸς αὐτοὺς, καὶ πᾶσαν ἄλλην δεξίωσιν ἐπιδείξεσθε συντρέχοντες καὶ πᾶσι τρόποις βοηθοῦντες καὶ συνεργοῦντες εἰς τὴν ζητείαν τὴν πατριαρχικήν· οἱ δὲ ἱερωμένοι καὶ λαϊκοὶ, ὑπακούσατε ἐφ' οἷς γράφομεν ἀσμένως καὶ προθύμως, ἵνα τὸν μισθὸν ἐκ Θεοῦ τέλειον ἀπολάβοιτε· ἡ γὰρ πρὸς αὐτοὺς τιμὴ καὶ δεξίωσις καὶ εὐπείθεια πρὸς τὴν ἡμῶν μετριότητα διαβαίνει· ὁμοίως καὶ τοὐναντίον. Ἐπεὶ καὶ οὓς ἂν δι' εὐλόγους αἰτίας ἀργήσωσιν οὗτοι οἱ ἡμέτεροι ἔξαρχοι, καὶ ἡμεῖς αὐτοὺς ἀργοὺς ἔχομεν· οὓς δ' ἂν ἀφορίσωσι, ἀφωρισμένους καὶ ἡμεῖς ἔχομεν· οἷς δὲ συγχωρήσωσιν εὐλόγως, καὶ αὐτοὶ, ὡς ἐπιστρέφοντες καὶ μετανοοῦντες, συγκεχωρημένοι εἴησαν ἀπὸ Θεοῦ παντοκράτορος. Ἔτι γεμὴν καὶ τῆς ἀπὸ τόπον εἰς τόπον συνοδίας ἀξιῶσαι φροντίσατε τοὺς ἡμετέρους ἐξάρχους, ἵνα αὐτοί τε καὶ τὰ αὐθεντικὰ χαράτζια καὶ αἱ πεμπόμεναι τῇ τοῦ Θεοῦ ἐκκλησίᾳ βοήθειαι ἀκινδύνως διασωθῶσι καὶ ἔλθωσι πρὸς ἡμᾶς. Οὕτως οὖν ἐπὶ πᾶσι ποιήσατε καὶ μὴ ἄλλως· ἵνα καὶ ἡ τοῦ Θεοῦ χάρις καὶ τὸ ἄπειρον ἔλεος, καὶ ἡ εὐχὴ καὶ εὐλογία τῆς ἡμῶν μετριότητος εἴη μετὰ πάντων ὑμῶν.

Ἐν ἔτει ͵ζπε'· ἐν μηνὶ σεπτεβρίῳ, ἰνδικτ. ε'.

Codex Tybingensis Mb 37, fol. 7 à 9.

N° 9.

ITINÉRAIRE DE THÉODOSE ZYGOMALAS.

Εἰ καὶ προέφθασας ἡμᾶς ἐν εὐλογίαις χρησίότητος, τοῦτο δὴ τὸ δαυίδειον, καὶ γράμματι σὺ πρῶτος καὶ εὐχαῖς ἐφοδίοις τοὺς ἐρασίάς σου ἐψώμισας, αἰδεσιμώτατε κύριε Στέφανε Γερλάχιε, ἐκκλησιασίῶν σοφώτατε, καὶ ἠξίωσας σημειώσασθαί σοι ὅσα λόγου ἄξια θεάσομαι ἐν τῇ προκειμένῃ μοι σὺν θεῷ ὁδοιπορίᾳ καὶ τοῦτο τῶν ἐφετῶν ἔκρινας, οὐ τῇ συνθήκῃ καὶ τῷ ῥυθμῷ προσέχων τῶν γραφησομένων μοι, ἀλλὰ τῇ ἀγάπῃ τῇ εἰλικρινεῖ τῇ ἐμπολιτευομένῃ ἐν τοῖς πρὸς ἀλλήλους τῶν φίλων γράμμασι, σίέργων πάντως εἴγε καὶ τὴν κοινὴν ταύτην καὶ τετριμμένην βαδιοῦμαι ὁδὸν ἁπλῶς· ἡ γὰρ ἀγάπη πάντα σίέργει, πάντα ὑπομένει, ὡς ὁ θεῖος Παῦλός φησιν· ἀλλὰ καὶ αὐτὸς διενοήθην μὴ τῆς σῆς φιλίας ἀμνήμων φανῶ· πολλάκις γὰρ αὐτὴν ἐνδειξάμενος καὶ εὐφράνας ἡμᾶς τῷ ἔρωτί σου ἐξ ἱκανοῦ ἁλῶναι πεποίηκας, καὶ ὡς ἄνδρα χρησίόν σε καὶ ἐπιεικῆ καὶ πολλοῖς πνευματικοῖς καρποῖς βρίθοντα καὶ ἀπόντα εὐλαβεῖσθαί τε καὶ τὰ δόξαντά σοι ἐκπληροῦν παρεσκεύασας. Εἰ δὲ καί τισιν ἀνωφελῆ τυχὸν καὶ πάρεργα δόξειε τὰ γραφησόμενα, ταύτην αὐτοῖς ποιοῦμαι τὴν ἀπόκρισιν· ὅτι ὃ τὸν ἐμὸν εὐφραίνει φίλον, τοῦτο κἀμὲ, ὡς ἤδη ἑνωθέντοιν φιλίᾳ ἀληθεῖ καὶ ἣν Ἰσοκράτης εἶπε τὸν πάντα αἰῶνα μὴ δύνασθαι ἐξαλεῖψαι. Ὃ γὰρ σοφὸν ἡγεῖται καὶ περισπούδασίον ἔχει, τοῦτο κἀγὼ καὶ φιλῶ καὶ ἀσπάζομαι· ἂν δὲ καὶ μωρὰ τυχὸν παρ' ἀνθρώποις τισὶ τὰ ἄλλοις δοκοῦντα σοφὰ, καὶ ὅ τις θαυμάζει, τοῦθ' ἕτερος γελᾷ, ἄλλοις κρίνειν ἀφίημι. Ἔρρωσο, φίλων ἄρισίε, καὶ φίλων μνημονεύειν τὸ μακρὸν διάσίημα μὴ κωλύσοι.

Ἀπάραντες ἀπὸ Κωνσίαντινουπόλεως ι' τοῦ ὀκτωβρίου μηνὸς, τρέχοντος τοῦ ἑπτακισχιλιοσίοῦ ὀγδοηκοσίοῦ πέμπτου ἔτους ἀπὸ τῆς τοῦ κόσμου συσίάσεως, μεσούσης ἡμέρας, περὶ δείλην εἰς Χάλκην τὴν νῆσον κατήχθημεν, τὴν καταντικρὺ κειμένην τῆς πόλεως· ὅπου, τῶν ἀνέμων ἐπιπροσθούντων τῇ ἡμετέρᾳ ὁδῷ, ἡμέρας ἐμείναμεν τρεῖς. Ὡς δὲ φιλεῖ γενέσθαι, τὴν νῆσον περινοστοῦντες καὶ τὰ καθέκαστα ἀναθεωροῦντες, ἀνήλθομεν καὶ εἰς τὸ μοναστήριον τὸ ἐκεῖ, τὸ ἐπ' ὀνόματι τιμώμενον τῆς ἁγίας Τριάδος, τῆς ἐπιλεγομένης τοῦ Ἐσόπτρου· ὅπου καὶ ἐξενίσθημεν παρὰ τῶν ὁσίως ἐνασκουμένων ἐν τῇ τοιαύτῃ μονῇ, ἐν ᾗ μοναχοὶ ὑπάρχουσιν εἴκοσι, καὶ βιβλιοθήκη ἐστὶν ἔχουσα βιβλία ὡσεὶ τριακόσια, θεολογικὰ τὰ πλείω, ἃ συνῆξεν ὁ πατριαρχεύσας Κωνσταντινουπόλεως Μητροφάνης[1]· ὃς καὶ τὴν μονὴν ἀνήγειρε καὶ εἰς ὃ νῦν ὁρᾶται ἀπεκατέστησε, τοῦ χρόνου ποιήσαντος αὐτὴν ἔρημον καὶ ἐξηφανισμένην, εἰ καὶ ἦν πρότερον θαυμασία, ὡς τινα σημεῖα καὶ θεμέλιοι φαίνονται. Ἔστι δὲ ἔτι ἐν ταύτῃ τῇ νήσῳ καὶ ἑτέρα μονὴ ἐπ' ὀνόματι τῆς Παναγίας, ἐν ᾗ ὀλίγοι τινὲς ἐνασκοῦνται μοναχοί, ἐν ᾗ τὴν δευτέραν ἡμέραν ἐνδιετρίψαμεν· καὶ τὴν τρίτην ἐν τῷ χωρίῳ κάτω τῆς νήσου ταύτης Χάλκης, ὃ δὴ ἔχει μὲν ἱερέα ἕνα, χριστιανῶν δὲ ὀσπίτια ὡσεὶ ἑκατόν.

Ἀναχθέντες δὲ ἐκεῖθεν, αὐθημερὸν εἰς Ἀμφίπολιν τῆς Θράκης κατήχθημεν, ἥτις νῦν καλεῖται Καλλιούπολις, ἀπέχουσα τῆς Πόλεως μίλια ἑκατόν· ὅπου καὶ τὴν αὔριον ποιήσαντες, κωλυόντων ἀνέμων, ἐξήλθομεν ὠνησόμενοι τὰ χρειώδη καὶ τὴν πόλιν περισκοπήσοντες· ὅπου ξενείας τυχόντες καὶ ἀποδοχῆς παρὰ τῶν ἐκεῖ ἱερέων δέκα ὄντων καὶ τῶν χριστιανῶν ἐχόντων ὀσπίτια ἐγγύς που χίλια, ἐπέβημεν πάλιν τῆς νεώς. Κεῖται δὲ ἡ πόλις αὕτη κατὰ δύσιν, ἀντικρὺ κατὰ ἀνατολὰς κειμένης τῆς Λαμψάκου, φρουρίου παλαιοῦ.

Ἐξορμηθέντες δέ, περὶ δείλην εἰς Σηστὸν καὶ Ἄβυδον κατηντήσαμεν· καὶ ἐκβάντες, τὰ φρούρια διεσκοπήσαμεν, ὡς ἀσφαλῆ ὄντα, καὶ τοὺς ἐκεῖ φύλακας, οἳ καὶ διερευνῶσι πάσας τὰς κατερχομένας καὶ ἐξελθεῖν μελλούσας ναῦς, ὁρισμῷ τοῦ κρατοῦντος, ἵνα μή τι τῶν κεκωλυμένων καὶ ἀπηγορευμένων ἐξέρχεσθαι εἴη ἔνδον. Εἰσὶ δὲ καὶ ἐκτὸς τῶν καστελλίων τούτων πλησίον ὀσπίτια χριστιανῶν ὡσεὶ διακόσια καὶ ἱερεῖς νῦν δύο· εἷς δὲ ἦν πρότερον. Τὰς κλεῖς δὲ ταύτας τῆς Κωνσταντίνου ἐκβάντες, τὰ δύο φρούριά φημι τὰ καταντικρὺ ἀλλήλων κείμενα καὶ ἰσθμὸν ποιοῦντα ὡσεὶ μίλιον, τὰ πάλαι καλού-

---

[1] Le catalogue de cette bibliothèque figure plus loin sous le n° 13.

μενα Σησ7ὸς καὶ Ἄβυδος, περὶ ὧν εἶπε[ν ὁ] σοφὸς Μουσαῖος « Σησ7ὸς ἔην καὶ Ἄβυδος ἐναντίον, ἐγγύθι πόντου· γείτονές εἰσι πόλη ες», καὶ τῷ Ἑλλησπόντῳ χαίρειν εἰπόντες, πλέειν ἠρξάμεθα εὐτυχῶς τῷ Αἰγαίῳ Πελάγει.

Κατευθὺ δὲ τούτων ἐξερχομένῳ σοι ἔξεσ7ι ὁρᾶν τὴν νῆσον Τένεδον, ἀπέχουσαν ἀπὸ κασ7ελλίων μίλια 30, ὅπου ἱερεῖς τέσσαρες καὶ χρισ7ιανῶν ὁσπίτια ὑπὲρ τὰ διακόσια· καὶ κατὰ μὲν ἀνατολὰς πρὸς αἰγιαλὸν ἐν τῇ ξηρᾷ γῇ ἔξω τῇ κατευθὺ εὐθὺ ἡπλωμένη, ἄχρι Ἀτ7αλείας τῆς καταντικρὺ Κύπρου, κεῖνται αἱ πόλεις αὗται καὶ αἱ ὀνομασ7αὶ ἐξοχαὶ καὶ λοιπὰ ὅσα μνήμης ἄξια.

Πρῶτον ἐξερχομένῳ σοι τὸ φρούριον τὸ κατ' ἀνατολὰς κεῖται ὁρωμένη πλέοντί σοι ἡ Νεάπολις, ἥτις λέγεται Γενὶ Ἀσαρὶ νῦν παρὰ τῶν Ἀγαρηνῶν. Ἔπειτα κεῖται ἠφανισμένη ἡ Τροία, τὸ Ἴλιον, ἡ Πριάμου πόλις, φαινομένη ἀνὰ μεράδια καὶ πεπλωκυῖα εἰς μέρη ἐρείπιον. Πλὴν, ὡς ἐκ τῶν σημείων καὶ τοῦ εὔρους καὶ τοῦ πλάτους ἔσ7ι τεκμαίρεσθαι, ἦν μεγαλόπολις· ὅπου εἰσβάλλουσιν εἰς τὴν θάλασσαν δύο ποταμοί· οἶμαι δὲ οὓς Ὅμηρος λέγει Σκάμανδρον καὶ Ξάνθον.

Αὖθις κατὰ σειρὰν εἰσιν ἐξοχαὶ λεγόμεναι νῦν Μπαμπάμπουρνα· ἔπειτα χωρία καὶ κατοικήματα πολλὰ Ἀγαρηνῶν· μεθ' ἅ εἰσι ἡ νέα Φώκια καὶ ἡ παλαιά, καὶ ἡ Σμύρνη καὶ τὰ Βρύελλα, τὸ Νεύκασ7ρον. Εἶτα χωρία πολλὰ κείμενα παρ' αἰγιαλόν· ἔπειτα ὁ κάβος λεγόμενος Κρύος· αὖθις ὁ Μαρμαρᾶς, πόλις ἔρημος· εἶτα Μόκρη· Πάταρα, ἡ τοῦ ἁγίου Νικολάου πατρίς· Λίβισα, Μύρα, Φοινίκη, ὅπου δύο μεγάλοι ποταμοί, περὶ οὓς συνήχθησαν τὰ σ7ρατεύματα Ἀγαρηνῶν πάντα, τὰ ἀπό τε ξηρᾶς καὶ θαλάσσης, ὅσα κατὰ Κύπρου ἐσ7ράτευσαν καὶ μείναντα ἡμέρας 30 ἐπέρασαν ὁμοῦ εἰς Κύπρον ἀπέχουσαν μίλια ἑκατόν. Εἶτα φαίνεται ἐξοχὴ λεγομένη κάβο Χελιδώνη· εἶτα ἡ τοῦ κάβου Γενουβίσου· ἔπειτα κόρφος μέγας εἰσερχόμενος κατὰ ἀνατολὰς ὡσεὶ μίλια 80, ὅπου ἐν τέλει κεῖται Ἀτ7άλεια, πόλις ὡραία· ἧς ἀντικρὺ κεῖται ἡ ἐπαρχία Σίδης τῆς Παμφυλίας· ἐπάνω δὲ φαίνονται τὰ βουνὰ τὰ μεγάλα Καισαρείας τῆς Καππαδοκίας, ὅπου καὶ ἄλλαι πόλεις καὶ χωρία πολλὰ τῆς ἀνατολῆς.

Κατὰ δὲ τὴν δύσιν, ἐξερχομένῳ σοι τὸ ἕτερον φρούριον, ὅπου Σησ7ὸς οἶμαι, ἔσ7ι κόρφος λεγόμενος τὸ Μεγαρίσιον, ὁπου χωρία πολλὰ χρισ7ιανῶν, κείμενα παρὰ θάλασσαν· εἶτα Αἶνος καὶ ἄλλα· αὖθις Σιδηροκαύσια, ὅπου μέταλλα χρυσοῦ καὶ ἀργύρου· ἔπειτα Ὄρος τὸ Ἅγιον· αὖθις ὄπισθεν ὁ κόρφος Κασσανδρείας, ἔπειτα Θεσσαλονίκης· εἶτα οἱ μεγάλοι βουνοὶ, τὰ Τέμπεα, ὅπου ῥέει ὁ Πηνειός· καθεξῆς χωρία κατὰ θάλασσαν· ἔπειτα Θῆβαι τῆς Βοιωτίας, ὧν ἐν μέσῳ καὶ τῶν καταντικρὺ Ἀθηνῶν ἥπλωται ἡ νῆσος Εὔβοια, ἡ Εὔριπος λεγομένη. Μετὰ δὲ τὰς Ἀθήνας εἰσὶ τὰ Μέγαρα καὶ ἄλλα χωρία· εἶτα τὸ Ἑξαμίλιον, δι' οὗ εἰσέρχεταί τις ἐν Πελοποννήσῳ, ὅπου μητροπόλεις ἕξ.

Ἐξερχομένῳ δέ σοι Σησ7οῦ τοῦ κατὰ δύσιν καὶ Ἀβύδου τοῦ κατὰ ἀνατολὴν, ἐν μέσῳ τοῦ πελάγους κατὰ μὲν ἀνατολὰς κεῖται Τένεδος, ὡς εἴπομεν. Καθεξῆς κεῖται νῆσος ἡ Λέσβος, ἡ νῦν Μιτυλήνη, ὅπου δύο μητροπολῖταί εἰσιν, ὁ Μιτυλήνης καὶ ὁ Μηθύμνης. Εἰσὶ δὲ ἐν πάσῃ τῇ νήσῳ ἱερεῖς μὲν ἑκατὸν εἴκοσι, ὀσπίτια δὲ χρισ7ιανῶν ὑπὲρ τὰς ἓξ χιλιάδας.

Ἔπειτα κεῖται ἡ νῆσος Χίος, ἔχουσα μητροπολίτην ἕνα καὶ ἱερεῖς ὑπὲρ τοὺς τριακοσίους ἐν πάσῃ τῇ νήσῳ, τοῖς χωρίοις φημὶ, καὶ ἐν τῇ πολιτείᾳ· ὅπου εἰσὶν ἔτι ἄνδρες σοφοὶ, ἰατροὶ καὶ διδάσκαλοι, μαθηταὶ τοῦ μακαρίου ἀνδρὸς ἐκείνου Μιχαὴλ τοῦ Ἑρμοδώρου.

Ἔπειτά ἐσ7ι νῆσος Ἄνδρος, Τῆνος, καὶ ἄλλα νησίδια μεράδια καὶ κυκληδὸν κείμενα· Καρία, Πάτμος, Σάμος, Φοῦρνοι, Λέρος, Κάλυμνος, Κῶς, Νήσυρος, Τῆνος, Σύμη, Χάλκη, Ῥόδος, Κασ7ελούριζον, Κάρπαθος, Κρήτη. Καὶ ἡ μὲν Ἄνδρος[1] ἔχει ἐπίσκοπον, ἱερεῖς πεντήκοντα, ὀσπίτια χρισ7ιανῶν δισχίλια. Τῆνος, ὁμοίως ἢ ὀλίγον ἔλατ7ον. Λέρος σὺν Καλύμνῳ, ἴσον· καὶ τὰ λοιπὰ νησίδια, ἃ εἴπομεν, ἔχουσιν ἔτι ἕως 100 ἱερεῖς καὶ ὀσπίτια τετρακισχίλια. Ῥόδος δὲ ἔχει ἱερεῖς μὲν 100, ὀσπίτια δὲ χρισ7ιανῶν ἐν πάσῃ τῇ νήσῳ ὑπὲρ τὰ τρισχίλια.

[1] Théodose Zygomalas, voulant laisser à Andros une trace de son passage, écrivit, sur un manuscrit encore actuellement existant, une note que nous reproduisons plus loin, sous le n° 12.

Κατὰ δὲ τὴν δύσιν ἐξερχομένῳ σοι τὸ πέλαγος, ἀντικρὺ κόρφου Μεγαρισίου, οὗ εἴπομεν, ἐσ̓τὶν Ἴμβρος νῆσος, μητροπολίτην ἔχουσα ἕνα καὶ ἱερεῖς τριάκοντα, ὁσπίτια χρισ̓τιανῶν πεντακόσια.

Αὖθις Λῆμνος νῆσος, οὗ γίνεται ἡ λημνία σφραγίς[1]· ὅπου μητροπολίτης εἷς καὶ ἱερεῖς ὀγδοήκοντα.

Εἰσὶ δὲ καὶ ἄλλα νησίδια, Ἅγιος Εὐσ̓τράτιος, Τζία καὶ ἄλλα ἀνὰ πέντε ἔχοντα ἱερεῖς καὶ ὁσπίτιά τινα. Εἶτα ἐπισκοπαὶ, ὁ Σκιάθου καὶ Σκοπέλου καὶ ὁ Σκύρου ἕτερος· ἔχουσι δὲ ἀνὰ πεντήκοντα ἢ καὶ ἐξήκοντα ἱερεῖς, καὶ ἀνὰ δύο χιλιάδες ὁσπίτια, πλέον ἢ ἔλατ̓ον· τὴν γὰρ ἀκρίβειαν οὐ δυνάμεθα γράφειν, ἀλλ' ὅσον ἡμεῖς γνῶναι ἠδυνήθημεν, οὗ μὲν πλέον τυχὸν, οὗ δὲ καὶ ἔλατ̓ον. Οἶμαι δὲ πάντα πάλιν ἐξισοῦνται.

Ἔσ̓τι καὶ ἄλλη νῆσος ἀντικρὺ Ἀθηνῶν, ἡ Σαλαμὶν, ἡ ἀρχιεπισκοπὴ Αἴγινα, καὶ ἄλλα νησίδια ἀνά τινας ἔχοντα ἱερεῖς καὶ ἀνὰ ὁσπίτια, ἄλλο πλείονα, ἄλλο ὀλιγώτερα.

Εἰπόντες οὖν περί τε τῶν κειμένων κατ' ἀνατολὰς καὶ κατὰ δύσιν, ὁμοίως καὶ περὶ τῶν ἐν μέσῳ νήσων τῶν κατ' ἀνατολὰς καὶ δύσιν, νῦν εἰπεῖν ἔχομεν περὶ μερικῶν τινων, ὧν εἰρήκαμεν ἐν παρόδῳ.

Τὸ νῦν Ἅγιον λεγόμενον ὄρος, Αἴγιον ἐκαλεῖτο καὶ Ἄθως· οἴκουν δὲ ἐκεῖ Ἴωνες πρῶτον· ἀξιώσει δὲ τοῦ λογιωτάτου καὶ σοφωτάτου ἀνδρὸς Ἀθανασίου, τοῦ χρηματίσαντος ἐξάρχου τῶν φροντισ̓τηρίων ἐν Βυζαντίῳ, ὥρισεν ὁ βασιλεὺς Νικηφόρος ὁ Φωκᾶς καὶ μετῳκίσθησαν μὲν οἱ τότε ἐκεῖ πάντες ἀντικρὺ Ναυπλίου ἐν Τζακονίᾳ, μέσον Ναυπλίου καὶ Μονεμβασίας. Κατῴκησε δὲ τοὺς τόπους ὁ Ἀθανάσιος καὶ ἔκτισε τὴν σεβασμίαν τῆς Λαύρας μονὴν, τὸ Πρωτᾶτον, καὶ ἄλλα. Εἶτα οἰκησάντων ἐκεῖ πολλῶν τρεχόντων τὸν κατὰ Θεὸν δρόμον, κατὰ μίμησιν ἐγένοντο καὶ ἄλλα μοναστήρια καὶ ὡσεὶ νῦν εἴκοσι τέσσαρα. Πρῶτος οὖν οἰκισ̓τὴς καὶ κτήτωρ ὁ ἅγιος Ἀθανάσιος ὁ ἐν τῷ Ἄθῳ λεγόμενος ἐγένετο· οὗ τὸν βίον καὶ τὴν θαυμασίαν πολιτείαν ἀληθῶς πολλοὶ τῶν τότε ἐξεπλάγησαν, καὶ τῶν νῦν ὄντων ἀκούοντες ἀναγινωσκόμενον τὸν λόγον τὸν διηγούμενον τὸν βίον καὶ τὴν πολι-

---

[1] Ou *terre cachetée*, terra sigillata.

τείαν αὐτοῦ, ξενίζονται καὶ εἰς μίμησιν οὐ δυνάμενοι χωροῦσι καὶ ἕπονται ὡς ἐφικτόν.

Εἴπωμεν καὶ περὶ τῶν ἐπαρχιῶν ἃς ἐμνημονεύσαμεν μὲν, οὐδὲν δὲ εἰρήκαμεν περὶ αὐτῶν. Ἡ οὖν Κασάνδρεια ἔχει ἐπίσκοπον ἄνδρα σοφὸν, ἀνεψιὸν τοῦ ποτε Θεσσαλονίκης μητροπολίτου, ἀνδρὸς σπουδαιοτάτου· ἱερεῖς ἔχουσα 60, καὶ ὁσπίτια χρισ7ιανῶν ὡσεὶ 2,000.

Εἶτά ἐσ7ι Θεσσαλονίκη, ἡ μεγάλη μητρόπολις, ἐπισκόπους ἔχουσα, καὶ ἱερεῖς 600, καὶ ὁσπίτια χρισ7ιανῶν ἐν αὐτῇ καὶ τῇ περιχώρῳ καὶ ταῖς ἐπισκοπαῖς, οἶμαι, ὡς λέγεται, πλέον τῶν εἴκοσι χιλιάδων.

Εἶτα αἱ Θῆβαι, αἳ ἔχουσιν ἱερεῖς ἐγγὺς 100· ὁσπίτια δὲ ὑπὲρ τὰς ὀκτὼ χιλιάδας.

Ἔπειτα Ἔβοια (sic), ἡ Εὔριπος, ἔχουσα ἐπισκόπους, καὶ ἱερεῖς ὡσεὶ 200· καὶ ὁσπίτια χρισ7ιανῶν ὑπὲρ τὰς δέκα χιλιάδας.

Αὖθις αἱ Ἀθῆναι, αἳ ἔχουσιν ἐπισκόπους, καὶ ἱερεῖς ὡσεὶ 160 [1].

Ἐν δὲ Πελοποννήσῳ ἔσ7ιν ὁ Κορίνθου ἔχων ἐπισκόπους, καὶ ἱερεῖς ὡσεὶ 100, ὁσπίτια δὲ χρισ7ιανῶν ὑπὲρ τὰς ἐπ7ὰ χιλιάδας [2].

Ὁ Ναυπλίου ἔχων ἱερεῖς 150 καὶ ὁσπίτια χρισ7ιανῶν χιλιάδας τέσσαρας.

Ὁ Μονεμβασίας ἔχων ἐπισκόπους, καὶ ἱερεῖς ὡσεὶ 400, καὶ ὁσπίτια χιλιάδας ὀκτώ.

Ὁ Παλαιῶν Πατρῶν ἔχων ἐπισκόπους, καὶ ἱερεῖς 300, καὶ ὁσπίτια ὑπὲρ τὰ 7,000.

Ὁ Λακεδαιμονίας ἔχων ἐπισκόπους, καὶ ἱερεῖς 200, καὶ ὁσπίτια ὡσεὶ 6000, καὶ ὁ Χρισ7ιανουπόλεως ἱερεῖς 300, καὶ ὁσπίτια 10,000 καὶ πλέον.

---

[1] Athenæ hodie ἀκρόπολιν sive arcem habent a Turcis custoditam, in qua Παυθέων est. Huic vicina sive contigua urbs est, partim nunc murata, reliqua pars ruinata. Habet nunc urbs οἰκήματα ἕως χίλια, olivetum amplissimum et maximum habet, ita ut unus sæpe 1,000, 2,000 et plures oleas habeat, ex quibus vivunt. Est nunc oleum atheniense optimum et per totam Græciam portatur. (Note de Crusius.)

[2] Corinthus urbs murata est, arcem habens ex utraque parte maris. Siquidem sita est in Ἐξιμιλίῳ. Minor est Athenis; hospitia forte 700 habet; frumento abundat. (Note de Crusius.)

Ταῦτα δὲ, ἃ καταγράφω, ἐκϐὰς Σησίοῦ καὶ Ἀϐύδου ἀνεθεώρουν τινα, ὅσα προς ἀνατολὴν ἦσαν· ἄλλα δὲ τὰ μακρὰν κείμενα καὶ φαινόμενα μόνον ἠρώτων καὶ ἐμάνθανον ἐκ τῶν εἰδότων ἀκριϐῶς, ὡς τὴν φιλικὴν μνήμην τοῦ ἀξιώσαντος μνημονεύων καὶ τὴν αἴτησιν ἐκπληρῶν.

Πλέοντες δὲ τὴν ὁδὸν ταύτην κατήχθημεν ἐν κάϐῳ Κρύῳ λεγομένῳ, κειμένῳ ἐν Ἀνατολῇ, οὗ λιμνή ἐστιν καὶ ὡς τὰ ἐρείπια φαίνονται, ἣν ὅτε ὑπῆρχε πόλις μεγάλη δύο λιμένας ἔχουσα πρὸς βορρᾶν καὶ νότον· ἔρημος δὲ νῦν ἀνθρώπων· οἰκήματα δὲ πολλὰ καὶ ὡραῖα, τὰ μὲν ἱστάμενα ἐν μέρει, τὰ δὲ πεσόντα. Ἀνεπόλησα δὲ τὸ τοῦ θείου Δαϐὶδ «ἔστω ἡ ἔπαυλις αὐτῶν ἠρημωμένη, καὶ ἐν τοῖς σκηνώμασιν αὐτῶν μὴ ἔστω ὁ κάτοικος». Ἴδον καὶ θρόνους ἀπὸ μαρμάρων λευκῶν, τοὺς μὲν καλῶς ὡς ἐτέθησαν κειμένους, τοὺς δὲ διερρωγότας, ἄλλως καὶ ἀνατετραμμένους, τείχη μεγάλα, στοάς, κλίμακας· καὶ ἐρωτήσας τινὰς ἐν κώμαις ἐκεῖ πλησίον οἰκοῦντας τί ἔχουσι ἀκούειν ἐκ παραδόσεως τῆς πόλεως ταύτης ἕνεκα· καὶ ἀπεκρίναντο ὅτι οἱ οἰκήσαντές ποτε ἄδικοι ἦσαν μεγάλως· ὅθεν καὶ ἐγὼ καὶ ἄλλοι οἱ σὺν ἐμοὶ ἀνεμνήσθημεν τὸ τοῦ Σολομῶντος «ἡ ἀδικία περιτρέψει θρόνους δικαστῶν».

Ἔστι δὲ ἡ Ῥόδος προκαθημένη τῶν Κυκλάδων πασῶν νήσων[1], φρούριον ἰσχυρότατον, περιϐόλοις καὶ τείχεσι τρισὶ περιζωννύμενον, ἔχον πύλας τέσσαρας, τὴν τοῦ Λιμένος, τὴν τοῦ Ναυστάθμου, ὅπου αἱ τριήρεις τοῦ ταχθέντος φυλάττειν ἄρχοντος μπέϊ τὴν θάλασσαν· τὴν τοῦ μεγάλου Μαστόρου, τὴν τοῦ Κόκκινου[2], ὅπου σημαῖαι τῶν ποτὲ κτιτόρων. Ἔνδον ἐστὶ καὶ ναὸς τοῦ ἁγίου Ἰωάννου, ὅπου στιχηδὸν καὶ τὰ τῶν φραρέων τῶν ποτὲ ἀρχόντων παλάτια, οἰκήματα εὐμεγέθη καὶ ὡραιότατα, ὅπου ἐν ἑκάστῳ καὶ ἡ σημαία ἔτι ζωγραφισμένη τοῦ οἰκοδομήσαντος τὸ οἴκημα, τὸ τοῦ πρωτομαστόρου παλάτιον, ἡ στεφηφορία αὐτοῦ ζωγραφισμένη, πῶς ὁ τῆς Κωνσταντίνου ἔστεψεν αὐτὸν μέγαν μάστορην καὶ φύλακα παντὸς τοῦ ἐκεῖ πελάγους. Ἔστιν ἐκεῖ καὶ ὁδὸς ἐπίσης ἴση καὶ κατευθὺ ἐπὶ πολὺ φερομένη, ἑκατέρωθεν

---

[1] Il y a dans le manuscrit πάντων, que l'on pourrait peut-être conserver.
[2] On dit aujourd'hui κόσκινου.

ἔχουσα παλάτια καταντικρὺ ἓν τὸ ἕτερον ἀπ' ἀρχῆς ἄχρι τέλους. Εἰσὶ καὶ ἄλλα πολλὰ κτίρια ὡραῖα καὶ ἀγαθά.

Ἀπὸ Ῥόδου εἰς Ἀτλάλειαν ἀπερχόμενος, κατήχθην ἐν τῷ Κασλέλλῳ Ῥίζῳ· ὅθι ἐκβάντες διεπεράσαμεν τὰ νησία Κάκαβα λεγόμενα· ὅπου φαίνονται οἰκήματα παρὰ τὴν ἀκτὴν ὑποβρύχια· θαῦμα ἰδέσθαι. Εἶτά εἰσι τὰ Μύρα, ἡ μητρόπολίς ποτε τοῦ ἁγίου Νικολάου, ὅπου καὶ ἡ μονὴ αὐτοῦ φαίνεται καὶ κασλέλλιον ἐπάνω ἠρημωμένον. Ἡ πόλις μέν, ἡ πάλαι λεγομένη Φοινίκη, ἔσλι νῦν ἔρημος. Περὶ αὐτὴν δέ εἰσι κῶμαι καὶ χωρία πολλὰ κείμενα ἀπὸ τῆς λίμνης τῆς ἰχθυώδους καὶ θαυμασίας, τῆς πλουτούσης ὀψάρια πολλὰ καὶ ἀγαθά, λεγόμενα ἐκεῖ κατὰ τόπους τζιποῦρες ἄχρι τοῦ κάβου τοῦ λεγομένου Χελιδώνη, ὃς φαίνεται ἀπὸ Κύπρου, Κρήτης καὶ ἄλλων τόπων μακρῶν. Ὑπάρχει γὰρ καὶ αὐτὸς εὐμεγεθέσλατος, καὶ τούτου ἕνεκα καὶ μακρόθεν διαφανέσλατος. Λέγεται δὲ ὅτι ἐν πᾶσι τοῖς χωρίοις τούτοις, τοῖς λεγομένοις ἁπλῶς Φοίνικα, εἰσὶ χωρία καὶ οἰκήματα διεσπαρμένα καὶ μεράδια ὑπὲρ τὰς δεκατέσσαρας χιλιάδας πάντα Ἀγαρηνοὺς φέροντα, πλὴν χωρίων δύο ἢ τριῶν ὀλίγων πάνυ χρισλιανῶν· πάντες γὰρ ἐξέκλιναν καὶ ἠχρειώθησαν ἐκ πολλοῦ. Βεβαρβάρωνται χρόνιοι πάντες ἐν βαρβάροις, ὅπου, ὡς εἴπομεν, συνέλευσις ἐγένετο τῶν Ἀγαρηνῶν ὅτε ἐσλρατεύσαντο κατὰ τῶν ἀθλίων Κυπρίων. Ἦσαν δέ, ὡς ἠκούετο, ἱππεῖς μὲν 6,000, πεζοὶ δὲ 50,000, ὅπου μείναντες διὰ τὸ συναθροίζεσθαι ἡμέρας τεσσαράκοντα, ἐγένετο ἐν αὐτοῖς λοιμός, καὶ ἀπέθανον ὑπὲρ τὰς πέντε χιλιάδας· εἴθε δὲ καὶ σύμπαντες! ἀλλ' οὖν μένουσιν αὐξανόμενοι καὶ παιδεύοντες ἡμᾶς διὰ τὰς ἁμαρτίας ἡμῶν.

Εἰσερχόμενος τὸν κόρφον δι' ὃν ἀπέρχεταί τις εἰς Ἀτλάλειαν, ἀρισλερὰ ἔσλι λιμὴν Τεκίροβα λεγόμενος, καὶ παλαιόκασλρον· ὅπου ἐπάνω ἔσλι βουνὸς μέγας Κλάδος λεγόμενος, ὅπου δύο πηγαὶ βρύσεις μεγάλαι καὶ θαυμάσιαι, κρυερὰ κρυερὰ μία καὶ θερμὴ θερμοτάτη ἑτέρα, πλησίον ἀλλήλων. Εἶτα λιμὴν Τζιραλὴ λεγόμενος, οὗ ἐπάνω ἔσλι βουνὸς ὑψηλότατος Τζιραλήταγι, ὅπου ἐκκλησία τοῦ Ἀρχισλρατήγου ἐσλὶν ἐπάνω ἐν τῇ κορυφῇ. Ἐκεῖ δὲ πλησίον εἰσὶ τρεῖς τόποι ἀεννάως νυκτὸς καὶ ἡμέρας ἀνακαίοντες πῦρ ὡς κάμινον, θεωρουμένην κατὰ πολὺ μακράν, καὶ μᾶλλον τὴν νύκτα. Πλησίον δ' ἐπάνω ἔσλι ῥύαξ ὕδατος, ὃς κατερχόμενος εἰς τὰς πυρκαϊὰς τῶν τόπων οὐ μόνον οὐ σβέννυσιν, ἀλλὰ μᾶλλον ἅπ7ει, οἷόν τι ξύλα τιθέμενα ἀναφαινόμενον τὸ ὕδωρ καὶ ὕλη πυρός· καὶ ἔσ7ι τῇ ἀληθείᾳ θαῦμα ἰδέσθαι. Εἰσὶ δὲ ἐν ἑκάσ7ῃ καμίνῳ ὑποκάτωθεν ὀλίγον ὀπαὶ δύο, ὡσεὶ πύλαι φαινόμεναι. Ὅπερ ἰδὼν καὶ κατασκοπήσας τοῦτο μὲν τὸ αὐτοφυὲς καὶ ἀέννααον πῦρ τὸ ἄσπετον ἐκεῖνο, τὸ νύκτας ὅλας καὶ ἡμέρας ἀπὸ τῆς τοῦ παντὸς συσ7άσεως καιόμενον καὶ φαινόμενον· τοῦτο δὲ καὶ ὅτι εἰσρέον τὸ πολὺ ποταμιαῖον ὕδωρ, οὐ μόνον ὡς ὑγρὸν οὐ σβέννυσιν, ἀλλὰ καὶ ὕλη γίνεται πυρός.

Ἡ Ἀτ7άλεια κεῖται ἐν ἐσχάτῳ ἄκρῳ τοῦ κόρφου ἐν ἀνατολῇ, ἐπάνω ἔχουσα τὴν Καισάρειαν καὶ ἄλλας πόλεις τῆς ἀνατολῆς· ἔσ7ι δὲ φρούριον ἰσχυρὸν ἀγχίαλον, ὡραῖον· ἀγαθὴ τὸν χειμῶνα καὶ πολλὰ καὶ παντοῖα ἔχουσα τρόφιμα ἀπὸ γῆς, ἀπὸ θαλάσσης καὶ ποταμοῦ· τὸν δὲ ἰούνιον, ἰούλιον καὶ αὔγουσ7ον καυσώδης, ὅθεν γίνονται πυρετοὶ καὶ ἀσθένειαι. Ὑπὸ δὲ τοῦ σφοδροῦ καύσωνος καὶ τῆς ἀναθυμιάσεως τῶν ὑγρῶν τῶν πολλῶν ἐκεῖ ὑδάτων τῶν ὑπορρεόντων γεννῶνται καὶ γίνονται κώνωπες μεγάλοι καὶ ἐνοχλοῦσι τοὺς ἀνθρώπους. Ὅθεν καὶ τινὲς μὲν ἐκεῖ ἔχουσι καλιὰς διὰ ξύλων ὑψηλοτάτας, καὶ ἀναβαίνουσιν ἐκεῖ καὶ κοιμῶνται τὰς νύκτας, ὅτε καὶ τὰ ζωΰφια ταῦτα, οἱ κώνωπες, μᾶλλον ἐνοχλοῦσι. Τινὲς δὲ τῶν ἐγχωρίων καὶ ἀναχωροῦσι τῆς πόλεως καὶ ἀπέρχονται καὶ διατρίβουσι τοὺς τρεῖς τούτους μῆνας εἰς βουνῶν κορυφὰς, γιαϊλάδες λεγόμενα παρὰ τῶν Ἀγαρηνῶν, ὑποκάτω ὄντα ὀλίγον τῆς ἐπάνω Πισσιδείας. Ἕκασ7ον τῶν οἰκημάτων τῆς Ἀτ7αλείας ἔχει κῆπον ὡραῖον, ἔνδον φημὶ τῆς πόλεως, καὶ βρύσιν ὕδωρ ῥέουσαν ἀγαθόν. Αἱ βρύσεις δὲ, εἴτε κρῆναι, εἰσὶ πᾶσαι κατεσκευασμέναι διὰ σωλήνων, ἔχουσαι τὰ ὕδατα ἀπὸ τοῦ ἐκεῖ πλησίον ῥέοντος ποταμοῦ· ὃς καὶ ἰχθύας ἐκβάλλει πολλοὺς καὶ ἀγαθούς. Ἔσ7ι καὶ κρήνη μεγάλη καὶ διειδέσ7ατον ἔχουσα ὕδωρ παρὰ τὸν αἰγιαλὸν κάτω ἐν τῷ λιμένι, καὶ ὁ λιμὴν ὡς κύκλος ἔκτισ7αι.

Ἀπὸ Ἀτ7αλείας δὲ ἀπέρχῃ εἰς τὸ Ἀναμούριον (ὅπου ναοὶ δύο περιφανεῖς ἁγίου Θεοδώρου καὶ ἁγίου Κωνσ7αντίνου, καὶ ἕτεροι ναοὶ ἔρημοι 42, καὶ βρύσεις πεντήκοντα· πεδία πυρφόρα πολλὰ καὶ ἄπειρα, πόλεις ἔρημοι οὕτω φαινόμεναι, χωρία νῦν μόνον ὄντα), εἰς Σελεύ-

13.

κειαν, εἰς πόρτον Πάλον λεγόμενον, εἰς τὸν κόρφον Γιάσην· ἔπειτα εἰς Γαλιλαίαν, αὖθις εἰς Τρίπολιν, Δαμασκὸν, Βερούτιον, Σαΐτη, Σοῦρον, τὰ Ἀπολλωνίου· εἶτα ἐν τῷ τέλει πόλις Ἄκρη λεγομένη. Ταύτην δὲ τὴν Ἄκρην πόλιν, τὴν ἐν ἄκρῃ κειμένην τῆς διόδου ταύτης, εὐλίμενον καὶ εὔπολιν οὖσαν, πλὴν παλαιὰν, ἐὰν θεάσῃ, ἐλπίζεις ὅτι ἡ Ῥόδος ἐσίί. Λέγεται δὲ λόγος καὶ φέρεται ἕως τοῦ νῦν ὅτι ὁ μέγας μάσ1ορης ὁ κτίτωρ Ῥόδου, ταύτην θεασάμενος τὴν Ἄκρην πόλιν, ἔκτισε τὴν Ῥόδον πρὸ 450 ἐτῶν, κρατήσας τοῦ ἐκεῖ ἄρχοντος, ἕλληνος ὄντος ἔτι, τὴν θρησκείαν, πλὴν ὑποκειμένου τῷ Ῥωμαίων βασιλεῖ καὶ τελοῦντι.

Μετὰ δὲ τὴν Ἄκρην ἔσίι τὸ Σκαφάτζον νῦν λεγόμενον, τὸ Γιάφα· ὅθι διὰ ἓξ ὥρας ἀπέρχῃ εἰς Ἱεροσόλυμα. Εἶτα ἔσίι Σεφὲτ, Ναζαρὲτ, Γεννισαρὲτ λίμνη· πίθοι, οἳ ἐδέξαντο τὸ ὕδωρ καὶ μετεβλήθη εἰς οἶνον παρὰ Χρισίοῦ, ἔτι ἐκεῖ μένοντες· ὅπου καὶ ἡ ἄγρα τῶν 150 ἰχθύων ἐγένετο· ὁ ἅγιος καὶ κυριακὸς τάφος· ὁ Ἰορδάνης ἐπάνω ὡς μίλια ἕξ· εἶτα Αἴγυπίος ἔρημος· τὸ Ῥάμλι· ἔρημος Ἀραβία· Ταμιάτη ἐπάνω· Βοῦρλοι, ὅπου ἰχθύες ὡς οἱ πολλοί· Ῥαχίτη, Ἀποκούρια ἡ σκάλα· εἶτα Ἀλεξάνδρεια ὡς κεφαλὴ προκαθημένη. Ταῦτα δὲ κεῖνται κυκλοτερῶς ταύτης ὡς μέλη σώματος προσκυνοῦντα τὴν κυρίαν καὶ δέσποιναν Ἀλεξάνδρειαν.

Extrait du *Codex Tybingensis Mb 37*, fol. 19 et suivants. Copie de Martin Crusius. Celui-ci nous apprend, dans une note placée en tête, qu'il a exécuté cette transcription le 4 septembre 1579, sur l'autographe même de Théodose Zygomalas, que Étienne Gerlach avait retrouvé la veille parmi ses papiers. Au xviie siècle, Du Cange avait eu entre les mains une autre copie de cet itinéraire, provenant de la bibliothèque d'Ulric Obrecht de Strasbourg. (Voir son *Glossarium mediæ et infimæ græcitatis*, t. II, Index auctorum, colonne 33.) La même bibliothèque avait encore fourni à Du Cange trois autres notices qu'il désigne ainsi : 1° *De statu ecclesiarum Orientis* (c'est une énumération très vague des principaux monastères du Levant avec le chiffre approximatif des religieux qui les habitent); 2° *De monte Sina* (notice d'environ deux pages sur le couvent du mont Sinaï); 3° *De monte Atho* (note d'une demi-page, avec un plan de la Sainte-Montagne fort grossièrement exécuté). Ces trois notices avaient été faites par Théodose Zygomalas à l'intention d'Étienne Gerlach; elles se trouvent dans le *Codex Tybingensis Mb* 37.

N° 10.
ITINÉRAIRE DE THÉODOSE ZYGOMALAS.
PREMIER SUPPLÉMENT.

Περὶ ὧν ἰδίως ἠρώτησας, ὡς ἔμαθον.

Ὁ Ἐφέσου ἔχει ἱερεῖς· ἐν Ἐφέσῳ οὐ κάθηται νῦν, ὅτι ἠρήμωται. παροικεῖ ἐν μιᾷ τῶν ἐπισκοπῶν αὐτοῦ νῦν Θύρα λεγομένῃ καὶ πρὸς Μαίανδρον κειμένῃ τὸν ποταμόν. Εἰς τὰ Θύρα εἰσὶν ἱερεῖς 4. Ἐν Φωκίᾳ τῇ νέᾳ 10, ἐν Μαγνησίᾳ 3, εἰς τὸ λεγόμενον Ταμασαλίκιον 2, εἰς τὸ σταυροπήγιον τοῦ ἁγίου Κωνσταντίνου 4 μετὰ τῶν πέριξ, καὶ εἰς τὰ λοιπὰ χωρία ἀνὰ 1 καὶ 2 ἱερεῖς, ἕως 40 ἢ πλέον, ἢ καὶ ἔλαττον ἔσθ' ὅτε. Πλῆθος χρισπιανῶν, οἶμαι, ἕως 1,000 ὁσπίτια· εἰσὶ καὶ ξένοι ἕτερα τόσα, οἰκοῦντες καὶ μετοικοῦντες ἐν ταῖς χώραις πάσης τῆς ἐπαρχίας.

† Ὁ Καισαρείας, ἱερεῖς ἕως τριάκοντα· ὁσπίτια 1,000· πόλις παλαιά. †

† Ἡράκλεια καὶ μετὰ τειχῶν μέρος ἐστὶ, καὶ ἄνευ τὸ πλέον· εἰσὶ δὲ πολλὰ τείχη πεπτωκότα· τὸ πλέον ἐξηφανισμένη, καὶ ὡς κώμη. Ἔνδον ἡ πόλις ἔχει ἱερεῖς 10, καὶ ὁσπίτια χρισπιανῶν 400 ἢ 500, Ἐπαρχίαν ἔχει πολλὴν καὶ ἱερεῖς καὶ ἐπισκοπάς.

Πρόεδρος λέγεται ὁ Ἡρακλείας ὅτι ἡ καθέδρα Κωνσταντινουπόλεως ἐπισκοπὴ ἦν αὐτοῦ· ὅθεν καὶ τῶν ὑπερτίμων πρόεδρος λέγεται.

† Ὁ δὲ Καισαρείας, ὑπέρτιμος τῶν ὑπερτίμων, τουτέστι πρωτοκάθεδρος καὶ πρῶτος ἐν τιμῇ τῶν ὑπερτίμων, τουτέστι τῶν ἀρχιερέων πάντων, οἳ τιμῶνται παρὰ τῶν ἐπισκόπων αὐτῶν καὶ παρὰ τοῦ λαοῦ, καὶ ἄλλων. Οὕτως οἶμαι ἐγὼ λέγεσθαι τὰς τιμὰς τῶν δύο τούτων, ὅτι γεγραμμένον ἐνέτυχον οὐδέν.

Codex Tybingensis Mb 37, fol. 25 v°-26 v°. Note écrite pour Étienne Gerlach, par Théodose Zygomalas.

N° 11.

ITINERAIRE DE THÉODOSE ZYGOMALAS.

SECOND SUPPLÉMENT.

Ἐπειδὴ τῷ θείῳ ὁρισμῷ τοῦ ἁγιωτάτου πατριάρχου Κωνσταντινουπόλεως κυρίου Ἱερεμίου ἀντιλέγειν οὐκ εἶχον, ἀλλ' ἐστάλην ἐγώ, Θεοδόσιος πρωτονοτάριος ὁ Ζυγομαλᾶς, κατὰ τὸ ζπε΄ ἔτος, μηνὶ ὀκτωβρίῳ ι΄, ἔξαρχος παντὸς Αἰγαίου Πελάγους, νήσων τε πασῶν καὶ μέρους Ἀνατολῆς, τὸ γειτνιάζον θαλάσσης ἀπὸ Χαλκηδόνος ἕως Ἀτταλείας καὶ Σίδης τῆς πλησίον Μυρέων, συνέξαρχον ἔχων καὶ τὸν τιμιώτατον νομοφύλακα τῆς αὐτῆς ἁγίας ἐκκλησίας πρεσβύτερον κύριον Σαββατιανόν· καὶ ὁ τὰ πάντα σοφὸς καὶ αἰδέσιμος κύριος Στέφανος ὁ Γερλάχιος ὁ ἐκκλησιαστὴς ἠξίωσέ με ἐν Κωνσταντινουπόλει ἔτι διατρίβοντα, φιλικῶς τε ἔχοντα καὶ γνησίως μετ' αὐτοῦ, ὡς ἀνδρὸς σπουδαίου καὶ ἀρεταῖς κεκοσμημένου, ἵν' ἐντυγχάνων κατὰ πάροδον χωρίοις καὶ πόλεσιν ἐξόχοις καὶ πολυφήμοις, μὴ χαλεπόν μοι ᾖ οὔτε πάρεργον καταγράφειν τὸν ὀνομαστὶ ἀριθμόν, ἄλλα τε λόγου ἄξια, ἐκκλησίας ἐν αὐτοῖς οὔσας, πλῆθος χριστιανῶν, κληρικῶν, ὀνόματα βιβλίων παλαιῶν, ἱστορικῶν, φιλοσόφων, θεολόγων καὶ ἄλλων· πρὸς δὲ διεγεῖραί με τοὺς ἱερωτάτους ἀρχιερεῖς σημειώσασθαι ἰδίᾳ χειρὶ τὰ αὐτῶν ὀνόματα· καὶ ταύτην τὴν ἐντολὴν μνημόσυνον ὁδοιπορικὸν δέδωκέ μοι τῶν χαριεστάτων αὐτῷ κρῖναι τὴν τούτων ἐκπλήρωσιν. Τούτου ἕνεκα, ὡς ἀμνήμων φιλίας μὴ ὢν ἐν καταλόγῳ ἰδιοχείρῳ μοι ἰδίως τὰ περὶ πάντων μὲν τούτων συγγράφειν οὐκ ὀκνήσω, καὶ ἐν τῇ σὺν Θεῷ μου ἐπανόδῳ κομίσω αὐτῷ καὶ ἐγχειρίσω ἀληθείας μεστά· ἐν δὲ τῷ παρόντι χάρτῃ τὰ τῶν ἱερωτάτων ἀρχιερέων ἀξιώσω γράφεσθαι χειρόγραφα, ὅσοις ἐντύχω.

Θεοδόσιος, πρωτονοτάριος τῆς ἐν Κωνσταντινουπόλει μεγάλης ἐκκλησίας, γράφων ὁμολογῶ τὴν φιλίαν τοῦ αἰδεσιμωτάτου Στεφάνου σπουδαίαν εἶναι.

Ὁ νομοφύλαξ τῆς μεγάλης ἐκκλησίας καὶ ἔξαρχος πατριαρχικός.

Ὁ ταπεινὸς μητροπολίτης Ῥόδου Κάλλιστος.

Ὁ ἀρχιεπίσκοπος Καρπάθου Μακάριος.

Ὁ ταπεινὸς ἀρχιεπίσκοπος Κῶ Νίκανδρος.

Ὁ Χίου ταπεινὸς μητροπολίτης Ἱππόλυτος.

Ὁ Μηθύμνης Νεόφυτος.

Ὁ Πισυδίας καὶ ἔξαρχος Σίδης, Μυρέων καὶ Ἀτταλίας[1].

Ὁ Λήμνου μητροπολίτης Ζαχαρίας.

Ὁ ταπεινὸς μητροπολίτης Παροναξίας Ἀθανάσιος.

Ὁ ταπεινὸς μητροπολίτης Ἴμβρου Ἰωακείμ.

Ὁ ταπεινὸς μητροπολίτης Σμύρνης Γαβριήλ.

Ὁ Ἄνδρου Ἀρσένιος.

Κάλλιστος ἐπίσκοπος Λέρου.

Ὁ Μακάριος ἱερομόναχος καὶ ἡγούμενος Πάτμου[2].

Codex Tybingensis Mb 37, fol. 10 r° à 11 v°.

[1] Pauci christiani in his tribus locis (*Note de Crusius*).
[2] Descripsi ex autographis 6 chartis seu schedis, 25 et 26 januarii 1579. Μαρτῖνος Κρούσιος. Tybingæ. Cf. pour cette liste, la *Turcogræcia*, p. 506.

N° 12.

NOTE AUTOGRAPHE DE THÉODOSE ZYGOMALAS
SUR UN MANUSCRIT DU MONASTÈRE DE N.-D. D'HAGIA,
DANS L'ÎLE D'ANDROS.

Τὸ παρὸν βιβλίον ὑπάρχει τῆς σεβασμίας μονῆς τῆς Παναγίας τῆς Ἁγίας τῆς ἐν νήσῳ Ἄνδρῳ, ἥτις, πρότερον μὲν παλαιὰ οὖσα καὶ σημεῖον μόνον φέρουσα ναοῦ καὶ ᾀδομένη καὶ ὀνομαζομένη Ἁγία, διὰ συνδρομῆς καὶ μερικῆς δαπάνης Μακαρίου τοῦ μοναχοῦ, τοῦ κατὰ κόσμον Ντελαγραμματικῆ Δομένεγου, καὶ τοῦ λογιωτάτου Στρατηγοπούλου, τοῦ ἐπονομασθέντος Στρατονίκου μοναχοῦ, καὶ ταῖς ἐλεημοσύναις τῶν χρισ]ιανῶν, ἀνεκτίσθη καὶ ᾠκοδομήθη, καὶ εἰς ὃ νῦν ὁρᾶται σήμερον δυνάμει Θεοῦ ἦλθε, μετά τε τοῦ πλησίον πύργου καί τινων κελλίων τῶν ἐνασκουμένων, καὶ τῆς περιοχῆς τοῦ τοίχου καί τινων ἀφιερωμάτων εἰς σύσ]ασιν ταύτης τῆς θείας μονῆς τῆς Ἁγίας, ἐν ᾗ ἐνασκῶνται τὴν σήμερον, ἐπισκοπεύοντος Ἄνδρου τοῦ θεοφιλεσ]άτου ἐπισκόπου Ἄνδρου κυροῦ Ἀρσενίου, καὶ ἡγουμενεύοντος τῇ θείᾳ ταύτῃ μονῇ τοῦ ὁσιωτάτου ἐν ἱερομονάχοις καὶ πνευματικοῖς κυροῦ Ἰωσήφ, μοναχοὶ ὡσεὶ πεντεκαίδεκα, τρέχοντες τὸν τῆς ἀρετῆς δρόμον καὶ Θεοῦ δεόμενοι ὑπέρ τε ἑαυτῶν καὶ λοιπῶν χρισ]ιανῶν, ἐλεημοσύνῃ προσέχοντες καθημέραν καὶ παρέξει τῶν ἀναγκαίων διατροφῶν τῶν καθεκάσ]ην διαπερώντων τὴν νῆσον ταύτην Ἄνδρον, ἐπεὶ ἐν ὁδῷ ἐσ]ιν· ὁ δὲ τῶν ὅλων θεός, ὁ ἐκ τοῦ μὴ ὄντος τὰ πάντα παραγαγών, καὶ ταύτην αὐξήσειε καὶ οὐδὲν ἔλατ]ον δείξειε τῶν πάλαι ᾀδομένων ναῶν εἰς δόξαν Θεοῦ, οὗ δὴ βοηθείᾳ καὶ ἐγὼ Θεοδόσιος, πρωτονοτάριος τῆς μεγάλης ἐκκλησίας, ἐξαρχικῶς τὰς νήσους διερχόμενος, ἔφθασα ἐλθεῖν εἰς προσκύνησιν τῆς θείας ταύτης μονῆς τῆς Παναγίας μου, τῆς λεγομένης Ἁγίας, καὶ ταῦτα πισ]ωθεὶς ἐσημειωσάμην μνήμης ἕνεκα, κατὰ τὸ ζπε΄ ἔτος, μηνὶ μαΐῳ, ἰνδικτιῶνος ε΄ (1577 de notre ère).

Le volume à la fin duquel figure cette note porte le n° 57 dans le catalogue des manuscrits de N.-D. d'Hagia rédigé par Antoine Miliarakis et qu'il a publié dans ses Ὑπομνήματα περιγραφικὰ τῶν Κυκλάδων νήσων κατὰ μέρος. Ἄνδρος, Κέως (Athènes, 1880, in-8°), p. 161-181. La note de Théodose Zygomalas est reproduite p. 182-183 du même ouvrage.

N° 13.

CATALOGUE DE LA BIBLIOTHÈQUE DU MONASTÈRE DE LA TRINITÉ, DANS L'ÎLE DE CHALKI. (JANVIER 1572.)

La bibliothèque du monastère de la Trinité (ou du Miroir) dans l'île de Chalki, dont nous publions ici le catalogue, avait été formée par le patriarche Métrophane. Fils d'un Bulgare bogomile, qui exerçait la profession de tuilier, Métrophane s'appelait Michel avant d'entrer en religion. Se sentant de la vocation pour l'état monastique, il se rendit au mont Athos, et se fit admettre à la Laure de saint Athanase, où lui furent conférés le diaconat et la prêtrise. Chargé par son couvent d'aller recueillir des aumônes à Constantinople, il réussit à se faire nommer proestos de l'église de sainte Parascévé, à Hasskeuï, son village natal. Attaché ensuite au patriarcat, il fut plus tard créé métropolitain de Césarée par Denys II[1]. Ce dernier le chargea,

---

[1] Les détails qui précèdent sont puisés dans la Chronique dite *de Dorothée*. Cf. Sathas, Βιογραφικὸν σχεδίασμα περὶ τοῦ πατριάρχου Ἱερεμίου βʹ (Athènes, 1870, in-8°), p. 5.

très probablement en 1546[1], d'une tournée exarcale. Nous avons vu plus haut que, voulant visiter les églises grecques plus ou moins orthodoxes de l'Italie, Métrophane s'était adjoint Jean Zygomalas en qualité d'interprète[2]. Il visita notamment celles d'Ancône et de Venise[3], villes qui possédaient l'une et l'autre une colonie hellénique alors très florissante. Mais il ne devait pas s'arrêter en si beau chemin. Conformément aux instructions que lui avait données Denys II, il se rendit à Rome[4], baisa les pieds du pape[5] et lui déclara que le patriarche œcuménique était prêt à faire cesser le schisme, par la réunion de l'église grecque à l'église latine. L'acte synodal reproduit ci-dessus, sous le n° 2, déclare catégoriquement que les lettres patriarcales dont Métrophane était porteur lui enjoignaient d'accomplir cette démarche auprès du souverain pontife. Grande fut l'indignation du clergé et des nobles grecs de Constantinople, quand ils apprirent qu'un prélat orthodoxe s'était abouché avec l'*hérésiarque* (c'est ainsi qu'ils désignaient l'évêque de Rome). Un synode fut convoqué au mois de novembre 1547 : la conduite de Denys II y fut très sévèrement condamnée, et Métrophane s'y vit gratifié des épithètes de *scélérat* et de *sacrilège*. Privé de sa métropole, l'infortuné légat dut, pour

---

[1] A en juger par le temps que dut prendre à Métrophane son voyage en Italie, et surtout par la date du document publié ci-dessus sous le n° 2. La date de 1549 que nous avons nous-même donnée (*Bibliographie hellénique des XVᵉ et XVIᵉ siècles*, t. I, p. cxcvi), d'après Jean Veloudo (Ἑλλήνων ὀρθοδόξων ἀποικία ἐν Βενετίᾳ, p. 61), doit être rejetée. 1549, chez Veloudo, n'est peut-être, d'ailleurs, qu'une erreur typographique pour 1546.

[2] Cf. ci-dessus, p. 74.

[3] Cf. le document n° 2.

[4] La Chronique de Dorothée affirme que Métrophane avait lui-même inspiré à Denys II l'idée de l'envoyer à Rome.

[5] Voir Gerlach, *Türckisches Tagebuch*, p. 59.

comble d'humiliations, apposer sa signature au bas du document où il était si malmené[1]. Nous apprenons, par une note de Crusius, que Denys II parvint à se justifier en déclarant que son exarque était allé à Rome de sa propre initiative. Traité en bouc émissaire, Métrophane fut seul excommunié[2]. Cette information nous paraît d'autant plus admissible que Denys continua d'occuper le trône œcuménique pendant plusieurs années encore. Plus tard, Métrophane obtint son pardon et, grâce à ses mérites et aussi à la puissante influence de Michel Cantacuzène, il parvint à se faire élire patriarche, en janvier 1565[3]. Il conserva cette dignité jusqu'au 4 mai 1572[4].

Métrophane était un homme doux et grave[5], d'un esprit cultivé, aimant les livres et sachant les apprécier. Le couvent de la Trinité, dans l'île de Chalki, tombait en ruines; il entreprit de le restaurer et y réussit[6]. Il y appela des moines, en orna l'église de saintes images[7], et le dota d'une bibliothèque composée principalement de manuscrits. Il rédigea lui-même (ou, au moins, écrivit de sa main) un catalogue méthodique de cette collection : Gerlach avait copié sur l'autographe même du prélat le texte que nous reproduisons ci-après.

---

[1] Voir le document n° 2.

[2] *Codex Tybingensis Mb 37*, fol. 31 r°.

[3] L'acte de déposition de son prédécesseur porte la date du mois de janvier 7073 de la création. (Voir *Turcogræcia*, p. 173.)

[4] Voir *Turcogræcia*, p. 176.

[5] Lettre de Gerlach à Crusius, du 7 mars 1578, dans la *Turcogræcia*, p. 212.

[6] *Suis sumptibus* (dit Gerlach, dans la lettre citée à la note précédente), *collatione eleemosynarum*, affirme Crusius. (*Turcogræcia*, p. 512.)

[7] *Constantiniade ou Description de Constantinople ancienne et moderne, composée par un philologue et archéologue, traduite du grec par M. R.* (Constantinople, 1846, in-8°), p. 204. L'auteur de ce livre est le patriarche Constantios le Sinaïte.

Ledit Gerlach fut assez heureux pour visiter cette bibliothèque alors qu'elle existait encore dans son intégrité ou à peu près. J'emploie à dessein cette restriction; car, à en croire l'auteur de la *Constantiniade*[1], Métrophane aurait offert quelques-uns de ses manuscrits sur parchemin aux ambassadeurs impériaux Augier Busbecke et Albert de Wyss. Gerlach parle à plusieurs reprises de ses relations avec Métrophane; il donne sur lui, dans son *Türckisches Tagebuch*[2], des renseignements pleins d'intérêt et l'appelle «le plus savant de tous les Grecs[3]». Il fait aussi l'éloge de sa belle bibliothèque, dans deux lettres adressées à Crusius et dont celui-ci nous a conservé les passages suivants : *Es hat in ins. Chalce* (inquit, 1 septembris 1577 ad me scribens, Gerlachius), *nit weit von Constantinopel, der alt Patriarch Metrophanes (bei dem ich imm verschinen Julio gewesen, und er mich gantz freundlich tractiert) ein schene bibliothecam : auss deren ich etlich bücher kunte lassen abschreiben. Hab nit vil zeit gehabt, sie zubeschen. Sunderlich aber gefunden* μεγάλην βιβλιοθήκην Φωτίου πατριάρχου, *ein buch in einer quart, darin vil historiæ sein sollen. Hoff, ich well bald wider hinschiffen. Aber gelt ist nit da. Deinde, in alia epistola 29 decembris 1577 : Fui heri, inquit, apud Metrophanem*[4], *virum sexagenarium, plurimarum rerum peritum, et doctum, qui, hisce feriis, in suburbio seu pago Constantinopoleos* ἁγία Παρασκευὴ *dicto*[5] *degit, ibi amplissimas ædes possidens. Missum me a generoso meo domino, librorum emendorum causa liberaliter excepit. Copiam mihi fecit secum in Chalcem (quo brevi redi-*

---

[1] Page 205.
[2] Voyez notamment, p. 30, 59, 233, 247, 276, 278, 308, 342, 446, 459.
[3] *Türckisches Tagebuch*, p. 59.
[4] Cf. le récit de cette visite dans le *Türckisches Tagebuch*, p. 425.
[5] C'est le nom grec du village de Hasskeni.

turus) navigandi, conquestus sibi aliquot libros furto ablatos esse : παράλληλα Damasceni et Chronicon Manassis [1].

Réélu pour la seconde fois patriarche, le 29 novembre 1579 [2], Métrophane mourut le mardi 9 août 1580 [3]. Après le décès du savant patriarche, sa précieuse collection ne fut pas complètement dispersée, puisque, aujourd'hui encore, on en conserve quelques épaves dans la bibliothèque de l'ancien couvent de la Trinité, converti en école théologique ou séminaire. Plusieurs manuscrits, et non des moins importants, furent acquis par Thomas Roe, ambassadeur d'Angleterre près la Porte ottomane. Celui-ci les offrit, en 1628, à la bibliothèque Bodléienne d'Oxford, où ils se trouvent actuellement, dans le fonds auquel on a donné le nom

---

[1] *Turcogræcia*, p. 512.

[2] La date du 24 décembre donnée par Crusius (*D. Solomoni Schweigkero Sultzensi Gratulatio* (Strasbourg, 1582, in-4°), 3ᵉ fol. verso du cahier signé B, et *Turcogræcia*, p. 212) est certainement inexacte et doit être rejetée. En effet, le 8 décembre 1579, M. de Germigny, ambassadeur de France à la Porte ottomane, écrivait à Catherine de Médicis que le prince de Moldavie et le patriarche de Constantinople ayant été déposés, on leur en avait substitué de nouveaux, «lesquels baisèrent la main à ce Seigneur, dimanche xxix du moys passé» (Voir Charrière, *Négociations de la France dans le Levant*, t. III, p. 839).

[3] Cette date est celle que donne le hiéromoine Théophane (peut-être le même que le protopsalte de l'église patriarcale, le moine Théophane [Carykis(?), qui était un musicien consommé], dont parle Gerlach, dans son *Türckisches Tagebuch*, p. 462, sous la date du 3 mars 1578), dans une lettre écrite quelques jours après l'évènement et adressée au métropolitain de Janina (*Turcogræcia*, p. 335). Métrophane expira *à la première heure de la nuit*, en d'autres termes dans la nuit du 9 au 10 août 1580. La date du *10*, donnée par Théodose Zygomalas dans sa lettre à Gerlach, publiée ci-après sous le n° 21, se concilie donc bien avec celle fixée par Théophane. Dans une lettre à Crusius du 17 janvier 1581, Salomon Schweigger avait écrit le *xi* (*Turcogræcia*, p. 212), mais il ne faut peut-être voir là qu'une faute typographique, au lieu de *ix*. D'ailleurs, Crusius avait déjà fixé antérieurement une date erronée (*le 18 août*), dans *D. Solomoni Schweigkero Sultzensi Gratulatio*, 3ᵉ f. verso du cahier signé B. On voit en cet endroit que Crusius avait eu entre les mains la lettre de Théodose Zygomalas, dont il vient d'être question; il y avait sans doute lu ιη′, tandis qu'elle porte en réalité ι′ (c'est-à-dire δεκάτη). Ainsi s'explique son erreur de huit jours.

du généreux diplomate. Ils sont facilement reconnaissables, car presque tous portent, écrite de la main de Métrophane, une note à peu près identique à celle-ci, qui se lit à la fin du manuscrit n° 12 (*Histoire des Turcs,* par Laonic Chalcocondyle[1]) :

Ἡ βίβλος αὕτη πέφυκε τῆς παντουργοῦ Τριάδος,
τῆς ἐν τῇ νήσῳ Χάλκῃ τε μονῆς τε τοῦ Ἐσόπ]ρου[2]·
καὶ εἴ τις βουληθῇ ποτὲ ταύτην ἀποσ]ερῆσαι,
κεχωρισμένος ἔσεται τριάδος τῆς ἁγίας,
ἐν τῷ αἰῶνι τούτῳ γε καὶ τῷ ἐλευσομένῳ.
Οἱ πατέρες μέμνησθε τοῦ Μητροφάνους.

Les n°s 7 (Commentaire d'Euthyme Zygabinos sur le psautier), 14 (Syméon Seth, etc.), 18 (Manuel Philé, etc.), 22 (Nicétas Acominat), 23 (Vie de Saint-Jean Chrysostome, etc.), 28 (volume de mélanges), etc., du fonds de Thomas Roe, ont aussi appartenu à la Trinité de Chalki.

Du Cange avait du catalogue de Métrophane une copie provenant de la bibliothèque du savant strasbourgeois Ulric Obrecht[3]. Il attribuait, nous ignorons pourquoi, la confection de cet Index, comme il l'appelle, à Théodose Zygomalas; mais il est très probable que la copie seule était l'œuvre du protonotaire de la grande Église. Du Cange a cité quelques passages de ce catalogue dans son glossaire, notamment plus de deux lignes au mot σερασέριν[4].

Le texte publié ci-après est tiré du *Codex Tybingensis Mb 37,* dont il occupe les folios 41 r° à 45 v°. Il y porte ce

---

[1] Coxe, *Catal. codd. græcorum biblioth. Bodleianæ,* pars prima, col. 465.
[2] Le n° 7 du fonds Thomas Roe présente ici cette variante : μονῆς τῆς τοῦ (voir Coxe, *ibidem,* col. 463).
[3] *Glossarium mediæ et infimæ græcitatis,* t. II, Index auctorum, col. 36.
[4] *Ibidem,* t. II, col. 1354.

titre latin : *Catalogus bibliothecæ d. Metrophanis, patriarchæ constantinopolitani, in monasterio insulæ Chalcæ.*

Ἐν ἔτει ζπ', μηνὶ ἰανουαρίῳ, ἰνδικτιῶνος ιε', ἐγένετο ὁ παρὼν κατάλογος, καὶ ἡ καταγραφὴ τῶν σεπτῶν βιβλίων τῆς θειοτάτης βιβλιοθήκης τῆς σεβασμιωτάτης καὶ βασιλικῆς μονῆς τῆς ἁγίας Τριάδος, τῆς ἐν τῇ νήσῳ Χάλκης· ἃ δὴ πάντα ἅγια βιβλία συνῆξε καὶ συνήθροισεν ὁ παναγιώτατος καὶ οἰκουμενικὸς πατριάρχης κύριος Μητροφάνης, ὁ κτήτωρ τῆς σεβασμιωτάτης μονῆς αὐτῆς, καὶ τῇ ἱερᾷ βιβλιοθήκῃ αὐτῇ ἐναπεθησαυρίσατο.

Εἰσὶν οὖν πρῶτον μὲν ἱερὰ εὐαγγέλια τὸν ἀριθμὸν ἅπαντα· ὁ κόσμος δὲ ἑκάστου αὐτῶν καὶ τὸ σχῆμα, καὶ ἡ θέα καὶ ἡ κατασκευὴ οὕτως ἔχει ὡς ἓν καθ' ἓν δηλοῦται ἀκριβῶς.

Εὐαγγέλιον ἐν μεμβράναις, καθημερούσιον, μῆκος πρῶτον, περικεκοσμημένον μετὰ σηρικοῦ ὑφάσματος χρυσοποικίλου, ὃ κοινῶς καλεῖν εἰώθασι σερασέριν[1].

Εὐαγγέλιον ἕτερον ὅμοιον, ἐνδεδυμένον χρυσοπρασίνῳ σηρικῷ ὑφάσματι.

Εὐαγγέλιον ἄλλο ἐν μεμβράναις, περιέχει τόν τε Πραξαπόστολον καὶ τὴν Ἀποκάλυψιν.

Εὐαγγέλια δύο καθημερούσια, τυπογραφία, μῆκος πρωτοδεύτερον· ἐνδεδυμένον τὸ ἓν ὑφάσματι σηρικῷ κοκκίνῳ.

Εὐαγγέλιον, μῆκος τρίτον, μικρόν, βαμβίκινον, μετὰ πίνακος.

Τετραευαγγέλιον ἐν μεμβράναις, μῆκος πρωτοδεύτερον, περιέχον ἐν τῇ ἀρχῇ καὶ τὴν ἁρμονίαν Ἀμμωνίου, καὶ ἄλλο ὅμοιον εὐαγγέλιον.

Τετραευαγγέλιον ἐν μεμβράναις· περιέχει ἐν τῇ ἀρχῇ ζωγραφισμένην τὴν Γέννησιν καὶ τοὺς Εὐαγγελιστάς· μῆκος δευτερότριτον.

Εὐαγγέλιον κεκοσμημένον· κεφαλαιώδη γράμματα· τὰς δεσποτικὰς ἑορτὰς περιέχει· μῆκος δευτερότριτον.

---

[1] Σερασέρ, vocab. persicum, ein gulbenſ ſtud̄ (*Note de Crusius*). Le mot est, en effet, persan; le dictionnaire de Meninski (tome III, p. 245) le traduit par *aureus pannus*, *broccato*, *drappo d'oro*.

Εὐαγγέλιον ἐν μεμϐράναις, καλλιγραφία, κεκοσμημένον ὡραίως· περιέχει τὰ τῶν δεσποτικῶν ἑορτῶν εὐαγγέλια.

Εὐαγγέλιον βαμϐίκινον· κυριακοδρόμιον καὶ ἄλλα τινὰ εὐαγγέλια.

Ἔτι εὐαγγέλια μετ᾽ ἐξηγήσεων διαφόρων θεολόγων ἁγίων τῆς ἐκκλησίας, ὡς δηλωθήσονται.

Τετραευαγγέλιον μετὰ ἐξηγήσεως ἐν μεμϐράναις, μῆκος πρῶτον· περιέχει καὶ τὴν ἁρμονίαν μετὰ ζωγραφιῶν ὡραιοτάτων καὶ τοὺς εὐαγγελισ]ὰς πάνυ σεμνῶς· ἔσ]ι δὲ κύκλῳ ἡ ἐξήγησις καὶ μερική.

Ἑρμηνεία εἰς τὰς κυριακὰς Θεοφίλου, πατριάρχου Κωνσ]αντινουπόλεως.

Ἑρμηνεία εἰς τὰς πράξεις τῶν Ἀποσ]όλων καὶ τὰς ἐπισ]ολὰς Παύλου· βιϐλίον ἕν, ἡ λεγομένη χρυσῆ ἅλυσις, μῆκος πρῶτον, τυπογραφία.

Χρυσοσ]ομικὰ βιϐλία ε΄, μῆκος πρῶτον· τοῦ Χρυσοσ]όμου ἐξήγησις εἰς τὰς ἐπισ]ολὰς Παύλου· ἐξ ὧν τὰ δύο τυπογραφία· τὰ δὲ τρία, χειρογραφία.

Ἔτι τοῦ Χρυσοσ]όμου βιϐλία ἐν μεμϐράναις, μῆκος πρωτοδεύτερον, οἱ ἀνδριάντες.

Τοῦ Χρυσοσ]όμου ἔτι βιϐλίον ἐν μεμϐράναις, μῆκος κατάπρωτον[1]· περιέχει λόγους διαφόρους.

Ἕτερον ἔτι βιϐλίον τοῦ Χρυσοσ]όμου ἐν μεμϐράναις, μῆκος πρῶτον, περιέχει λόγους διαφόρους τὸν ἀριθμὸν κη΄.

Ἔτι χρυσοσ]ομικόν· περιέχει λόγους ιη΄, ἐν μεμϐράναις, μῆκος πρῶτον.

Ἄλλο χρυσοσ]ομικόν· περιέχει λόγους λζ΄, ἐν μεμϐράναις, μῆκος πάμπρωτον[2].

Χρυσοσ]ομικὸν, μῆκος δεύτερον, βαμϐίκινον, περιέχει λόγους διαφόρους κη΄.

Βιϐλιάριον μικρὸν χρυσοσ]ομικὸν ἐν μεμϐράναις· ἐν ἐπιτομῇ περιέχει τὴν παλαιὰν καὶ νέαν διαθήκην.

---

[1] Ꙗn Regal (Note de Crusius).
[2] Groß Regal (Note de Crusius).

Ἕτερον τοῦ Χρυσοσλόμου ἐν μεμβράναις εἰς τὴν ἑξαήμερον, τὸ πρῶτον.

Ἄλλο τοῦ Χρυσοσλόμου ἐν μεμβράναις εἰς τὴν ἑξαήμερον, τὸ δεύτερον, μῆκος πρῶτον.

Βασιλείου.

Τοῦ μεγάλου Βασιλείου τοῦ θεοσοφωτάτου βιβλία ἐν καλλιγραφίᾳ, καὶ μέρος τυπογραφίᾳ.

Γρηγορίου.

Γρηγορίου θεολόγου ἀναγινωσκόμενα καὶ μὴ, ἐν χαλκοτυπίᾳ· δύο βιβλία μὴ ἀναγινωσκόμενα, ἐν μεμβράναις· περιέχει δὲ τὸ ἓν τήν τε τοῦ ἁγίου διαθήκην καὶ τὰς ἱσλορίας τὰς εἰς τὸ «πάλιν Ἰησοῦς ὁ ἐμός».

Δαμασκηνοῦ.

Τοῦ ἁγίου Ἰωάννου τοῦ Δαμασκηνοῦ βιβλία ε'· τὸ μὲν μῆκος πρωτοδεύτερον ἐν μεμβράναις, ἤτοι τὰ παράλληλα[1]· ἕτερα τρία, τὰ θεολογικὰ καὶ φυσικά· ἄλλο, τὰ φυσικὰ καὶ θεολογικὰ, περιέχον καὶ τὸν βίον αὐτοῦ· καὶ τοῦ ἁγίου Μαξίμου κεφάλαια υ', περὶ ἀγάπης καὶ ἑτέρων ἄλλων.

[2] Θεοδωρήτου, ἐπισκόπου Κύρου, εἰς τὰ ἀπόρρητα τῆς παλαιᾶς [διαθήκης] καὶ εἰς τοὺς προφήτας, ἐν μεμβράναις, μῆκος πρῶτον.

[3] Διονυσίου ἀρεοπαγίτου μετ' ἐξηγήσεως, βαμβίκινον, μῆκος πρωτοδεύτερον.

Τὰ Ἐπιφανίου πανάρια, τυπογραφία.

---

[1] Métrophane se plaignait qu'on lui eût soustrait ce manuscrit. Voici ce que dit Gerlach : Er redet auch mit mir von allerhand griechischen Büchern *de argumento τῆς μεγάλης βιβλιοθήκης τοῦ Φωτίου πατριάρχου, de Manasse chronographo*, welchen er dem Hn. Gesandten Albert von Wise, ihn abzuschreiben, gelehnet; aber ihn nit wieder bekommen habe, auch nit die Παράλληλα *Damasceni*, ein herrliches Buch, etc. (*Türckisches Tagebuch*, p. 425). Cf. *Turcogræcia*, p. 512.

[2] Ἐν τύπῳ (*Note marginale de Crusius*).

[3] Ἔσ]ιν ἐν τύπῳ (*Note marginale de Crusius*).

Φωτίου πατριάρχου βιβλίον, βαμβίκινον, ἡ λεγομένη μεγάλη βιβλιοθήκη [1].

[2] Δογματικαὶ πανοπλίαι δύο· ἡ μὲν ἐν μεμβράναις, μῆκος πρῶτον, ἡ δὲ βαμβίκινος.

Ἰουσ]ίνου φιλοσόφου καὶ μάρτυρος βιβλίον ἕν· τυπογραφία.

Ψαλτήριον μετ' ἐξηγήσεως [3], ἐν μεμβράναις, μῆκος δεύτερον.

Ἕτερον ψαλτήριον, βαμβίκινον, μετ' ἐξηγήσεως, μῆκος δεύτερον.

Γρηγορίου τοῦ Παλαμᾶ [4] βιβλία δύο, βαμβίκινα, μῆκος δεύτερον, περὶ δογμάτων.

Τοῦ Πτωχοπροδρόμου κανόνες ἐξηγημένοι [5].

Τοῦ αὐτοῦ εἰς τὴν παλαιὰν καὶ νέαν διαθήκην σ]ίχοι [6], καὶ ἀποφθέγματα σοφῶν, ἐγχειρίδιον.

Συμεὼν τοῦ Θεσσαλονίκης κατὰ πασῶν τῶν αἱρέσεων καὶ περὶ πίσ]εως καὶ τῶν ἑπ]ὰ μυσ]ηρίων.

Συμεὼν τοῦ νέου θεολόγου εὐχαὶ καὶ ὕμνοι εἰς τὴν ἁγίαν τριάδα, διὰ σ]ίχων πολιτικῶν. Θαυμάζων τὴν θείαν μεγαλειότητα· μῆκος δεύτερον.

Θωμᾶ ντὲ Ἀκίνου [7] βιβλίον θεολογικόν, βαμβίκινον, μῆκος πρῶτον.

Ἡ παλαιὰ διαθήκη ἑλληνισ]ὶ, ῥωμαιϊσ]ὶ καὶ ἑβραϊσ]ὶ, τυπογραφία, μῆκος πρώτισ]ον.

Τετραβασίλειον ἐν μεμβράναις, μῆκος πρῶτον.

Κωνσ]αντίνου τοῦ Μανασσῆ ἱσ]ορικὰ βιβλία δύο [8], μῆκος δεύτερον, βαμβίκινα· περιέχει τὸ ἕν καὶ τὰ πάτρια τῆς πόλεως καὶ τὰ ὀφφίκια τὰ βασιλικά.

---

[1] Voir la note 1 de la page précédente.
[2] Ἀξιώτατον βιβλίον, οὗ τετύπωται (Note de Crusius).
[3] En marge : τίνος ἐξήγησις;
[4] En marge : θεολόγος μέγας· οὐδὲν αὐτοῦ ἐν τύπῳ.
[5] En marge : οὐκ εἰσὶν ἐν τύπῳ.
[6] En marge : ἐν τύπῳ.
[7] En marge : Aquinas.
[8] Voir la note 1 de la page précédente.

VITÆ SANCTORUM.

Σεπτέμβριος, μετάφρασις, καλλιγραφία, μῆκος πρωτοδεύτερον, ἀναγνωστικόν.

Ἕτερον μέμβρανον, σεπτεμβ.

Ὀκτώβριος, μετάφρασις, ἐν μεμβράναις, μῆκος πρῶτον.

Νοέμβριος, ἐν μεμβράναις, κατάπρωτον μῆκος, καλλιγραφία· τὸ πρῶτον.

Τὸ δεύτερον αὐτὸ, καλλιγραφία, ἐν μεμβράναις· καὶ ἕτερον καὶ ἄλλο δεύτερον.

Δεκέμβριος καὶ Ἰανουάριος, μῆκος κατάπρωτον· περιέχον τὰς τῶν δύο μηνῶν μεταφραστικῶς ἀναγνώσεις, περιέχον καὶ λόγους πανηγυρικούς.

Ἄλλο, Ἰανουάριος, περιέχον ἀπὸ τὰς θ' ἕως τὰς ιζ'· εἶτα, πρὸς τὸ τέλος, ἀναγνώσεις τοῦ Χρυσοστόμου· μῆκος πρῶτον, μέμβρανον.

Φεβρουάριος, ἐν μεμβράναις, τὸ ὅλον, μῆκος πρῶτον.

Πανηγυρικὸν ἀπὸ τοῦ τελώνου καὶ φαρισαίου μέχρι τοῦ σαββάτου τοῦ Λαζάρου, λόγους περιέχον λζ', ἐν μεμβράναις, μῆκος κατάπρωτον.

Ἕτερον ἀρχόμενον ἀπὸ μαρτίου καὶ καταλῆγον μέχρις αὐγούστου, λόγους περιέχον κθ', βαμβίκινον καὶ μέμβρανον, μῆκος πρώτιστον.

Ἔτι καὶ ἄλλο ὡς εἰς τύπον πανηγυρικοῦ, περιέχον λόγους ιζ'.

Ἄλλο ἀπὸ τοῦ τελώνου ἕως αὐγούστου.

Ἔτι πανηγυρικὸν μικρὸν, λόγους περιέχον διαφόρους εἰς ὅλον σχεδὸν τὸν ἐνιαυτόν.

Ἕτερον, τοῦ Μεταφράστου, λόγους περιέχον πολλούς.

Ἕτερον πανηγυρικὸν μέγα παλαιόν.

Ἕτερον λόγους περιέχον διαφόρους.

Βιβλίον πατερικὸν τὸ λεγόμενον Ἐντολαί.

Κλῖμαξ[1], ἐν μεμβράναις, μῆκος δεύτερον, περιέχον καὶ τὸ Λαυσαϊκὸν, καὶ ἄλλα κεφάλαια πατέρων. Λαῦσος, συγγραφεὺς βίων καὶ θαυμάτων πατερικῶν.

---

[1] En marge : *Joan. Climax.*

Ἐφραὶμ Σύρου λόγοι διάφοροι, μῆκος πρῶτον, ἐν μεμβράναις.

[1] Κατηχήσεις Θεοδώρου τοῦ Στουδίτου, βιβλία δύο· τὸ ἓν μέμβρανον καὶ τὸ ἕτερον χάρτινον, μῆκος πρωτοδεύτερον.

Διάφορα ἔτι βιβλία· πατερικά[2], καὶ ἕτερα ψυχωφελῆ τινα.

Πατερικὸν ἐν μεμβράναις, μικρόν.

[3] Λαυσαϊκὸν παλαιόν.

Ἀββᾶ Μακαρίου πατερικὸν παλαιόν, καὶ ἕτερα ἄλλων πατερικά.

Ἀββᾶ Δωροθέου λόγοι διάφοροι. (. οὐδέν.

Ἰσαὰκ Σύρου, ἐν μεμβράναις.

Συναγωγὴ κεφαλαίων Νικολάου πατριάρχου.

οὐδέν.) Βίος καὶ ἀκολουθία τοῦ ἐν ἁγίοις πατρὸς ἡμῶν Ἀθανασίου τοῦ ἐν τῷ Ἄθῳ· καὶ ἐν τῷ τέλει κεφάλαια Συμεῶνος τοῦ μεταφρασ]ου.

Βιβλίον διάφορά τινα περιέχον φιλόσοφα, θεολογικά, ἐπισ]ολὰς καὶ ἄλλα.

[4] Δαμασκηνὸς ἁπλῶς διηγούμενος καὶ κοινῶς, βιβλία δύο.

Συλλογὴ τῶν πρακτικῶν καὶ μάλισ]α τῆς δ' συνόδου.

Ἀλεξίου Ῥαρτούρη διδαχαί τινες ἁπλαῖ.

Βιβλιάριον ἔχον λειτουργίας λατινικὴν καὶ ἑλληνικήν.

Λειτουργία, τοῦ Καβάσιλα ἐξήγησις, καὶ ἄλλη λατινική.

Βίος τοῦ ἁγίου Κωνσ]αντίνου, βιβλιάριον ἕν (Τίς συγγραφεὺς, λογοποιός; Εὐσέβιος, ἢ ἄλλος; Unum in typo. Initium : *Eusebii de vita Constantini*).

Βιβλιάριον λόγους περιέχον διαφόρους.

Λειτουργίαι καὶ ἀκολουθίαι πλείονες.

---

[1] En marge : οὐ τετύπωται.
[2] En marge : πατερικὸν est τῶν πατέρων λόγοι καὶ βίοι.
[3] En marge : περὶ μοναχῶν.
[4] En marge : οὐδέν.

Βιβλιάριον ἐν μεμβράναις, μικρὸν, περιέχον τοῦ Πτωχοπροδρόμου ἐξηγήσεις, ἐρωταποκρίσεις· ὃ δὴ καλῶς ἂν κληθείη τζακοτάριον.

Ἔτι, ἐν ταύτῃ τῇ ἱερᾷ βιβλιοθήκῃ εἰσὶ νόμιμα τὸν ἀριθμὸν ἑπτὰ,

Ὧν τὸ πρῶτον, Ζωναρᾶς, μῆκος πρῶτον. } 1
Τὸ δεύτερον καὶ αὐτὸ, Ζωναρᾶς, μῆκος δεύτερον. }

Τὸ τρίτον, Ζωναρᾶς, μῆκος τρίτον. } 2
[3] Τὸ ἄλλο, Ματθαῖος, μῆκος δεύτερον. }

Καὶ ἔτι Ματθαῖος, περιέχον ἐν τῷ τέλει καὶ Ἀρμενόπουλον, χαλκοτυπία.

[4] Ἕτερος Ἀρμενόπουλος, περιέχει καὶ τοὺς κανόνας τῶν συνόδων. Ἔτι νόμιμα δύο, ἐν μεμβράναις.

Πρὸς δὲ καὶ ἄλλο, τοῦ Ἀτλαλιώτου περιέχον καὶ συναγωγὰς ἄλλας διαφόρων· ἐρωταποκρίσεις τοῦ Ψελλοῦ, τοῦ Φυλῆ. Γεωργίου διακόνου περὶ τοῦ ἐλέφαντος, καὶ τὸ συναξάριον τῆς γραός.

Βιβλία ἰατρικά.

Διοσκορίδης· περιέχον Παῦλον Αἰγινίτην, Ἀέτιον καὶ Νικάνδρου Ἀλεξιφάρμακα, χαλκοτυπία.

Ἱπποκράτους ἀφορισμοὶ ἐξηγημένοι· καὶ ἐκ τῶν Ὀρειβασίου καὶ ἑτέρων.

Ζαχαρίου ἰατροῦ περὶ διαφόρων.

Ἰατροσόφιον, περιέχον διάφορα· μῆκος τρίτον.

Ἄλλο παχύτατον, πραγματείας ἔχον πολλάς.

Ἄλλο, πρωτοδεύτερον μῆκος, περιέχον ἐκ τῶν Γαληνοῦ καὶ Ὀρειβασίου θεραπείας.

---

[1] En marge : οὐκ ἐν τύπῳ· ἄξια.
[2] En marge : ἐξηγηταὶ τῶν νόμων.
[3] En marge : οὐ τετύπωται.
[4] En marge : ἐν τύπῳ.

Ἕτερον μικρὸν, ὥσπερ ἐγχειρίδιον, περιέχει μερικὰ Παύλου Αἰγινήτου, Ἀετίου καὶ ἄλλων.

Θεοφράστου περὶ Φυτῶν.

Λογικὴ Βλεμίδους.

Μουσικά.

Βιβλίον ψαλτικῆς, νεωστὶ γεγραμμένον, τὸ λεγόμενον κρατηματάριον, μετὰ κοκκίνου ἀτλαζίου ἐνδεδυμένον, πάνυ καλὸν καὶ χρειῶδες.

Εἰσὶ καὶ ἄλλα τέσσαρα μουσικῆς· ὧν τὰ δύο εἰσὶ στιχηράρια, τὸ τρίτον εἱρμολόγιον, τὸ τέταρτον κρατηματάριον.

[1] Τηλυγάδια πλεῖστα, περιέχοντα λειτουργίαν Χρυσοστόμου, Βασιλείου καὶ τῶν προηγιασμένων· καὶ τὰς ἀκολουθίας τῆς Μεταλήψεως, τῆς μεγάλης Πέμπτης, ἢ τῆς καθιερώσεως ἢ τῶν Φώτων· γράμματα τῶν καλλιγράφων, τοῦ Ἰωάσαφ, ἢ Σωφρονίου ἢ Γεδεὼν.

Descriptus catalogus hic librorum ex autographo τοῦ Μητροφάνους πατριάρχου, 16 januarii 1578, Constantinopoli, a d. Gerlachio.

Ἐκκλησιαστικά· ἅπαντα ἐν τύπῳ.

Τριῴδιον, μῆκος πρῶτον.

Ἀνθολόγιον, ζάμπινον ── ἐν τύπῳ.

Συναξαριστὴς μῆνας ἔχων ἕξ, ἀπὸ σεπτεμβρίου.

Πεντηκοστάριον, ζάμπινον. Εὐχολόγιον.

Εἱρμολόγιον μικρὸν, ζάμπινον.

Θεοτοκάριον. Παρακλητικός. ἐν τύπῳ.

Συναξαριστὴς χειμῶνος.

Τυπικόν. Τυπικὸν τοῦ ἁγίου Ἀθανασίου τοῦ ἐν τῷ Ἄθῳ.

Βιβλία μηνιαῖα τοῦ ὅλου ἐνιαυτοῦ περιέχοντα ἀκολουθίας. Quatuor sunt libri : σεπτέμβριος, ὀκτώβριος καὶ νοέμβριος παλαι[οὶ] μετὰ συναξαρίων, μῆκος πρῶτον, χειρόγραφον καὶ ἕτερον ἐν τύπῳ· καὶ

---

[1] Ψευδές. (Note de Crusius.)

ἕτεροι πάντες μῆνες μετὰ τῶν συναξαρίων. Unusquisque mensis sæpe habetur in scripto et typo.

Descriptus catalogus hic est Constantinopoli.

Præterea :

Παναίτιος περὶ τῶν καθηκόντων, quem Cicero imitatus est.

Τρώγου Πομπηΐου ἱστορία. Hos duos autores in monte Atho extare Kali volebat[1]. Græci ignorant.

Acta et scripta Synodorum. Ultimum in nativa græca lingua.

Παράφρασις εἰς τὸν τοῦ Ἰουστινιανοῦ αὐτοκράτορος κώδικα, ιϛ' βιβλίων.

Ἑξηκοντάβιβλος (60 volumina de jure civili). Metropolita τῶν Ἰωαννίνων in secunda Thessalia habet[2].

Ἐξήγησις ἔτι διαφόρων διδασκάλων εἰς Πεντάτευχον τοῦ Μωσέως.

Extare dicitur Epiphanius in Joannem in bibliotheca patriarchali, et aliquot opera Athanasii.

Λόγοι κε' Χρυσοστόμου εἰς ῥητὰ ἀποστολικὰ διάφορα. Hos habuit Theodosius protonotarius.

Lucubrationes in 159 epistolas Synesii, licet breves.

Ejus oratio contra pilosos, pro calvis.

Λόγος Δίων[ος] ἢ πλατωνικὸς περὶ τῆς κατ' αὐτὸν διαγωγῆς.

Homilia quæ incipit : οὐ θήσομαι τὴν πανήγυριν ἄφωνον.

Ejusdem orationes ægyptiacæ, vel de providentia protheoria.

De providentia oratio 1ª; de providentia oratio 2ª.

Ejusdem oratio ad Pæonium, de munere.

De insomniis protheoria.

---

[1] Nicolas Kali, de Coron, qui quêtait en Allemagne pour racheter ses parents emmenés captifs par des pirates barbaresques, alla voir Crusius le samedi 27 mars 1557. *Erat autem*, dit celui-ci (*Turcogræcia*, p. 64), *homo idiota, nec scribere, nec legere sciens*. Cette note diminue singulièrement la valeur du renseignement fourni par lui à Crusius sur l'existence de ces deux manuscrits au mont Athos.

[2] C'est très probablement ce même volume dont Crusius dit (*Turcogræcia*, p. 499), dans une énumération de manuscrits : ἑξηκοντάβιβλος, *liber juris civilis, precio aliquot centuriarum aureorum*.

Περὶ ἐνυπνίων ἢ περὶ εἰδώλων, ὕμνοι ἔμμετροι.

Κείμενον, μηδὲ τὸ τῆς ὕλης σκύβαλον κρημνῷ καταλήψεις· ᾧ κειμένῳ ἕπεται ἡ ἐξήγησις.

Κείμενον, μηδὲ τὰ πελώρια μέτρα ὑπὸ τὴν φρένα βάλλου· οὐ γὰρ ἀληθεί ς φυτὸν ἐν χθονί.

Εἰσὶ δὲ καὶ ἄλλα ἐξαίρετα καὶ ὡραιότατα κείμενα, οἷς ἀκολούθως ἕπονται καὶ αἱ τούτων ἐξηγήσεις.

N° 14.

A la suite des catalogues précédents, figure, dans le même *Codex Tybingensis Mb 37*, celui des manuscrits alors appartenant à Georges Cantacuzène, fils d'Antoine[1]. Étienne Gerlach, qui en est l'auteur, raconte ainsi comment il visita cette collection, le 24 mai 1578 : Den vier und zwantzigsten, hab ich, auff so vielfältiges Bitten und Anſuchen deß Protonotarii Theodoſii, von dem Georg Cantacutzeno, deß Antonii Sohn, erhalten daß er mir ſeine Bücher gezeiget, welches ich in zwey gantzen Jahren von ihme nicht erlangen mögen : ſo ungern bewilligen ſie ſolches den Frembden. Das Regiſter dieſer Bücher hab ich dem Regiſter der Bücher deß alten Patriarchen Metrophanis angehänget. Die 2 vornehmſte Bücher darunter ſind : 1° Ἐξήγησις διαφόρων εἰς πεντάτευχον, oder die Erklährung der Wiederwartigkeiten in den fünff Büchern Moſis[2], welches er umb hundert Ducaten achtet, dafür der venediſche Secretarius ſechtzig Ducaten geben wollen; 2° die Handlungen

---

[1] Sur la bibliothèque d'Antoine Cantacuzène, voir l'excellente étude de Richard Foerster, *De antiquitatibus et libris manuscriptis constantinopolitanis commentatio* (Rostochii, 1877, in-4°), p. 23-25.

[2] Voir le n° 10 du catalogue.

beß dritten Concilii¹, davon doch etwas von Anfang und Ende
mangeln, und achtets gleichwohl umb drey hundert Ducaten².

Georges Cantacuzène avait, rapporte Crusius, hérité de
la bibliothèque de son père : *Georgius bibliothecæ paternæ
hæres est : in qua præter alia servari dicuntur :* Acta tertii,
quarti et quinti Concilii, Exegesis διαφόρων in Pentateuchum, Nilus theologus, *aliique libri optimi : sed intolerabili
precio æstimari* ³. Malgré ce témoignage formel, il est impossible d'identifier les deux collections, bien que plusieurs
volumes de la première paraissent avoir passé dans la seconde. Il nous semble plus raisonnable de penser que la bibliothèque d'Antoine Cantacuzène, mort depuis longtemps
déjà en 1578⁴, avait été partiellement aliénée, et que, avec
le peu qu'il en avait pu conserver, accru de quelques acquisitions, son fils s'était formé celle dont on va lire le catalogue.

[1] Voir le n° 26 du catalogue.
[2] *Türckisches Tagebuch*, p. 500-501.
[3] *Turcogræcia*, p. 203.
[4] Dans une lettre à Crusius du 7 mars 1578, Gerlach écrit : Alexander chartophylax et Antonius Cantacuzenus dudum obierunt. (*Turcogræcia*, p. 203.)

CATALOGUS LIBRORUM GRÆCORUM GEORGII CANTACUZENI, τοῦ νεωτέρου[1] ANTONII CANTACUZENI FILII, QUOS, 24 MAII 1578, PRÆSENTIBUS MANUELE[2] ET CONSTANTINO FRATRIBUS[3], CUM D. THEODOSIO ZYGOMALA, PROTONOTARIO PATRIARCHICO, EGO (INQUIT D. GERLACHIUS) PERLUSTRAVI.

1. Ἐξήγησις Χρυσοστόμου εἰς τὸ κατὰ Ματθαῖον[4].
2. Ἀνθολόγιον περὶ διαφόρων.
3. Ἐρωταποκρίσεις[5].
4. Θεοφυλάκτου εἰς ἐπιστολὰς Παύλου.
5. Βασιλείου λόγοι μα΄.
6. Χρυσοστόμου λόγοι μα΄.
7. Εἰς τὰ τέσσαρα εὐαγγέλια ἐξηγήσεις. Principium ejus : πρῶτον μὲν ἀγαθὸν ἦν μὴ δεῖσθαι ἡμᾶς. In fine Matthæi hæc verba : τοῦτο δείκνυσιν ὅτι οὐ μόνοι μετὰ τῶν τηνικαῦτα μαθητῶν, ἀλλὰ καὶ etc.
8. Εἰς τὰ τέσσαρα ἐξήγησις[6].
9. Θεοδωρήτου ἐξήγησις εἰς τὸ ψαλτήριον.
10. Ἄλυσος εἰς τὴν πεντάβιβλον· μέγα. Pro hoc secretarius Venetianus 60 ducatos dare voluit. Is vero 100 petiit.
11. Ἐξήγησις εἰς τὸν ψαλτῆρα.
12. Εὐσεβίου Παμφίλου ἱστορία.

[1] Ces deux mots grecs sont écrits dans l'interligne au-dessus d'un autre mot que M. Basile Mystakidès lit : Μιπουετœ (sic). Peut-être : μ΄ που ἐτῶν (qui serait l'indication approximative de l'âge de Georges Cantacuzène).

[2] Le texte porte par erreur ici *Georgio*. Antoine Cantacuzène ne pouvait avoir deux fils du même nom. (Voir d'ailleurs la note suivante, qui justifie ma correction.)

[3] *Reliquit Antonius Cantacuzenus filios 3 : Constantinum, Georgium et Manuelem* (Crusius, *Turcogræcia*, p. 497). *Manuel nunquam in publicum prodit, sed a congressibus hominum abstinet* (ibidem, p. 203).

[4] Ce numéro est peut-être identique au numéro 15 du catalogue de la bibliothèque d'Antoine Cantacuzène. (Voir Richard Foerster, *De antiquitatibus et libris*, etc., p. 24.)

[5] Cf. le n° 23 du catalogue d'Antoine Cantacuzène.

[6] Peut-être le n° 16 du susdit catalogue.

13. Μὴν νοέμβριος· μεταφράσ]ης ∸ βίοι ἁγίων.
14. Νομικὸν τριῶν βασιλέων Βασιλείου, Κωνσ]αντίνου, Λέοντος.
15. Εἰς τὰς Παροιμίας καὶ Ἰὼβ, διαφόρων.
16. Διαφόρων εἰς τὸ ψαλτήριον.
17. Ἰσαὰκ τοῦ Σύρου ϖζ΄ (opinor) λόγοι.
18. Μελετίου μοναχοῦ κατὰ Λατίνων καὶ ἄλλων.
19. Ἐξήγησις ψαλτηρίου.
20. Ματθαίου Καντακουζηνοῦ εἰς τὸν Σολομῶντα.
21. Λόγοι Χρυσοσ]όμου λ΄.
22. Ἐξαήμερος Χρυσοσ]όμου [1].
23. Περὶ ἱερωσύνης Χρυσοσ]όμου.
24. Ἐρωταποκρίσεις [2].
25. Μεταφράσ]ου εἰς τὸν μάϊον.
26. Πρακτικὰ τρίτης συνόδου [3]. In principio desunt quædam, ubi epistolæ doctorum ponuntur; extrema sunt erosa. Ita quoque in fine. Ipsa vero acta perfecta esse videntur. Æstimantur 300 ducatis.
27. Γρηγόριος μετὰ ἐξηγήσεως.
28. Εἰς τὰς Παύλου ἐπισ]ολάς.

Habet alios plurimos in typo græcos et italicos.

Acta primi et quarti concilii in Patriarchatu.

Descripsi ego has bibliothecas, 20 et 21 septemb. 1580, Tybingæ, Μαρτῖνος Κρούσιος.

Codex Tybingensis Mb 37, fol. 46 r⁰ et v⁰.

---

[1] Cf. le n° 22 du susdit catalogue.
[2] Peut-être le n° 23 du susdit catalogue. Cf. aussi le n° 3 de la présente liste.
[3] On peut presque affirmer, sans crainte de se tromper, que ce numéro est identique au n° 4 du catalogue d'Antoine Cantacuzène.

N° 15.

Τῷ λογιωτάτῳ κυρίῳ Θεοδοσίῳ τῷ
Ζυγομαλᾷ καὶ πρωτονοταρίῳ τοῦ εὐαγοῦς
πατριάρχου Κωνσταντινουπόλεως
ὑγιῶς δοθείη.

Εἰ καὶ μὴ συνεχῶς γράφειν σοι φανοίμεθα, θεία μοι κεφαλὴ Θεοδόσιε, ἀλλ' οὐχὶ διαλείπομεν, ὅποι ἂν ὦμεν, μὴ τὴν περὶ τοὺς λόγους σου ἐμπειρίαν καὶ τὸ εἶναί σε τοῦ Πελαγίου ἐκείνου ἔκγονον, καὶ τὸ ἄξιον τοῖς πάλαι συνεξετάζεσθαι ῥήτορσιν ἐκείνοις, τοῖς πᾶσι παρισΊᾶν : πρὸς δὲ καὶ τὸ εἰλικρινὲς τῆς πρὸς ἡμᾶς σου διαθέσεως, ἧς γέ τις τῶν ἀδυνάτων πέποιθεν, ὁ σύμπας αἰὼν δυνήσαιτ' ἄν ποτ' ἀφαιρεῖν. Διὸ εὐχαρισΊῶ σοι τῆς καθαρᾶς εὐνοίας καὶ τῆς ἀδιαλείπΊου πρὸς ἡμᾶς μνήμης σου· ὑπὲρ ὧν κύριος ὁ θεὸς δῴη σοι τὰς ἀμοιβάς.

Περὶ δὲ ὧν γράφεις μοι, τὰ πάντα λήψειες αἰσίως, ἄνευ τινῶν βίβλων τῶν μηδαμῶς εὑρισκομένων.

Προσειρήσθωσαν πάντες οἱ φίλοι, ὅ τε μέγας λογοθέτης καὶ ὁ Καρύκης[1] ὁ σπουδαῖος, καὶ ὁ σὸς πατήρ, ἐμὸς δὲ πνευματικὸς καὶ διδάσκαλος. Ἀξιοῦμέν σου τὴν ἐλλογιμότητα, εἰπὲ τῷ λογιωτάτῳ Καρύκῃ ὅτι τὰς εὑρισκομένας βίβλους ἀφειδῶς πέμψω αὐτῷ. Πλὴν δὲ (ici deux mots qu'on n'a pu déchiffrer) οὐδαμῶς ἔγωγ' εἶδον ἐν τούτῳ. Ἔρρωσο, καὶ ἡμῶν μὲν ἐπίσΊειλε ποθούντων σε. ΣπουδαίωςΓράφω.

Ἐξ Ἐνετιῶν, ͵αφοθ' φεβρουαρ. ιε'.

ὁ σὸς κατὰ πνεῦμα
Γαβριὴλ ὁ Φιλαδελφείας.

Codex Tybingensis Mb 37, fol. 51 v° à 52 r°.

[1] Très probablement Théophane Karykis, qui fut plus tard patriarche œcuménique.

N° 16.

RAPPORT À L'EMPEREUR
CONCERNANT L'ATTITUDE DU GOUVERNEMENT TURC VIS-À-VIS DE L'ÉGLISE GRECQUE. (15 AVRIL 1580.)

Sendosi noi infrascritti, il 15 d'aprile, ritrovati per altri affari nel patriarcato e venuti in longi ragionamenti con il Protonotario del patriarca, offertasi l'occasione lo dimandassemo come da Turchi fusser tratati nelle cose pertinenti alla religione, e se mai sii loro stato dato impedimento nel esercitio di quella, o se habbino mai ricercato li Turchi di ridurli alla loro opinione, o almeno di sforciarli ad unirsi e conformarsi con la chiesa romana, o con altri christiani, e spetialmente con quelli della Confessione Augustana, dicendole d'haverne presentito d'altrove qualche cosa, che è perho desideravamo restar chiariti e informati dil vero. Al che rispose: in suo tempo mai esser stato fato moto di simil alteratione, ne meno per il passato, per quant'egli sapeva da suoi predecessori; ma che loro viene lasciato liberamente e senza molestia alchuna l'esercitio della loro anticha e propria religione; anzi ritrovandosi alchuno da quella dissentiente, dopo l'haver udito, se persevera nella prima sua opinione, l'escommunicano, e con l'aiuto seculare del mufti e cadileschieri lo fanno ancho corporalmente castigare, approvando in simil casi li Turchi tutto quello che dal patriarcha e suoi ministri vien deciso, non pensando punto ne si curando della religione di niuno, pur che paghi l'ordinario suo tributo, e che non ardischi disputare contra l'alcorano, o volere difender la religione sua con confusione della mahumetana, in qual caso, o s'ha il reo da far Turco, o da morire crudelmente; e cio ne affirmo con longi discorsi, dimostrandoci non solamente loro Græci, ma molti altri christiani di diverse opinioni, vivere sott'il dominio de Turchi, senza ricevere nella religione loro impedimento, ne molestia alchuna, molto meno d'esser richiesti o sforzati a mutarla, e confermarsi con altre opinioni.

Io, Bartholomeo Pezzen, di legge dottore, confermo essermi ritrovato presente all' antescritto raggionamento, e d' haverlo di bocca del Protonotario stesso udito; in fede dil che mi son sottoscritto di propria mano, e vi ho messo il mio sigillo. (L. S.)

Io, Ambrosio Schmeisser, confesso medesimamente di esser stato presente, et havere udite le soprascritte cose; in fede dil che mi son sottoscritto di propria mano et ho messo il mio sigillo. (L. S.)

Io, Francesco Billerbeck, confesso d' essermi stato presente e d' haver udite tutte le cose soprascritte; quel che appruovo col questo chirographo et sigillo mio. (L. S.)

Io, Matthia dal Faro, dragoman cesareo, confesso d' essermi ritrovato presente et haver interpretato il soprascritto ragionamento, et udite della bocca del Protonotario l' antidite cose; in fede dil che mi sono sottoscritto di mia propria mano. (L. S.)

<small>Archives impériales de Vienne. Original. *Turquie.* — Cf. Hurmuzaki, *Documenti privitore la istoria Românilor,* t. III (Bucarest, 1880, in-4°), p. 51-52.</small>

N° 17.

<small>Τῷ τιμιωτάτῳ καὶ λογιωτάτῳ κυρίῳ
Θεοδοσίῳ καὶ πρωτονοταρίῳ ἐν Χριστῷ
ἀγαπητῷ υἱῷ κατὰ πνεῦμα τῆς ἡμῶν
ταπεινότητος ἐγχειρισθείη.</small>

Τῷ *τιμιωτάτῳ καὶ λογιωτάτῳ κυρίῳ* Θεοδοσίῳ *καὶ πρωτονοταρίῳ τῆς μεγάλης ἐκκλησίας, ἐν Χριστῷ δὲ ἀγαπητῷ υἱῷ κατὰ πνεῦμα τῆς ἡμῶν ταπεινότητος, ἐν κυρίῳ χαίρειν.*

Τὸ *τίμιόν σου γράμμα ἐλθὸν ὡς ἡμᾶς ἔδειξεν ἡμῖν ἐναργῶς πρῶτον μὲν ὡς τὰ περὶ σοῦ καλῶς ἔχουσιν·* οὗ ἕνεκεν χαρᾶς ἀπείρου πεπλή-

ρωμαι· καὶ γὰρ οὐδὲν ἄλλο τῶν ὧδε ἐρασμιώτερον ὡς τὸ μαθεῖν φίλου
ὑγείαν καὶ εὐτυχίαν καὶ ταῦτ' ἀληθοῦς καὶ πισ7οῦ. Εἶτ' αὖθις ἐδήλωσέ
μοι σαφῶς σὺν ἄλλοις καὶ περὶ τῆς παρὰ σοῦ καλουμένης πολυδε-
σπότου ἐπαρχίας τῆς Λιτίτζης, ὅτι πλεῖσ7οί εἰσιν οἱ ταύτην ζητοῦντες,
ὅπερ καὶ αὐτὸς οἶδα· τὸ δὲ μέλλον ὁ πάντων προγνώσ7ης κύριος οἶδεν,
ὃς ἀποκαθίσ7ησι ταῦθ' ὅπου ἦν καὶ πρότερον, εἴπερ ἄρα καὶ βούληται,
καὶ γὰρ τοῦτ' ἐν γούνασι θεοῦ κεῖται, ὡς ἔφης μοι· ᾧ ἴδιον τὸ ἀπο-
καθισ7ᾶν τὸ δίκαιον ἐν τῷ τῆς δικαιοσύνης ἰδίῳ τόπῳ.

Ἔτι δὲ γράφεις μοι ὡς ἐνοριακῶς ταῦτα ζητῶν λυπῆσαι μέλλω
μόνον τὸν παναγιώτατον, καὶ οὐδὲν κατορθῶσαι δυνήσομαι. Ὅμως
ἴσθ' εἴπερ ἔγωγε ἐγνωκὼς ἦν ὡς λυπηθῆναι μέλλει ὁ παναγιώτατος,
οὐκ ἂν ὅλως ἐζήτουν ταῦτα. Ἀλλ' οἶμαι ὅτι τις ἐκκλησιασ7ικῶς
καὶ κατὰ νόμον κρίσιν ζητῶν καὶ φανέρωσιν τῆς δικαιοσύνης καὶ
μετὰ παρρησίας ἐλέγχων, οὐ σκανδάλου πρόξενος γίνεται καὶ λύπης,
ὡς γράφεις μοι, αἴτιος. Ὁ γὰρ ἐλέγχων μετὰ παρρησίας εἰρηνοποιός,
φησί που τὸ ἱερογραφικὸν λόγιον· οὗ ἕνεκεν οἶμαι ὡς οὐ σκανδαλι-
σθήσεται, ἀλλὰ μᾶλλον καὶ χαρήσεται, ἐκκλησιασ7ικῶς ταῦτα ζη-
τοῦντός μου. Τοίνυν, εἰ μὲν λήψομαι ταῦτα ἤδη, καλόν, καὶ μεγάλως
εὐχαρισ7ήσω πρῶτον μὲν τῷ δοτῆρι τῶν ἀγαθῶν θεῷ· εἶτα δὲ καὶ
τὸν παναγιώτατον πατριάρχην ὡς συνεργὸν καὶ τοῦ δικαίου συμ-
πράκτορα. Πλὴν κύριος οἶδε τίνι τῶν ταῦτα ζητούντων ἐνοριακῶς
ἐγχειρισθήσονται. Καὶ ταῦτα μὲν ἐς τοσοῦτον. Σὺ δ' αὐτὸς εἴης μοι
μακρόβιός τε καὶ εὐτυχής, μεμνημένος καὶ ἡμῶν ἐσαεί, γράφειν ἡμῖν
καθ' ἡμέραν, εἰ δυνατόν, τὰ συμβαίνοντα· εὐφρανεῖς γὰρ ἐν τούτῳ,
ἴσθι, ὑπὲρ ἄλλων πολλῶν, ὧν ἂν εἴπῃ τις. Τὸν δὲ κουκουμᾶν ἔδει σε
ἀποσ7εῖλαι μειζότερον, ὃν καὶ ἐσ7είλαμεν μετὰ τοῦ γραμματοκομισ7οῦ
Χασάνμπεη.

Μηνὶ Ἰανουαρίῳ ζ'.

Ἀδριανουπόλεως Ἱερεμίας καὶ σὸς εὐχέτης.

Codex Tybingensis Mb 37, fol. 33 r° à 34 r°.

No 18.

Τῷ ἐντιμοτάτῳ κυρίῳ Θεοδοσίῳ
καὶ πρωτονοταρίῳ τῆς μεγάλης ἐκκλησίας
δοθήτω.

Τιμιώτατε καὶ χρησιμώτατε κύριε Θεοδόσιε καὶ πρωτονοτάριε τῆς τοῦ Χριστοῦ μεγάλης ἐκκλησίας, τὸν ἐν κυρίῳ ἀσπασμὸν ἀπονέμω σοι μετὰ παντὸς τοῦ εὐλογημένου σου οἴκου, καὶ δέομαι τὸν Θεὸν ἵνα ὑγιαίνῃς κατ' ἄμφω.

Πρὸ ὀλίγου ἔστειλα γράμματα πρὸς τὴν αὐθεντίαν σου καὶ μικρὰν ἀποστολὴν, καὶ ἀπόκρισιν ὅλως οὐκ ἀπέστειλάς μοι εἰς ὅσα σοι ἔγραψα. Πλὴν δέομαί σου ὡς πιστότατον φίλον καὶ κατὰ Θεὸν ἀδελφὸν ἵνα συνδράμῃς καὶ στείλῃς με τὰ πατριαρχικὰ γράμματα, ἅπερ σοι ἔγραψα· μάλιστα δὲ τὸ γράμμα ὅπερ ἔχω ἀνάγκην πολλὴν περὶ τῶν ἄσπρων τῶν ὀκτὼ χιλιάδων, ὥνπερ ἐδαπανήθησαν εἰς τὰ σκάνδαλα τοῦ Ἡρακλείας καὶ περὶ τοῦ ὁσπιτίου τῆς ἐκκλησίας, καθὼς γράφει τὸ πρῶτον γράμμα τοῦ Ἱερεμία ὅπου σὲ ἔστειλα μὲ τὰ λοιπὰ γράμματα· ὅτι οἱ ἐγγυηταὶ καὶ οἱ πρόκριτοι ἐκεῖνοι, οἳ ἦσαν εἰς τὰς συμφωνίας, νῦν οὐ στέργουσι πληρῶσαι ἕκαστος τὸ ἀνάλογον αὐτοῦ· καὶ ἀδικοῦμαι τὰ μέγιστα, καὶ γράψον αὐτῷ παρόμοιον τοῦ πρώτου, καὶ ἀπόστειλόν μοι ταχέως ἵνα διὰ τῆς ἐκκλησιαστικῆς παιδείας ἀναγκάσωσι, καὶ πληρωθήσεται τὸ χρέος· ὅτι οὐκ ἔνι βολετὸν κατὰ τὸ παρὸν νὰ ἔλθω ἐγὼ αὐτόθι· καὶ μὴ ἀμελήσῃς εἰς τοῦτο, σὲ παρακαλῶ.

Γράψον μοι καὶ περὶ τῶν αὐτόθι πῶς ἔχετε· ὅτι ἀκούομεν σκάνδαλα τῆς μεγάλης ἐκκλησίας· καὶ περὶ τοῦ Ἡρακλείας τί ᾄδεται γράψε με λεπτομερῶς. Τὸν ἅγιον τὸν διδάσκαλον τὸν Καρύκην μετάνοιαν κομίζω, καὶ τὸν ἀρχιμανδρίτην ὁμοίως, καὶ πάντας τοὺς αὐτόθι γνωστοὺς καὶ φίλους· διὰ δὲ τὸ στενὸν τῆς ὥρας οὐκ ἔγραψα εἰς πλάτος. Ἔρρωσο ἐν Χριστῷ, ἀδελφέ.

Φεβρουαρίου ιε'.

Ὁ οἰκονόμος Καλλιουπόλεως[1] καὶ σὸς κατὰ πάντα.

Ἀπόστειλόν μοι καὶ τὸ πρῶτον γράμμα ὁμοῦ τοῦ Ἱερεμίου.

Codex Tybingensis Mb 37, fol. 37 v° à 38 r°.

N° 19.

Τῷ τιμιωτάτῳ ἁγίῳ πρωτονοταρίῳ
τῆς καθολικῆς τοῦ Χριστοῦ μεγάλης ἐκκλησίας,
τῷ ἡμετέρῳ κατὰ πάντα, ἐγχειρισθείη.

Τιμιώτατε ἅγιε πρωτονοτάριε τῆς ἁγιωτάτης τοῦ Θεοῦ μεγάλης ἐκκλησίας καὶ ἡμέτερε κατὰ πάντα ποθεινότατε, χαίροις ἐν Χριστῷ τῷ Θεῷ καὶ ὑγίαινε σὺν πᾶσι τοῖς ὑπὸ σοῦ· ὑγιαίνομεν τοίνυν καὶ αὐτοὶ εὐδοκίᾳ τοῦ πανοικτίρμονος Θεοῦ ἕως ἄρτι. Γράφοντες τοίνυν δηλοποιοῦμέν σοι ὅπως αὐτόσε πρὸς ὑμᾶς παραγίνεται ὁ ἡμέτερος ἀνεψιὸς τοὔνομα Δοκιανός, χάριν τινὸς χρείας. Εἰς τοῦ[το] γράφοντες ἀντιβολοῦμέν σε ὅπως συνδρομίσεις αὐτὸν εἰς ὅπερ τι[2] ἂν καὶ γενήσεται χρεία. Αὐτὸν γὰρ κατὰ πάντα κέκτημαι ὡς υἱὸν φιλοστοργότατον· καὶ εἰς τοῦτο γράφοντες, παρακαλοῦμεν ὅπως ἐπιτηρήσῃς αὐτὸν κα-

---

[1] Crusius a publié une autre lettre de ce personnage également adressée à Théodose Zygomalas (*Turcogræcia*, p. 333-334); il donne le fac-similé de la signature, qui est identique à celle ci-dessus.

[2] Il y a, dans le texte recopié par Crusius, εἰς πόρτι. Crusius copiait généralement avec beaucoup de négligence et ne déchiffrait pas toujours d'une façon satisfaisante les originaux qu'il avait sous les yeux.

λῶς, χάριν ἡμετέρας ἀγάπης. Ταῦτα μὲν καὶ οὐχ ἕτερον· ὁ δὲ Θεὸς φυλάξαι σε εἰς ἐτῶν πολλῶν [περιόδους]. ἀμήν. Ἔρρωσο, κατὰ πάντα ποθεινότατε, καὶ ἡμῶν μέμνησο.

Μηνὶ σεπτεμβρίῳ κδ'.

† ὁ Θεσσαλονίκης Ἰωάσαφ[1].

Codex Tybingensis Mb 37, fol. 41 v° à 42 r°.

N° 20.

Τιμιώτατε κὺρ Θεοδόσιε, πρωτονοτάριε τῆς τοῦ Χριστοῦ μεγάλης ἐκκλησίας, υἱὲ κατὰ πνεῦμα τῆς ἡμῶν ταπεινότητος, χαῖρε ἐν Χριστῷ τῷ Θεῷ καὶ καλῶς ἔχοις. Ἐδεξάμην τὸ γράμμα τὸ σὸν φίλτατον, καὶ εὐχαριστοῦμεν τὴν σὴν ἀγάπην. Αὐτοῦ ἦλθεν ὁ Σπανόπουλος ὁ μιαρόπαπας, καὶ εἶπε πῶς ἐδάνεισε τὸν ἀδελφόν μου ἄσπρα, καὶ εἰς αὐτὸ ἀλήθεια κάμμία δὲν εἶπε. Ὅμως ὥρισές με ὅτι νὰ κάμω εἰς αὐτὸν συγγνώμην· καὶ νὰ σοῦ γράφω τὰ τί μου ἔκαμε δὲν ἠμπορῶ, καὶ τὰ πολλά του πταισίματα. Καὶ διὰ τοῦτο παρακαλῶ πολὺ τὴν σὴν τιμιότητα· αὐτοῦ στέλνω τὴν καθαίρεσιν ὅπου ἔγινε εἰς αὐτὸν συνοδικῶς, καὶ ἐπάνω εἰς αὐτὴν νά μου βγάλῃς ἕνα γράμμα ἀπὸ τὸν δεσπότη μας τὸν οἰκουμενικόν, νὰ βεβαιώσῃ τὴν καθαίρεσίν του· διότις δὲν ἠδύναμαι νὰ ὑπομένω τὰ βάσανα ἅπερ μου κάνει ἐξωτερικῶς καθ' ἑκάστην ἡμέραν· καὶ μὲ τὸ γράμμα αὐτὸ θέλω εἰμπορῆ καὶ ἐγὼ νὰ ἀποκρένομαι τοὺς διαβόλους· καὶ, ἄν με ἀγαπᾷς, μὴν ἀποτύγχω (sic) καὶ ἃς ἔχω γράμμα σου, καὶ πᾶν εἴ τι δυνάμεθα, ὅριζέ με. Ἄλλον οὐχί· καὶ οἱ χρόνοι σου πολλοὶ καὶ καλοί.

† ὁ Κορώνης Ἀρσένιος.

Καὶ διὰ παραμικρὴν θύμησιν λάβε ἀπὸ τὸν ἐδικόν μου τὸν ἀνα-

---

[1] Joasaph Argyropoulos. (Voir sur lui *Turcogræcia*, p. 67 et 506.)

γνώσ]ην τρία μέτρα ἔλαιον. Τὸ χαυιάρι ὅπερ μᾶς ἀπόσ]ειλες μὲ τὸν Γιακουμὶν, δὲ μᾶς τὸ ἔδοσε.

Codex Tybingensis Mb 37, fol. 48 r° et v°.

N° 21.

LETTRE DE THÉODOSE ZYGOMALAS
À ÉTIENNE GERLACH [1].

Σοφώτατε κύριε Στέφανε Γερλάχιε, τῆς θεολογίας διδάσκαλε, εἴης ὑγιαίνων τῇ θεία χάριτι περιφρουρούμενος· κἀγὼ γὰρ ἐν κυρίῳ ὑγιαίνω, προσαγορεύων ὡς φίλτατά σε τὸν ποθεινότατον καὶ οὗ λήθην οὐδ᾽ ὁ πᾶς αἰὼν δυνηθείη ἀπάξαι.

Γινώσκεις οὖν ὅτι ἀπεδεξάμεθα τὰ σὰ γράμματα Ἰανουαρίῳ παρελθόντι ἤδη κα' γραφέντα σοι Ἰουλίῳ β΄ ͵αφπ΄, τά τε ὀκτωβρίῳ ε΄ τῷ αὐτῷ ἔτει καὶ τὰ κατὰ τὸ ͵αφοθ΄ σεπτεμβρίῳ ς΄ καὶ τὰ ὀκτωβρίου κ΄. Τῶν δὲ ἄλλων προτέρων ἕνεκα ἀπεκρινάμεθα, καὶ τὸ δυνατὸν ἐπληρώθη. Καὶ ταῦτά τε συνεχῶς ἀναγινώσκοντες, σὲ τὸν φέρισ]ον ἀναπολοῦμεν, καὶ ἐν ψυχῇ ἐσαεὶ περιφέρομεν, μεμνημένοι σου τῆς ἡδίσ]ης ποτὲ συντυχίας ἡμῖν καὶ καθάπερ ὀλίγῃ σφραγῖδι μεγάλου χαρακτῆρος τύπον ἀναματ]όμενοι καὶ ἐνωτιζόμενοι ἐν αὐταῖς παρά τε τῶν κοινῶν λοιπῶν φίλων πληροφορούμενοι τὰς ἀναβάσεις σου τὰς ἐντίμους καὶ τὴν ἐπ᾽ ἀγαθοῖς προκοπὴν (ὡς τὸν τῆς θεολογίας βαθμὸν καὶ τὸν εὐτυχῆ γάμον, ὃν αἱ χάριτες κοσμήσειαν τέκνοις καὶ διαδόχοις ὁμοίοις γεννήτορι ἢ καὶ νικηταῖς, ὃ πατράσι χαριέσ]ατον, ὡς νεόφυτα ἐλαίας παρισ]αμένους σοι, καὶ ἴδοις, κατ᾽ εὐχὴν τοῦ ἱε-

---

[1] Cette lettre avait été communiquée à Crusius, car il en cite, fort négligemment, quelques courts passages dans sa *D. Solomoni Schweigkero Sultzensi Gratulatio*, fol. 3 v° du cahier B, et dans sa *Turcograecia*, p. 103.

ροψάλτου, υἱοὺς τῶν υἱῶν σου καὶ τέλος τὴν εἰρήνην τοῦ Ἰσραὴλ, αὐτὸν, ὡς οἶμαι, τὸν θεῖον παράδεισον, τὸ ἄκρον τῶν ἐφετῶν) θεῷ τὰς εὐχαρισ7ηρίους εὐχὰς ἀναπέμπομεν, τὸν τὰ ἀγαθὰ τοῖς ἀγαθοῖς κἀνταῦθα, ἀρραβῶνος τρόπον, χαρισάμενον.

Ἐγκαλεῖς οὖν ἡμῖν, ὦ θαυμάσιε, μακρὰν σιωπήν· ἐγὼ δὲ ἔγραφον πάντοτε, ὅτε λόγον ἐδίδου μοι ὁ κύριος κοινὸς φίλος, ὁ Σολομῶν, ὃς θεωρίας χάριν τῶν ἁγίων τόπων καὶ τοῦ τάφου τοῦ Ἰησοῦ εἰς Ἱεροσόλυμα κατέπλευσε πρὸ ἡμερῶν τινων[1]. Εἰ δὲ καί ποτε τυχὸν γραμματοφόροι ἦλθον καὶ οὐκ ἔγραψα, οἶμαι, ἐκεῖνος ἦν ὁ χρόνος ὅτε ἠσθένησα καὶ ἤμην νοσηλευόμενος ἐγγύς που μῆνας τρεῖς, καὶ τὸ τῆς παρούσης ἂν ἔφθασα ζωῆς τέλος, εἰ μὴ κύριος ἐβοήθησεν· ἢ καὶ ὁ καιρὸς ἦν ἐκεῖνος καθ' ὃν ἐκοιμήθη μὲν ὁ πατριάρχης ἡμῶν Μητροφάνης, αὐγούστῳ παρελθόντι ι'· οἷάσις δέ τις ἐγένετο καὶ πράγματα εἴχομεν ἕως οὗ σὺν θεῷ ἀποκατέσ7η πάλιν πατριάρχης ὁ ἁγιώτατος κύριος Ἱερεμίας ὁ νῦν. Ὅτι δὲ ταῦτα καὶ τὰ τοιαῦτα, συγγνώμη μοι ἕπεται· ὁ γὰρ σφοδρότερος, φασί, πόνος ἀμαυροῖ τὸν ἐλάσσω.

Προέγραψά σοι δεύτερον ἢ καὶ τρίτον, ἐὰν καλῶς μνημονεύω, ὅτε ἔπεμψά σοι τὰ τετράδιά σου, τὰ περὶ τοῦ ἁγίου πνεύματος πονηθέντα σοι, ἐγχειρίσας αὐτὰ ἀσφαλῶς κυρίῳ Σολομῶντι, καί τινα σημειώματα ἰδίως, ἃ προεσήμηνάς με καὶ μνήμην ἀφῆκας ἔγγραφον τούτου χάριν· καὶ πρὸ αὐτῶν λημνίαν γῆν, ἣν καὶ γράφεις ἀχρείαν γενέσθαι, τῶν ἁρμάτων, ὡς οἶμαι, βίᾳ τρεχόντων καὶ συντρίβεσθαι ταύτην ποιούντων, ὡς εὔθρυπ7ον· διὸ καὶ νῦν πέμπω μέρος τροχίσκων πολλῶν καὶ ἀρίσ7ων, ἵνα μερίσητον μετὰ τοῦ σοφοῦ διδασκάλου κυρίου Κρουσίου. Καὶ ταύτην ἠξίωσα συντίθεσθαι καλῶς, μή τι πάθῃ, τῆς ἐγκρίτου γὰρ γῆς· καὶ αὐτῷ μὲν ἰδίᾳ σημειώματα ἰατρικὰ πονηθέντα Μιχαὴλ τῷ Ἑρμοδώρῳ, ἵνα δῷς τινι τῶν φίλων ἰατρῶν, ἢ καὶ, ἐὰν ἀληθῶς εἶπόν μοι, τῷ τῆς φιλτάτης σου πατρί. Ὡς γάρ τις τῶν ἰατρῶν ἐβεβαίου μοι, ἄξιά εἰσι μνημονεύματα τοῦ Ἑρμοδώρου αὐτοῦ,

---

[1] Salomon Schweigger n'était pas encore parti, comme le croyait Théodose Zygomalas; il ne quitta Constantinople que le 3 mars 1581, c'est-à-dire le surlendemain du jour où fut écrite la présente lettre. Cf. Crusius, *D. Solomoni Sweigkero Sultzensi gratulatio* (Strasbourg, 1582, in-4°), fol. 4 recto du cahier B.

ὃν φήμῃ ἔμαθες, ἢ καὶ ἐπιστολὰς τούτου ἐθεάσω ἐξ ὧν ἰδιογράφους καὶ τῷ κυρίῳ Κρουσίῳ πέπομφα. Τούτῳ δὲ τετράδιά τινα, ἃ ἔπεμψέ μοι καὶ ἀπὸ τῆς δημοτικῆς εἰς τὴν ἑλληνικὴν μετεγλώττισα, καὶ ἐπιστολὰς ἁπλῶς γεγραμμένας, ὡς γράφουσιν οἱ νῦν τὴν Ἑλλάδα οἰκοῦντες καὶ τὰ λοιπὰ τῶν ἐνταῦθα μερῶν, καί τινας σπουδαίων καὶ σοφῶν ἀνδρῶν τῶν νῦν ὄντων, πᾶν καταθύμιον αὐτοῦ ἐκτελέσας, μνημονεύων σου τῶν φιλικῶν καὶ συστατικῶν τε τοῦ ἀνδρὸς τούτου λόγων, καὶ ἣν προὐξένησας ἡμῖν φιλίαν διατηρῶν. Οὐ μόνον δὲ αὐτόν σε τὸν βέλτιστον τούτου αἴτιον ὡρολογίου τε καλοῦ, ὃ φέρων μνημόσυνον ἀείμνηστον ἔχω σου, εἴκοσί τε ταλήρων ἃ ἀπεδεξάμην καὶ εὐχαριστῶ, βοήθειάν τινα ἔγκαιρον προξενήσας μοι· πρὸς δὲ καὶ δύο λεξικῶν καὶ τιμίων εὐαγγελίων, ἀλλὰ καὶ πολλῶν ἄλλων καλῶν. Ἰδοὺ γὰρ τοῖς σοῖς λόγοις καὶ διηγήμασιν ἐγνώρισάς με τοῖς ἐλλογιμωτάτοις τῶν σοφῶν Γερμανῶν, ὃ πᾶσαν νικᾷ χάριτος δόσιν· τῶν τοιούτων γὰρ φίλων οὐκ ἔνι, ὡς οἶδας, ἀντάλλαγμα· εἰ δὲ καὶ τῶν ἀξίων ἀμοιβῶν οὐκέτι δοτῆρες, κἂν τούτῳ φίλει ἡμᾶς, ὅτι νικᾷν σε τοῖς φιλικοῖς ἀφίεμεν ὡς δυνάμενον οὐκ ἀχαριστοῦντες, μὴ γένοιτο (ἀχάριστος γὰρ ὃς εὖ παθὼν ἀμνημονεῖ)! ἡμεῖς δὲ τὰς βοηθείας καὶ εὐποιΐας σου μνημονεύομεν καὶ κηρύττομεν, καὶ εὐχόμεθα ἄξιοί ποτε γενέσθαι τῶν ἀντιδώρων σου σημειοῦντος εἴ τίς σοι τῶν ἐνταῦθα χρεία, ὧν ἡμεῖς δυνατοί, βιβλίων μὴ τετυπωμένων ἔτι ἢ ἄλλου τινός.

Προεδήλωσα περί τινων βιβλίων καὶ ὅλως ἀπόκρισιν οὐκ ἐποίησας, καὶ δοκεῖ μοι μὴ δέξασθαι τὴν ἐπιστολήν· διὸ καὶ αὖθις μερικῶς ἐνθυμίζω σοι ἃ ἐν χερσὶν ἡμῶν ἔχομεν, τὸν πίνακα τούτων πέμπων σοι· ἐξ ὧν ἃ βούλει γράφε, καὶ πέμψομεν. Ἓν δὲ γινώσκω ὅτι τὸ Ψαλτήριον εἰ ἐνετυποῦτο καὶ ἡ βίβλος ἡ Ὁδηγὸς καὶ Μανασσῆ τὸ ἱστορικὸν καὶ τὰ τοῦ Κεραμέως Ταυρομενίας, ἃ δέδωκά σοι, καὶ ἤλθοσαν ἂν ἀνὰ χίλια ἐνταῦθα, πάντα ἐπωλήθη τιμῆς καλῆς, καὶ τὸ ἀγαθὸν διεδόθη καὶ εἶχες ἐκ Θεοῦ τὸν μισθόν. Ἱστορικὸν ἓν ἔχει ὁ πατριάρχης χειρόγραφον τοῦ Γλυκᾶ, καὶ, εἰ θέλεις, δηλώσω καὶ μεταγραφῆναι ποιήσω.

Οἱ φίλοι οἱ ἔν τε τῇ Κωνσταντινουπόλει καὶ τῷ Γαλατᾷ προσἀγορεύουσί σε, ὁ μέγας λογοθέτης[1], ὁ μικρός τε κυρὸς Γεώργιος[2], Συμεών[3] τε ὁ ἀνταγωνισΊής σου[4] καὶ οἱ λοιποί. Ὁ Μελενίκου[5] δὲ καὶ ὁ Μαλαξὸς[6] ἐτελεύτησαν ἐν εἰρήνῃ. Ὁ ἁγιώτατος σατριάρχης κύριος Ἱερεμίας εὔχεταί σοι, ἀσμένως δεξάμενος, ὡς καὶ ὁ κύριος Σολομῶν μαρτυρήσει μοι, τάς τε ἐπισΊολὰς, τὴν ἀπόκρισιν καὶ τὰ ἓξ βιβλία, τὰ θαυμασίως εἰκονίζοντα τοὺς πέμψαντας θεολογικωτάτους καὶ σοφωτάτους ἄνδρας. Συγγράφει δὲ καὶ ἀπόκρισιν, ἥτις, ὡς ὁρῶ καὶ συνεχῶς ταύτην ἀναγινώσκω, οὐ συναινεῖ τοῖς ὑμετέροις. Μένουσι γὰρ οὗτοι, οἱ ἐνταῦθα λέγω ἡμέτεροι, ἐν οἷς ἐπαλαιώθησαν καὶ οἷς ἐγγράφως τε καὶ ἀγράφως καὶ κατὰ παράδοσιν τῷ μακρῷ χρόνῳ συνεφυράθησαν, ἀκολουθοῦντες τοῖς πρὸ αὐτῶν, καὶ οὐδείς ποτε λόγος

[1] Le grand logothète était alors Hiérax.
[2] Georges, petit logothète.
[3] Syméon Cabasilas.
[4] Théodose appelle encore ainsi Syméon Cabasilas, dans sa lettre à Crusius du 7 avril 1581. (Voir *Turcogræcia*, p. 95.) Cf. au sujet de cette qualification une lettre de Cabasilas à Gerlach, dans la *Turcogræcia*, p. 103.
[5] Il s'appelait Méthode. (Voir *Turcogræcia*, p. 482 et p. 509.)
[6] Manuel Malaxos n'est guère connu que par l'*Histoire des patriarches de Constantinople*, que l'on cite habituellement sous son nom, mais qu'il se borna peut-être à traduire en grec vulgaire. Cette version, datée d'avril 1577, a été publiée par Crusius dans sa *Turcogræcia* (p. 105-184). Ce dernier rapporte que, en tête de la copie qu'il possédait de cet ouvrage, on lisait cette note de la main de Gerlach : «Historia patriarcharum τῆς Κωνσ7αντινουπόλεως ab urbis occupatione, jussu et sumptibus clarissimi viri d. Martini Crusii, Constantinopoli, 3 taleris empta, per Stephanum Gerlachium, anno 1578, martii die 6 (*Turcogræcia*, p. 185).» D'autre part, Gerlach écrit dans son *Türckisches Tagebuch* (p. 448), sous la date du 21 janvier 1578 : Den 21, bin ich zu einem alten Griechen, mit Namen Malaxus gegangen, der mir die Geschichten der Patriarchen, nach der Stadt Constantinopel Eroberung, abschreiben solle. Enfin, après avoir dit qu'il ne connaît Malaxos que par Gerlach, Crusius ajoute (*Turcogræcia*, p. 185) : «Est is admodum senex : pueros et adolescentulos græcos, sub patriarcheio, in parvula et misera casa docet : pisces siccatos in ea suspensos habet, quibus vescitur ipse coquens. Libros precio describit : vino quicquid lucratur insumit : pinguis et robustus est.» Ajoutons qu'il y avait, à la même époque, à Constantinople, un certain Jean Malaxos. Cela résulte de la note suivante de Gerlach qui se trouve en tête du *Monacensis* grec n° 254 : «Jussu et sumptibus illust. principis dni dni Ludovici, ducis Wirtenbergici, domini mei clementissimi, emi chronicon hoc Manassis a Joanne Malaxo grammatico, pretio trium talerorum, anno dni 78, in festo Palmarum, Constantinopoli, Stephanus Gerlachius, etc.»

παρενσαλεύει αυτούς μη ούτω δοξάζειν, ὃ οἶδας, οἶμαι, ἐνταῦθα διατρίβων ποτέ. Ἓν δὲ μόνον εὔχομαι Θεῷ, μένειν τὴν φιλίαν αὐτῶν τε καὶ ὑμῶν ἀπαρενσάλευτον. Ὁ δὲ πᾶν δυνάμενος κύριος τὴν ἀλήθειαν στερεῶσαι ἐν πᾶσι χριστιανοῖς ἔχουσι μὲν τὸ ὄνομα αὐτοῦ, λογοτριβοῦσι δὲ καὶ διαφερομένοις, καὶ πᾶς λόγος ἀντιλέγεται καὶ εἰς ἀπέραντον εἰπεῖν πίπτει τὰ πράγματα. Ἃ εἴησαν γένοιτο, Χριστὲ βασιλεῦ! εἰς δόξαν μόνον, καὶ τύχοι οὐδεὶς τὴν κατάκρισιν, ὃς ὁμολογεῖ σε ἐν σαρκὶ ἐληλυθότα, ἵν' ὀψέ ποτε κἂν σύμφωνοι φανῶμεν. Νῦν δ' ὁρῶ ὅτι ἐν οἷς ἕκαστος πατροπαραδότως ἔμαθεν, ἐν ἐκείνοις καὶ μένει, δοκῶν πάντων αἵρεσιν ἔχειν πρόκριτον. Δοκεῖ δέ μοι τοῦτο εἶναι ὅτι, κατὰ Παῦλον, νῦν γνωρίζομεν ἐκ μέρους, καὶ οὐ τὴν καθόλου ἔχομεν κρίσιν τοῦ βελτίονος τῶν τοιούτων ἐθῶν. Τὰς γὰρ τῆς γραφῆς εἰ εἴπῃς μοι μαρτυρίας, ἕκαστος ὡς ἐξηγήσαντο οἱ διδάσκαλοι τῆς ἐκκλησίας αὐτοῦ δέχεται καὶ πρὸς τὸν ἴδιον σκοπὸν ὑφέλκει, στῆσαι φιλονεικῶν τὸ δοκοῦν αὐτῷ, ὅθεν τὸ ἀσύμφωνον φύεται. Ἀλλὰ ταῦτα μὲν Θεῷ μελῆσαι κρειττόνως καὶ τελεώτερον· ἡμεῖς δέ, φίλτατε, τῆς φιλίας ἐχώμεθα καὶ μὴ διαμαχώμεθα. Ἀσπάζομαι ποθεινότατα τοὺς αὐτοῦ σοφωτάτους ἄνδρας, καὶ εὔχομαι Θεῷ ἀκούειν τὴν προκοπὴν τῶν καλῶν αὐτῶν.

Ὁ πατήρ μου ἔτι ζῇ, εἰ καὶ ἐν γήρατι ἄκρῳ, καὶ προσαγορεύει σε φίλτατα. Ὁμοίως καὶ ἡ ἐμὴ σύζυγος Εἰρήνη τὴν κυρίαν φιλτάτην σοι καταφιλεῖ καὶ συγχαίρει ἀκούσασα τὸν εὐτυχῆ γάμον· ἀνέγνων γὰρ αὐτῇ τὰ κυρίου Κρουσίου, καὶ ηὐφράνθη μεγάλως ἐνωτισθεῖσα τῶν φίλων τὴν χαράν, καὶ ὅτι καὶ ἡμῶν καὶ μακρὰν μνημονεύουσιν ἐν τοιούτοις. Ἐν μακρᾷ ἐπιστολῇ κυρίου Κρουσίου πολλὰ ἔγραψα περὶ δυστυχῶν νῦν Ἑλλήνων καὶ ἄλλων, καὶ ἀνάγνωθι· κοινὰ γὰρ τὰ τῶν φίλων. Ἐγὼ συγγράφω νέον ἱστορικὸν ἐκ πολλῶν ἐρανιζόμενος καὶ ἀκούων· καὶ ὅτε τελειώσω καὶ τοῖς φίλοις ὑμῖν καὶ κοινώσω. Ὅτε ἡ τοῦ πατριάρχου ἐλεύσεται ἀπόκρισις, τότε καὶ ἰδίως γράψει ὑμῖν, ὡς εἶπέ μοι, καὶ ὅτι εὔχεται ὑμῖν καὶ τῶν φίλων ἔχει. Τὰ βιβλία ἃ ἔχω, πέμψω ἐλευθέρως ὡς πρὸς φίλτατον, ἀντίδωρον δ' ἔσται· ὅσα καὶ βούλει τετυπωμένα καὶ λοιπὰ εἰ πέμψεις, ἀνὰ χίλια πωλήσω καὶ πέμψω σοι ἀσφαλῶς τὴν τιμήν. Ἔτι ἐμακρηγόρησα καὶ συγγνώμην· ὁ πόθος γὰρ ἐβίασεν. Ἔρρωσο καὶ μέμνησο τοῦ σοῦ φιλτάτου. Δῴη Θεός σοι τὰ καταθύμια καὶ συμφέροντα. ἀμήν. Ἔτει ͵αφπα', μηνὶ μαρτίῳ α'.

πρωτονοτάριος Θεοδόσιος ὁ σὸς κατὰ πάντα.

Bibliothèque royale de Stuttgart : *Cod. hist.*, n° 601, *in-folio*, f. 5-6 (Autographe de Théodose Zygomalas).

N° 22.

Τῷ θεοσοφωτάτῳ ἐπισκόπων ἐπισκόπῳ Κυθήρων
σεπτῶς εἰς Βενετίαν, ἢ ὅπου εὑρίσκεται,
εἰς Πάδουαν ἢ ἀλλαχοῦ.

† Θεοφιλέστατε Κυθήρων καὶ σοφώτατε κύριε Μαργούνιε, τὴν ἀρχιερωσύνην σου προσκυνῶν, ὥσπερ υἱός σου τῷ ἁγίῳ πνεύματι, δέομαί σου, ὡς ἀπὸ σοῦ, μετὰ καὶ τῆς παρούσης, γράψαι καὶ πέμψαι τῷ σοφῷ ἀνδρὶ Κρουσίῳ. Οἶδας γὰρ τοὺς καιροὺς καὶ ὁ κίνδυνος ὅσος τῶν δεινῶς συζητούντων τοιαῦτα, καὶ ναρκῶ γράφειν κυρίως ἰδίως αὐτῷ, διὰ τὰ ἐν τῷ μέσῳ. Λέγε δὲ αὐτῷ, ὡς καὶ ἤδη λέγω, καὶ γράψον αὐτῷ καὶ τὴν παροῦσάν μου μετὰ ἀσφαλοῦς διακομιστοῦ· ὅτι παιδίον Σωσάνναν ἔχω ὥραν ἔχουσαν γάμου νομίμου σὺν Θεῷ καὶ σαῖς θειοτάταις εὐχαῖς· οἱ καιροὶ δὲ καὶ τὰ συμβάντα μυρία ἀπαντήματα καὶ αἱ κακώσεις αἱ ἤδη δεκαετίαν ἐνταῦθα ἠστέρησάν με σχεδὸν πάντων νῶν μετρητῶν ὧν εἶχον καὶ ἄλλων, δι' ὧν παιδία δεόμενα τοιαύτης εὐλόγου βοηθείας καὶ ὄντα ἐν ἀρραβῶνι, βοηθοῦνται. Καὶ δέομαι αὐτοῦ, ὡς σοφοῦ ἀνδρός, λαλῆσαι τοῖς φίλοις καὶ συντάξαι βοηθείαν τινα διὰ τὴν ἀναγκαιοτάτην χρείαν ταύτην καὶ πέμψαι σοι αὐτοῦ. Αὐτὸς δὲ ὡς πατὴρ θεῖος καὶ ὡς τάχος[1] πέμψαι αὐτὰ ἡμῖν διὰ τὴν ἀναγκαιοτάτην χρείαν αὐτήν· καὶ πιστώσῃς καὶ ὅτι, ὡς

---

[1] Il y a dans le manuscrit : ὦ τέκος, puis un espace blanc pour un mot.

Θεὸς οἶδε, οὕτως οἱ καιροὶ εἰς ἔνδειαν κατέφερον ἡμᾶς · καὶ διὰ τοῦτο τῶν φιλτάτων δεόμεθα καὶ μὴ ἀποτύχωμεν. Ἔπεμψα [1] καὶ πατριαρχικὸν πισ]ούμενον ταῦτά μοι, ἀλλ᾽ ὁ καιρὸς ὁ παρὼν μονονουχὶ λέγει ὅτι διὰ τὸν Θεὸν, μή τις οὐδὲ γρῦ γραφέτω, συκοφαντῶν ὄντων πολλῶν. Θεοδόσιος πρωτονοτάριος καὶ νῦν δικαιοφύλαξ τῆς ἐν Κωνσ]αντινουπόλει ἐκκλησίας πλωχεία συζώσης καὶ οὐ δυναμένης οὔτε κᾀμὲ βοηθῆσαι ὁ Ζυγομαλᾶς ἔσ]ιν ὁ φιλτάτων δεόμενος σοφῶν ἀνδρῶν πάντων διὰ τὴν Θυγατρὸς νόμιμον ἀνάγκην. Θεὸς δ᾽ ὁ ἀντιμετρῶν τὰς ἀμοιβὰς, ὡς ὑπέσχετο, καὶ ἐγὼ εἰς ὅσον ὑπηρετῆσαι δυνηθείην τοῖς τὴν ἐλεημοσύνην φροντιοῦσιν · αἱ ἅγιαί σου εὐχαὶ καὶ ἡμῖν χαρισθείησαν ἀσπαζομένοις [2] πάντας φιλτάτους σοφοὺς ἄνδρας τοὺς ἐκεῖ, ὡς καὶ κύριον Κρούσιον, ὃν ἀξιῶ δεῖξαι τὸ παρὸν πρὸς πάντα ἄρχοντα ἐλεῆσαι, διὰ Θεὸν, ἐθέλοντά με.

Ἀπὸ τῆς Βυζαντίδος, ͵αχ΄, ἀπριλλίῳ μηνί.

Κύριε Μαρτῖνε, φροντιεῖς μοι πρὸς Θεοῦ καὶ φιλίας, ὡς γράφω, καὶ τὴν ταχίσ]ην ἡ βοήθεια τῆς ἐλεημοσύνης διὰ τοῦ σοφοῦ καὶ θείου ἀνδρὸς αὐτοῦ Μαργουνίου ἔλθοι μοι διὰ τὴν χρείαν αὐτὴν, καὶ σύσ]ασιν Φωτεινοῦ καὶ λοιπῆς μοι φαμιλίας · καὶ κύριος μὲν ἀμοιβὰς δῴη ὑμῖν ὡς ἐπηγγείλατο · ἐγὼ δὲ ἀντίδωρον βιβλίον, παλαιὸν ὀρθὸν θεολογικὸν εἰς ἀπορίας τῶν δυσκολωτάτων ζητημάτων, πολλάκις μὲν ἀπαιτηθὲν πρέσβεσιν, ἕως τοῦ νῦν δὲ μὴ ἀναφανὲν, πλὴν πρὸ ἐνιαυτοῦ ἤδη, καὶ ἔχω ἴδιον, κοινὸν δ᾽ ἔσ]αι ὑμῖν. Θεοδόσιος.

Ἴσθι ὅτι ἔκτοτε ἐδεξάμην ἣν ἔπεμψεν, ἀλλὰ δεδιὼς οὐκ ἀντέσ]ειλα, καὶ νῦν μόλις τολμῶ. Ἀσπάζομαι, καὶ εἰς φιλίαν μετακαλοῦμαι ὡς κληρονόμον σου τὸν φίλτατόν σου καὶ σοφὸν υἱὸν καὶ λοιποὺς ἅπαντας.

Extra addita : Σφράγισον τῇ σῇ σφραγῖδι, θεοσοφώτατε, καὶ πέμψον μετὰ καὶ ἰδίας ἀξιούσης ὅμοια καὶ τὴν πλωχείαν, ἥν μοι οἱ

---

[1] Crusius a ajouté au-dessus de la ligne : *scilicet* ἀν.
[2] Il y a dans le manuscrit : ἀσπαζομένου.

καιροὶ οἱ δυσκολώτατοι ἐπεισέφερον, πισ]ούσης καὶ τὴν χρείαν ὡς 3είαν καὶ 3εῷ δεκτὴν ἐπ' οὐδενὶ ὡς ἐλέῳ χαίροντι κρειτ]όνως.

† Θεοδόσιος.

Χρήζω διὰ Φωτεινὸν υἱόν μου καὶ σὸν τῷ ἁγίῳ πνεύματι βιβλίων τούτων·

Ἡσιόδου μετ' ἐξηγήσεων, καὶ Λιβανίου μελέτας.
Λυκόφρονος μετ' ἐξηγήσεως καὶ τῶν Τζέτζου ἱσ]οριῶν τῶν διὰ πολιτικῶν σ]ίχων.
Σουΐδα Λεξικὸν καὶ Μέγα Ἐτυμολογικόν.
Καὶ ὁ πέμψας ἀντιδώρου τεύξεταί μοι καὶ 3είας ἀμοιβῆς.

Codex Tybingensis Mh 466, t. VIII, 156 à 160.

N° 23.

Τῷ εὐγενεσ]άτῳ καὶ σοφωτάτῳ ἀνδρὶ
κυρίῳ Μαρτίνῳ τῷ Κρουσίῳ
πανεντίμως δοθείη.

Τῷ σοφωτάτῳ Μαρτίνῳ τῷ Κρουσίῳ Μάξιμος, ταπεινὸς Κυθήρων ἐπίσκοπος, σωτηρίαν.

† Τὰ παρὰ τοῦ σοφωτάτου Θεοδοσίου τοῦ Ζυγομαλᾶ γράμματα σήμερον εἰς χεῖράς μου ἀποδέδοται, τοσούτου μέχρι τοῦ νῦν διϊππεύσαντος χρόνου, ἀφ' οὗ τὰ παρὰ τῆς σῆς λογιότητος πρὸς ἐκεῖνον γραφέντα ἀπέσ]αλτο. Ἐπεὶ δὲ ὀψὲ ταῦτα ἧκον καὶ ὀψὲ παρ' ἐμοῦ διαπέμπεται, τῷ κοινῷ νῶν φίλῳ τῷ σοφωτάτῳ Δαβίδῃ τῷ Ἐσχελίῳ εἰς ἀσφαλῆ ἀπόδοσιν συνισ]άμενα· ἃ δὲ περὶ ὧν τὸ τηνικαῦτα ἐγεγράφεις αὐτῷ ἀντιγέγραφεν, αὐτὸς αὐτοψεὶ διελθὼν ταῦτα ἐπιγνώσῃ· ἐμὲ δὲ καὶ πάνυ δεινῶς διέθηκεν ὁ ἀνήρ, καὶ ὅτι μάλισ]α δυσθύμως τὰ καθ' αὑτὸν διεξιὼν ἐν τοῖς γράμμασι καὶ ᾗ προσπεπάλαικε δυσ]υχίᾳ

καὶ ἐσχάτη πενία. Σὸν δὲ ἂν εἴη λοιπὸν τὸ ἀντιφάρμακόν οἱ διαμηχανήσασθαι τῷ παρὰ σοὶ φιλανθρώπῳ, καὶ οἷς ἂν ἄλλοις ἐπινοήσειας εὐσπλαγχνίας τρόποις, καί γε καὶ Θεῷ φίλα, καὶ Θεὸν φιλοῦντι διαπεπράξῃ ἐπέρασ1α· καὶ πρὸς τῶν ἱερῶν λόγων, ὦ σοφώτατε Κρούσιε, καὶ ἧς ἐπαγγέλλῃ πρὸς τὸ Θεῖον εὐσεβείας τε καὶ ἀγάπης, εἰ μὴ δι' ἄλλο τι, χεῖρα βοηθὸν τούτῳ ἐπορεγνύς· διὰ γοῦν ταῦτα καὶ τὸ περὶ τὴν ἀρετὴν αὐτὴν περισπούδασ1ον. Ταῦτα μὲν περὶ τούτων. Εἰ δὲ καὶ παρ' ἡμῶν τι ἐπιζητήσαις τῶν τάχα τοι εἰς χρείαν ἡκόντων τῇ σεμνοπρεπεσ1άτῃ σου κεφαλῇ, οὐδὲν μελλήσαντες χαριούμεθά σοι τὰ δυνατά· καὶ προσ1άτ1οις, δέομαι, τά σοι καταθύμια, τὰ γράμματα τῷ προειρημένῳ σοφωτάτῳ Ἐσχελίῳ συνισ1ᾶν. Σύγγνωθι δὲ ἡμῖν λακωνίζουσι καὶ, μὰ τὸν φίλιον, αὐτοσχεδιάζουσι διὰ τὸ κατεπεῖγον τοῦ καιροῦ καὶ τὴν τῶν ἀλλεπαλλήλων φροντίδων σωρείαν. Ἡ γὰρ τῆς ἐκκλησίας τῆς ἐνταῦθα φροντὶς, διὰ τὸν πρὸ πολλοῦ ἐντεῦθεν ἀπόπλουν τὸν εἰς Ζάκυνθον τοῦ πανιερωτάτου Φιλαδελφείας, ἐμοὶ ἐπικρέμαται· ἔνθεν τοι καὶ κοινότερον ἐμαυτὸν καθισ1ᾶν τοῖς πᾶσιν ἐπώφληκα, καὶ διασπῶμαι τῇ τῶν μεριμνῶν συνεχείᾳ. Σὺ δὲ, ἀνδρῶν σοφώτατε, ὑγιαίνοις ἑκάτερον τὸν ἄνθρωπον, καὶ διασώζοιο παρὰ Θεοῦ σὺν γυναιξὶ καὶ φιλτάτοις, καὶ ὅσοι σου τῷ γένει προσήκουσιν.

Ἐνετίηθεν, μαΐου εʹ ἰσ1αμένου κατὰ τὸ ͵αχʹ ἔτος τὸ σωτήριον.

Codex Tybingensis Mh 466, t. VIII, 153 à 155.

Nº 24.

Τῷ ἐπιφανεῖ καὶ σοφωτάτῳ ἀνδρὶ κυρίῳ Θεοδοσίῳ τῷ Ζυγομαλᾷ, τῆς χρισ1ιανικῆς ἐν τῇ Κωνσ1αντίνου ἐκκλησίας δικαιοφύλακι, κυρίῳ ἐντίμῳ καὶ ἀγαπητῷ, εἰς Κωνσ1αντινούπολιν, χαίρειν ἐν Χρισ1ῷ καὶ ἐν ἀχάρτοις.

Τὸ σὸν περιπαθὲς πρὸς κύριον Μαργούνιον γράμμα παρ' αὐτοῦ

προς εμέ γράψαντος και αυτού τη κγ' μαΐου εκομισάμην. Συμπάσχομεν οι ενταύθα τοις σου παθήμασι, τιμιώτατε κ. Θεοδόσιε, εκ ψυχής. Θαυμάζομεν δε πως ου προς κύριον Γερλάχιον, τον πάνυ της εν Τυβίγγη παρ' ημίν ακαδημίας της αγίας Θεολογίας διδάσκαλον και αντικαγκελλάριον, ή προς εμέ αυτοχειρί επέσλειλας ουδέν. Υπονοεί γάρ τις μη άρα ουκ εκόμισω τα υπ' εμού προς την κυριότητά σου απεσλαλμένα πέρυσιν, ως οίμαι· ή γαρ αν προς έκασλα αυτών απεκρίνω· διό ουδέ πέμπειν τι ων ήτησας, το νυν είναι, κέκριται, πριν αν προς εμαυτόν ή τον κ. Γερλάχιον, ή προς εκάτερον επισλείλης· ουδέ γαρ σαφές εξ ων γε προς Μαργούνιον έγραψας τα πριν παρ' εμού γράμματα προς σε αφικέσθαι.

Ίσθι δε τους περιφανείς ημετέρους θεολόγους ήδη προς Χρισλόν εκδημήσαι, τον κ. Σνέφιον, τον κ. Ιάκωβον Ανδρέου καγκελλάριον, και έναγχος τον κ. Ιάκωβον Εερπράνδον καγκελλάριον. Έχομεν νυν και άλλον τοπάρχην, τον επιφανέσλατον κύριον κ. Φριδερίκον Ουϊρτεμβέργης και Τεκκίας δούκα, Μομπελγαρδίας κόμητα.

Πολλοί εκάσλοτε δεύρο επεδήμησαν Έλληνες, λύτρα ζητούντες, και εβοηθήσαμεν κατά δύναμιν· αλλά νυν απρόθυμοι εισί πολλοί των παρ' ημίν, πεπλασμένοις αυτών ενίων συσλατικοίς γράμμασιν εντυχόντες. Έτι δε ότι γράμματα και ιστορικά (τα της Θεολογίας γαρ πάντα παρ' ημίν καθαρώτατα· και ου φροντίζουσιν οι ημών των μη εκ των αγίων παλαιάς και νέας Διαθηκών) ιστορικά πέμψειν επαγγειλάμενοι, ψευσάμενοι τω μη τας επαγγελίας επιτελέσαι εξηλέγχθησαν. Συ δε, ει δυνατόν, πέμψαις ιστορικά μάλισλα, α των νυν καιρών· ελληνικάς, τουρκικάς, περσικάς πράξεις· ή γούν επισλολάς σοφών των παρ' υμίν ανδρών, ως πάλαι εποίησας. Γραψάτω δε και η κυρία Ειρήνη, η γλυκυτάτη σου σύζυγος, και ο υιός Φώτιος, και η αγαπητή μελλόνυμφος Σωσάννα, τα φίλτατά σου τέκνα, ίνα και γυναικεία χειρόγραφα έχω και τούτοις εναβρύνωμαι. Ασπάζομαι υμάς ειλικρινεί καρδία πάντας, υπέρ ων και οσημέραι τω Χρισλώ (μάρτυς αυτός) πρωί τε και εσπέρας εντυγχάνω. Τις ο νυν πατριαρχεύων; Τα της παρ' υμίν εκκλησίας και των άλλων ημίν ισλόρησον. Ποθούμεν τα υμών γράμματα διακαώς. Έρρωσθε εν τω σωτήρι· υπόμεινον τον κύριον, ἀνδρίζου, καὶ κραταιούσθω ἡ καρδία σου· τὰ πάντα συνεργεῖ εἰς ἀγαθὸν τοῖς ἀγαπῶσι τὸν Θεόν.

Ἐκ Τυβίγγης, ἰουλίου α΄, ἔτει σωτηρίας ͵αχ΄.

Μαρτῖνος ὁ Κρούσιος
ἐτῶν ἤδη οδ΄ καὶ χῆρος.

Codex Tybingensis Mh 466, t. VIII, 209 à 214.

N° 25.

Τῷ Θεοφιλεσ]ἀτῳ ἐπισκόπῳ Κυθήρων, κυρίῳ
Μαξίμῳ Μαργουνίῳ, ἐν Βενετίαις διατρίβοντι,
κυρίῳ τιμιωτάτῳ, αἰδημόνως ἐπιδοθείη
εἰς Βενετίας.

Χαίρειν ἐν Χρισ]ῷ. Ἐδεξάμην, αἰδεσιμώτατε Κυθήρων ἐπίσκοπε Μαργούνιε, καὶ τὸ σὸν καὶ τὸ τοῦ τιμίου κυρίου Θεοδοσίου πρὸς ἐμὲ γράμμα, τῇ κγ΄ μαΐου· ἐξ ὧν μετὰ σπλαγχνισμοῦ ἔγνωκα τὴν τύχην, ᾗ ὁ βέλτισ]ός μου φίλος, ἤδη πολὺς χρόνος, συμπαλαίει, ὡς οὐκ ἂν δέοι, εἰ μὴ οὕτως ἂν τῷ ὑπεράνω πάντων μόνῳ σοφῷ καὶ φιλανθρώπῳ κυρίῳ ἔδοξεν· ἀλλ' ὑπομεινάτω ὁ καλὸς καὶ εὐσεβὴς, καὶ κραταιούσθω ἡ καρδία αὐτοῦ, ὡς τῶν πάντων τοῖς ἀγαπῶσι τὸν Θεὸν συνεργούντων εἰς ἀγαθόν. Πλὴν οὐ κέκριται τοῖς ἐνθάδε πέμπειν τι βοήθημα, μὴ ἐμοῦ πρότερον παρὰ τοῦ κυρίου Θεοδοσίου ἐπισ]ολὰς δεξαμένου· διὸ καὶ γράφω πρὸς αὐτὸν, καὶ δέομαί σου τῆς φιλοθεΐας πρὸς αὐτὸν τὴν ἐνταυθοῖ ἐγκεκλεισμένην ἐπισ]ολὴν ὡς οἷόν τε τάχισ]α διαπέμπειν, καὶ προτρέπειν ἐκεῖνον πρὸς ἐμὲ ὡσαύτως ἐπισ]έλλειν· ὡς οὐκ ἂν ἄλλως ἢ ἐγὼ σημαίνω τινὰ δωρεὰν ληψόμενον. Αὐτοῦ δὲ τὰ γράμματα, καὶ εἴ τι ἄλλο προσέζευκται, ἡ σὴ ὁσιότης ἀνεμποδίσ]ως καὶ ἀσφαλῶς πρὸς κ. Ἐσχέλιον, καὶ οὗτος πρὸς ἐμὲ διαπέμψει. Τότε δὴ καὶ αὐτὸς τὰ δέοντα ξὺν Θεῷ ποιήσω. Καὶ ταῦτα μὲν δὴ ταῦτα.

Λυποῦμαι δὲ κἀγὼ ὅτι πολλοὶ τῶν Ἑλλήνων δεῦρο ἐπιδημοῦντες ἑκάσ]οτε ἀπὸ κ΄ ἐτῶν, καὶ ὑφ' ἡμῶν ἐν τῷ λύτρων ἐπιτυχεῖν εὖ παθόντες, χρήματα μὲν ἡδέως λαμβάνουσιν, οὐδὲ δὲ χάριτας ἀντιδιδόασι· τουτέσ]ιν, ὑποσχόμενοι ἐμοὶ καταγραφὰς πέμψειν τῶν ἑαυτῶν πατρίδων καὶ πράξεων ἑλληνικῶν, μάλισ]α σημερινῶν, ψευδόμενοι ἁλίσκονται[1]. Μάλισ]α δὲ βουλοίμην λαβεῖν περὶ πόλεων ἐπισημοτάτων πῶς ἔχουσι σήμερον (Ἀθηνῶν, Θεσσαλονίκης, Σπάρτης καὶ ἄλλων) καταγραφὰς, διὰ Θουκυδίδην καὶ ἄλλους παλαιοὺς ξυγγραφέας, ἐξ ὧν τοὺς παρ' ἡμῖν μαθητὰς, πολλοὺς καὶ ἀγαθοὺς, διδάσκω· ἄλλως τε καὶ ἐπεὶ καὶ ἐν ταῖς ἁγίαις γραφαῖς μνημονεύονται ἐκεῖναι αἱ πόλεις. Οἱ δ' οὐδὲν χαριζόμενοι ἀπροθύμους ἡμᾶς τοὺς ἐνθάδε ποιοῦσι. Τοιγαροῦν ἡ σὴ Θεοσέβεια (παρακαλῶ) ἡμῖν ἀξιούτω χαρίζεσθαι ἐν τούτοις. Ἔρρωσο ἐν κυρίῳ Ἰησοῦ καὶ ἀντεπισ]άλσεως ἡμᾶς ἀξίωσον. Τίς ὁ νῦν πατριάρχης; Τί ποιεῖ ὁ ἁγιώτατος κύριος Μελέτιος; Πάλιν ἔρρωσο· καὶ ἴσθι ὅτι καθ' ἡμέραν τοῦ Θεοῦ δέομαι ὑπὲρ σοῦ τε καὶ παντὸς τοῦ ἑλληνικοῦ, πολλὰ ἤδη ἔτη.

Ἀπὸ Τυβίγγης, τῇ α' Ἰουλίου (κατὰ τὴν παλαιὰν ἐφημερίδα), τῷ ͵αχ' ἔτει.

ὁ σὸς Μαρτῖνος ὁ Κρούσιος.

Codex Tybingensis Mh 466, t. VIII, 214 et suiv.

N° 26.

Τῷ χρισ]οφιλεῖ καὶ σοφωτάτῳ κυρίῳ Θεοδοσίῳ τῷ Ζυγομαλᾷ, χρηματίσαντι πρωτονοταρίῳ ἐν Κωνσ]αντινουπόλει, χαίρειν ἐν Χρισ]ῷ.

Τιμιώτατε κύριε Θεοδόσιε, ἐκομισάμην τὸ μακρὸν καὶ πολυπαθές σου γράμμα τῇ ιγ' μηνὸς Ἰουνίου, καὶ ἀπωδυράμην ἐγὼ (ὡς καὶ ὁ

---

[1] Sæpe etiam aliquis eorum patriarchicum συσ]ατικὸν finxit; et sic alienantur boni apud nos ab ipsis, fraude utentibus, et ne papyrum quidem pro auro reddentibus. (*Note de Crusius.* Elle se trouve, dans le manuscrit, immédiatement après la lettre; mais il nous semble que sa vraie place est ici.)

αἰδεσιμώτατος κύριος Γερλάχιος) ἐκ ψυχῆς τὴν περὶ σὲ δυσΙυχίαν. Εἴθε δὲ βοηθεῖν οὕτως, ὡς αἱ χρεῖαί σου ἀπαιτοῦσιν, ἐδυνήθημεν, προθυμότατα ἂν ἐποιήσαμεν. Νῦν δὲ σφόδρα ἄλλοι παρ' ἡμῖν καιροί· ἄλλοι ἄρχοντες, ἄλλοι διδάσκαλοι (τῶν πρὶν νῦν εἰς τὴν ἑτέραν παμμακάρισΙον ζωὴν μετασΙάντων), καὶ ἕκασΙος ἡμῶν οὐδαμῶς περισσεύων χρημάτων : ἢ διὰ τὸ ὑπερτίμιον πάντων τῶν εἰς διακατοχὴν τοῦ βίου ἀναγκαίων, ἢ διὰ ἔσΙιν ὧν πολυτεκνίαν καὶ ἄλλας διαφόρους αἰτίας. Ἐγὼ δὲ καὶ χῆρος, καὶ οε' ἐτῶν τὴν ἡλικίαν ἤδη· πῇ δὲ ἀνέγνων, πῇ δὲ διηγησάμην σοφοῖς ἀνδράσι τὸ ἐνδεές σου· ἀλλ' οὐδὲν ἔλαβον· ἀλλὰ οὐδὲ ἀσφαλῶς ἂν μεῖζόν τι δυνηθείη ἐν πολεμικαῖς ταραχαῖς ἐπὶ γῆς τε καὶ ἐν θαλάσσῃ πρὸς ὑμᾶς πέμπεσθαι. Νῦν δὲ ἔγνωσΙαι ἡμῖν καὶ τοῦτο· ὅτι ἐν τῇ μεγαλοπόλει ὑμῶν, καθ' ἑκάσΙην ἡμέραν, λοιμῷ πάμπολύ τι πλῆθος ἀπόλλυται· ἐμποδίσματα δὲ πλείονα καὶ οὐ μικρά.

Δι' ἃς αἰτίας πέμπομέν σοι ὁ κύριος Γερλάχιος καὶ ἐγὼ μόνον πέντε χρυσίνους, παρ' ἡμῖν δουκάτους καλουμένους, οἳ σύμπαντες δύνανται δέκα φλωρίνους· καὶ δεόμεθά σου τῷ μικρῷ ἀρκεῖσθαι τῷδε ὑπολογιζομένου τὰς αἰτίας ἃς ἐδήλωσα. Ὡς ὄφελον οἱ παρ' ὑμῖν τῶν ἐκκλησιῶν προεσΙῶτες μὴ ἀθετῆσαι ἣν ὑγιαίνουσαν ἐκ τῶν θεοπνεύσΙων γραφῶν αὐτοῖς διδασκαλίαν διὰ ἀνικήτων βιβλιδίων προὐθέμεθα, καὶ ἣν ἀληθῶς οὐκ ἐδυνήθησαν ἀνασκευάσαι· ἀλλὰ μόνον τὰ ἀνθρώποις, τοῖς πατράσι, δόξαντα, καὶ οὐ ταῖς ἱεραῖς γραφαῖς ἐνερριζωμένα, ἀνταπεκρίναντο. Σὺ δὲ καλῶς γινώσκεις τὴν παρ' ἡμῖν ἐν Γερμανίᾳ ἀληθῆ πίσΙιν, οὐδὲ ἀντέτεινας ὥσπερ ἐκεῖνοι.

Ἃ δὲ περὶ τῆς Τουρκογραικίας μέμφῃ, ἴσθι πᾶσαν τὴν βίβλον ταύτην πᾶσι τοῖς ἐν Γερμανίᾳ πεπαιδευμένοις μεγάλως ἀρέσαι. ἌγνωσΙα γὰρ πρότερον ἦν ἡμῖν τὰ τῶν Γραικῶν· καὶ ἐγνωκότες ἐκ τῶν ὑμετέρων γραμμάτων συμπαθοῦμεν ὑμῖν, καὶ εὐχόμεθα ὑμᾶς ἐν βελτίονι κατασΙάσει εἶναι τά τε σωματικὰ καὶ τὰ πνευματικά· καὶ ἡ ἔκδοσις τῆς Τουρκογραικίας ὑμῖν τιμὴν φέρει, ὅτι καὶ ἐν τῇ δουλείᾳ ἀντέχεσθε τοῦ χρισΙιανοὶ καὶ ἀκούειν καὶ εἶναι· ὥσΙε μηδεὶς τῶν παρ' ὑμῖν δυσχεραινέτω τῇ τῆς βίβλου ἐκδόσει, ἄλλως τε καὶ οὐδένα κίνδυνον ὑμῖν φερούσῃ. Οὐδενὸς γάρ, οὔτε Τούρκου, οὔτε

Ἕλληνος κατηγορίαν ἔχει, ἀλλὰ μόνον ἁπλοϊκῶς τὰ τῶν Γραικῶν σήμερον ὑπὸ τοῖς Τούρκοις ἔχει. Οὐδεμία ἐνταυθοῖ γε οὐδενὸς ἑκατέρων μέμψις· καὶ τίς κίνδυνος κἂν εἰ πρὸς ἡμᾶς ἔστιν ἃ ἱστορικὰ πέμψειας. Ἀλλὰ τούτων μὲν ἅλις.

Ἀσπάζεταί σε ὁ τίμιος ἡμῖν κύριος Γερλάχιος· καὶ εὐχόμεθά σοι ζωὴν μακρὰν καὶ βελτίω τύχην, ὡς καὶ τῇ σοῦ σεμνῇ γαμετῇ, τῇ κυρίᾳ Εἰρήνῃ, καὶ τοῖς προσφιλεστάτοις τέκνοις. Τίς νῦν πρωτονοτάριος; τίς ἐν Ἀθήναις καὶ ἐν Θεσσαλονίκῃ μητροπολίτης; Γράψαι τινὰ καὶ ἡ ἐχέφρων σου Εἰρήνη πρὸς ἐμὲ ἀξιοίη, ἵνα καὶ ἐπαινετῆς ἑλληνίδος χεῖρα βλέψω. Ἐντυγχάνω ὁσημέραι τῷ Θεῷ διὰ προσευχῆς πρωΐ τε καὶ ἑσπέρας ὑπὲρ ὑμῶν λέγων· σεπτὲ κύριε Θεέ, φύλαττε τόν μου ἀγαπητὸν Θεοδόσιον τὸν Ζυγομαλᾶν καὶ τὴν σύζυγον Εἰρήνην, καὶ τὰ τέκνα τὰ φίλα αὐτῶν Σωσάνναν, Φωτεινόν, καὶ τὰ λοιπά. Βουλοίμην ἂν τὰ ὀνόματα πάντων εἰδέναι[1]. Ἔρρωσθε ἐν Χριστῷ εὖ καὶ καλῶς. 1601.

Codex Tybingensis Mh 466, t. VIII, 603 à 607.

N° 27.

Τῷ Ζυγομαλᾷ Φωτεινῷ, τῆς μεγάλης αὐτόθι ἐκκλησίας νοταρίῳ.

Δέῃ μου βίβλων; ἔχω μὲν αὐτὰς καὶ πλείστας ἄλλας· πῶς δ᾿ ἂν πέμψαιμι; ἡ ὁδὸς μακρὰ καὶ ἡ δαπάνη οὐ μικρά: καὶ πολλὰ μεταξὺ οὔρεά τε σκιόεντα καὶ ἠχήεσσα θάλασσα. Τίς ἂν ἀσφάλεια ἐν τοσούτοις λῃσταῖς; ἐν τηλικαύτῃ τῶν ἀνθρώπων ἀπιστίᾳ; Εἰ μὲν ἐν Γερμανίᾳ που εἴης, δυνηθείην ἄν· λίαν δ᾿ ἀπόντος, οὔ. Τὰ νῦν ἐν τῇ Ἑλλάδι καὶ Ἀσίᾳ, μάλιστα δὲ ἐν τῇ πόλει ὑμῶν, πραττόμενα ἐμοὶ γράψον,

---

[1] C'est ici le lieu de rappeler que Crusius avait donné le nom de *Théodose* à un de ses enfants, qui mourut le 10 décembre 1578. (Voir *Turcograecia*, p. 511.)

καὶ ἀσφαλῶς ταῦτα ἕξει, καὶ χωρὶς τοῦ ὀνόματός σου, εἰ οὕτω
βούλει. Ἀσπάζου ὑπὲρ ἐμοῦ τὸν νυνὶ πατριαρχικὸν πρωτονοτάριον,
ὅστις ἂν ᾖ, καὶ αὐτὸς γραψάτω μοι· οὐδενὸς ὑμῶν ὄνομα δημοσιεύσω.
Ἔρρωσο, ἀγαπητὲ πατροπαράδοτε φίλε.

Ἀπὸ Τυβίγγης ἐν Οὐϊτεμπεργίας ἐπαρχίᾳ, χώρᾳ Γερμανίας, τῇ
ιε΄ μηνὸς αὐγούστου, ὁπότε τὴν τῆς Θεοτόκου ἀνάληψιν ἑορτάζετε
μεγαλοπρεπῶς· ἡμεῖς δὲ οἱ λουθηρανοὶ καὶ αἱρετικοὶ ὑπὸ τῶν ἀληθῶς
αἱρετικῶν παπιστῶν καλούμενοι, οὐδὲν ἐν ταῖς ἁγίαις γραφαῖς περὶ
τῆς ἀναλήψεως ταύτης εὑρίσκοντες, εὐλογημένην μὲν τιμῶμεν τὴν
ἀειπάρθενον· οὐ προσκυνοῦμεν δ' οὐδενὶ ἁγίῳ ἀνθρώπῳ, ἀλλὰ μόνῃ
τῇ πανσέπτῳ τριάδι. Ἐπικλητέος γὰρ μόνον ὁ τὰ πάντα εἰδώς, ὁ τὰ
πάντα δυνάμενος, ὁ κτίστης, ὁ ῥύστης, ὁ κυβερνῶν πανταχοῦ τὰ
πάντα. Ἐπικάλεσαί με ἐν ἡμέρᾳ θλίψεώς σου, οὐκ ἄλλον ἔξω μου.
Πάτερ ἡμῶν, ἀλλ' οὔ· Μαρία ἡμῶν, Πέτρε ἡμῶν.

Ὁ ὑμῶν Μαρτῖνος ὁ Κρούσιος,
τεχθεὶς ιθ΄ σεπτεμβρ. ͵αφκϛ΄.

Οἱ ὑμῶν ἐπίσκοποι καὶ ὅσοι ἀγαθοὶ ἐπαρκείτωσαν ταῖς χρείαις
ὑμῶν, φασὶν οἱ ἡμέτεροι· πλῆθος γὰρ ἡμῖν πενήτων αὐτοῖς.

Has litteras indidi una cum 5 ducatis libello græco excuso S. Chrysostomi 6 sermonum de Sacerdotio: libellum inclusi epistolio huic ad episcopum Cytherorum D. Maximum:

N° 28.

Τῷ ὁσιωτάτῳ Κυθήρων ἐπισκόπῳ κυρίῳ Μαξίμῳ
Ἐνετίῃσι διάγοντι χαίρειν ἐν Χριστῷ.

Ὁσιώτατε κύριε Μάξιμε, ἀνέγνωσα τὴν λίαν περιπαθῶς γραφεῖσαν ὑπὸ τοῦ κυρίου Θεοδοσίου ἐπιστολήν, καὶ πρὸς αὐτὴν ἀποκρινόμενος πέμπω τῇ ὁσιότητί σου τὸ γράμμα, μικράν τινα τῷ βελτίστῳ τῶν φίλων βοήθειαν (οὐ γὰρ ἠδυνήθην μείζονα, καίπερ πολλὰ πειρώμενος) δεικνύς· τὰς δὲ βίβλους ἃς ὁ υἱὸς αὐτοῦ Φωτεινὸς αἰτεῖ, πῶς ἄν τις ἐντεῦθεν πέμψειε τοσαύτην ὁδόν; Ἔρρωσο, αἰδεσιμώτατε. Δέομαι τοῦ Θεοῦ καθ' ἡμέραν ὑπὲρ ὑμῶν πάντων, ὡς φιλέλλην διατελῶν.

Ἀπὸ Τυβίγγης, τῇ ιδ' αὐγούσ]ου ἔτους τοῦ ͵αχα'.

Μαρτῖνος ὁ Κρούσιος.

Λέγεται λοιμῷ φθείρεσθαι τοὺς ἐν τῇ Κωνσ]αντίνου· ὁ μὲν Θεὸς περισώσειε τὸν ἀγαπητὸν Θεοδόσιον· εἰ δ' οὖν, πρὸς τὴν αὐτοῦ γυναῖκα Εἰρήνην καὶ ὡς πέμπειν ἀξιώσειας τὸ γράμμα ἢ πρὸς τὸν υἱὸν Φωτεινόν.

Codex Tybingensis Mh 466, t. VIII, 608.

N° 29.

ANDRE DARMARIUS À TUBINGUE, EN 1584.

André Darmarius d'Épidaure [1] est sans contredit un des copistes grecs les plus féconds et les plus célèbres de la seconde moitié du xvie siècle. Les manuscrits sortis de sa plume atteignent un chiffre fort considérable. On en compte actuellement près de deux cent trente répartis dans les bibliothèques de Bruxelles, Copenhague, Escurial, Giessens Grenade [2], Leyde, Londres, Madrid, Milan, Naples, Nuremberg, Oxford, Paris, Rome, Stockholm, Tarragone, Turin, Upsal et Vienne. Mais dans ce nombre ne sont pas repré-

---

[1] *Epidaurus Limera* (en Laconie), la Monembasie actuelle.

[2] Le seul manuscrit darmarien existant dans cette ville appartient à M. le professeur Eguilaz. (Voir Graux, *Origines du fonds grec de l'Escurial*, Paris, 1880, in-8°, p. 293.)

sentés l'ancien fonds de la Vaticane et plusieurs autres bibliothèques, qui recèlent sûrement des copies darmariennes[1]. La publication de divers catalogues annoncée comme prochaine nous fait espérer qu'elles ne tarderont pas à être connues.

En attendant, nous avons pensé qu'on ne lirait peut-être pas sans intérêt quelques particularités inédites sur un épisode du voyage qu'André Darmarius fit en Allemagne, dans l'intention d'y vendre un lot des manuscrits qu'il apportait avec lui.

On nous permettra d'abord de rappeler que l'histoire des relations de Darmarius avec l'Espagne forme l'un des meilleurs chapitres de l'excellent livre de Charles Graux sur le fonds grec de l'Escurial. Ce jeune savant, enlevé trop tôt à la science et à l'affection de ses amis, avait relevé les principales souscriptions darmariennes, et était parvenu à suivre le copiste, presque d'année en année, dans ses différentes pérégrinations. Il nous l'a montré tantôt travaillant à Trente, pendant le concile, pour Martin Perez de Ayala, alors évêque de Ségovie; tantôt traitant avec Antoine Augustin, évêque de Lérida, son protecteur et l'un de ses plus anciens clients[2].

Récemment enfin, un Allemand, M. L. Schmidt, consacrait à Darmarius une étude très nourrie[3]. Malgré ces travaux, il reste encore dans la biographie de notre Grec une

---

[1] Ainsi le *Vaticanus* 1187 est un manuscrit darmarien, daté de l'Escurial, 4 mars 1574, et exécuté aux frais d'Antoine Augustin. Il est identique au n° 174 de la *Bibliotheca manuscripta græca* de ce prélat. Cf. Graux, *Op. cit.*, p. 303.

[2] Voir notamment les pages 51-53, 69-71, 95-97, 145-146, 151-153, 287-297, 326-328, 347-351, 433-436, 439-441, etc.

[3] Dans le *Centralblatt für Bibliothekswesen*, année 1886, p. 129-136.

foule de points à élucider, sur lesquels des découvertes inattendues ne sauraient manquer de faire la lumière un jour ou l'autre.

Le 8 juin 1584, Jean Vincent Pinelli écrivait de Padoue à Fulvio Orsini qu'André Darmarius avait quitté Venise quelques jours auparavant et était parti dans la direction de la Savoie, avec l'intention de rentrer à Venise au bout de deux ou trois mois[1]. Darmarius, il ne saurait y avoir le moindre doute à cet égard, se rendait en Allemagne.

Le 29 juillet 1584, il était à Strasbourg, où il souscrivait ainsi le *Parisinus* 2150 : Ὑπὸ Ἀνδρέου Δαρμαρίου τοῦ Ἐπιδαυρίου, υἱοῦ Γεωργίου, ἐν τῷ ἔτει ͵αφπδ', ἰουλλίῳ κθ', ἐν πόλει τῆς Γερμανίας Ἀργεντίνῃ.

Le 30 août suivant, il arrivait à Tubingue. Le bon Martin Crusius, qui, en fait de Grecs, ne voyait d'ordinaire se présenter chez lui que de pauvres hères quêtant pour la rédemption de leurs parents captifs, fut grandement émerveillé de recevoir la visite du fameux copiste. Aussi en a-t-il parlé à deux reprises dans ses *Chroniques souabes*[2]. Il y mentionne l'achat de plusieurs manuscrits pour la bibliothèque du duc de Wurtemberg, et y résume brièvement ce qu'il a appris de la bouche de Darmarius[3], mais il ne fait aucune allusion

---

[1] Ringratio V. S. che mi fà veder sue lettere, in riposta delle quale li dico come M. Andrea d'Arniar sono alcuni giorni che parti di Venetia per la volta di Savoia, con intentione di tornare a Venetia tra due o tre mesi, et come sia tornato si farà seco il servitio del Sirac che desidera il sig. cardinale Sirletto (Pierre de Nolhac, *La bibliothèque de Fulvio Orsini*, Paris, 1887, in-8°, p. 428).

[2] Aug. 30 veniebat huc vir egregius græcus Andreas Darmarius Epidaurius Laco venales libros m. scr. græcos advehens. De quibus d. Gerlachius et ego quosdam 8 septemb. emimus 35 coronatis italicis, in bibliothecam illustrissimo principi nostro (*Annales suevici*, t. II, p. 790). Cf. le même ouvrage, p. 356, où le passage ci-dessus se trouve en allemand.

[3] C'est ce qu'il intitule *Observata ex Darmario*. Voir *Annales suevici*, t. II, p. 790.

au catalogue des volumes que celui-ci cherchait à écouler, ni à la lettre qu'il écrivit à Lucas Osiander, ni, enfin, aux autres pièces que l'on trouvera plus loin.

Les huit volumes acquis par le duc de Wurtemberg sont les n°s 10, 12, 20, 21, 23, 34, 46 et 47. Cela résulte de la note suivante de Crusius : *Emit per Gerlachium et me Crusium Wirtemberg. D. Lud. hos 8 quos rubrica notavi.* Les huit numéros ci-dessus sont en effet marqués en rouge dans le catalogue.

L'identification des volumes vendus par Darmarius à Tubingue présente une certitude absolue pour les numéros 10 et 47. Pour les autres numéros, un examen attentif des *Monacenses* contenant les mêmes ouvrages permettrait peut-être de trancher la question qui reste pendante. Nous ne croyons pas qu'il faille chercher à Tubingue, autant du moins que nous permet de le supposer le catalogue embryonnaire des manuscrits grecs de la bibliothèque universitaire de cette ville rédigé par Keller et Klüpfel[1].

A.

DE ANDREA DARMARIO

EPIDAURIO LACONE

1584.

Venit is 30 augusti die dominica hujus anni Tybingam, ac paulo post 12 horam meridiei in musæum meum; quem excepi humanissime : Χαῖρε, εὐλογητὲ τοῦ κυρίου. Nam d. d. Georgius Mylius, concionator præcipuus Augustanus, mihi de eo antea

---

[1] Voir le *Serapeum* de Naumann, t. I, p. 203-206; t. II, p. 358-367 et t. IV, p. 184-188.

scripserat; egoque epistolam græcam ad Darmarium hunc scripseram, quam ipse nondum tunc viderat. Mylius tum eam Venetias miserat. Forte in reditu eam accipiet[1].

Advehebat secum libros quorum catalogus sequitur, quos principi nostro vendendi causa attulisse, et propter d. d. Stephanum Gerlachium ac propter me (quem dicebat apud Græcos διαβόητον εἶναι) videndos huc appulisse se aiebat.

Noverat linguas Darmarius	græcam	veterem
		vulgarem
	italicam	
	hispanicam ὑπερβαλλόντως, quia in Hispania circiter 8 annos vixit, in Aula.	
Famulus ejus	belgicam	
	gallicam	
	aliquid latine et germanice.	

Ait Darmarius se Venetam uxorem habere, græce nescientem; et filium 20 annorum, filiamque 16 annorum; habitare se Venetiis.

Se exemplaria mearum Constantinopolin litterarum identidem Venetiis a Theodosio Zygomala accepisse: ὁ γὰρ τοῦ Ἀνδρέου συγγενὴς μετεγράψατο, ἔμπορος καὶ σπουδαῖος ὤν, Γεώργιος Χρύσης· ἔχει δ' οἶκον ἐν Ἐπιδαύρῳ.

Certe adhuc ego nullum tam doctum in linguis Græcum mecum habui : sicut ipse mihi plurima vulgaris linguæ vocabula in Ἀλεξάνδρῳ μεγάλῳ toto, in 2° et 3° libro *Thesei et Æmyliæ* toto, in reliquis ejusdem operis libris sparsim, in libro Ἄνθος, in libro Πορτολάνος, 30, 31 aug. et 2, 8 ac 9 septemb. exposuit, idque φιλοφρονέστατα. Certe 9 septemb. totum diem mecum in Ἀλεξάνδρῳ exponendo (vocabulis tantum difficilioribus, quæ lineis notaram in textu) posuit. Tantum eo die mecum pransus et cœnatus est, sicut et 30 aug. mecum cœnatus (quando alebam

[1] *Codex Tybingensis Mb* 37, p. 125. Nous devons faire remarquer que ce manuscrit est chiffré tantôt par pages, tantôt par feuillets.

2 mensas convictorum), sed famulum noluit adhibere. Volebam utrumque semper mecum cibum gratis capere; sed ipse sua modestia semper recusabat : quod mihi doluit [1].

Sequitur catalogus librorum ejus quos attulerat [2].

B.

Βίβλοι ἑλληνικαὶ συναχθέντες ἐκ πλείστων βιβλιοθηκῶν τῆς Ἑλλάδος καὶ μεταγραφέντες νῦν ἐπιμελείᾳ μεγίστῃ, ἀποκομισθέντες χάριν τῷ ἐκλαμπροτάτῳ ἡγεμόνι Βυρτεμβέργης.

1. Θεοδώρου τοῦ Μετοχίτου κεφάλαια διάφορα φιλοσοφικὰ περί τε πολιτειῶν καὶ βίων φιλοσόφων, καὶ ἕτερα διάφορα [3]. Δ. 25 (σκοῦδοι seu σκοῦτοι).

2. Δαμασκίου φιλοσόφου περὶ τῶν πρώτων ἀρχῶν τῆς φιλοσοφίας. Δ. 9.

3. Πρόκλου πλατωνικοῦ διαδόχου στοιχείωσις θεολογική. Δ. 3.

4. Πρόκλου πλατωνικοῦ εἰς τὸν Κρατύλον τοῦ Πλάτωνος σχόλια, ἤως [4] ἐκλογαὶ χρήσιμοι. Δ. 6.

5. Ἑρεννίου φιλοσόφου εἰς τὰ μετὰ τὰ Φυσικὰ τοῦ Ἀριστοτέλους [5]. Δ. 6.

6. Πορφυρίου εἰς τὸν βίον τοῦ Πλωτίνου. Δ. 2.

7. Ἑρμίου διασυρμὸς φιλοσόφων [6]. Pas de prix.

8. Ἰουλιανοῦ καίσαρος εἰς τὸν βασιλέα ἥλιον πρὸς Σαλουστῖνον [7]. Δ. 4.

9. Τοῦ αὐτοῦ Μισοπώγων. Pas de prix.

---

[1] *Codex Tybingensis Mb 37*, p. 130.
[2] Le catalogue occupe les pages 131-134.
[3] Cf. le *Monacensis 197*, copie darmarienne, datée de Venise, 24 octobre 1560.
[4] Ce mot du grec byzantin est synonyme de ἢ ou ἤγουν.
[5] Cf. les *Monacenses 302* et *341*, manuscrits darmariens.
[6] Cf. pour les n°ˢ 7, 8 et 9, le *Monacensis 339*, copie darmarienne.
[7] Cf. pour les n°ˢ 8 et 9, le *Monacensis 305*, copie darmarienne.

10. Δαμασκίου φιλοσόφου σχόλια εἰς τοὺς ἀφορισμοὺς τοῦ Ἱπποκράτους. Pas de prix.

Ce numéro est certainement le *Monacensis* 227, lequel porte cette souscription : Ὑπὸ Ἀνδρέου Δαρμαρίου τοῦ Ἐπιδαυρίου, ἐν τῷ ἔτει ͵αφπδ', ἰουνίῳ α'. On y lit, en outre, cette note autographe de Crusius : *Emptus hic liber Tybingœ, in bibliothecam illustrissimi ducis Wurtenbergici*, τοῦ φιλοχρίστου κυρίου Λοδοβίκου, *de Andrea Darmario Peloponnesio, die 8 sept. 1584.*

11. Ῥούφου περὶ τῶν ἀφανῶν καὶ φανερῶν μορίων. Pas de prix.

12. Κουροπαλάτου περὶ τῶν ὀφφικιάλων Κωνσταντινουπόλεως βασιλέων[1]. Δ. 5.

13. Σύνοδος οἰκουμενικὴ ς' σὺν τοῖς κανόσι καὶ πρακτικοῖς. Δ. 10.

14. Σύνοδος ὀγδόη ἐν Κωνσταντινουπόλει πραχθεῖσα. Δ. 4.

15. Συνοδικὸν περιέχον ἐν ἐπιτομῇ ἁπάσας συνόδους ὀρθοδόξων καὶ αἱρετικῶν τὰς ἀπὸ τῶν ἁγίων ἀποστόλων γεγονυίας τοπικὰς καὶ οἰκουμενικάς. Δ. 4.

Ce numéro pourrait bien être identique à la copie de cet ouvrage qui fut achetée à Darmarius par Jean Pappus, et dont celui-ci publia le texte accompagné d'une traduction latine : *Libellus synodicus omnes synodos tam orthodoxas quam hæreticas brevi compendio continens* (Strasbourg, 1601, in-4°).

En effet, au début de son épître dédicatoire à André Ungnad, Jean Pappus s'exprime ainsi : *Cum, ante annos sedecim ferme, Andreas quidam Darmarius Epidaurius libros aliquot græcos manuscriptos venales huc attulisset, inter cæteros* ΣΥΝΟΔΙΚΟΝ *istud, mole quidem exiguum, sed rerum quæ in eo tractantur varietate et copia satis magnum, licet precio justo*

---

[1] Cf. le *Monacensis* 156, copie darmarienne, datée du 5 avril 1582, et aussi le *Monacensis* 247, autre copie darmarienne, datée du 18 avril 1582.

majore id œstimaret, redimendum tamen ab eo putavi, etc. Le *Monacensis* 245 est un manuscrit de cet ouvrage exécuté par Darmarius pour Antoine de Covarrubias et achevé le 6 mars 1571; mais, s'il n'a été aliéné qu'après le décès du personnage pour lequel il fut écrit, il ne saurait être identifié avec le volume acquis par Pappus, Antoine de Covarrubias étant mort en 1602.

16. Θεοδώρου Βαλσαμῶνος ἐκ τῶν μετὰ τὸν κώδικα θείων Νεαρῶν. Δ. 8.

17. Γεωργίου μοναχοῦ καὶ συγγέλου χρονικὴ διήγησις καὶ Θεοφάνους ἀναπληροῦντος τοὐλλεῖπον, περιέχον τμγ' ἔτη. Δ. 25.

18. Νικάνδρου Νουκίου τοῦ Κερκυραίου Ἐπιδημιῶν λόγοι. Δ. 7.

19. Βίος Ἰωσήπου. Molto antico. Δ. 4.

20. Σοφία Ἰησοῦ Σιράχ. Molto antico. Δ. 5.

21. Βασιλείου, βασιλέως Ῥωμαίων, κεφάλαια παραινετικὰ πρὸς τὸν υἱὸν αὐτοῦ. Δ. 3.

22. Βασιλείου πατρικίου καὶ ἑτέρων Ναυμαχικά. Pas de prix.

23. Ὀνοσάνδρου Στρατηγικά[1]. Δ. 5.

24. Πολυαίνου Στρατηγημάτων βιϐλία η'. Δ. 9.

25. Πτολεμαίου Ἁρμονικά[2]. Δ. 4.

26. Ἰωάννου Πεδιασίμου περὶ μετρήσεως καὶ μερισμοῦ γῆς[3]. Δ. 3.

27. Ἰωάννου Τζέτζου εἰς τὰ Ἔργα καὶ Ἡμέρας Ἡσιόδου. Antico. Δ. 3.

28. Ἰωάννου ἀλεξανδρέως ἑρμηνεία εἰς τὴν γραμματικὴν καὶ ἕτερα. Δ. 5.

29. Ἀνωνύμου εἰς Ἡσίοδον σχόλια. Δ. 4.

30. Θεοδώρου Μαγίστρου σχόλια εἰς τὸ πρῶτον βιϐλίον τῶν Ὀππιανοῦ Ἁλιευτικῶν. Δ. 6.

---

[1] Cf. les *Monacenses* 268 et 342, qui sont des copies darmariennes.
[2] Cf. le *Monacensis* 193, qui est un manuscrit darmarien.
[3] Cf. les *Monacenses* 269 et 300, manuscrits darmariens.

31. Τζέτζου σχόλια εἰς Ὀππιανοῦ Ἁλιευτικά[1]. Δ. 5.

32. Τζέτζου σχόλια εἰς τὰ Ἐπιγράμματα. Δ. 7.

33. Θουκυδίδους λόγοι. Molto antico. Δ. 8.

34. Χρυσοσ7όμου ὁμιλίαι καὶ Νύσσης εἰς τὴν Γένεσιν. Δ. 4.

35. Μιχαήλου πρεσβυτέρου καὶ συγγέλου τοῦ ἀποσ7ολικοῦ θρόνου ἐκλογαὶ προφητῶν εἰς τὴν παρουσίαν τοῦ κυρίου Ἰησοῦ Χυ. Δ. 6.

36. Πολυχρονίου διακόνου εἰς τὸ ᾆσμα [τῶν ᾀσμάτων] ἑρμηνεία. Μιχαήλου τοῦ Ψελλοῦ εἰς τὸ ᾆσμα. Πολυχρονίου εἰς τὸν ἐκκλησιας7ὴν ἑρμηνεία. Δ. 7.

37. Ἀνασ7ασίου ἐρωτήσεις καὶ ἀποκρίσεις λίαν ὠφέλιμοι χρισ7ιανοῖς εἰς τὰ ἀπορούμενα τῆς θείας γραφῆς. Δ. 20.

38. Ἀνασ7ασίου τοῦ Σινᾶ ὄρους καὶ μοναχοῦ εἰς τὴν πνευματικὴν ἀναγωγὴν τῆς ἑξαημέρου κτίσεως. Δ. 12.

39. Μανουὴλ Καλέκα κεφάλαια θεολογικὰ περὶ τῆς καθόλου πίσ7εως[2]. Δ. 6.

40. Πεντάτευχος, molto antica, ἦως Γένεσις, Ἔξοδος, Ἀριθμοὶ, Δευτερονόμιον καὶ τὰ ἑξῆς. Δ. 8.

41. Γρηγορίου Θεολόγου ὁμιλίαι. Molto antico. Δ. 4.

42. Δημητρίου Χαλκηδόνος συνάθροισις ὑπὸ διαφόρων εἰς τὰς παροιμίας τοῦ Σολομῶνος. Δ. 8.

43. Διαφόρων εἰς τὰς ἐπιγραφὰς τῶν ψαλμῶν ὑπὸ Μαρκελίνου. Δ. 6.

44. Θεοφυλάκτου ἑρμηνεία εἰς τὸν προφήτην Ναοὺμ καὶ εἰς τὸν προφήτην Ἀββακούμ. Δ. 6.

45. Νείλου κεφάλαια κατὰ τῆς ἀρχῆς τοῦ πάπα καὶ περὶ τοῦ ἁγίου πνεύματος. Δ. 5.

46. Ἀθανασίου διάλογοι μετὰ Ἀρείου ἐν νικαίᾳ συνόδῳ. Δ. 6.

47. Ἀθανασίου μετὰ Μακεδονιανοῦ πνευματομάχου διάλογοι ὡς ἐν εἴδει διαλέξεως. Δ. 6.

Ce numéro est certainement identique au *Monacensis* 257,

---

[1] Cf. le *Monacensis* 134, copie de Darmarius.
[2] Cf. le *Monacensis* 261, copie darmarienne.

copie darmarienne. En tête de ce volume, après l'index, on lit cette note de Crusius : Ἠρξάμην διεξελθεῖν Μαρτ. ὁ Κρούσιος ἐν Τυβίγγῃ, ε΄ δεκεμβρίου ͵αφπδ΄. Et au folio 3 : *In bibliothecam illustrissimi ducis Wurtenbergici*, etc. τοῦ φιλοχρίσ̓ου κυρίου Λοδοβίκου, 5 sept. (κατὰ τὸ παλαιὸν) *1584, emptus Tybingæ de Andrea Darmario Epidaurio Lacone*. Et à la fin : Διεξῆλθον ἐγὼ Μ. Μαρτῖνος ὁ Κρούσιος ͵αφπδ΄ λήγοντος ἐν Τυβίγγῃ, προσ̓άγματι τοῦ ἐπιφανεσ̓άτου ἄρχοντος.

48. Τραγῳδία Γρηγορίου τοῦ Θεολόγου εἰς τὸ ἅγιον Πάθος. Δ. 3.

49. Ἰωάννου Δοκειανοῦ ἐπισ̓ολαὶ διάφοραι καὶ ἐγκώμια πρὸς βασιλεῖς[1]. Δ. 5.

50. Γρηγορίου κυπρίου πατριάρχου εἰς ἀρεοπαγίτην Διονύσιον. Τοῦ αὐτοῦ ἐγκώμιον εἰς τὴν θάλασσαν. Pas de prix.

51. Ἰωάννου μοναχοῦ κεφάλαια θεολογικά. Δ. 4.

52. Λέοντος βασιλέως διαταγαὶ πολεμικαί. Δ. 10.

53. Ὡρολόγιον εἰς τὸ ἔθος τῶν Ἑλλήνων. Δ. 2.

54. Πῶς τὸ ἔθος ἔχουσι χρίειν οἱ Ἕλληνες, καὶ εἰς τεθνηκότας ἀδόμενα. Δ. 2.

C.

Πολυμαθέσ̓ατε καὶ σοφίας ἐρασ̓ὰ καὶ ἐξοχώτατε τῶν θεολόγων κἀμοὶ προσφιλέσ̓ατε κύριε, τὴν ἄφιξιν τῆς σῆς τιμιότητος λίαν ἀσμένως ὑπερηγάσθην, τοιούτου σοφοῦ καὶ πεπαιδευμένου καλοῦ κἀγαθοῦ ἀνδρὸς ἱμειρομένου μου ἐκ πλείσ̓ου χρόνου ἐπιτυχεῖν, ὃς τὸ κλέος παρεῖχεν εἰς ἑλλάδα γαῖαν καὶ Ἰταλίαν τῆς τε σοφίας σῆς καὶ φρονήσεως · τῷ δὲ θεῷ δίδωμι δόξαν · τὸν δ᾽ ἀσπασμὸν εἰρηκότος μου ἐκ τοῦ κυρίου Μαρτίνου, τοῦ ἡμετέρου φιλτάτου, ὡς ὑπὸ

[1] Durant le séjour de Darmarius à Tubingue, Crusius avait fait de ce manuscrit des extraits, dont une copie forme partiellement aujourd'hui le *Tybingensis Mb 36*. On y lit, à la fin : *Finis Dociani 7 septemb. 1584, e manuscr.* κυρίου Ἀνδρέα Δαρμαρίου Ἐπιδαυρίου Λάκωνος. *Hic enim hoc tempore Tybingæ erat. M. Mart. Crusius*. Ces *Excerpta Crusiana* ont été publiés par Tafel (Tubingue, 1827, in-4°) et reproduits par Charles Hopf, dans ses *Chroniques gréco-romanes* (Berlin, 1873, in-8°), p. 246-258.

τῆς σῆς κυριότητος, ἐγώ σοι πλείστας καὶ μεγίστας χάριτας (ἴσθι, θεία μοι κεφαλή)· ἔγωγε εἰμὶ ἀνὴρ ἐκ Πελοποννήσου πόλεως Ἐπιδαύρου, Ἀνδρέας τοὔνομα Δαρμάριος, δοῦλος δὲ σός. Ἐπιθυμοῦντός μου ὁρᾶν πόλεις καὶ ἤθεα ἀνδρῶν καὶ μᾶλλον κατατρυφᾶν τοῖς πεπαιδευμένοις καὶ σοφοῖς ἀνδράσι καὶ φιλομαθέσιν, ὥσπερ ὑμῖν, ἕρμαιόν τι καὶ φίλιον προσέδοξε περιέρχεσθαι. Ἠκούσθη μοι ἐκ πολλοῦ τῆς γενναιότητος τοῦ ἐκλαμπροτάτου ὑμετέρου ἡγεμόνος τοῦ Βυρτεμβεργικοῦ, τῆς μεγαλοψυχίας αὐτοῦ, παιδεύσεώς τε καὶ φρονήσεως καὶ εἰς τὸ πᾶν περιφανεστάτου. Ἐπιθυμοῦντός μου καθορᾶν τοιοῦτον καὶ τηλικοῦτον ἥρωα, μὴ εὑρίσκοντός μου ἕτερον ἀξιώτερον καὶ τιμιώτερόν τι ἕνεκα τῆς ἐκείνου ἐκλαμπρότητος, συνήθροισα καὶ συνέγραψα ἐκ πλείστων βιβλιοθηκῶν τῆς Ἑλλάδος τὰ τοιαῦτα βιβλίδια τῇ χειρὶ γεγραμμένα, τῇ ἐμῇ δὲ γλώττῃ παλαιοτάτῃ, ἀπεκόμισα. Βούλομαι προσθῆναι καὶ ἀποδοῦναι τῷ ἐκλαμπροτάτῳ ἡγεμόνι, ἔχειν εἰς ἀναπλήρωσιν τῆς αὐτοῦ βιβλιοθήκης. Ἔγωγε ἤλυθον τηλόθι γαίης· δαπάνας καὶ ἀναλώσεις πεποίηκα πλείστας ὠνήσεως καὶ τροφῆς· τὴν σὴν κυριότητα ἀντιβολῶ δεόμενος συμπρᾶξαι καὶ παρορμῆσαι καὶ ἀναγκάσαι τῷ ἡγεμόνι ἀποδέξασθαι τοὐμὸν σμικρότατον· ὄντα σε φιλόμουσον, πεπαιδευμένον ἄνδρα καὶ τίμιον τουτὶ οὐκ ἀπορῶ· ἔργον ἐστὶ γενναίων καὶ φιλομαθεστάτων ἀνδρῶν. Ἔρρωσο καὶ χαῖρε σὺν θεῷ, παμφίλτατέ μοι κύριε, εἰς ἐτῶν πολλῶν περιόδους.

Ὁ σὸς καὶ διὰ παντὸς

Ἀνδρέας Δαρμάριος Ἐπιδαύριος.

(Adresse.) Τῷ πολυμαθεστάτῳ καὶ σοφίας ἐραστῇ ἐξόχῳ τε τῶν θεολόγων ἐναρέτῳ ἀνδρὶ καὶ διδασκάλῳ ἡγεμονικῷ κυρίῳ Λουκᾷ τῷ Ὁσιάνδρῳ, ἐμοὶ δὲ λίαν φιλτάτῳ[1].

D.

Antea vero, 8 septembris, cum ei supradictam pecuniam pro libris dedissem, dedit mihi apocham hanc :

Καθομολογῶ ἔγωγε Ἀνδρέας ὁ Δαρμάριος ὅτι ἐληψάμην ἐκ τοῦ

---

[1] *Codex Tybingensis* Mb 37, p. 137.

κυρίου Μαρτίνου τοῦ Κρουσίου τριάκοντα καὶ πέντε χρυσίνους [1] ἕνεκέν τινων βίβλων ἑλληνικῶν, οὓς ἐλήψατο χάριν τῷ ἡγεμόνι Βυρτεμβεργικῷ, τὸν ἀριθμὸν ὀκτώ· σὺν τούτοις δέδωκε καὶ πέντε βάτζους [2] τῷ δούλῳ μου χάριν. Καὶ εἰς πίστωσιν καὶ ἀσφάλειαν τῶν ληψαμένων μοι ἄνωθι χρυσίνων τριάκοντα καὶ πέντε, ἔγραψα τῇ ἰδίᾳ χειρί.

Ἐν Τυβίγγῃ, σεπτεμβρίῳ η', ͵αφπδ'.

       Ἀνδρέας ὁ Δαρμάριος Ἐπιδαύριος
       τῇ ἰδίᾳ χειρὶ συνεγραψάμην [3].

E.

Aug. 3o hæc mihi sciscitanti exposuit

Περὶ Ἀθηνῶν.

Ἐμπορεύονται πλεῖστοι ἐν Ἐνετίῃσι καὶ ἐν Πελοποννήσῳ, ἔλαιον ἀποκομίζοντες καὶ ἕτερα πλεῖστα πράγματα. Εἰσὶ μουσικοί τινες, σπουδάζοντες περὶ ταύτην· εἰσὶ μάλα βάρβαροι· οὐδεὶς τούτων πεπαιδευμένος.

Περὶ Κορίνθου.

Οὐ μεγάλη ἐφ' ἡμῶν· εἰσὶν ἔμποροι καὶ ἐκβεβαρβαρωμένοι. Τούτων ἦν εἷς πεπαιδευμένος, Γεώργιος ὁ Αἰτωλὸς, ὃς πρὸ δ' ἢ ε' ἐτῶν τέθνηκεν [4]. Ἔστι τετειχισμένη καὶ ἀκρόπολιν ἔχει ἐπὶ ὄρους οὐ λίαν ὑψηλοῦ.

---

[1] Crusius estimait que ces manuscrits avaient été payés un bon prix. Dans une lettre à Michel Neander, datée de Tubingue, 24 mars 1585, il écrit : Proxima æstate [huc venit] Ἀνδρέας Δαρμάριος Ἐπιδαύριος Λάκων, cum libris manu scriptis, de quibus per d. Gerlachium et me aliquot illustrissimus noster princeps *emit precio non parvo*. (Michel Neander, Vom Zustand, Leben, Thun, Wesen, Lere und Glauben in der Türckey zu itzigen Zeiten, s. l., 1587, in-8°, fol. 7 r° du cahier F.)

[2] C'est l'allemand *batz*.

[3] *Codex Tybingensis* Mb 37, p. 143. Autographe de Darmarius.

[4] Sur Georges l'Étolien, voir ci-dessus, p. 137.

Περὶ Σπάρτης.

Ait adhuc hodie μεγάλην πόλιν εἶναι : ubi Græcorum omnis generis et ætatis 50 millia sint; Turcæ autem habeant τὴν ἀκρόπολιν· ἀτείχισ7ος ἡ πόλις· ἡ δὲ ἀκρόπολις ὀχυρωτάτη ὑπὸ Τούρκων φρουρουμένη. Incolunt etiam πλεῖσ7οι Ἰουδαῖοι. Ipse Darmarius ἐσπούδασεν αὐτόθι τὰ ἑλληνικὰ γράμματα παρά τινι ἱερεῖ, ὀνόματι Δωροθέῳ ἐκ Ναυπλοίου, ὃς ἤδη τέθνηκεν. Ait se noctu surgere, libros legere (quorum et multos sua manu describit, at vendit cum aliis) et ita linguam alere.

Ὁ Εὐρώτας ποταμὸς, νῦν Ἥρης, habet γέφυραν μεγίσ7ην ἐγγὺς τῆς Λακεδαίμονος, νῦν κατερριμμένης, ὅπου νῦν σῖτος σπείρεται· εὑρίσκονται γὰρ ὀλίγα αὐτῆς ἐρείπια. Apud Eurotam, Τηΰγειον ὄρος· νῦν δὲ καλοῦσι τὸ ὄρος, ἥως (τουτέσ7ι) βουνὸν, ἁγίου Ἠλία προφήτου. Καὶ καθ' ἕκαστον ἔτος πλεῖσ7οι τῶν Ἑλλήνων ἀνάγονται (ἀναβαίνουσι) τῇ μνήμῃ αὐτοῦ λειτουργεῖν (ἱερουργεῖν) μηνὶ τῷ ἰουλίῳ· ἐν τῇ ἀκρωρείᾳ αὐτοῦ θύουσι λίαν ὑψηλοτάτῃ. Distat a Sparta[2] dierum spatio : quia 1 diem διὰ τῆς πεδιάδος· διὰ δὲ τῆς ἡμισείας ἀναβαίνεται ἕως τῆς ἀκρωρείας ἢ κορυφῆς ὅπου ὁ ναός.

Περὶ Ναυπλοίου.

Majus id esse Sparta : habere 60 millia Græcorum πάσης ἡλικίας· τετειχισμένον. Ἰουδαῖοι καὶ ἐνταῦθα.

Περὶ Ἐνετιῶν.

Ibi 15 millia Græcorum utriusque sexus, omnis ætatis, habitant : sed interdum negotiari ibi 30 millia Græcorum, quando veniant naves; sæpe 15 aut 20 e Constantinopoli, Alexandria, Creta et aliis insulis.

TEMPLA GRÆCORUM IN ITALIA.

Anconæ, unum, S. Annæ, ταύτῃ νῦν παπιστικῶς οἱ Ἕλληνες λειτουργεῖν ἀναγκάζονται, quod urbs sub papa.

Neapoli, ἡ τῆς ἁγίας Αἰκατερίνης ἐκκλησία καὶ ἡ Νικολάου.
Messanæ, ἡ τῆς ἁγίας Αἰκατερίνης.

PROFESSORES GRÆCI ROMÆ IN COLLEGIO PAPÆ.

Ἰωάννης ὁ Βοναφεὺς Ζακύνθιος[1], ἐτῶν τὴν ἡλικίαν περὶ τὰ μ΄, καὶ ἄλλοι.

In collegio εἰσὶν κδ΄ παῖδες Ἑλλήνων[2], καὶ πάντα τὰ ἀναλώματα καὶ τροφὴν ἔχουσιν ἐκ τοῦ γρηγοριανοῦ κολληγίου. Habitant πλεῖστοι ἐκ τῆς Κύπρου καὶ ἄλλοθεν Ἕλληνες Romæ[3].

Ἔξω τῆς Ῥώμης ιϛ΄ μίλια ἰταλικὰ templum est τῆς ἁγίας Θεοτόκου Grotta Ferrata italice dictum : οἱ ἐν αὐτῇ διάγοντές[4] εἰσιν ἐκ Καλαβρίας καὶ ψάλλουσι πάντα ἑλληνικῶς, ἀλλὰ ῥωμαϊκῶς ποιοῦσιν· παπισταί εἰσι.

Cum vidisset Darmarius inter meos convictores τυφλὸν mihi assidentem, cumque litterarum doctum audivisset, Christophorum Lucium Viennensem, dixit :

Ἐν πόλει Σαλαμαντίνῃ τυφλός ἐστι διδάσκαλος μουσικῆς ὀνόματι Σαλίνας[5]· ὃς λαμβάνει κατ᾽ ἔτος Φ΄ χρυσίνους ἐκ τοῦ βασιλέως τῶν Ἱσπανῶν : γεγονὼς ἔτη ν΄. Αὐτὸς μετέφρασε πολλὰς βίβλους εἰς τὴν λατινικὴν γλῶσσαν, μουσικάς· ὡς καὶ τὰ Πτολεμαίου Ἁρμονικά· καὶ δονεῖ, ἤγουν κρούει, τὰ μουσικὰ ὄργανα λίαν ὑπερφυεστάτως, καὶ ἑλληνικῶς ᾄδει τὰ ἀνακρεόντεια μέλη· καὶ παίζει τὰ ζάρια, ἤγουν κύβους[6].

Et 9 septemb. in prandio dixit : Συρλέτος καρδινάλιος λίαν τὰ ἑλληνικὰ πεπαιδευμένος, ἀεὶ ταῦτα σπουδάζων (ἐν αὐλῇ τῆς πρεσβυτέρας Ῥώμης), λίαν φιλέλλην καὶ αὐτῶν εὐποιητικός.

[1] Sur Jean Bonafeus, voir notre *Bibliographie hellénique des XVᵉ et XVIᵉ siècles*, t. II, p. 210-213.

[2] Les élèves grecs du collège de Saint-Athanase étaient beaucoup plus nombreux en 1584. Il y en avait quarante-neuf.

[3] *Codex Tybingensis Mb 37*, p. 135-136.

[4] Il y a dans le manuscrit ψάλλοντες, qui me semble un lapsus et que j'ai cru devoir corriger.

[5] François de Salinas, célèbre professeur de musique.

[6] *Codex Tybingensis Mb 37*, p. 140.

Ὡσαύτως Νόννιος[1] ἐκ Βαλεντίας ἐν Ἱσπανίᾳ διδάσκων ἐν Βαρτζέλλωνι.

Καὶ Ἀντώνιος Αὐγουσῖνος, ἐπίσκοπος Ταραγώνης.

Donavi ei hos meos libellos græcolatinos a Georgio Gruppenbachio excusos :

1° Augustini Brunii Catechismum, inscribens : κ. Ἀνδρέᾳ Δαρμαρίῳ αὐτὸς ὁ Κρούσιος ἐν Τυβίγγῃ, ͵αφπδ´, σεπ7εμϐ. δ´.

2° Syntaxeos græcæ epitomen : κ. Ἀνδρέᾳ Δαρμαρίῳ Ἐπιδαυρίῳ Πελοποννησίῳ αὐτὸς ὁ Κρούσιος ἐν Τυβίγγῃ παρόντι, ͵αφπδ´, σεπ7εμϐ. δ´.

3° Civitatem cœlestem : κ˘ Ἀνδρέᾳ Δαρμαρίῳ Ἐπιδαυρίῳ ἐκ Πελοποννήσου, αὐτὸς ὁ Κρούσιος Τυβίγγηθι, τῇ δ´ σεπ7εμβρίου ͵αφπδ´.

Septemb. 9, litteris eum Joanni Beureto Friburgum Brisgaviæ commendo : me ad ipsum mittere τὸν βέλτισ7ον τοῦτον : ut et ipse emat, et aliis εἰσηγητὴς sit emendi[2].

Vult Darmarius, Gabrieli Philadelphiæ archiepiscopo notissimus, Venetiis ad me sæpe scribere. Ipse mihi rationem ad se scribendi hanc dedit : Ἐνετίαζέ εἰμι μέτοικος ἐν οἰκίᾳ ὀνομαζομένῃ οὕτως :

> Andrea Darmar Greco
> à Santto Martino
> In cortte da ca Iustinian
> In Venetia.

Aut possum τῷ Φιλαδελφείας litteras mittere, qui studiose ei reddet[3].

Darmarius, en quittant Tubingue, semble avoir repris la route par laquelle il était venu; car, le 13 septembre, il écrivit de Strasbourg une lettre à Crusius. En effet, dans

---

[1] Pierre-Jean Nuñez, de Valence, le seul peut-être des hellénistes espagnols de cette époque qui jouisse encore actuellement d'une certaine réputation de philologue.
[2] *Codex Tybingensis Mb* 37, p. 141.
[3] *Ibidem*, p. 143.

une liste des lettres que Crusius avait reçues de différents correspondants, on trouve l'indication suivante :

Epistola Andreæ Darmarii Epidaurii Laconis ex Argentina ad me φιλικὴ *scripta 13 septembris et 17 ejusdem allata*, 1584 [1].

N° 30.

Ἑρμόδωρος Ἰωάννῃ τῷ Ζυγομαλᾷ, τῷ λογιωτάτῳ ῥήτορι, φίλων ἀρίστῳ, εὖ πράτ7ειν.

Περὶ πλείσ7ου ἂν ἐποιησάμην ἔγωγε συγγενέσθαι σοι, καὶ παρὼν αὐτὸς διαλεχθῆναι, καὶ ἣν ἔχω περὶ σοῦ τέως εὔνοιαν, τῇ παρὰ σοῦ φήμῃ πεπεισμένος, ἤδη λόγῳ καὶ ἔργῳ δηλῶσαι. Ἐπεὶ δὲ τόπου διασ7ήματι καὶ θαλάσσης διειργόμεθα, τοῦ γε δευτέρου πλοῦ ἔχεσθαι ἀνάγκη· γράμμασι δηλαδὴ προσειπεῖν τὸν ἔμοιγε πολλοῦ χρόνου δι' ἀκοῆς τὰ μέγισ7α πεφιλημένον, καὶ οὕτω συνεῖναι καὶ συνομιλῆσαι, καὶ δεῖγμα κἂν μικρὸν τῆς εὐνοίας ἐξενεγκεῖν τῆς πρὸς σέ. Ἔσ7ω δὴ τουτὶ πρῶτον τὸ τοῖς γράμμασι τοῖσδε μηνυόμενόν τε καὶ ἀπαγγελλόμενον, εὔνοια δηλαδὴ εἰλικρινὴς καὶ καθαρωτάτη, ἐπαγγελλομένη σοι πάντα ὅσων ἡμεῖς δυνατοί, ἄνευ τινὸς ἐξαιρέσεως. Δεύτερον δὲ σύσ7ασις ἀνδρός σοί τε κἀμοὶ φιλτάτου (δεῖνα), τοῦ τῆς μητροπόλεως ἀσεβῶς οὕτω καὶ παρὰ πάντας τοὺς νόμους ἐκπεπ7ωκότος· ὃς οὐδέποτε παύεται τὰ σὰ δι' ἐπαίνου καὶ τιμῆς ἄγων καὶ θαυμάζων ὡς ἄλλος οὐδείς, εὐεργέτην καὶ σωτῆρα καὶ μόνον διδάσκαλον ἀποκαλῶν. Ἀλλά μοι περίεργον εἶναι δοκεῖ περὶ πάντων εἰπεῖν ἃ παρόντος ἐμοῦ καὶ συχνῶν ἄλλων πολλάκις περὶ σοῦ διεξιόντος ἦν ἀκούειν. Τούτου εὖ οἶδ' ὅτι προσ7ήσῃ καὶ τῷ δικαίῳ συνηγορήσῃ, πολλῶν γε ἕνεκα, καὶ ὅτι φίλος, καὶ ὅτι ἀδίκως καὶ ἄνευ αἰτίας ὕβρισ7αί τε καὶ ἐξωσ7ράκισ7αι· εἰ δὲ μηδὲ δι' ἓν τῶν ἄλλων,

---

[1] *Codex Tybingensis* Mb 37, p. 178.

ὅμως γε ἐμὴν χάριν τὴν προσίασίαν ἀναδέξῃ. Τούτου ἀξιοῦμεν καὶ ἱκετεύομεν μὴ ἀποτυχεῖν παρὰ τῆς σῆς λογιότητος· οὗ δὴ καὶ ἀείμνησίος ἀποκείσεταί σοι χάρις παρ' ἡμῖν, καὶ παρ' αὐτῷ οὐδὲν ἧτ7ον εὐγνώμονι. Ἐγὼ μὲν οὖν εἴ τῳ τῶν ἄλλων ἐπέσ7ελλον, πλειόνων ἂν ἐδεήθην λόγων, Ἰωάννῃ δὲ γράφων τῷ σοφῷ, τί ἂν καὶ πλείω λέγοιμι; τῷ γὰρ τοιούτῳ μηνῦσαι μόνον δεῖ, τὰ δ' ἄλλ' αὐτὸς προσθήσει. Ἐρρωμένος μοι διατελοίης διὰ παντός.

Cette lettre et les quatre suivantes sont empruntées à un manuscrit appartenant à M. Jean Sakkélion, et dont ce savant a donné la description dans le Δελτίον τῆς ἱσ7ορικῆς καὶ ἐθνολογικῆς ἑταιρίας τῆς Ἑλλάδος, t. I (Athènes, 1883, in-8°), p. 32 et suivantes. La lettre ci-dessus occupe les pages 814-815 dudit manuscrit.

N° 31.

Ἰωάνης, ὁ μικρὸς δοῦλος τοῦ οἰκουμενικοῦ πατριάρχου, τῇ δὲ θείᾳ αὐτοῦ προσ7άξει μέγας ῥήτωρ, ὁ Ζυγομαλᾶς, τῷ πατριαρχικῷ σοφωτάτῳ ἰητρῷ κυρίῳ (blanc)[1] εὖ πράτ7ειν.

Πρὸς τοῖς ἄλλοις σπουδαίοις καὶ θείοις προτερήμασι, καθ' ἃ ὁ κοινὸς παναγιώτατος δεσπότης ὁ οἰκουμενικὸς πατριάρχης τῶν πρὸ αὐτοῦ πατριαρχῶν ὑπερέχει καὶ αὐτῶν πολλῷ τῷ μέτρῳ περιγίνεται, καὶ τοῦτο δήπου ἐξαίρετον ὑπάρχει ὅτι ἰατρὸν σοφώτατον ἅ) ων σε

---

[1] Le nom du destinataire est resté en blanc. Peut-être était-ce Léonard Mindonios, de Chios, qui fut médecin du patriarcat. (Voir *Turcograecia*, p. 479.) On trouve son nom orthographié Μινδώνιος (*Turcograecia*, p. 309), Μεντώνης (*ibid.*, p. 313) et Μενδώνης (*ibid.*, p. 479 et 512).

μεθ' ἑαυτοῦ, διὰ σοῦ πάντως φωτιεῖ καὶ ὠφελήσει ἡμᾶς τὰ μέγισ]α. Τῷ τοι καὶ εἰς φιλίαν σε προκαλούμενος ἀσπάζομαι καὶ προσαγορεύω σε καὶ ταύτην τὴν μικρὰν ἐπισ]ολὴν, οἱονεί τινα εὐτυχῆ ἀρχὴν καὶ θεμέλιον ἰσχυρὸν τῆς πρὸς ἀλλήλους προκαταβαλλόμενος φιλίας, εὔχομαι τῷ Θεῷ καὶ οἶκον ὁλόκληρον φιλίας εἰλικρινοῦς ἀμφοτέροις ἐποικοδομήσεσθαι. Πλὴν οὐ τοσοῦτον διαθέσει σαρκικῇ τὸν τῆς φιλίας τοῦτον πύργον ἀμφοῖν ἐποικοδομηθήσεσθαι ἀξιῶ, ἀλλ' οὐδὲ μὴν ψυχικῇ, μέσως πως ἐχούσῃ πρός τε ἀρετὴν καὶ κακίαν· ἀλλὰ προηγουμένως πνευματικῇ προαιρέσει καὶ συνδέσμῳ ἀγάπης τῆς κατὰ Θεόν· ᾧ πάντως ἡ κατ' ἀρετὴν ἕπεται πολιτεία. Διδάσκει γάρ με περὶ τούτων ὁ θεῖος Παῦλος Κορινθίοις ἐπισ]έλλων· καὶ περὶ μὲν τῆς σαρκικῆς προαιρέσεως ὀνειδίζων λέγει «ἔτι σαρκικοί ἐσ]ε». Περὶ δὲ τῆς ψυχικῆς φησιν ὅτι ὁ ψυχικὸς ἄνθρωπος οὐ δέχεται τὰ τοῦ πνεύματος. Περὶ δὲ τῆς πνευματικῆς, ὅτι ὁ πνευματικὸς ἀνακρίνει μὲν πάντα, αὐτὸς δὲ ἐπ' οὐδενὸς ἀνακρίνεται. Ἃς δὴ τρεῖς διαφορὰς οἱ τοῖς φυσικοῖς ἐνασχολούμενοι σοφοὶ, τὴν μὲν πρώτην ἑκτικὴν εἴτε θρεπ]ικὴν ἀποκαλοῦσι· τὴν δὲ δευτέραν, αἰσθητικήν· τὴν δὲ τρίτην, νοεράν. Ἀλλ' ἐπεὶ οὐχ οἷόν τε τῶν τοιούτων ἐπισ]ολῇ ἅψασθαι συντόμῳ, μεγάλης γὰρ ὑποθέσεως ἔργον, καὶ μεῖζον τὸ φορτίον ἢ ὥσ]ε με ἄρασθαι, τούτου χάριν ὑπόλοιπόν μοι χάριτας οὐχ ἥτ]ους σοι ὁμολογεῖν, τῷ κατ' ἄμφω τὰ γλῶτ]α σοφωτάτῳ ἰατρῷ ἢ τῷ κοινῷ δεσπότῃ καὶ οἰκουμενικῷ πατριάρχῃ, ὃν ὥσπερ ἀρχηγέτην καὶ τοσούτων καλῶν εἰσηγητὴν, σὲ δὲ ὡς λειτουργὸν καὶ ὑποφήτην, ἐρρωμένους κύριος ἐς μήκισ]ον διατηροίη χρόνον. Ἔρρωσο, φίλων ἄρισ]ε· ἡμῶν μὴ ἀμνημονοίης.

Manuscrit Sakkélion, p. 815-817.

N° 32.

Ἰωάννης Ζυγομαλᾶς, ὁ μέγας ῥήτωρ, Ἑρμοδώρῳ, τῷ σοφωτάτῳ ἰατρῷ, εὖ πράτ7ειν.

Πολλάκις ὡς ἀληθῶς, μεγαλώνυμε καὶ ἀνδρῶν σοφώτατε, δεῖν ἐπιστεῖλαί σοι ᾠήθην· πλὴν δέει τοῦ πρὸς τοιοῦτον κατά τε πρᾶξιν καὶ θεωρίαν ἀκρότατον ἀνεπιτηδείως καὶ ἀμούσως γράφειν ἐμαυτὸν κατεῖχον. Νῦν δὲ, τοῦτο μὲν τῇ σῇ πεποιθὼς ἄκρᾳ καλοκἀγαθίᾳ, τοῦτο δὲ οὐχ ἧτ7ον ὑπὸ τοῦ ἐνόντος μοι πόθου ἢ ὑπὸ τῆς κατεπειγούσης ὠθούμενος χρείας, εἰς τοσοῦτον ἐμαυτὸν καθῆκα ἀγῶνα. Πρῶτον μὲν οὖν ἀσπάζομαι καὶ προσαγορεύω τὴν αὐθεντίαν σου ὡς εἰκὸς πανοικί· εἶτα γνωρίζω σοι ἢ μᾶλλον εἰπεῖν ἐπιβεβαιοῦμαι καὶ ἀνακαινίζω ὅλον εἶναί με καὶ ἀεὶ ἔσεσθαι ἑτοιμότατον καὶ λίαν πρόθυμον ὑπηρετῆσαί σοι ὡς ἥδιστα, ὁσάκις νεύματι μόνῳ μοι κελεύσειας, ἢ διὰ σῶν τιμίων γραμμάτων ἢ καὶ διὰ μέσου ἄλλων. Καθὰ δὴ καὶ, ἔναγχος γράψαντός μοι τῆς σῆς λογιότητος καὶ συσ7ήσαντος τὸν (δεῖνα) ἔγωγε τούτῳ οὐχ ἧτ7ον τὸ φιλικὸν καθῆκον ἐκπληρῶν ἢ τῇ δικαιοσύνῃ συνηγορῶν, ἐβοήθησα· ὥσ7ε νικῆσαι τὴν ἑαυτοῦ ὑπόθεσιν. Οὐ μόνον δ᾽ ἐν ταύτῃ τῇ κρίσει καὶ ὑποθέσει, ἀλλὰ καὶ ἐν πάσῃ ἄλλῃ ὑπισχνοῦμαί σοι ὑπηρετήσειν προθυμοτάτως. Ὁσάκις γάρ μοι κελεύσειας, τοσάκις καὶ ἐγρηγορότα καὶ τοῖς ἔργοις εὐδοκιμοῦντά με καὶ ὑπείκοντά σοι θεάσῃ, κατὰ τὸ ἐφικτὸν τῇ ἐμῇ οὐθενίᾳ. Περὶ ὧν γράφει σοι ὁ σοφὸς ἰατρὸς, καὶ αὐτὸς προσαντιβολῶ, νεῦσον ταῖς προσφερομέναις σοι δεήσεσι, καὶ αὐτὸν καὶ ἡμᾶς δεομένους ὠφέλησον. Ἔρρωσο.

Manuscrit Sakkélion, p. 817-818.

No 33.

Τῷ σοφῷ καὶ λογίῳ μεγάλῳ ῥήτορι Ἰωάννῃ τῷ
Ζυγομαλᾷ Ἑρμόδωρος ἐν Χριστῷ χαίρειν.

Συνίστημί σου τῇ λογιότητι τὸν κομίζοντα τὸ γράμμα τουτί· ὃς δὴ ἀφόρητα καὶ δεινὰ πεπονθὼς παρὰ πάντας τοὺς νόμους, καὶ τὸ ὄν τε καὶ νομιζόμενον δίκαιον καὶ ὅσιον, καὶ τὴν τυραννίδα τῶν ἐνθάδε μὴ δυνάμενος ὑποφέρειν, ἔγνω δεῖν πρὸς ὑμᾶς καὶ τὸ παρ' ὑμῖν δικαστήριον ἐπανελθεῖν, ὡς λόγον δώσων παντὸς τοῦ βίου καὶ πολιτείας τῆς ἑαυτοῦ, νόμῳ δήπου καὶ λόγῳ κριθήσεσθαι οἰόμενος, οὐ μίσει καὶ ἔχθρᾳ καὶ προπηλακισμῷ καὶ ἐπηρείᾳ, ὡς ὑπὸ τῶν ἐνθάδε· οἳ πέντε ἤδη μῆνας ὅλους ἐξετάσαντες, ὡς οἷόν τε ἀκριβεστάτως καὶ μικροτάτως, ὡς οὐδὲν εὗρον τὸ ἱερωσύνης ἀπεῖρξον τὸν ἄνδρα, προὐβάλλοντο τελευτῶντες, ὃ δὴ καὶ πρὶν ἐς ὑμᾶς ἐλθεῖν τὸ πρῶτον, ὅτι παρὰ γνώμην δηλαδὴ τὴν αὐτῶν ἐγένετο· καὶ τούτου οὐκ ἄν ποτε ἀφεῖεν τοῦ ἐγκλήματος (ὡς αὐτοί φασι) κἂν μυριάκις ὁ παναγιώτατος ἡμῶν δεσπότης καὶ πατριάρχης διὰ γραμμάτων προστάτῃ. Τὸ μὲν οὖν ἀδίκημα τουτὶ πῶς ἐστιν. Ἀξιοῦμεν δ' ἡμεῖς καὶ ἱκετεύομεν ὑπὲρ τοῦ ἀδικουμένου τὴν σὴν τιμιότητα βοηθῆσαι τῷ νόμῳ, τῷ δικαίῳ, τῷ πατριαρχικῷ γράμματι, τῷ ταλαιπώρῳ τουτῳὶ τῷ ἀδίκως ὑβριζομένῳ. Ἐγὼ μὲν οὖν, εἴ τινι τῶν ἄλλων ἐπέστελλον, πλειόνων ἂν ἐδεήθην λόγων, Ἰωάννῃ δὲ γράφων τῷ σοφῷ, τί ἂν καὶ πλείω λέγοιμι; Τῷ γὰρ σοφῷ μηνῦσαι μόνον δεῖ καὶ τὴν ὑπόθεσιν διηγήσασθαι· τὸ δ' ὅπως ἂν διαπράξειεν, αὐτὸς ἂν ἄριστα ἐξεύροι. Ὅτι δὲ ἐκ πολλοῦ διὰ τὰς συμβάσας δεινὰς περιπετείας καὶ ταραχάς, αἳ μικροῦ δεῖν καὶ ἐξέστησάν με ἐμαυτοῦ, ἀήθη ὄντα τῶν τοιούτων, τῆς σῆς οὐκ ἀπέλαυσα φιλίας, μὴ σὺ διὰ τοῦτο οἰηθῇς περιιδεῖν τὸν ὑπ' ἐμοῦ σοι συνιστώμενον φίλον ἀδικούμενον, ἀλλὰ τουτὶ καὶ νῦν μᾶλλον ἀρχὴν τῆς ἡμῶν φιλίας ποιοῦ τὸ ἀποπέμψαι τὸν ἄνδρα τουτονὶ πάλιν ὡς ἡμᾶς, ἐμὴν χάριν καὶ τοῦ δικαίου, ὡς ἂν οἱ νόμοι κελεύουσι.

Πῶς δ᾽ ἂν τοῦτ᾽ εἴη; εἰ μὴ πάλιν ἄπρακτος ὢν δεῖται δικαίων ἐπανέλθῃ. Σοί τε γὰρ τουτὶ καλὸν καὶ παρὰ Θεῷ καὶ ἀνθρώποις, τὸ προΐσθασθαι τῶν ἀδικουμένων, καὶ τῷ σῷ ἀξιώματι τουτὶ μάλισθα δοκεῖ προσήκειν. Ἐμοὶ δὲ χαριῇ τὰ μέγισθα, καὶ ἀποκείσεταί σοι παρ᾽ ἡμῖν τούτου ἡ χάρις ἀείμνησθος. Ἐρρωμένος διατελοίης μοι διὰ παντὸς τοῦ βίου. Καὶ εἴ τι δεῖ σοι τῶν ἐνθάδε ὧν ἡμεῖς δυνατοὶ, θαρρῶν γράφε· εὑρήσεις γὰρ ἡμᾶς τὸ φιλικὸν καθῆκον οὐδενὸς ἧτθον περιέποντας.

Manuscrit Sakkélion, p. 819-820.

N° 34.

Ἰωάννης ὁ Ζυγομαλᾶς, ὁ μέγας ῥήτωρ, τῷ σοφωτάτῳ Ἑρμοδώρῳ ὑγιαίνειν.

Ἰωάννῃ τῷ σῷ πρὸς σὲ ἐπισθέλλοντι, ἰατρῶν σοφώτατε, οὔμενουν σκοπὸς πρὸς ἀγῶνα λόγων προκαλέσασθαί σε, ὡς φής. Γελοῖον γὰρ ἂν εἴη εἰ χείμαρρος προεκαλεῖτο πηγὴν εἰς ναμάτων πρόχυσιν, ἢ ἀσθὴρ εἰ αὐτὸν προεκαλεῖτο τὸν ἥλιον, καὶ εἴ τι ἄλλο ἄνισον. Ἀλλὰ σκοπός μοι τὸ διὰ φωνῶν ταπεινῶν καὶ γραμμάτων ταπεινοτέρων τὸ βάθος ὁμοῦ καὶ μέγεθος τῆς πολλῆς μου πρὸς σὲ παρισθᾶν εὐλαβείας καὶ χρησθῆς διαθέσεως· εἴ γε τὰ ἐν τῇ φωνῇ σύμβολα τῶν ἐν τῇ ψυχῇ παθημάτων, κατὰ τὸν σὸν Ἀρισθοτέλην, καθέσθηκεν· ὥσθε τὸ οὕτω γράφειν με ἀφελῶς, οὐ ῥήτορος ἔργον καὶ περὶ λόγους δεινοῦ (μακρὰν γὰρ αὕτη ἡ τοῦ λέγειν δεινότης ἀφ᾽ ἡμῶν), ἀλλ᾽ ἔργον καὶ καθῆκον φιλικόν· φίλῳ γὰρ ἂν ἁρμόζῃ ἁπλῶς καὶ ψιλῶς λέγειν καὶ ἐπισθέλλειν, πλὴν μεθ᾽ ὅσης τῆς σθοργῆς, μεθ᾽ ὅσης τῆς φιλίας καὶ ἀγάπης εἰλικρινοῦς. Οὐκ εἰμὶ ἄρα τῶν δυνατῶν ἐν λόγοις, ὡς αὐτὸς ἐπαινῶν με φὴς, ἀλλὰ τῶν φίλων τῶν εἰλικρινεσθάτων καὶ καθαρῶν·

αὐτὸς δὲ τῷ ὄντι τοσούτῳ τῶν ἄλλων μακαριώτερος, ὅσῳ καὶ ἑκάτερον κέκτησαι. Οὐ γὰρ τὸ εἰς ὕψος θεωρίας ἐληλακέναι σε καὶ ἰατρικὸν τὸν φυσικὸν ἀσκεῖν, κωλύει σου τὴν χρυσῆν γλῶτ]αν καὶ τῷ Ἑρμῇ σ]ομωθεῖσαν, τοῦ ἡδύτερον μέλιτος ἢ τῶν σειρήνων ἐκείνων ᾄδειν μελῶν. Ἀλλὰ ταῦτα μὲν ἀναντίρρητα.

Ἐκεῖνο δέ σοι γνωρίζω ὡς ὁ σοφώτατος ἰατρὸς Γουλιέλμος[1] παρὰ τῆς αὐθεντίας σου κομισάμενος ὅσα δῆτα καὶ οἷα πέπομφας αὐτῷ, βοτάνας δηλαδὴ, καὶ διασαφητικὰ ὁμοῦ καὶ φιλικὰ γράμματα, οὐχ ὅπως εὖ πεπονθὼς καὶ χάριν λαβὼν παρὰ σοῦ χάριτάς σοι πλείσ]ας ὁμολογεῖ, ἀλλ' ἅμα τῷ γράφειν σοι οὐ παύεται τοῖς πᾶσιν ἀνακηρύτ]ειν, οὐχ ἧτ]ον τὴν σὴν σοφίαν καὶ μεγαλόνοιαν ἢ τὴν πολλὴν καλοκἀγαθίαν· ὅτι σοῦ γε οὕτω ῥᾷσ]α, οὕτω κάλλισ]α, οὕτω ἐλευθεριωτάτως, ἐν οἷς ἠπόρει καὶ ἠμφισβήτει, τὴν ἐκείνου διάνοιαν σ]ήσαντος. Αὐτὸς γὰρ οἷά τινων θείων χρησμῶν, τῶν σῶν ἀκούσας φωνῶν ἠρέμησε. Χάρις σοι τοίνυν τῆς ἀρετῆς, ἀνδρῶν λογιώτατε, ὅτι καὶ ἀμφοτέροις, τῷ τε σοφῷ Γουλιέλμῳ καὶ ἐμοὶ, ἐχαρίσω, καὶ κλέος ἀείμνησ]ον παρὰ τοῖς ἐνταῦθα ἐκομίσω, καὶ σαυτῷ τὰ προσήκοντα διεπράξω. Εἶεν.

Εἴσπραξαι, ἀντιβολῶ, παρὰ τοῦ ἀχαρίσ]ου (δεῖνα) ἅ μοι ὀφείλει χρήματα, ὡς ὑπεύχου ποιήσειν, καὶ βοήθησον τῷ αὐτόθι ἐπιτρόπῳ μου εἰς τὴν τοιαύτην εἴσπραξιν. Μᾶλλον δὲ ἀμελοῦντα τοῦτον, ὡς ὁρῶ, καὶ ἀναβαλλόμενον, αὐτὸς διέγειρον καὶ ἀνάγκασον.

Παρὰ ταῦτα, ἀξιῶ, γονυπετῶ, δέομαι, ἱκετεύω καὶ προσπίπτω σοι, γράψον πρός τινα τῶν Ἐνετίησι φίλων ὠνήσασθαι καὶ πέμψαι σοι, χάριν ἐμοῦ καὶ τοῦ ἐνταῦθα πατριαρχικοῦ διδασκαλείου, ταυτὶ τὰ βιβλία[2]. Μὴ οὖν αὖθις εἴπῃς μοι ὡς παρὰ σοὶ οὐδεὶς ποιητὴς ἢ

---

[1] Guillaume Coturnosius, médecin d'Augier Busbecke, ambassadeur impérial près la Porte ottomane. Dans une lettre à Crusius, du 15 novembre 1575, Théodose Zygomalas fait un fort bel éloge de Coturnosius et dit qu'il mourut de la peste à Constantinople. (Voir *Turcograecia*, p. 432 et p. 492-493.)

[2] La liste de livres qui était jointe à cette lettre est malheureusement absente. Il eût été très intéressant de savoir quels étaient les auteurs que Jean Zygomalas expli-

ῥήτωρ, οἶδα γὰρ κἀγώ, ἄλλοις γὰρ προσέχεις· ἀλλὰ φίλῳ χαριζό-
μενος ἐξ Ἐνετιῶν ἡμῖν κομισθῆναι φροντίδα βαλεῖν οὐκ ἀπαξιώσειας.
Ἔρρωσο.

Manuscrit Sakkélion, p. 821-823.

quait aux élèves de l'école patriarcale. Crusius (*Turcogræcia*, p. 205) a signalé Hermogène et Hésiode.

SOURAT PER.OUPAMA.AN MALAYOU.

LE LIVRE DES PROVERBES MALAIS,

PAR

M. ARISTIDE MARRE.

En toutes les langues, a dit l'abbé d'Olivet, les proverbes contiennent la morale vulgaire du pays, et ils méritent d'être conservés. Quel que soit l'idiome dans lequel ils sont formulés, ils offrent toujours un grand intérêt pour le moraliste, le philosophe et le linguiste; ne sont-ils pas en effet le fruit des usages, des habitudes, des mœurs, de la façon de sentir et de parler, et comme l'écho de l'expérience de chacun des peuples qui composent la grande famille humaine?

Le proverbe, selon Littré, peut être et est souvent une sentence revêtue d'une métaphore ou représentant une petite parabole. Cette définition ne trouve nulle part une application plus naturelle et plus juste que chez le peuple malais, l'inventeur du *pantoun*, le possesseur d'une langue harmonieuse, riche en expressions imagées qui rendent avec charme les idées familières.

Les proverbes généraux se retrouvent à peu près les mêmes dans toutes les langues, et le lecteur ne sera pas surpris de rencontrer ici plusieurs proverbes qui ont cours en Europe. Quelques-uns d'entre eux existent simultanément en français, en italien, en espagnol, en portugais, en anglais, en allemand, en hollandais et en malais. C'est que, sous toutes les latitudes, la nature offre aux yeux de l'homme et livre à son esprit d'observation des faits semblables, faits qu'il exprime avec des sons différents pour l'oreille, mais représentatifs d'idées et de jugements semblables. Citons quelques exemples, pris parmi nos vieux proverbes français les plus connus; nous allons les retrouver en malais:

A brebis tondue, Dieu mesure le vent.
A chemin battu ne croît point d'herbe.
A la queue gît le venin.
A laver la tête d'un âne, on ne perd que le temps et la lessive.
A l'œuvre on connaît l'ouvrier.
Au pays des aveugles, les borgnes sont rois.
Autant de têtes, autant d'avis.
Bonne renommée vaut mieux que ceinture dorée.
Celui gouverne bien mal le miel qui n'en taste et ses doigts n'en
    lèche.
Changer son cheval borgne contre un aveugle.
Chantez à l'âne, il vous fera des pets.
Chien affamé de bastonnade n'est intimidé.
Dis-moi qui tu hantes, je te dirai qui tu es.
D'un sac à charbon ne pourrait sortir de blanche farine.
En petites boîtes les bons onguents.
Il faut hurler avec les loups.
Il ne faut pas badiner avec le feu.
Il ne faut pas lier les ânes avec les chevaux.
Il ne faut qu'une brebis galeuse pour infecter tout un troupeau.
Il n'est pire eau que l'eau qui dort.
Il n'est que d'avoir la clef des champs.
Il n'y a cheval si bon qui ne bronche.
Il n'y a si méchant pot qui ne trouve son couvercle.
Jamais grand nez n'a gâté joli visage.
L'aigle ne chasse point aux mouches.
Langue de miel et cœur de fiel.
Le bœuf par la corne et l'homme par la parole.
Les absents ont toujours tort.
Les gros poissons mangent les petits.
Les tonneaux vides sont ceux qui font le plus de bruit.
Loin des yeux, loin du cœur.
Mauvais ouvrier ne trouvera jamais bon outil.

Mieux vaut perdre la laine que la brebis.
On ne saurait faire d'une buse un épervier.
Pierre qui roule n'amasse pas de mousse.
Porter de l'eau à la rivière.
Qui a compagnon, a maître.
Un aveugle mène l'autre à la fosse.
Un coup de langue est pire qu'un coup de lance, etc.

Nous donnons ci-après les principaux proverbes des Malais, transcrits en caractères latins et traduits littéralement en français, sans gloses ni commentaires, laissant à la sagacité de chaque lecteur le soin d'en tirer la moralité qu'ils comportent. Voltaire, qui ne connaissait rien de la langue et de la littérature des Malais, a dit quelque part : « Le peuple a souvent raison dans ses proverbes ». Nous aimons à penser qu'après lecture des *Per.oupamâ.an malayou*, l'on maintiendra encore comme vrai, une fois de plus, le jugement porté par le grand écrivain sur l'utilité des proverbes. Abdallah ben Abd el-Kader, de Malaka, le plus illustre littérateur malais du xixe siècle, a semé avec beaucoup d'à propos, dans son *Hikayat* ou Autobiographie, bon nombre des proverbes malais que nous reproduisons ici, et le savant orientaliste Klinkert, de Leyde, en les publiant il y a vingt ans, dans les *Bijdragen* de l'Institut royal des Indes néerlandaises, a rendu un réel service dont nous lui sommes reconnaissant.

SOURAT PER.OUPAMÂ.AN MALAYOU.
LE LIVRE DES PROVERBES MALAIS.

A

Ada goula adalah semout.
Où il y a du sucre, il y a aussi des fourmis.

Adakah ayer yang pĕnouh didalam tong itou berkotchaḳ melaïnkan ayer yang satengah tong djouga yang berkotchaḳ ?
Est-ce l'eau d'un tonneau plein qui est agitée? N'est-ce pas plutôt l'eau d'un tonneau qui n'est rempli qu'à moitié?

Adakah bounga yang terlalou haroum baouña masa tiada bertoungau ?
Est-ce que la fleur très odorante est à l'abri du *toungau ?*

[Le *toungau* est un petit insecte rouge, une sorte de puceron qui s'attaque aux fleurs et aux plantes.]

Adakah deripada telaga yang djernih itou mengalir ayer yang kerouh ?
Est-ce que d'un réservoir d'eau limpide peut couler de l'eau trouble?

Adakah douri dipertadjam ?
Est-ce que les épines ont été aiguisées?

Adakah gading gadjah yang soudah kalouar itou bolih dimasouḳkan poula ?
Est-ce que l'on peut faire rentrer les défenses de l'éléphant, une fois qu'elles sont sorties?

Adapoun andjing itou djikalau dipoukoul sakalipoun beroulangoulang djouga iya kapada tempat yang bañak toulang itou.
On aura beau battre un chien, il reviendra quand même à l'endroit où il y a beaucoup d'os.

Adapoun harimau itou ditakouti orang olih sebab gigiña maka djikalau tiada lagi gigiña apakah ditakoutkan orang akan diya?
On craint le tigre à cause de ses dents, mais, s'il n'a plus de dents, pourquoi le craindrait-on?

Adapoun hitam mata itou dimanakan bolih bertcherey dengan poutihña?
Comment serait-il possible de séparer le noir de l'œil du blanc de l'œil?

Adapoun manikam itou djikalau didjatohkan kadalam lembahan sakalipoun nistchaya tiada akan hilang tchahayaña.
Si un rubis est tombé dans un bourbier, sûrement il ne perdra pas son éclat.

Adapoun pipit itou sama pipit djouga dan yang enggang itou sama enggang djouga.
Le passereau avec le passereau seulement, et le calao avec le calao seulement.

Adat orang poutih ada laïn adat orang malayou ada laïn.
Autres sont les usages des Blancs, autres sont les usages des Malais.

Adat telouk timbounan kapal.
C'est dans la baie que d'ordinaire les navires sont entassés.

Anaḳanaḳ ikan ketchil mendjadi makanan ikanikan yang besarbesar.
Les petits poissons deviennent la pâture des gros.

Anak di pangkou dilepaskan
berouḳ di rimba disousoukan.
L'enfant sur les genoux est lâché, le singe dans les bois est allaité.

Anak kouda boulou kasap.
A jeune poulain, poil grossier.

Angkat batang kalouar tchatching gĕlanggĕlang.
Le tronc d'arbre soulevé, les vers de terre apparaissent au dehors.

Andjing ditepouk kapala mendjengkit eikour.
Le chien dresse la queue, quand du plat de la main on lui tape sur la tête.

Apabila ayer tenang djangan disangka tiada bouaya.
De ce que l'eau est calme, il ne faut pas croire qu'il n'y a point de crocodile.

Apabila patah toumbouh niyour toumbouh niyour djouga akan gantiña apabila patah toumbouh pinang itou toumbouh pinang djouga akan gantiña.
Quand les pousses du cocotier sont cassées, ce sont de nouvelles pousses de cocotier qui les remplacent; quand les pousses de l'aréquier sont cassées, ce sont de nouvelles pousses d'aréquier qui les remplacent.

Apa bolih bouat nasi soudah mendjadi boubour?
Que peut-on faire? Le riz s'en est allé tout en bouillie.

Apa gouna pasang pelita djika tiada dengan soumbouña?
A quoi bon allumer la lampe si elle n'a pas de mèche?

Apakah gouna boulan tĕrang didalam houtan djikalau didalam nĕgri alangkah baikña?
A quoi bon le clair de lune dans les bois? S'il brillait dans la ville, est-ce que cela ne vaudrait pas mieux?

Api itou pada masa ketchilña iya itou kawan apabila besar mendjadi lawan.
Le feu, tant qu'il est petit, est un ami;
quand il est grand, il devient un ennemi.

Arang itou djikalau dibasouh dengan ayer mawar sakalipoun tiada akan poutih.

Le charbon, quand même on le laverait avec de l'eau de rose, ne deviendra jamais blanc.

Asalña kouda itou kouda djouga dan kaldey itou kaldey djouga.

Par nature un cheval est un cheval, et un âne est un âne.

Ayer ditetak tiada akan poutous.

L'eau coupée (par un instrument tranchant) ne sera pas rompue.

Ayer sama ayer kelak mendjadi satou sampah itou ka tepi djouga.

L'eau avec l'eau, en un instant, devient une; les immondices sont vers le bord seulement.

B

Bagaimana hari ta 'houdjan katak betoung didalam telaga berteriak salalou.

Quand il y a un jour sans pluie, les grenouilles coassent sans relâche dans l'étang.

[Les *katak betoung* sont une espèce de petites grenouilles d'un noir vert avec de larges raies grises.]

Bagaimana pohon tidakkan toumbang dipanah halilintar sebab baloung koulit ada di batangña.

Comment l'arbre frappé par la foudre n'est-il pas tombé par terre? C'est qu'il y avait un trou dans le tronc.

Baïk mati dengan nama yang baïk djangan hidoup dengan nama yang djahat.

Mieux vaut mourir avec un beau renom que de vivre avec une mauvaise réputation.

Balik bělakang laïn bitchara.

Dos tourné, langage changé.

*Barangsiapa harap akan nama tiada dapat iya roti yang dimakanña
dan barangsiapa yang berbouat khianat akan roti binasa ñawa itou.*

Quiconque se repose sur son nom ne trouve pas de pain à manger,
et quiconque commet une félonie pour du pain tue son âme.

[Ce proverbe malais est la traduction exacte du proverbe persan :

*Harkih binâm farigh'rat chouad binân dermand
Va harkih binân khianât kouned bijân dermand.*]

Barangsiapa menggali lobang iya djouga terperosok kadalamña.

Quiconque creuse une fosse y est lui-même précipité.

Barang tergenggam djatoh terlepas.

Ce qu'on tient dans sa main fermée est lâché et tombe.

Behasa itou tiada didjoual atau dibĕli.

Les bonnes manières ne se vendent ni ne s'achètent.

Behasa menoundjoukkan bangsa.

Au langage on reconnaît la race.

Bĕlakang parang djikalau diasah nistchaya tadjam.

Le dos d'un couperet, s'il est aiguisé, sera certainement tranchant.

*Bĕlalang mendjadi hĕlang dan pidjat mendjadi kourakoura dan tchatching
mendjadi oular naga.*

Sauterelle devient milan, punaise devient tortue et vermisseau devient
serpent-dragon.

Belom doudouk bĕloundjour dĕhoulou.

N'être pas encore assis et déjà allonger ses jambes.

Berani malou takout mati.

Affronter la honte, craindre la mort.

Berpantoun hĕlang dengan hayam lambat lawan disambar djouga.

Le milan débite des pantouns avec la poule, à la fin il fond sur elle
et la saisit.

Bĕrpikirkan dousounña itou alam ini dan belalang disangkaña hĕlang.

Penser que son village est l'univers, et s'imaginer que des sauterelles sont des milans.

Bilah atau lidi yang terselat kapada dinding dapat djouga diambil akan tchoungkil gigi atau tchoungkil tĕlinga.

Un copeau ou une nervure de feuille de palmier qui sont fichés dans la muraille peuvent être pris pour cure-dents ou pour cure-oreilles.

[*Dinding*, muraille ou cloison faite de branchages et de feuillages de palmier, de bambou, etc.]

Bintang di langit dapat dibilang tetapi arang di mouka tiada sedar.

On peut compter les étoiles qui sont au ciel, mais l'on ne remarque pas la suie que l'on a au visage.

[*Arang di mouka*, littéralement suie ou charbon au visage, se dit au figuré pour marquer la honte.]

Biyar djatoh tĕrlĕtak̟
Djangan djatoh tĕrĕntak̟.

Il est permis de tomber décemment,
On ne doit pas s'étaler à plat tout de son long.

Bouah padi makin bĕrisi makin roundouk̟ makin hampa makin tinggi.

Plus l'épi de riz est plein, plus il s'incline; plus il est vide, plus il se redresse.

Bouah yang terlalou manis beroulat.

Les fruits trop doux ont des vers.

Bĕudak̟boudak̟ moñet mendapat bounga adakah iya tahou akan faïdah bounga itou?

De jeunes singes trouvent des fleurs, est-ce qu'ils en connaissent l'utilité?

Boukanña diyam penggali berkarat melaïnkan diyam oubi adaña berisi.

Ce n'est pas le repos d'une bêche qui se rouille, mais bien le repos d'un *oubi* dont la substance se développe.

[*Oubi* est le nom qu'on donne, en malais, aux tubercules farineux comestibles.]

Bounğaña disountingkan pangkalña diberakkan.

Avec la fleur on orne sa chevelure, et le pied de la plante on le souille.

Bounga sedap dipakey layou dibouang.

La fleur qui est agréable aux sens, on la porte; fanée, on la jette.

Bourong gagak itou djikalau dimandikan dengan ayer mawar tiada akan mendjadi poutih boulouña.

Quand bien même on baignerait un corbeau dans de l'eau de rose, son plumage ne deviendrait pas blanc.

Bourouk mouka tchermin dipetchah.

Visage détérioré, miroir brisé.

Bouwayan poun digontchang anak poun ditchoubit.

Le berceau est secoué, l'enfant est pincé.

Brapa brat mata menentang brat djouga bahou memikoul.

Les yeux voient bien le poids, mais c'est l'épaule qui le supporte.

Brapa pandjang landjour bagitoulah sĕlimout.

La longueur de la stature, voilà celle de la couverture.

Brapa tinggiña terbang bangau itou akirña hinggap iya di bĕlakang karbau djouga.

Si haut que dans son vol s'élève le héron, à la fin il s'abat sur la croupe du buffle.

D

Dalam tchěmboul pěrmata.
Dans les coffrets, les pierres précieuses.

Daounña djatoh melayang bouahña djatoh ka pangkal djouga.
La feuille en tombant plane dans l'air, le fruit tombe au pied de l'arbre.

Děhoulou timah sakarang besi.
Précédemment de l'étain, maintenant du fer.

Dengarkan tcheritra bourong anaḳ di pangkou dilepaskan.
Écouter l'histoire d'un oiseau et laisser choir l'enfant qu'on a dans son giron.

Dibouwat dengan karěna allah mendjadi mourka allah.
Accomplir un acte pour Dieu et susciter la colère de Dieu.

[C'est-à-dire accomplir un acte dans une bonne intention, mais faire le mal et par suite susciter la colère de Dieu. C'est ainsi que nous entendons dire souvent : l'Enfer est pavé de bonnes intentions.]

Digenggam takout mati dilepaskan takout terbang.
Si on le tient dans sa main fermée, on craint qu'il ne meure; si on le lâche, on craint qu'il ne s'envole.

*Dimana bañaḳ anaḳ těrouna
anaḳ prawan poun ada disana.*
Où il y a beaucoup de jeunes hommes non mariés,
c'est là que sont les jeunes filles.

Dimana pěriouḳ petchah disana těmbikar tinggal.
Où la marmite de fer casse, le pot de terre dure.

Dimana toumpahkan kouwah kalau tidakkan nasi?
Où verser la sauce, s'il n'y a point de riz?

Dimouka laïn dibĕlakang laïn.
Tout autre en face, tout autre par derrière.

Di tĕmpat tiada hĕlang kata belalang akoulah hĕlang.
Là où il n'y a pas de milan, la sauterelle dit : C'est moi qui suis milan !

Ditepok ayer di doulang tĕpĕrĕtchik mouka sendiri djouga.
Si tu bats du plat de la main l'eau dans un baquet, elle t'éclaboussera le visage.

Djangan angkau harap akan pĕrampouan.
Ne mets pas ta confiance dans la femme.

Djangan digenggam saperti bara rasa hangat dilepaskan.
Il ne faut pas tenir de la braise dans sa main fermée; en sentant la chaleur, on lâche.

Djangan kamou pertchaya akan perampouan toua masouk karoumahmou adakah harimau dipertchaya masouk kadalam kawan kambing ?
Ne vous fiez pas à une vieille femme et ne la laissez pas entrer dans votre maison; est-ce qu'on se fie au tigre ? Le laisse-t-on entrer au milieu d'un troupeau de chèvres ?

Djaouh baou bounga dekat baou tahi.
De loin c'est le parfum des fleurs, de près c'est l'odeur des ordures.

Djaouh di mata djaouh di hati.
Loin des yeux, loin du cœur.

Djauhari djouga yang mengenal manikam.
C'est le joaillier seulement qui connaît les joyaux.

Djika bebrapa poun andjing meñalak boukit bolihkah rountouh ?
Si quelques chiens aboient, peuvent-ils faire écrouler la montagne ?

Djika bersohabat dengan orang djahat nistchaya sama djahat djouga.

Si l'on fait amitié avec les méchants, nécessairement on est méchant comme eux.

Djika hendak̟ mĕmpilih sa 'orang taulan lihatlah dĕhoulou isiña dada.

Si vous êtes pour choisir un compagnon, voyez d'abord ce qu'il y a dans son sein.

Djika karbau dipegang orang taliña
Djika manousiya dipegang mouloutña.

Si c'est un buffle, on le tient par sa corde;
Si c'est un homme, on le tient par sa bouche.

Djika karĕna sabouah dousoun maka binasa nĕgri harous dousoun itou dibouangkan.

Si, pour un village, tout un pays devait périr, il faudrait détruire ce village.

Djika mata ayer itou ada kĕrouh maka soungey itoupoun ada kĕrouh djouga.

Si la source est trouble, la rivière aussi est trouble.

Djika mati akarña maka harous mentchabout diya.

Si la racine est morte, il convient de l'arracher.

Djika sapoulouh bouah kapal poun datang andjing bertchawat eikour djouga.

Quand bien même arriveraient dix navires, les chiens auront toujours leur queue pour *tchawat*.

[Le *tchawat* des Malais est une pièce d'étoffe qui s'attache à la ceinture et dont on passe l'extrémité entre les jambes pour l'attacher par derrière. Beaucoup d'indigènes pauvres n'ont pas d'autre vêtement.]

Djikalau di houlou ayerña kĕrouh ta'dapat tiada di hilirña poun kĕrou djouga adaña.

Si l'eau est trouble à la source, nécessairement le courant sera trouble aussi.

Djikalau kasih akan padi bouanglah roumpout.
Si vous aimez le riz, arrachez les (mauvaises) herbes.

Djikalau kasih akan padi maka bouanglah sekamña.
Si vous aimez le riz, rejetez-en la balle.

Djikalau měnampi djangan toumpah padiña.
Si l'on vanne le riz, il ne faut pas verser le grain.

Djikalau orang tchina kentchingkan sahadja bolih tengelamkan inggris.
Si les Chinois pissaient seulement, ils pourraient submerger les Anglais.

Djikalau oular meñousou akar tiada akan hilang bisaña.
Si le serpent suce les racines, il ne perdra pas son venin.

Djikalau sa'orang bouta memimpin orang bouta maka kadouaña akan djatoh kadalam parit.
Si un aveugle conduit un aveugle par la main, tous deux tomberont dans le fossé.

Djikalau sapohon kayou bañak akarña lagi těgouh apakah ditakoutkan ribout?
Si un arbre a de nombreuses et solides racines, qu'a-t-il à craindre de la tempête?

Djikalau satchawan ayer tawar ditouwangkan dalam laout bolihkah ayer laout itou mendjadi tawar?
Si l'on verse dans la mer une tasse d'eau douce, est-ce que l'eau de la mer deviendra douce?

Djoual soutěra běli mestouli.
Vendre de la soie, acheter de la grosse toile.

Doudouk saperti koutching, melompat saperti harimau.
Être assis comme un chat, s'élancer comme un tigre.

G

Gadjah berak besar kitapoun hendak berak besar djouga.

L'éléphant fait de gros excréments, nous aussi nous voulons faire de gros excréments.

Gadjah sama gadjah berdjouwang pelandok mati ditengahtengah.

Des éléphants se battent entre eux, et le chevrotain au milieu d'eux trouve la mort.

Garam toumpah apakah tempatna?

Le sel répandu, qu'est-ce que la salière?

Gourou kentching berdiri
Mourid kentching berlari.

Le maître s'arrête pour pisser,
Les écoliers pissent en courant.

H

Habis oumpan kerongkerong tiada dapat.

L'appât épuisé, on ne prend pas de *kerongkerong*.

[*Kerongkerong* est le nom d'une espèce de petit poisson.]

Harapkan anak bouta mata sabĕlah
Harapkan tĕman bouta kadouaña.

Compter sur son enfant, c'est être borgne;
Compter sur son camarade, c'est être aveugle.

Harimau menoundjoukkan bĕlangŭa
Dourian menoundjoukkan pangsaña.

Le tigre montre son pelage moucheté,
Le dourian montre les tranches de son écorce.

Hidong ta'mountchong pipi tersorongsorong.
Nez épaté, joues saillantes.

Harapkan houdjan deri langit ayer di tempayan ditchourahkan.
Compter sur la pluie du ciel, et verser l'eau qui est dans la jarre.

Haroum menghilangkan baou.
Le parfum fait disparaître la (mauvaise) odeur.

Hilang bini bolih ditchahari
Hilang boudi badan tchelaka.
On perd sa femme, on peut la chercher ;
On perd l'esprit, le corps est misérable.

Houdjan berbalik ka langit.
La pluie retourne au ciel.

Houdjan tiada sakali djatoh.
La pluie ne tombe pas toute à la fois.

Houtang ĕmas dapat dibayar
Houtang boudi dibawa mati.
Une dette d'or peut être payée,
Une dette morale (du cœur) est enlevée par la mort.

I

Ilmou dan akal dihaleybaley
Itoulah tanda orang yang laley.
Ne pas apprécier la science et l'intelligence,
C'est la marque des gens insouciants et paresseux.

Ilmou koua toutout kemoudian harta.
Recherche la science d'abord, les richesses ensuite.

Indah khabar deri roupa.

Le renom est plus beau que l'aspect.

[Ce qu'on en dit est plus beau que ce qu'on en voit.]

K

Kalau karbau sakandang dapat dikawalkan manousiya sa 'orang tiada dapat dimalimkan.

On peut garder tout un parc de buffles, on ne peut pas gouverner un seul homme.

Kalau kĕna tampar biyar dengan tangan yang pakey tchintchin kalau kena tĕndang biyar dengan kaki yang pakey kasout.

Si l'on reçoit un soufflet, que ce soit d'une main ornée d'anneaux; si l'on reçoit un coup de pied, que ce soit d'un pied muni de chaussure.

Kalau koutching bertandouk belanda bersounat beharou bolih djadi.

Cela pourra arriver quand les chats auront des cornes et que les Hollandais se feront circoncire.

Kalau langit hendak menimpa boumi bolihkah ditahankan dengan teloundjouk?

Si le ciel était pour tomber sur la terre, pourrait-on le retenir avec l'index?

Kalau meñabrang soungey biyar ditelan olih bouwaya djangan dipagout olih ikan ketchil ketchil.

Si l'on traverse une rivière, on peut être avalé par un crocodile, mais on ne doit pas se laisser mordre par les petits poissons.

Kalau sesouatou berteriak tiada kadengaran kapada satouña.

Quand tout le monde crie en même temps, personne ne s'entend.

Kalau tiada angin ta 'kan pokok bergoyang.

S'il n'y a pas de vent, les arbres ne seront pas secoués.

Kalau tiada dapat dibaïki maka djangan dipetchahkan.
S'il n'est pas possible de réparer, il ne faut pas casser.

Kaldey hendak didjadikanña kouda.
L'âne veut se faire cheval.

Kapal satou nakhoda doua.
Un navire, deux capitaines.

Karbau pouña sousou sapi pouña nama.
Au buffle le lait, à la vache le nom.

Ketam mengadjar anakña berdjalan betoul.
Le crabe enseigne à ses petits à marcher droit.

[On trouve aussi : *Ketam meñourouhkan anakña berdjalan betoul*, c'est-à-dire : Le crabe commande à ses petits de marcher droit.]

Kidjang dirantey dengan rantey ĕmas djikalau iya lepas lari djouga iya ka houtan makan roumpout.
Le daim enchaîné avec une chaîne d'or, s'il s'échappe, court vite à la forêt manger de l'herbe.

Kotika panas soudah loupa katchang akan koulitña.
Dès qu'il fait chaud, la fève oublie sa cosse.

Kourangkourang boubour lebihlebih soudouk.
Moins il y a de bouillie, plus il y a de cuillers.

Koutching melompat orang terkedjout deripada tidörña maka hayam berkoukouk hampirlah siyang.
Le chat fait un bond, l'homme se réveille, le coq chante, il va faire jour.

L

*Laksana pentchalang tersarat
tiada ka timor tiada ka barat.*
Comme une barque trop chargée
qui ne va ni à l'est, ni à l'ouest.

Langit hĕndak ditchapey dengan tangan.
Vouloir toucher le ciel avec la main.

Layanglayang poutous taliña.
C'est un cerf-volant dont la corde est cassée.

Lebih poutchouk lebih pĕlĕpah.
Plus il y a de bourgeons, plus il y a de feuilles au palmier.

Lepas bantal berganti tikar.
L'oreiller n'y est plus, la natte le remplace.

Limparkan batou meñembounikan tangan.
Jeter des pierres, tenir sa main cachée.

Loulous djaroum loulous kĕlindan.
Où l'aiguille passe, passe aussi le fil.

> [On dit aussi :
> *Loulous pendjahit lalou kelindan.*
> L'aiguille passée, le fil suit l'aiguille.]

M

Mahal dibĕli soukar ditchahari.
Cher à acheter, difficile à chercher.

Makin bañak orang makin bañak niyat.
Plus il y a de gens, plus il y a d'opinions.

Makrouh meloudah kahadapan atau kakanan.
Il est malséant de cracher devant soi ou à sa droite.

Malou bertaña sesat di djalan.
Qui a honte de demander s'égare en chemin.

Malou kalau anak harimau mendjadi anak koutching.
C'est une honte si le petit d'un tigre devient le petit d'un chat.

Masak masam mouda manis.
Mûr, il est aigre; jeune, il est doux.

Masouk kandang kambing měngembek
Masouk kandang karbau měngouwak.
Bêler en entrant dans l'étable à chèvres,
Beugler en entrant dans le parc à buffles.

Mata tidour bantal mendjaga.
Les yeux dorment, l'oreiller veille.

Mati gadjah tiada dapat boulaley
Mati harimau tiada dapat belangña.
L'éléphant mort, on ne trouve pas sa trompe;
Le tigre mort, on ne trouve pas sa peau mouchetée.

Matilah kouman kena pelentik
sakalian alam lempah daraña.
Un *kouman* est mort frappé par la palette tue-mouches,
le monde entier est inondé de son sang.
  [Le *kouman* est un tout petit insecte.]

Matimati berdawat biyarlah hitam.
Quand on s'est beaucoup servi d'encre, il est permis d'être noirci.

Matimati mandi biyarlah basah.
Quand on s'est bien baigné, il est permis d'être mouillé.

Mati rimau meninggalkan bĕlang
Mati gadjah meninggalkan toulang.

Un tigre meurt, il laisse sa peau mouchetée;
Un éléphant meurt, il laisse ses os.

Memandjat pokok tchĕkoh
bolih mati djatoh.

En grimpant sur un *tchékoh*, on peut tomber et se tuer.

[Le *tchékoh* n'est pas un arbre; ce n'est qu'une espèce d'arbrisseau.]

Memandjat terkena seroda.

En grimpant on s'accroche au *seroda*.

[Le *seroda*, dit Klinkert, est un cercle d'épines de bois de *nibong*, qu'on place autour du tronc des arbres pour les protéger contre les voleurs de fruits.]

Mèmbouang garam kadalam laout.

Jeter du sel dans la mer.

Membounouh membangoun.

Qui tue paye le prix du sang.

Meminta sisik kapada limbat.

Demander des écailles au *limbat*.

[Le *limbat* est une espèce de lotte, poisson dont la chair est blanche et d'une saveur agréable.]

Menantikan nasi disadjikan di loutout.

Attendre le riz avec le plat tout prêt sur ses genoux.

Mendjadikan toukak dengan bebrapa korek mana ada sadikit koudis sahadja.

Faire venir un abcès à force de gratter, là où il n'y avait qu'une légère démangeaison.

Mengembalikan manikam itou kadalam tchemboulña.

Faire rentrer la pierre précieuse dans son écrin.

Mĕngoukour badjou di badan sendiri.
Mesurer son *badjou* sur son propre corps.

[On sait que le *badjou* est un vêtement de dessus, porté par les Malais, hommes et femmes.]

Moulout bawa madou pantat bawa sengat.
La bouche porte du miel, le derrière porte un aiguillon.

Moulout disouapña pisang pantat dikaïtña dengan ounak.
La bouche est remplie de bananes et le derrière est accroché à des *ounak*.

[Les *ounak* sont de grandes épines tortues.]

Mourah moulout mahal timbangan.
Bon marché sur les lèvres, cher sur les balances.

O

Onta meñerahkan diriña.
Le chameau se livre lui-même.

Ontong baïk dengan ontong djahat datang deripada allah.
La prospérité et l'adversité viennent de Dieu.

Ontong sabout timboul ontong batou tenggelam.
Le sort de la coque de noix de coco est de surnager,
Le sort de la pierre est de couler à fond.

Orang mengantouk disorongkan bantal.
Qui a envie de dormir approche un coussin.

Orang yang mĕnanam pokok niyour terkadangkadang iya tiada makan bouahña.
Celui qui plante des cocotiers souvent n'en mange pas les fruits.

Orang yang menounggou pĕrigi itou bolihkah iya mati dahaga?
Celui qui garde le puits, peut-il mourir de soif?

Oular dipoukoul djangan mati kayou di tangan djangan patah dan tanah poun djangan tchatchat.

Que le serpent frappé ne soit pas tué, que la verge dans la main ne soit pas cassée, et que la terre ne soit pas souillée.

Oupama bouah kepayang dimakan mabouk dibouwang sayang.

C'est comme le fruit du *kepayang* : le manger c'est s'enivrer, le jeter c'est grand dommage.

[Le *kepayang* est un grand arbre dont les fruits sont amers et enivrants.]

Oupama kasih akan bounga satcheper terbouwang bounga sakaki.

C'est comme celui qui aime un plateau couvert de fleurs et rejette une simple fleur sur sa tige.

Oupama kastouri karena baouña maka hilang ñawaña.

C'est comme le chevrotain musqué, à cause de son odeur il perd la vie.

Oupama orang memeliharakan diriña dalam sarang lebah.

C'est comme celui qui va s'abriter dans un nid d'abeilles.

Oupama orang tchampak bounga dibalas tchampak tahi.

C'est comme les gens à qui l'on jette des fleurs, et qui en échange jettent des ordures.

Oupas bĕrhoulam ratchoun.

L'oupas (poison végétal) est mêlé avec le poison minéral.

P

Pada tatkala reboung tiada dipatah maka kotika soudah mendjadi aour apakah gounaña?

Alors que c'était un surgeon, il n'a pas été rompu; à quoi bon maintenant que le surgeon est devenu un bambou qui a atteint toute sa crue?

Pada tengkok segala binatang yang makan roumpout didjadikan allah souatou ourat tegar.

Aux animaux qui paissent l'herbe, Dieu a fait la nuque fortement musclée.

Padi yang sagenggam lebih deri padi yang salombong.

Le riz qu'on tient dans sa main vaut plus que le riz en grange.

Pagar makan padi.

La haie mange le riz.

> [Nous disons, nous : La haie mange le blé.]

Paha kiri tchoubit
paha kanan sakit.

Cuisse gauche pincée, cuisse droite endolorie.

Panas satahoun dihapouskan olih houdjan sahari.

Chaleur d'une année est enlevée par pluie d'une journée.

Parang kayou gabous mendjadi saperti parang besi.

Un couperet de bois bien affilé devient comme un couperet de fer.

Pasir di tepi pantey maka tatkala tempiyas ayer bolihkah kita berbehagikan?

Quand la vague se précipite sur le sable du rivage, pouvons-nous les séparer?

Patah kemoudi dengan ebamña.

Le gouvernail est cassé avec sa barre.

Patchat hendak mendjadi oular sawah.

Une petite sangsue veut devenir un serpent python.

Pělandoklah loupakan djěrat tetapi djerat tiada meloupakan pelandok.

C'est le chevrotain qui oublie le lacet, mais le lacet n'oublie pas le chevrotain.

Penñou itou bertelor beratousratous sa 'orang poun tiada tahou hayam bertelor sabidji petchah sabouah něgri.

Une tortue de mer pond des œufs par centaines, personne n'en sait rien; une poule pond un œuf, le bruit s'en répand dans toute une ville.

Pergi berkouda poulang berlembou.
Partir à cheval, revenir sur un bœuf.

Pisau dan parang itou toumpoul maka moulout manousiya terlebih poula tadjam.
Le couteau et la serpe s'émoussent, la langue de l'homme reste toujours très tranchante.

Pohon kakenalan deripada bouahña.
L'arbre est connu par ses fruits.

> [On dit aussi : *Sebab bouah kakenalan pohonña.* Par le fruit on connaît l'arbre.]

Potong hidong rousak mouka.
Nez coupé, visage détruit.

Poutouslah timba tinggal tali.
Le seau brisé, la corde reste.

Prahou papan bermouat intan.
Un *prahou* en planches est chargé de diamants.

> [Le *prahou* est le navire des Malais.]

Pri ontong manousiya ada kelakña sakit kelakña mati.
Le sort de l'homme, c'est d'être malade aujourd'hui et de mourir demain.

R

Rendah bilangbilang disoroki tinggi kayou ara dilompati.
Le *bilangbilang* est bas, on rampe par-dessous ; le figuier est haut, on s'élance par-dessus.

[Le *bilangbilang* est une sorte de mauvaise herbe.]

Rendah gounong tinggi harap.
Basse est la montagne, haute est l'espérance.

Rousak bawang ditimpa djambak.
L'oignon est gâté quand ses fanes s'affaissent.

S

Sabelomña djatoh baïk disadiyakan poupour.
Avant que l'on ne tombe, il est bon de préparer l'onguent.

Saeikour karbau berloumour samouwaña karbau terpalit djouga.
Un buffle est couvert de boue, tous les buffles en sont enduits.

On dit encore :

Saeikour karbau membawa loumpour samouwa karbau terpalitpalit.
Un buffle apporte de la boue, tous les buffles en sont enduits.

Saeikour kouman di benoua tchina dapat dilihatña tetapi gadjah bertenggek di batang hidongña tiada sedar.
Il peut voir un *kouman* au pays de Chine, mais il n'aperçoit pas un éléphant au bout de son nez.

[Le *kouman* est une sorte de ciron.]

Sambil meñelam sambil minoum ayer.
Plonger dans l'eau et en même temps boire de l'eau.

Sangat gila ada orang itou yang karĕna souka manousiya mĕninggalkan kasoukaan allah.

Bien fou qui, pour plaire aux hommes, abandonne ce qui plaît à Dieu.

Sa'orang makan tchempedak samouwaña kena getahña.

Une personne mange du *tchempedak* et toutes les autres sont atteintes par son jus.

[Le *tchempedak* est un arbre du genre artocarpe à très gros fruits.]

Sa'orang membri makan gadjah boukankah dengan alapña dan membri makan andjing boukankah dalam souatou tembikar ?

Quand on donne à manger à un éléphant, n'est-ce pas avec une longue pince ? Et quand on donne à manger à un chien, n'est-ce pas dans une écuelle ?

Sa'orang taulan mendjadi penghibour hati.

Un camarade devient le consolateur du cœur.

Saperti bouah padi makin berisi makin roundouk.

Comme l'épi du riz, plus il est plein, plus il s'abaisse.

Saperti boudjang djoulongdjoulong berkĕris.

Comme un jeune garçon qui pour la première fois porte un *kris*.

Saperti djoung sarat tiada ka timour tiada ka barat.

Comme une jonque chargée, qui ne va ni à l'est ni à l'ouest.

Saperti dourian dengan mantimoun.

Comme le dourian avec le concombre.

Saperti harimau meñembounikan koukouña.

Comme le tigre qui cache ses griffes.

Saperti kourakoura hendak memandjat pohon kayou.

Comme la tortue qui veut grimper à un arbre.

Saperti mengendap di balik lombong.
Comme celui qui se cache en se baissant derrière le *lombong*.

[Le *lombong*, sorte de hangar, de remise ou de grenier pour le riz, est toujours élevé sur des poteaux.]

Saperti ombak membanting diriña.
Comme les vagues qui se choquent entre elles.

*Saperti pinggan dengan mangkok
Salah sedikit hendak bĕrantok.*
Comme la soucoupe avec la tasse,
Si elles sont posées un peu de travers, elles s'entre-choqueront.

Saperti sĕkĕlat mouka doua.
Comme le drap qui est à deux faces.

Saperti sitchaboul hendak mentchapey boulan.
Comme le nain qui veut attraper la lune.

Sapĕrti tĕmbikar petchah satou petchah samouaña.
C'est comme de la poterie : un pot de cassé, tous cassés.

Saperti tikous membaïkkan labou.
Comme les rats qui restaurent une citrouille.

Sa poulouh bintang bertabour bolihkah sama dengan boulan yang satou?
Dix étoiles qui sont disséminées peuvent-elles égaler la lune qui est une?

Satahoun houdjan di langit ayer laout masakan tawar?
Quand il pleuvrait toute une année, est-ce que l'eau de la mer deviendrait douce?

Satchoupak tiada bolih mendjadi sagantang.
Un *tchoupak* ne peut pas devenir un *gantang*.

[Le *tchoupak* et le *gantang* sont deux mesures de capacité en usage chez les Malais; le *tchoupak* est le quart d'un *gantang*.]

Sĕbab bĕrkalahi dĕngan pĕrigi akirña mati dahaga.
Pour avoir disputé avec le puits, à la fin on meurt de soif.

Sebab nila satitiķ rousaķ sousou sabĕlanga.
Avec une goutte d'indigo l'on gâte un pot de lait.

Sebab tiada tahou menari dikatakan lembab.
Lorsqu'on ne sait pas danser, on dit que la terre est mouillée.

Sedangkan gadjah yang besar itou yang berkaki ampat lagi terkadang terserandong.
L'éléphant, bien qu'il soit grand et solide sur ses quatre pieds, bronche quelquefois.

Sesal dĕhoulou pendapatanña sesal kemoudian satoupoun tiada gounaña.
Se repentir avant, ce serait avantageux; se repentir après, c'est tout à fait inutile.

Siapa berani mĕnangkap harimau?
Qui oserait saisir un tigre de ses mains?

Sila tangan tchĕlaka tangan.
Mains posées sur les genoux, mains de malheur.

Siyasiya berbouat baïķ atas orang yang tiada berbangsa.
C'est en vain qu'on agit avec bonté à l'égard de gens qui ne sont pas bien nés.

Soudah gaharou tchendana poula.
C'était du bois d'aloès, c'est maintenant du bois de santal.

Soudah tidaķ tersoudou olih angsa bĕharou dibrikan kapada itiķ.
Ce qui n'a pas pu être mangé par les oies, on le donne à manger aux canards.

Soumboul mendapat toutoupña.
Le panier trouve son couvercle.

T

Tabour bidjian diatas tasiḳ tiada akan toumbouh.
Des graines semées sur un lac ne pousseront pas.

Ta' dapat tiada tiyaptiyap souatou itou kĕmbali kapada asalña.
Nécessairement chacun revient à sa nature originelle.

Takoutkan touma dibouangkan kaïn deri badan.
Par crainte de la vermine, se dépouiller de son vêtement.

Takout titiḳ lalou toumpah.
On craint d'en verser une goutte, et l'on verse le tout.

Tali tiga lĕmbar tasouwangsouwang poutous.
Une corde à trois fils ne se rompt pas facilement.

Tangan mentchentchang bahou memikoul.
C'est la main qui coupe les morceaux, c'est l'épaule qui porte le fardeau.

Tchatching mĕnĕlan naga.
Le ver avale le serpent-dragon.

Tebou ayerña dimakan hampasña dibouang.
De la canne à sucre on mange le suc, et l'on rejette le résidu.

Telor doua sabanting petchah satou petchah doua.
Deux œufs se choquent, un de cassé, deux cassés.

Teloundjouḳ djouga mentchoutchouḳ mata pagar djouga memakan padi.
L'index crève les yeux, la haie mange le riz.

Tepongña iya maou kouwahña poun iya maou.
Il veut la farine, il veut encore le gâteau.

Tĕpouk dada taña sĕlira.

Frapper la poitrine, interroger le corps.

Terlalou tchepat djadi lambat.

Qui est trop vif devient lent.

Tiada kayou tchentchang dikepeng tiada ayer talang dipantchong.

S'il n'y a pas de gros bois, on hache du menu bois ; s'il n'y a pas d'eau, on établit un tuyau de conduite.

Tiada rotan akar poun bergouna.

Il n'y a pas de rotin, les racines alors sont utiles.

Tiada makan nangkaña maka kena getahña.

Ne pas manger du fruit du *nangka* et pourtant être sali par sa gomme.

Tiada sĕbab hayam sa' eikour mĕngetahoui hari siyang.

Ce n'est pas par un seul coq qu'on apprend qu'il fait jour.

Tinggi geleppar rendah laga.

Haut dans le débat, bas dans le combat.

Tiyaptiyap batou yang ada bergouling salalou didalam soungey itou tiadalah dihinggap olih loumout akan diya.

Pierre qui roule continuellement dans la rivière n'amasse pas de mousse.

Toulakkan tangga kaki berayoun.

L'échelle repoussée, les pieds se balancent.

Toundjouk lourous kalingking berkaït.

L'index est droit, le petit doigt est recourbé.

*Touroutkan rasa
    binasa*
*Touroutkan hati
    mati.*

Suivre son goût,
C'est la ruine;

Suivre son cœur,
C'est la mort!

Y

Yang beharou datang itou lintah yang menghisap darah.
Les nouveaux venus (étrangers) sont des sangsues qui sucent le sang.

Yang dikedjar tiada dapat dan yang dikandong bertchetcheran.
On n'obtient pas ce que l'on poursuit, et l'on répand ce que l'on porte dans son sac.

*Yang ombaķ itou ombaķ djoua
dan yang ayer itou ayer djoua.*
La vague est la vague
et de l'eau est de l'eau.

POST-SCRIPTUM AU LECTEUR BÉNÉVOLE.

Pour prononcer correctement les mots malais transcrits en caractères latins, il convient d'observer les quelques règles qui suivent :

1° A l'exception de *h*, il n'y a pas de lettre muette en malais. Toute consonne finale d'un mot ou simplement d'une syllabe doit se prononcer comme si elle était redoublée ou suivie de notre *e* muet. Ex. : *dan, makan, houtan, belom, pohon, poutous, takout, lambat, tempat, membawa, mendapat, emas, lepas, lintah, memimpin*, etc.:

prononcez : *dann, makann, houtann, belomm, pohonn, poutouss, takoutt, lammbatt, temmpatt, memmbawa, menndapatt, emass, lepass, linntah, memimmpinn*, etc.;

2° *g* se prononce toujours avec le son dur qu'il a dans nos mots français devant *a* ou *o*, et jamais avec le son adouci de notre *j*. Ex. : *gigi, gila, getah, genap*; prononcez : *guigui, guila, guétah, guénapp*;

3° *k*, à la fin des mots, se fait peu sentir;

4° *s* se prononce toujours comme dans notre conjonction *si*; jamais comme notre *z*. Ex. : *nasi, besi, isi, kasout*; prononcez : *nassi, bessi, issi, kassoutt*;

5° *ñ* correspond à notre articulation *gn* dans les mots *magnanime, dignité*, etc.;

6° Les terminaisons *ang, ong* conservent un son nasal et sourd et se prononcent comme nos deux mots *an* et *on*. Ex. : *orang, terbang, bourong, kampong*, etc.; prononcez : *oran, terban, bouron, kammpon*.

LES DÉBUTS

DE

LA COMPAGNIE ROYALE DE SUÈDE

DANS L'EXTRÊME ORIENT,

AU XVIIIe SIÈCLE,

PAR

M. HENRI CORDIER.

LES DÉBUTS

DE

LA COMPAGNIE ROYALE DE SUÈDE

DANS L'EXTRÊME ORIENT,

AU XVIIIe SIÈCLE.

La prise de Malacca par le grand Albuquerque (24 juillet 1511) est véritablement le point de départ dans les temps modernes des relations commerciales des étrangers avec les pays de l'extrême Orient. Cet événement eut un retentissement énorme dans toute l'Asie orientale. Les rois de Java, de Sumatra, de Pégou et de Siam envoyèrent des ambassadeurs avec des présents au conquérant pour l'assurer de leur amitié. Quelques princes même offrirent de devenir vassaux du Portugal. Le roi de Siam, en échange des présents que lui envoya Albuquerque, donna une magnifique coupe d'or avec une escarboucle et une épée incrustée d'or. Dans une lettre datée de Lisbonne, du 6 juin 1513, le roi Emmanuel écrit au pape qu'il croit convenable de lui faire part, comme chef de la chrétienté, des victoires remportées par les Portugais dans les Indes. Le roi rapporte les succès d'Albuquerque, la prise de Malacca, les relations avec Siam, la délivrance de Goa, l'ambassade du prêtre Jean, le voyage des envoyés portugais en Abyssinie, la soumission du roi d'Ormuz, etc. La lettre, très caractéristique, se termine de la manière suivante et montre bien quels étaient les projets des Portugais sur la mer Rouge : « On peut donc espérer que la faveur de Dieu accompagnera Albuquerque dans ses entreprises contre la mer Rouge pour la fermer au commerce des musulmans. Il fera alliance avec le prêtre Jean, et, levant l'étendard de la croix, il frappera un coup aux mahométans. » (*Cal. of State Papers, Col. ser., East Indies*, 1513-1516, p. 1-2.)

Les Portugais arrivèrent en Chine, à Canton, trois ans plus tard (1514), ainsi qu'il appert d'une lettre d'André Corsali à Julien de Médicis, datée du 6 janvier 1515[1] (Cf. *Ramusio*, I, f⁰ˢ 180 et 181). Raphael Perestrello est le premier Portugais qui ait visité Canton dans une jonque (1516) dont le nom nous ait été conservé. L'année suivante (1517), Fernão Peres de Andrade, à la tête de quatre navires portugais et de quatre navires malais, se rendit à Canton avec Thomas Pires, envoyé par le gouverneur de Goa pour conclure un traité de commerce avec la Chine. L'attitude de F. P. de Andrade lui avait concilié toutes les sympathies, mais l'arrivée de son frère Simon de Andrade (1518), homme autoritaire et cupide, changea ces bonnes volontés en haine : Simon attaqué fut obligé de fuir (1521), et l'année suivante un nouvel envoyé, Martin Alfonso de Mello Coutinho, eut son escorte massacrée en grande partie.

Les Hollandais remplacèrent les Portugais comme influence dans l'extrême Orient; puis vinrent les Anglais dont la première expédition en Chine (1596), composée de trois navires, *the Benjamin, the Bear, the Bear's Whelp*, et faite

---

[1] C'est donc par erreur que l'on considère (comme M. W. F. Mayers, dans *Notes and Queries on China and Japan*, vol. 2, n° 9, *The Portuguese in China*) 1517 (expédition d'Andrade) comme la date de l'arrivée des Portugais en Chine.

aux frais de sir Robert Dudley, n'arriva jamais à destination. Dès l'année 1634, les difficultés commencèrent à Canton lors du voyage du capitaine Weddell, qui, mal reçu par suite des agissements des Portugais, fut obligé d'employer la force. Mais ce n'est qu'à la fin du xviie siècle et pendant tout le xviiie que le commerce européen eut à lutter contre les mandarins locaux pour leur arracher des concessions définitives. Sauf le Portugal, dont le monopole commercial qui appartenait à la couronne ne fut abandonné qu'en 1752, les nations occidentales étaient représentées à Canton par des compagnies.

Une seule fois, en 1731, le roi de Portugal donna à une compagnie l'autorisation d'envoyer un navire faire un voyage à Surate et à la côte de Coromandel, sans permettre la concurrence. Les Hollandais, à la suite du séjour à Lisbonne de Cornélis van Houtman, d'Alkmar, créèrent une première société à Amsterdam, sous le nom de *Compagnie des Pays lointains*. L'exemple des marchands d'Amsterdam fut bientôt suivi par ceux de Zélande et de Rotterdam. Le danger, pour le pays, de nombreuses sociétés rivales fit réunir tous les intérêts communs en une seule compagnie : la célèbre *Compagnie des Indes orientales néerlandaises*, constituée à la Haye, le 20 mars 1602, par un traité valable pendant vingt et un ans.

La première Compagnie anglaise des Indes orientales obtint sa charte de la reine Élisabeth, le 31 décembre 1600, sous le nom de *The Governor and Company of Merchants of London trading to the East Indies*. Une autre Compagnie, connue sous le nom de *Courten's Association* ou de

The Assada Merchants, créée en 1635, fut réunie à la Compagnie de Londres en 1650. En 1654-1655, Olivier Cromwell accorda une charte à la *Company of Merchants Adventurers* qui fusionna également avec la Compagnie de Londres en 1655-1657. En 1698, une concurrence formidable fut faite par *The General Society trading to the East Indies* ou *English Company*. Enfin les Compagnies rivales de *Londres* et *anglaise* furent définitivement réunies en une seule en 1702-1708-1709, sous le nom de *The United Company of Merchants of England trading to the East Indies*.

Sans entrer dans le détail des efforts de Henri IV et de Richelieu, la grande *Compagnie des Indes orientales* fut créée par édit du roi en septembre 1664. Cette Compagnie, qui céda à différentes sociétés secondaires son privilège pour le commerce de la Chine et de la mer du Sud, fut reconstituée définitivement en 1719 sous le nom de *Compagnie des Indes*. La France entra d'ailleurs assez tard dans le mouvement commercial de Chine; il y a eu trois Compagnies françaises de Chine : 1° en 1660, réunie à la Compagnie des Indes en 1664; 2° en 1697, tombée pendant la guerre pour la succession d'Espagne; 3° en 1713, qui ne fit aucun usage de son privilège. Ce fut vraiment la Compagnie de 1697-1698, créée par la société Jourdan, de la Coulange et Cie, qui installa le commerce de la France à Canton.

Les Danois eurent deux Compagnies, l'une de 1612, l'autre de 1670. Ils créèrent en 1616 les établissements de Tranquebar et de Sérampore, qu'ils vendirent à l'Angleterre en 1845. Les Espagnols créèrent la *Compagnie royale des îles Philippines* en 1733. L'Autriche fut représentée par deux Compagnies impériales, celle d'Ostende incorporée le 17 décembre 1722, dont la charte fut suspendue pour sept ans en 1727, et aux dépens de laquelle s'établit en partie la Compagnie de Suède; cette Compagnie d'Ostende éprouva d'ailleurs toutes sortes de malheurs, fit faillite en 1784 et termina enfin son existence accidentée en 1793. L'autre Compagnie impériale était celle de Trieste, qui fit beaucoup moins parler d'elle. Enfin je rappellerai pour mémoire les efforts de la Prusse à Emden, — je possède d'importants documents au sujet des voyages partis de cette ville, — et la création, le 24 janvier 1753, de la *Bengalische Handelsgesellschaft*. J'ai laissé de côté, à dessein, la *Compagnie royale de Suède*, qui fait l'objet de ce mémoire.

Le commerce de la Chine était restreint à Canton. Le commerce de Canton était dirigé de singulière façon. En 1702, le Gouvernement chinois avait voulu concentrer le commerce étranger entre les mains d'un seul individu qu'on appelait le *négociant de l'empereur*. La mesure ne réussit point et, en 1722, on inventa cette institution, si connue des voyageurs à Canton au xviiie siècle, et qu'on appelait le *Co-hang* ou le *Co-hong*. Voici en quoi elle consistait : l'empereur de la Chine accordait le privilège exclusif de commercer avec les Européens à un certain nombre de marchands indigènes, qui répondaient au chef de la douane chinoise de tous les individus arrivés en Chine. L'assemblée de ces douze marchands, dits *hanistes* en français, *hong merchants* par les Anglais, présidée par le chef de douane [*Hou-Pou*], se nommait *Co-hang*. Le nombre de ces marchands a varié suivant les époques : il était de dix en 1777, de douze en 1793, de quatorze en 1808 et de treize en avril 1834, époque à laquelle finit le monopole de l'*East-India Company*. Les factoreries étrangères, les *hongs*, étaient rangées : danoise, espagnole, française, américaine, impériale, suédoise, anglaise, hollandaise, sur la rive gauche de la rivière de la Perle, sur une étendue de plus de 330 mètres, formant une sorte de square. Toutes ces factoreries furent détruites et pillées le 15 décembre 1856 à la suite du bombardement de Canton par sir Michael Seymour.

De bonne heure, au XVIIe siècle, les Suédois visitèrent les pays d'extrême Orient, mais leurs voyages n'étaient pas faits sous le pavillon de leur nation : ils servaient des compagnies étrangères et, en particulier, la Compagnie néerlandaise des Indes orientales. Cependant je note qu'en 1627, le roi de Suède avait déjà établi une Compagnie des Indes orientales[1]. Je ne rappellerai que Nils Matson, Kioeping et Cojet. Nils Matson, mort en 1667, avait servi tour à tour la Hollande, le chah de Perse et enfin son propre pays en qualité de lieutenant de vaisseau du roi Charles-Gustave. Sa relation nous a été conservée par Kankel, ainsi que celle d'un autre lieutenant de la marine suédoise, également au service de la Hollande, Oloff Erickson Willman, qui nous a laissé une description du Japon. Les relations de Nils Matson et de Willman ont été imprimées à la presse particulière du comte P. Brahe, et ont eu deux éditions que nous décrivons en note[2].

[1] «It was remembered that the king of Sweden having lately erected an East-India Company allowed to each committee 250 *l.*» (*Calendar of State Papers, Colonial Series, East Indies*..., 1625-1629, London, 1884, p. 361.)

[2] *Een kort Beskriffning Uppå Trenne Resor och Peregrinationer, sampt Konungarijket Japan ;* I. *Beskrifwes een Reesa som genom Asia, Africa och*

Quant à Frédéric Cojet, il fut le dernier gouverneur de Formose pour la Hollande. Grâce à l'incurie des autorités néerlandaises de Batavia, laissé à ses propres ressources, il fut obligé de capituler le 5 juillet 1661 devant les forces du chinois Tching Tching-Kong, plus connu des Européens sous le nom de *Koxinga*. Nous possédons également la relation de la conquête de Formose par les Chinois [1]. Frédéric

många andra Hedniska Konungarijken,..... aff Nils Matson Kiöping. — II. *Forstelles thet stoora och machtiga Konungarijke Japan.* — III. *Beskrifwes een Reesa till Ost-Indien, China och Japan giordhoch beskrefwen,* aff Oloff Erickson Willman. — IV. *Vthföres enn Reesa ifrån Musscow till China, genom Mongul och Cataija,* etc., Wisingsborgh, Johann Kankel, anno 1667, in-4°, p. 257 + 1 f. prél. — Première édition très rare de cette collection intéressante (Cat. Sobolewski, n° 1627.) — *Een kort Beskriffning Vppå Trenne Reesor och Peregrinationer, sampt Konungarijket Japan* : I. *Beskrifwes een Reesa, som genom Asia, Africa och många andra Hedniska Konungarijken, sampt öijar : Med flijt är förrätthat,* aff Nils Matson Kiöping, fördetta Skepz Lieutnat. — II. *Beskrifwes een Reesa till Ost-Indien, China och Japan.* — III. *Med Förtalliande. Om forbenembde stoora och machta Konungarijkets Japan Tillstand, sampt thesz Inwanares Handel och Wandel : Förrättat och Beskrefwin,* aff Oloff Erickson Willmann, Kongl : Mayst : tz Skepz = capitaien. — IV. *Vthföres een Reesa ifrån Musscow till China, genom Mongul och Cataia öfwer strömen Obij : Forrättat aff een Rysk Gesandt, som till then stoore Tartaren Niuki war schickad...* Tryckt på Wijsingzborg, aff Hans Hög Grefl : Näd : Rijkz Drotzens Booktryckare Johann Kankel. Anno MDCLXXIV, in-4°. p. 304 et 2 f. prél. pour le titre et la préface. — La page 304 contient une notice que la première édition de cette collection a été imprimée en 1667 et qu'on ajoute à cette nouvelle édition les traités suivants, ayant chacun une pagination et un titre spéciaux : Mart. Martinj, S. J., *Historia om thet Tartariske, Krijget uthi Konungarijket Sina ...* forswenskat aff. Ambr. Nidelberg. Joh. Kankel, 1674. — Mich. Hemmersam, *West-Indianisk Reese-Beskriffning, fran ahr 1639 till 1645, ifran Amsterdam till St. Joris de Mina. Ibid.,* 1674. — *Kort Berättelse om Wäst Indien eller America, som elliest kallas Nya Werlden. Ibid.,* 1675. — Jobst Schouten, *Sanfärdig Beskrijffning. Om Konungarijket Siam ... uthi Holländska Spraket ahr 1636 forfattat. Ibid.,* 1675.

[1] *'T verwaerloos de Formosa, of Waerachtig verhael, Hoedanigh door verwaerloosinge der Nederlanders in Oost-Indien, het eylant Formosa, van den Chi-*

Cojet, mis en prison à la suite de l'abandon du fort Zelandia à Formose, ne fut remis en liberté que sur les ordres du roi Charles XI. On pourra consulter sur les relations de la Suède avec l'extrême Orient par terre le mémoire de M. August Strindberg que nous avons publié dans la *Revue de l'extrême Orient*[1].

Les documents que nous reproduisons aujourd'hui sont renfermés en deux volumes in-folio manuscrits conservés à l'*India Office*, à Londres. L'un de ces volumes, relié en vélin, porte les cotes : 1732/3 et J. vol. I; il renferme des extraits de diverses pièces. L'autre volume, cartonné, porte les cotes 1733/4 et J. vol. II. Ce dernier ne contient qu'une seule pièce de 99 pages qui comprend la traduction du français en anglais de l'aventure de Porto-Novo. Le premier feuillet non chiffré porte l'avis suivant :

I Benjamin Bonnet of London notary publick do hereby certify and attest unto all whom it may concern that the hereunto annexed Translation of the Account relating to the ship *the Queen Ulrica Eleonora* contained in ninety eight sides or pages of paper and part of the ninety ninth was by me faithfully done out of French into English. In London, the third day of October one thousand seven hundred and thirty eight.

Ben. Bonnet, Not. Pub.
1738.

nesen Mandorijn, ende Zeeroover Coxinja, overrompelt, vermeestert, ende ontweldight is geworden..... Amsterdam, 1675, in-4°, Formose négligée... (*Recueil des Voy..... de la Compagnie des Indes orientales*. Rouen, 1725, t. X, p. 202 à 381). — Cf. *Bibliotheca sinica*, col. 140.

[1] *Notices sur les relations de la Suède avec la Chine et les Pays tartares depuis le milieu du XVIIe siècle jusqu'à nos jours*. Paris, 1884, br. in-8°. On consultera également du même auteur : KINA. *Några gensagor mot gängse irrmeningar*. Stockholm, 1878, in-8°. — Philipp Johann von Strahlenberg, *Och hans karta öfver Asien*. Stockholm, 1879, in-8°.

Ces documents ne sont pas signalés dans le dernier inventaire des papiers conservés à l'*India Office* rédigé par M. Frederick Charles Danvers [1], mais ils sont marqués dans le rapport de 1878 de sir George C. M. Birdwood, M. D., où ils portent la cote J. — *Swedish East India Company*, 1732 *to* 1733, 1733 *to* 1734. La série précédente relative à la Compagnie d'Ostende ne comprend qu'un seul volume portant la cote I. — *Ostenders*, 1731 *to* 1732.

La suspension du privilège de la Compagnie d'Ostende en 1727 laissa disponibles un grand nombre de marins de nationalités différentes, particulièrement des Flamands et des Anglais. Ce noyau d'hommes de mer expérimentés donna l'idée à un habitant entreprenant de Stockholm, Henry Konig, de l'employer à créer une compagnie de commerce au nom de la Suède. Le roi Frédéric, à la demande de Konig et de ses associés, consentit à accorder, en date de Stockholm, 14 juin 1731 [2], une charte à la Compagnie que ceux-ci se proposaient de former. Les lettres patentes du roi comprennent dix-neuf articles. Dans le premier article, il est marqué que Henry Konig et Cie ont le privilège et la liberté de faire voile et de commercer aux Indes orientales pendant une période de quinze ans à partir de cette date, mais qu'ils ne sont nullement autorisés à étendre leurs opérations dans les ports, rivières, comptoirs apparte-

---

[1] *Report to the Secretary of State for India in Council on the Records of the India Office*, by Frederick Charles Danvers, Registrar and Superintendent of Records. — *Records relating to Agencies, Factories and Settlements not now under the Administration of the Government of India*. London, 1888, in-8°.

[2] Hunter, *Imp. Gaz. of India*, VI, p. 376, et d'autres auteurs donnent la date du *13* juin 1731.

nant à des princes européens, sans l'autorisation de ceux-ci. Par le deuxième article de la charte, il est dit que les navires employés par la Compagnie auront leur point de départ et d'arrivée à Gothembourg, où aura lieu la vente de la cargaison de retour. Le chiffre des droits à payer par chaque navire dont le nombre n'est pas restreint et pour chaque marchandise est fixé par les articles suivants. Par l'article 5, il est bien spécifié que les navires porteront les couleurs de la Compagnie suédoise, qu'ils seront pourvus de commissions signées par le roi et munis des passeports nécessaires. L'article 6 est relatif à la formation du capital de la Compagnie, capital dont le chiffre, pas plus que le mode de création, n'est indiqué. Liberté complète, par l'article 7, aux associés, d'embarquer sur leurs navires des armes et des munitions, toutes espèces de marchandises, de l'argent, des monnaies étrangères, mais pas celles du royaume. Les articles suivants traitent de la liberté du commerce, de l'embarquement du matériel nécessaire, de la composition des équipages, etc. Par l'article 15, il est marqué que la Compagnie de Henry Konig sera toujours dirigée par au moins trois personnes intègres, ayant l'expérience du commerce; que les personnes que Henry Konig prendra pour l'aider dans sa direction auront les mêmes privilèges que l'association, comme si leurs noms mêmes étaient mentionnés dans ces lettres patentes; que ces directeurs seront Suédois ou naturalisés Suédois, protestants, auront prêté serment de fidélité à la couronne; enfin, qu'ils résideront toujours dans le royaume, sauf le temps où ils voyageront pour la Compagnie. L'article 16 permet à la Compagnie d'employer un personnel aussi nombreux qu'elle le désire, personnel suédois ou étranger. Les étrangers obtiendront leur naturalisation, dès qu'ils auront adressé leur requête au roi. L'article 17 autorise Henry Konig et Cie, et les personnes dans leur emploi, à repousser la violence des tiers et les couvre de la protection royale. L'article 18 est restrictif. Le roi interdit à ses sujets, autres que ceux de la Compagnie, de faire le commerce au delà du cap de Bonne-Espérance, pendant les quinze ans que durera le privilège. Enfin l'article 19 confirme la protection du roi et contient aussi la promesse de modifier, au mieux des intérêts de la Compagnie, les conditions et privilèges marqués dans les lettres patentes, suivant les circonstances.

En vertu de l'article 15 des lettres patentes, les directeurs de la Compagnie Henry Konig avaient le droit d'établir entre eux des règles nécessaires pour conduire leurs affaires. Ces règlements, qui nous ont été conservés, sont au nombre de dix-huit; ils ont trait à la correspondance qui doit être dépouillée en commun, à l'ouverture d'une souscription parmi les Suédois et les étrangers pour l'établissement du capital social. Les Suédois ne pouvaient pas souscrire moins de 200 rixdollars ou 600 dollars d'argent (silvermynt), et les étrangers pas moins de 500 dollars de Hambourg.

Je crois intéressant pour ceux qui étudient l'histoire commerciale du xviiie siècle de reproduire ici le tableau des monnaies et des poids en usage à l'époque, tel qu'il est donné dans les instructions officielles de la Compagnie.

PRO MEMORIA[1]
MONNOYE DE SUEDE.

1 dollar silvermynt a 4 marc ou 32 ore[2] ou stivers, ou 96 rundstyck.

1 marc a 8 ore, ou stiver, ou 24 rundstyck.
1 ore ou stiver a 3 rundstyck.
1 ducatt fait 6 dollar silvermynt.
1 rixdollar en espece fait 3 dollar silvermynt.
1 carolin, 20 ore silvermynt.
1 carolin en espece, 25 ore silvermynt.
1 guinea, 12 dollar 18 ore silvermynt.
1 moydore, 16 dollar silvermynt.

COURS DE CHANGE.

1 pound sterling fait 12 dollar 8 ore.
1 florin courant de Hollande fait 1 dollar 4 ore.
1 marck banco de Hambourg fait 30 2/3 ore.

POIDS DE SUEDE.

1 schippond fait 4 centener ou quintaux, ou 20 lisponds ou 400 livres.

1 centener ou quintall fait 5 lisponds ou 100 livres.
1 lispond fait 20 livres.
1 livre, 16 onces ou 32 lots.
100 livres de Suede font 93 lb. d'Angleterre, 85 lb. de Hollande, de Paris et de Bourdeaux, 87 1/2 de Hambourg.

---

[1] *India Office*, 1732/3, J. vol. 1.
[2] 100 öre aujourd'hui = 1 couronne (*Krona*) = 1 fr. 39.

MESURE DE SUEDE.

1 oxhofd a 1 1/2 ahm ou 6 anker, ou 90 kannes.
1 ahm a 4 ancker ou 60 kannes.
1 ancker a 15 kannes.
1 3/7 kanne fait 1 gallon d'Angleterre.
1 tonneau de bled, farine, gruaux, etc., a 48 kannes.
100 aulnes de Suede font 63 yards d'Angleterre, 50 1/2 aulnes de Paris, 86 1/5 aulnes d'Amsterdam, 69 varras de Cadix et 103 aulnes de Hambourg.

Des projets furent établis pour faire le commerce de Canton, et le premier navire dont on fit choix dans ce but, en 1731, fut le *Frédéric-roi-de-Suède*. Ce navire, à son retour de Chine (1733), fit la dure expérience d'un début dans le commerce lointain; des bâtiments hollandais le saisirent, dans le détroit de la Sonde, sur la foi de rapports faux ou exagérés des subrécargues néerlandais de Chine et le conduisirent à Batavia; mais à la suite de l'examen de la charte royale suédoise, les Hollandais reconnurent qu'ils n'avaient aucun droit de saisir le navire, le relâchèrent avec force excuses, lui fournirent les vivres nécessaires gratis, le firent accompagner par un de leurs propres vaisseaux et trois délégués, en sorte que cette première aventure se termina plus heureusement qu'on n'aurait pu l'espérer.

La seconde expédition suédoise devait être moins heureuse, quoiqu'elle eût été préparée avec le plus grand soin; le navire désigné était *la Reine-Ulrique-Éléonore*; on avait fait choix pour le commander du lieutenant de vaisseau Peter von Utfall et pour subrécargues des nommés Charles Barrington, Charles Irvine, John Widdrington et Thomas

Thomson. La destination du navire était Porto-Novo, sur la côte de Coromandel. En écrivant ce mémoire, comme j'ai pour but de faire savoir comment on traitait à cette époque les affaires de l'extrême Orient, je reproduis, toujours d'après les Archives de l'*India Office*, les lettres d'avis des directeurs de la Compagnie, les instructions pour le capitaine Utfall et les instructions en dix-huit articles pour les subrécargues, pièces datées de Gothembourg [1], le 23 décembre 1732. J'y ajoute la copie française de la Commission du roi, datée de Stockholm, 25 septembre 1732.

A MONSIEUR,

Monsr *Thomas Thomson*, *Super Cargue*
du vaisseau Reine Ulrique Eléonore
destiné pour les Indes orientales.

MONSIEUR,

Nous vous envoyons icy joints des copies autentiques des instructions et ordres que nous avons trouvè à propos d'expedier autant pour Messrs les Super Cargues conjointement, que pour Monsr le capitaine Peter von Utfall, afin d'en pouvoir faire usage pendant le voyage que vous faites, dans lequel nous vous recommendons, en particulier, d'observer toujours notre interêt, dont vôtre probité ne nous laisse aucun doute, et vous souhaittants de tout notre coeur une heureux voyage et bonne expedition, nous sommes toujours avec consideration,

Monsieur,
Vos trés humbles et obeissants serviteurs,
H. KONIG, CAMPBELL, THAM et COMP.

M. LAGERSTROM.

Gottenbourg, ce 23e décembre 1732.

---

[1] Gothembourg, en suédois Gœtheborg, à 477 kilomètres O. S. O. de Stockholm.

Instruction pour Monsr le capitaine Pierre von Utfall, commendant le vaisseau Reine Ulrique Eléonore [1], *apartenant a la Compagnie octroyée suédoise et destiné pour les Indes orientales.*

1

Nous vous recommendons de tenir vos officiers et matelots dans une exacte discipline et bon ordre, et d'éviter soigneusement de les maltraitter, ou d'en user envers eux avec rigueur. Vous ferez faire un chacun son devoir dans son poste, et s'il y a quelqu'un qui disobeira vos ordres, ou qui negligera son devoir, vous avez a le faire punir suivant ce qu'il a merité, mais que cela se fasse avec discretion et toujours avec l'approbation des Super Cargues; et comme fort souvent la mauvaise conduite des matelots provient d'un commandement irregulier, ou du maltraittement qu'il recevoient des officiers, nous vous enjoignons a vous et a vos officiers d'éviter ces deux extremitez, et de leur donner un bon exemple; et si quelque officier contrevient à vos ordres, qu'il est negligent, ou qu'il n'est point capable pour remplir son poste comme il faut, vous avez à le faire juger dans un Conseil tenu en presence des Super Cargues et des principaux officiers, et le depeouillerez de sa charge, ou le mettrez à l'amande comme il sera jugé raisonnable par la majorité de voix, conformement aux ordonnances maritimes du Roy.

2

Nous esperons que, par vôtre bon exemple et par celuy de vos officiers, toutes les irregularites parmy l'équipage, comme yvrognerie et autre pareille, sera prevenue; cependant nous vous chargeons de donner des ordres rigoureux pour les empecher de boire aux heures indües, ou à fumer du tabac sous les tillacs, ce qui a fort souvent causé le

---

[1] Ulrique Éléonore, fille de Charles XI et sœur de Charles XII, héritière de la famille de Deux-Ponts, épouse de Frédéric de Hesse-Cassel, reine de Suède en 1719, abdique en 1720 en faveur de son mari. Elle mourut en 1741.

feu et la perte du navire et de tout le monde. Et comme il n'y a rien qui fasse plus d'impression et tient les gens plus en ordre et en respect que la religion et le culte divine, nous vous chargeons principalement de faire observer le culte divine exactement a des tems fixés, et notamment les dimanches; et comme vous avez a bord du vaisseau des gens de differentes nations, coutumes et religions, nous vous recommendons, comme nous avons fait pareillement aux Super Cargues, d'eviter d'offenser ou scandaliser les uns les autres, ayants la confiance en vous, que vous vivrez toujours ensemble en bonne amitié et union.

3

Afin que toutes choses se fassent regulierement, nous avons ordonné aux supercargues d'addresser à vous et signer de leurs mains toutes les ordres autant pour charger que pour decharger les merchandizes ou l'argent, et nous vous defendons par la presente de permettre de decharger sans une telle ordre signée des mains des Supercargues, et addressée à vous la moindre chose, n'y d'en recevoir à bord, vous ordonnants de tenir un registre exact dans lequel vous specifierez regulierement toutes les merchandizes, argent, etc., que vous chargerez ou dechargerez avec leurs qualites, marques et numeros; vous en ferez aussi tenir autant par deux autres de vos officiers, pour nous être tous remis à votre retour.

4

De plus nous vous ordonnons de signer de votre main les connoissements de la cargaison du vaisseau a prendre aux Indes orientales, aussitôt que vous l'y aurez pris entierement à bord et de les rendre aux supercargues, dans lesquels vous specifierez toutes les merchandises et le consignerez a nous, et vous ne permettrez aucunement que la moindre partie des merchandises chargées dans le vaisseau, soit qu'ils apartienent à votre cargaison ou à des particuliers, soit débarquée en chemin faisant, a moins que ce ne soit pour acheter des provisions ou autres necessaires pour le vaisseau, et qu'il n'y ait point d'argent comptant à bord, et en ce cas-là même vous ne ferez pas débarquer davantage qu'autant qu'il faudra pour les provisions necessaires.

5

A l'égard de la navigation du vaisseau, comme vous n'avez point été dans ces mers, nous avons employé quelques officiers étrangers, gens de capacité et de grande experience dans cette navigation; ainsi nous vous ordonnons par ces presentes tres expressement de les consulter toujours touchant tout ce qui peut apartenir a la navigation du vaisseau, etc., pendant le cours de tout le voyage, et de vous laisser conduire suivants toujours leurs sentiments, et evitants en toute maniere toutes disputes et consultant toujours notre interêt.

6

Nous vous recommendons et au capitaine Jean Widdrington aussi une bonne oeconomie et de menager autant qu'il vous sera possible les depenses pour le vaisseau et de prevenir avec soins tout degât ou enlevement de munitions et provisions.

7

Quand vous serez sur vôtre voyage de retour, et aprez que vous aurez relaché a quelque place convenable pour prendre de l'eau et autres provisions, nous vous deffendons expressement de toucher en aucun port de l'Europe, à moins d'une nécessité absolue, vous ordonnants de poursuivre votre chemin par le nord de l'Écosse et de vous rendre le plus tôt qu'il vous sera possible au port de Gottenbourg.

8

Vous recevrez des Super Cargues dans le baye de Cadix vos ordres pour partir ou faire voile et ainsi de même pendant tout le voyage, auxquelles nous vous ordonnons de obeir aussi ponctuellement que s'ils etoient donnés et signés par nous mêmes.

9

Nous vous ordonnons pareillement d'eviter en mer tous les vaisseaux que vous pourrez rencontrer, de n'en attendre aucun, ny de chercher de parler à qui que ce soit, puisque souvent des accidents fort fatales ont été causés par là et dans tous les ports ou vous entrerez et trouverez d'autres vaisseaux Nous vous recommendons d'avoir avec eux le moins de communication qu'il vous sera possible, et de ne point permettre que vos officiers ou matelots aillent à leurs bords ou recoivent de leurs visites; cependant notre intention n'est point du tout de vous empecher par cecy de montrer la civilité qu'on est accoutumé de se temoigner l'un à l'autre, mais seulement de vous faire toujours souvenir qu'il vous faut etre sur vos gardes et d'avoir à tous moments l'œil au guet, puisque nous ne doutons point que les nations européennes ne fassent tout leur possible pour vous faire d'empechement dans votre negoce; c'est pourquoy la meilleure partie que vous pourrez prendre sera d'avoir avec eux le moins de conversation qu'il vous sera possible.

10

En cas que contre toute attente quelque vaisseau, un ou plusieurs, de quelle nation qu'ils peuvent être, pourroit vous arrêter, insulter ou molester, sous quelque pretexte que ce puisse être, ou qu'il venoit vous attaquer comme ennemy, vous vous deffendrez en brave officier et repousserez la violence par violence, et vous reglerez en tout suivant la Commission royale dont vous êtes pourvû, et nous vous recommendons du mieux de vous comporter vous-meme, aussi bien dans ces occasions que dans toutes autres, de la sorte que personne n'aye raison de se plaindre de vous.

11

En cas que vous pourriez rencontrer de vaisseaux qui voudroient vous examiner et regarder vôtre commission et autres papiers, il faut que vous leur montriez, mais seulement les copies, gardant toujours les originaux à bord, et ne les laissants jamais sortir de vos mains; en même tems vous ne laisserez pas aller beaucoup de vos gens dans les chaloupes à bord d'autres vaisseaux, afin que vôtre équipage ne soit point affaibli, mais au contraire d'y envoyer toujours ceux dont vous pouvez avoir le moins de service, afin que vous soyez toujours dans un bon état de défense.

12

S'il arrivoit que quelqu'un de votre equipage venoit à mourir, vous ferez faire d'abord un inventaire exacte de tous les effects du deffunt, et en cas que vous trouvez quelques especes, les Super Cargues et vous l'employeront pour le profit des heritiers, en rendant un compte exact à votre retour; pour ce qui est des hardes et autres necessaires du deffunt, vous pouvez les vendre au pied du mât au plus offrant, pour être décourté des gages, etc., de celuy qui les achette à votre retour.

13

Comme il est de la derniere consequence que le vaisseau ne soit arrêté aux Indes plus longtems qu'il faut pour trouver son passage de retour, et que mons^r le capitaine Jean Widdrington, par l'expérience qu'il a de la navigation dans ces mers, scait mieux que personne le juste tems du depart des ports aux Indes pour etre sur de trouver ce passage, vous avez à suivre la dessus, comme en toute autre chose regardant la navigation du vaisseau, son avis; et quand, pour cette raison, il trouvera necessaire que le vaisseau parte des ports destinez aux Indes, vous ne tarderez pas un moment. Nous vous enjoignons aussi et au capitaine Jean Widdrington d'avertir conjointement et à tems mess^{rs} les Super Cargues du terme du depart, et si vous deux trouvez que, contre toute attente, mess^{rs} les Super Cargues vouloient differer le depart trop longtems en sorte que par là vous pourriez infailliblement courir risque de perdre vôtre passage pour cette année, nous vous ordonnons tres expressement de protester comme il faut de tout ce qui pourroit arriver d'un tel retardement et de nous reserver nos droits contre celuy ou ceux qui en pourroient être la cause.

Au reste nous vous recommendons notre interêt du mieux et prions Dieu qu'il vous ait en sa sainte garde en vous souhaittans un heureux voyage.

Fait à Gottenbourg, ce 23 de decembre 1732.

H. Konig, Campbell, Tham et Comp.

M. Lagerstrom.

A Messieurs Charles Barrington,
Charles Irvine John Widdrington
et Thomas Thomson.

A Gottenbourg, ce 23 de décembre 1732.

Messrs,

Nous vous donnons icy joint nôtre Instruction generale et nos ordres contenants dix huit articles pour vôtre conduite pendant votre voyage et dans toutes les affaires que nous vous avons confié. Et nous les confirmons par celle cy, ne doutants nullement que vous ne les observiez exactement, en agissants toujours conformement à leurs contenu. Nous vous avertissons en même tems que, suivant notre premier plan, nous ordonnons que Monsr Charles Barrington soit le premier, Monsr Charles Irvine le second, Monsr John Widdrington le troisième, et Monsr Thomas Thomson le quatrième Supercargue, et qu'en cas de mort de l'un, l'autre succede en sa place suivant son rang; comme aussi que les cinq pour cent que nous vous accordons du net pourvenu de la cargaison a votre retour, soient partagés de la maniere suivante, a scavoir que Monsr Charles Barrington en aura 2 1/2 pour cent; Monsr Charles Irvine 1 1/2 pour cent; Monsr John Widdrington 3/4 pour cent, et Monsr Thomas Thomson 1/2 pour cent. Accordants encore pour vôtre privilege et celuy du capitaine avec les autres officiers place de vingt-cinq tons dans le vaisseau pour être partagé comme cy-dessous :

- 6 tons pour Mons' Charles Barrington.
- 4 tons pour Mons' Charles Irvine.
- 3 tons pour Mons' John Widdrington.
- 2 tons pour Mons' Thomas Thomson.
- 2 tons pour Mons' le capitaine Peter von Utfall.
- 1 1/2 tons pour le premier pilote George Snow.
- 1 ton pour le deuxième pilote Dyrick Aget.
- 1/2 ton pour Thomas Combes.

- 20 tons.
- 5 tons pour tous les autres officiers, etc.

- 25 tons.

Les merchandises dudit votre privilege seront, a vôtre retour, menés dans les magazins de la Compagnie et payeront des droits, fraix de vente et la provision des directeurs. Ils ne seront aussi point exposés en vente avant que la cargaison de la Compagnie sera vendue, a moins que la vente de ladite cargaison, pour des raisons valables, ne soit différée plus longtems que trois mois aprez le retour du vaisseau. Et puisqu'il vous est permis, Messieurs, d'ajouter au fonds employé dans le vaisseau, dans l'endroit ou dans le port ou vous le chargerez, toutes les sommes que vous pourriez avoir plus qu'il ne vous faut pour remplir le privilege à vous accordé cy dessus, nous déclarons et vous assurons par celle cy que tous les effects qui seront de la sorte trouvé chargés dans le vaisseau sans quelque proffit de la compagnie et de les interessez, seront confisqués; c'est pourquoy nous esperons que vous ne voudrez aucunement excéder ledit privilege, comme nous avons pareillement la confiance en vous que vous ne voudrez point risquer de décharger la moindre chose sur votre retour, puisque celuy ou ceux qui en seront trouvés culpables aprez des conditions et privileges si genereux qu'on leurs a accordé, n'auront rien autre chose a attendre que d'être traités avec la plus grande rigueur et d'en être responsables.

Pour la dépense de la premiere table pour tout le voyage, nous vous accordons en tout une somme de deux mille cinq cens florins courant de Hollande, esperants que, comme les depenses sur la cote ou vous êtes destiné sont fort minces, cette somme vous pourra suffir. Mais si en cas vous étiez obligés d'aller a Canton en Chine pour remplir vôtre cargaison suivant le cinquième article de votre instruction, ou les dépenses pourroient être augmentés, nous avons la confiance en vous, Messrs, que vous observerez exactement ce que nous vous avons recommandé à l'égard d'une bonne oeconomie et frugalité. Et afin que vous scachiez le nombre des personnes qui mangeront à la première table outre les quatre Supercargues et le capitaine Peter von Utfall, il faut vous dire que nous avons accordé cette table au premier et second pilote, à scavoir Mr George Snow et Mr Dyrick Aget, au s^r Thomas Combes, au chapellain et au premier chirurgien du vaisseau, en sorte qu'elle consistera de dix personnes.

Au reste, nous joignons icy aussi une copie de l'instruction du capitaine Peter von Utfall, et reiterons nos vœux pour un heureux voyage et bonne expédition, étants avec beaucoup de considération,

Messieurs,

Vos tres humbles et obeissants serviteurs,

H. KONIG, CAMPBELL, THAM.

M. Lagerstrom.

Instruction pour Messieurs Charles Barrington, Charles Irvine, John Widdrington et Thomas Thomson, Supercargues du vaisseau Reine Ulrique Eleonore, *capitaine Peter von Utfall, destiné pour un voyage aux Indes orientales, pour le compte de la Compagnie Suédoise.*

1

Nous vous ordonnons, Messrs, par la presente de faire voile au premier vent favorable par le canal pour le port de Cadix en Espagne et de vous y addresser a Messrs James Gough et Compagnie, desquels vous recevrez a bord l'argent et les autres effets qu'ils ont ordres de vous envoyer. Nous vous recommendons instamment de vous y rendre le plus tot qu'il vous sera possible et d'y faire aussi grande hate que vous pourrez pour en etre depeché, la saison etant deja fort avancé, et d'avoir particulierement soins de vous y pourvoir d'une suffisante quantité d'eau pour le besoin du voyage aux Indes, afin que vous n'ayez point besoin de relacher en allant en aucun endroit pour cette raison, le vaisseau etant suffisamment pourvu d'autres provisions nécessaires.

Pendant votre sejour a Cadix, vous aurez soins que personne ou fort peu de l'equippage du vaisseau n'aille a terre et particulierement que les officiers anglois ne s'y montrent pas, pour prevenir tout le subçon que le consul anglois et les autres merchands de la meme nation pourroient prendre par la touchant vôtre veritable dessein, afin qu'il ne soit point divulgué; et puisque le capitaine et le vaisseau ou vous etes, est pourvu d'une commission royale, vous pretendrez etre destiné pour la mer Méditerranée.

2

Aussitot que vous aurez pris à bord à Cadix tous les effects et l'argent que nous avons ordonné d'y tenir pret pour vous, nous vous ordonnons de faire voile de la au premier vent favorable, et de poursuivre vôtre cours a Porto Novo sur la cote de Cormandel aux Indes orientales sans relacher en chemin dans aucun endroit, a moins que la plus grande necessité ne vous y oblige. Quand vous y serez arrivé, vous pretendrez d'aller a Bengale; icy a la cote vous tacherez de vendre le plus avantageusement qu'il vous sera possible votre cargaison qui consiste des effects specifiez dans la facture cy jointe, et vous ferez vôtre accord d'être payé en argent comptant, ou a troquer contre Guineas ou Salempouris ou autres merchandises propres pour vôtre retour, evaluées suivant le prix courant au prix du comptant. Mais vous ne confierez jamais vos merchandises ou argent, a moins que vous n'ayez en echange de merchandises ou suffisamment de securité autant que vous pourrez pretendre. Et comme vôtre plus grand soin doit toujours etre d'avoir principalement a cœur le commun interet en general plus que vôtre propre interêt en particulier, nous vous enjoignons tres expressement de ne point donner a connoitre quelles merchandises que vous avez a bord pour votre propre compte en particulier, ny d'en montrer les echantillons, jusqu'a ce que vous ayez montré celles de la compagnie et en ayez fait votre accord. Mais cependant vous vous garderez de tromper les merchands; ainsi, s'ils insistent a vouloir scavoir nettement la quantité totale des merchandises qu'il y a a bord, il leurs en faut donner une note exacte, lorsque vous etes surs qu'ils ont une intention serieuse d'acheter, et de leurs montrer en meme tems les echantillons de tout. Mais nous entendons comme cy dessus que les merchandises de la compagnie soient les premieres vendues.

3

Nous vous recommendons de tenir toujours, pendant que vous resterez icy ou dans tous les autres ports et rades ou vous pourrez toucher pendant le voyage, votre vaisseau en état de defense, et de faire veiller exactement pour prevenir toute surprise; vous donnerez aussi des ordres precises à tous les officiers et matelots de ne faire aucune insulte ou affront aux natifs ou inhabitants du pays, ny a terre ny à bord; et en cas qu'il arrivoit que quelqu'un de vôtre equipage fusse mal traitté par les natifs ou les inhabitants, la ou ailleurs, il faut que les Supercargues en fassent de plaintes regulieres aux governeurs du lieu en leurs demandant justice et satisfaction, et nous ne trouvons nullement a propos ny convenable que le premier et le deuxième capitaine, ou le premier pilote, soient jamais tous a la fois absens du vaisseau.

4

Si vous avez une apparence certaine de trouver en ces lieux une cargaison pour vôtre retour, et que vous pourrez l'achever avant la fin du mois de septembre pour retourner aussi tôt en Europe, vous resterez sur cette cote jusqu'à ce tems là, et point plus tard, et reviendrez en Europe en droiture; mais si, aprez y avoir resté quelque tems, vous ne trouvez point d'apparence d'y parfaire une cargaison entiere pour votre retour, sans risquer de perdre votre passage pour cette année et demeurer encore une année aux Indes (ce qu'il faut sur toutes choses éviter), en ce cas il vous faut y vendre le fer mieux qu'il vous sera possible, et toutes les autres merchandises que vous pouvez vendre à un profit à peu prez raisonnable; et si vous [gardez, *sic*] de draps (faute de ne les pouvoir bien vendre), que ce soient plus tot les ecarlates, aurores et bleües, que les autres couleurs, et plus tot les longs Ells que les Broad Cloths; vous y vendrez aussi le plomb si vous le pouvez à quelque profit, et au cas, comme il est cy dessus expliqué, qu'il n'y a point d'apparence de faire vos affaires icy totalement dans la saison, nous vous ordonnons de partir, et de n'y point rester plus tard que le 10me juillet 1733.

5

De là nous vous ordonnons d'aller par le detroit de Malacques à Canton en Chine, où vous employerez vôtre capital suivant le projet d'une cargaison que nous joignons icy, et, s'il est possible, vous partierez de là pour Europe avant le dernier de decembre.

6

Il pourroit arriver qu'on vous feroit esperer sur la cote de Cormandell de pouvoir acheter vôtre cargaison avant le mois d'octobre, et que cela pourroit faire vous y rester jusqu'à ce qu'il est trop tard d'aller à la Chine, et qu'alors vous pourriez être incertains à quoy vous determiner.

7

En ce cas, nous vous ordonnons d'aller de là à Suratte et d'y achever le plus tôt qu'il vous sera possible vôtre chargement de retour en merchandises que vous y trouverez les plus propres pour Europe et qui nous porteront le plus de profit, suivant ce que vous pourrez juger des prix que nous vous envoyons icy joint.

8

Quand vous serez arrivés à Suratte, où il est à presumer que vous trouverez des vaisseaux anglois et hollandois, nous vous enjoignons de jetter l'ancre à quelque distance et d'empecher vos officiers et matelots de n'avoir point de commerce avec eux, ny de leurs faire, ny de recevoir d'eux aucune visite, ny d'entretenir aucune correspondence avec eux, observants icy la même garde et discipline ponctuelle qui vous a eté cy dessus enjointe; aussi tôt que vous serez à l'ancre, à la rade de Suratte, vous enverrez quelque personne convenable voir le gouverneur, pour demander la liberté du port et sa protection; avant que de louer une maison, ou pretendre de faire quelque commerce, il faut être d'accord avec luy pour une somme determinée, ou à tant pour cent sur la vente et l'achapt, et tant que vous resterez ou serez à terre, vous eviterez toujours toute conversation avec les Anglois et Hollandois, puisqu'ils ne sont point vos meilleurs amys dans ces contrey.

9

Et comme vous pourrez faire vos affaires en peu de temps à Suratte, vous ferez vôtre possible pour vous y depecher le plus tôt que vous pourrez pour vous rendre en droiture en Europe, et si vous etez obligés de relacher en quelque port pour des vivres ou de l'eau (ce qu'il faut pourtant toujours eviter autant qu'il est possible et avoir soins que vous en ayez une bonne provision avant que vous partez d'une bonne place), que cela soit en deca du cap de Bonne-Espérance, ou à Benguela, ou à quelque autre endroit sur la côte d'Afrique, où il y a de bonne eau, ou à St Jago, une des isles du cap Vert, ou Fyal, une des isles Açores, où vous pourriez trouver des lettres de nous, mais nous vous recommendons de ne pas relacher en Brazil. La peine et les depenses avant qu'on y peut avoir la moindre chose y etants trop grands et presque incroyables, puisque toutes les provisions y sont si cheres que 4 à 5,000 florins ne suffiroient presque pas pour avoir le necessaire, outre que vous y seriez obligés vous meme et toute l'equipage de declarer par serment pour quelle raison que vous y venez. Et Bahia de Todos Santos est plus d'un mois de chemin hors vôtre route et son port est fort etroit à l'entrée, en sorte qu'il est for dangereux d'y entrer dans cette saison; de plus on y est exposé au plus grand danger de voir le vaisseau et sa cargaison confisquée, si quelqu'un de votre equipage fut attrapé d'avoir vendu la moindre chose, ce qui est presque inévitable; pour toutes ces raisons nous vous enjoignons de n'y pas relacher, et nous vous defendons tres expressement de toucher, ny d'entrer pendant tout vôtre voyage à aucun endroit, ou dans aucun port apartenant aux Hollandois ou Anglois, et vous ordonnons de prendre vôtre route en revenant par le nord de l'Écosse et point par la Manche ou le canal d'Angleterre, et pendant tout vôtre voyage d'éviter la rencontre de tous les vaisseaux en mer et de n'attendre ny de tacher de parler à aucun.

10

Nous vous recommendons tres expressement d'observer toujours l'un avec l'autre une bonne harmonie et union, et d'avoir soins que le culte divin soit observé à des tems fixés et particulierement les dimanches; et puisqu'il y en a parmy l'equipage de différentes nations, coutumes et religions, nous vous recommendons d'éviter que l'un ne scandalize en aucune maniere l'autre, mais au contraire de vivre en bonne union avec tous, puisque vous ne pouvez point ignorer les suites effroyables qu'une disharmonie cause presque toujours, et c'est pourquoy nous esperons que par un bon exemple vous encouragerez un chacun de l'entretenir.

11

Nous vous recommendons pareillement tres instamment la derniere frugalité et oeconomie dans vos depenses autant à terre que sur le vaisseau, qui souvent, par l'extravagance des Super Cargues, capitaines et officiers, se montent à des sommes si exorbitants, qu'elles deviennent fort onereuses au voyage; et pour prevenir cela, nous vous chargeons de tenir des livres particuliers et fort exacts de toutes les depenses, autant de la factorie que du vaisseau; de les examiner chaque semaine, et d'y remedier si vous trouvez la depense plus grande qu'elle ne devroit autant pour les vivres et la boisson que pour les autres fraix, lesquels livres vous nous remettrez à votre retour, afin que nous puissions juger ce qui est raisonnable d'allouer, parce que vous nous serez responsables de tout ce qui se trouvera exorbitant, et que vous nous le rembourserez avec le même profit à proportion qui se trouvera sur les merchandises de la cargaison.

12

Nous ordonnons que tous marchez, contracts, consultations et accords pour les affaires et le compte de la Compagnie soient faits en présence de tous les Supercargues, et qu'on ecrive dans un livre toutes les resolutions prises qui seront signez de tous; et si quelqu'un est d'un sentiment different en quelque affaire qu'on pourroit entreprendre, qu'il le mette en ecrit au dit livre avec ses raisons qu'il signera en presence de tous.

13

Et afin que toute chose aille regulierement, nous ordonnons que toutes les ordres pour envoyer de merchandises ou autres choses à bord, ou pour les decharger, soient signées par les Supercargues et addressées au capitaine Peter Von Utfall.

14

Nous vous donnons pouvoir par la presente de recevoir de souscriptions pour nous et en nôtre nom pour l'augmentation du fonds, autant a Cadix qu'aux autres ports ou vous pourrez relacher, et nous nous obligeons de delivrer des actions ou reconnaissances aux dits souscrivants, en nous remettans vos quittences, dans lesquelles vous exprimerez que vous avez reçû ces sommes pour nôtre compte; et en cas que ces souscrivants le souhaitteroient, nous nous obligeons de continuer leurs sommes principales dans nos mains pour être employez aux voyages futurs preferablement a tous autres qui pourroient souscrire aprez eux, et que l'on fera une repartition des profits ou des pertes a la fin de chaque voyage.

15

Au cas qu'il n'y ait point assez de capital pour recharger le vaisseau pour nôtre compte, nous vous permettons de vous interesser vous mêmes ou d'autres dans le dit capital, au port ou vous chargerez pour Europe, pour telles sommes que vous estimerez manquer, et pouvoir employer en des meilleurs merchandises et qui rendent le plus de profit pour achever le dit chargement, et cecy aux mêmes conditions des autres interessez.

16

Et comme on trouveroit peut-être a propos le necessaire avant vôtre depart du Cadix de vous envoyer encore quelques ordres, ou d'ajouter quelque chose aux instructions, vous obeirez a tous les ordres qui vous viendront signées de John et Adrian Blake, tout de même comme s'ils venoient de nous et étoient signées de nos mains.

17

Quoyque nous vous avons recommendé cy dessus de bien observer le tems qu'il vous faut pour votre depart des endroits aux Indes, ou, suivant cette instruction, vous pourrez entrer pour vendre vôtre cargaison et recharger vôtre vaisseau, afin que vous ne perdiez point vôtre passage, cependant comme cet article est de la derniere consequence, afin que vous ne soyez point obligés d'y rester jusqu'à l'autre année, ce qu'il faut absolument prevenir, comme nous vous l'avons ordonné cy dessus, nous avons enjoint au capitaine Peter Von Utfall de prendre la dessus l'avis de Monsr John Widdrington et de vous avertir conjointement avec luy à tems du terme du depart; et si, contre toute attente, ils trouveroient qu'on voudroit le differer trop longtems, qu'ils pourroient courir risque de perdre le passage pour cette année, de protester comme il faut de tout ce qui pourroit arriver d'un tel retardement, et de nous reserver nos droits contre celuy ou ceux qui en pourroient être la cause.

18

S'il arrivoit que le capitaine Peter Von Utfall mourroit pendant le voyage (qu'à Dieu ne plaise!), nous ordonnons que Monsr le capitaine John Widdrington, comme Suedois naturalizé, succedera en sa place, et, en cas de sa mort, le deuxieme pilote sʳ Dyrick Agel, etant pareillement naturalisé Suedois, aura le commandement du vaisseau.

Au reste, nous vous recommendons nôtre interêt du mieux et prions Dieu, Messieurs, qu'il vous ait en sa sainte garde, vous souhaittants de tout nôtre cœur un heureux voyage et une bonne expedition.

Fait à Gottenbourg, ce 23 decembre 1732.

H. KONIG, CAMPBELL, THAM et COMP.

(L. S.)

M. Lagerstrom.

Copie françoise de la Commission du Roy pour le vaisseau la Reine Ulrique Éléonore.

FREDRIC, par la grace de Dieu, roy des Suedes, Gothes et Vandales, etc., landgrave de Hesse, prince de Hirschfeldt, comte de Catzen, Elebogue, Dietz, Ziegenhain Nidde et Schamburg, etc., scavoir faisons que nôtre amé sujet Henry Konig nous a, il y a quelque tems, tres humblement representé comme quoy il s'etoit proposé de commencer et régler une navigation et commerce pour les lieux aux Indes orientales qui, ny par juridiction ny par quelque autre droit de commerce, par lequel les autres nations en fussent exclus, appartiennent à des autres puissances de l'Europe; et comme aprez en avoir obtenu notre approbation, et que nous l'ayons pourvu de notre privilege royal, il nous a tres humblement fait connoitre qu'il avoit pour cette fin equippe et charge de merchandises le vaisseau nommé *Ulrique Eléonore*, appartenant uniquement a luy et a ses interessés, de deux cent   lasts et de   canons sous la conduite du capitaine Petter von Utfall, suppliant tres humblement que nous voulions bien accorder à ce vaisseau notre protection par des passeports signez de nôtre main; ainsi approuvants ce propos qu'il a, comme étant aussi equitable que digne de louanges, et etant toujours inclinés selon notre pouvoir royal d'avancer le bien de nos sujets et d'étendre de jour en jour autant qu'il se peut leurs commerce dans les pays étrangers, comme nous nous persuadons aussi en même tems que cette entreprise ne puisse en aucune manière faire quelque tort à aucun de nos alliez ou amis dans leurs droits et commerces, Nous avons donc promis, par le present passeport signé de notre main, au capitaine de vaisseau Petter von Utfall, et luy avons donné la liberté de naviguer, negocier et de faire commerce aux Indes orientales, à scavoir dans tous les lieux, royaumes, mers, ports, rivieres et eaux douces ou [de la] (*sic*) ligne equinoctiale, ou les autres nations traffiquent librement, et qui ne sont point sous l'obeissance de quelque autre prince ou État européen ; non seulement point entrer dans quelque autre lieu, mers, ports, rivières, etc.

Fait à Stockholm, ce 25° du mois de septembre 1732.

FREDRIC.

(L. S.)

H. Cederorentz.

Entre temps, l'un des pilotes, George Snow, ayant été naturalisé Suédois, les instructions données aux subrécargues furent légèrement modifiées. Je reproduis également ces nouvelles instructions, car la naturalisation rapide ou simplement prématurée de quelques-uns des officiers d'origine anglaise de la Compagnie a été en grande partie cause du désastre de l'expédition *Ulrique-Eléonore*.

A MESSIEURS Charles Barrington, Charles Irvine,
John Widdrington et Thomas Thomson,
Supercargues du vaisseau Reine Ulrique Eleonore.

Gottenbourg, ce 2 Jan^r 1732.
(Doit être 1733.)

MESSIEURS,

Comme depuis que nous avons signé vos instructions, le premier pilote de notre vaisseau, s^r George Snow, a été naturalizé Suedois, ainsi nous avons trouvé a propos de changer l'article 18 dans les dits vos instructions de la maniere suivante, qu'en cas de mort des deux capitaines (qu'a Dieu ne plaise!), le sʳ George Snow sera celuy qui succedera dans la place du dernier mourant, et aprez luy le sʳ Dyreck Aget. Nous servons de la meme occasion pour expliquer quelques articles qui ont paru en avoir besoin et nous declarons que, quand il est parlé, autant dans vos instructions, article 13, que dans celles du capitaine von Utfall, article 3, des Supercargues, nous entendons par la tous les Supercargues conjointement, ou la pluralité de voix, ordonnant qu'en cas d'egalité, la premiere fois Monsʳ Barrington, la deuxieme fois Monsʳ Irvine, la troisieme fois Monsʳ Widdrington et la quatrieme fois Monsʳ Thomson, aye double voix, et que toutes les resolutions soient mises dans un livre pour etre remis à nous à vôtre retour. Comme nous avons ordonné dans l'article 3 que le premier ou deuxieme capitaine ou le premier pilote ne doivent jamais être tous à la fois absens du vaisseau, nous entendons par la qu'au moins un de ces trois doit toujours être à bord.

A l'egard de ce qui est enjoint par l'article 16, notre volonté est que, si meme quelque article dans vos instructions fussent changé par les ordres signés de John et Adrian Blake, qui pourroient vous venir avant votre depart de Cadix de quel date qu'ils puissent être, vous avez a suivre les dites ordres comme s'ils venoient de nous meme. En meme tems nous avons aussi trouvé a propos de vous apprendre que le sʳ Thomas Combes est engagé comme commis du contoir des Supercargues et point ce qu'on appelle *pourser*, ayants donné cet employ a un certain Jonas Dahl.

Au reste, comme nous croyons que nous sommes expliqués si clairement dans nos instructions, qu'il n'y aura rien qui puisse avoir besoin d'explication ou donner lieu a quelque dispute, nous espérons, comme nous le souhaittons aussi, que vous vivrez toujours en bonne union et prefererez notre interet a toute autre vue, en quelle confiance nous reiterons nos souhaits pour votre heureux voyage et sommes toujours,

Messieurs,

Vos tres humbles et obeissants serviteurs,

H. Konig Campbell Tham et Comp.

M. Lagerstrom.

La *Reine-Ulrique-Éléonore* mit à la voile de Gothembourg le 9 février 1733 et arriva à Porto-Novo le 1ᵉʳ septembre de la même année. Aussitôt que le navire fut entré en rade, le commandant Utfall s'empressa de demander aux autorités indigènes la permission nécessaire pour faire le commerce en toute liberté, ce qui lui fut accordé facilement, et le nabab d'Arcate, dont Porto-Novo[1] dépendait, accorda même aux Suédois l'autorisation de construire un fort pour assurer leur sécurité; toutefois ce n'était pas de la part des Hindous que devaient surgir les difficultés qui devaient ruiner cette seconde expédition suédoise : les Européens, déjà établis sur la côte, ne pouvaient voir qu'avec jalousie une concurrence s'établir à leurs côtés. Porto-Novo est situé à onze lieues environ de Pondichéry; il semblerait donc que les Français, plus que les Anglais établis à Madras, dussent ressentir les inconvénients du voisinage de nouveaux rivaux. Il n'en fut rien toutefois; si, dans l'attentat que nous allons raconter aussi sommairement que possible, les Français furent les principaux instruments, les Anglais incontestablement furent les inspirateurs.

En 1733, Lenoir était gouverneur de Pondichéry. Pondichéry avait été créé dès l'année 1674 par François Martin. Lenoir, qui fut un de ses successeurs les plus capables, avait déjà été gouverneur de Pondichéry en 1721; il devait occuper ce poste une seconde fois le 4 septembre 1726, en remplacement de M. Beauvallier. C'était un homme paisible et travailleur, qui avait toutes les qualités nécessaires

---

[1] Porto-Novo (*Feringhipet* ou *Parangipetai*; *Mahmúd Bandar*) dans le district d'Arcate, présidence de Madras, à l'embouchure de la rivière Vellàr. Cf. Hunter's *Imperial Gazetteer of India*, XI, 1886, 2ᵉ édition, pages 221 et 222.

pour diriger les affaires commerciales importantes qui lui étaient confiées; il remplit d'ailleurs les fonctions de gouverneur de Pondichéry jusqu'au 19 septembre 1735, époque à laquelle Benoit Dumas, gouverneur des îles de France et de Bourbon, le remplaça.

Madras, au nord de Pondichéry, est éloigné de quarante-huit lieues environ de cette ville. La factorerie de Madras, qui est le plus ancien établissement des Anglais aux Indes, dépendait de Bantam à Java et fut créée par Francis Day en mars 1639. En 1653, Madras devint une présidence à laquelle furent subordonnées les factoreries du Bengale jusqu'en 1681. Le premier gouverneur de Madras (1653) fut Aaron Baker qui était, à l'époque, agent de la factorerie. Au moment de l'arrivée de *la Reine-Ulrique-Éléonore* à Porto-Novo, le gouverneur de Madras était George Morton Pitt qui avait remplacé en 1730 James Macrae, et auquel succéda en 1735 Richard Benyon. Il ne faut pas confondre ce G. M. Pitt avec son homonyme également gouverneur de Madras (1698-1709), Thomas Pitt, le grand-père de lord Chatham.

Les Anglais étaient arrivés à Porto-Novo en 1682; ils trouvèrent déjà dans cette ville des négociants danois et portugais, mais, avec cet esprit d'accaparement et d'exclusivisme qui a caractérisé le développement de leurs entreprises aux Indes, ils ne pouvaient voir qu'avec un profond sentiment de regret de nouveaux concurrents leur disputer la riche proie qu'ils convoitaient pour eux seuls. Porto-Novo n'appartenant ni à l'Angleterre ni à la France, il fallait chercher un prétexte pour agir avec une apparence de légalité dans les affaires de la Compagnie suédoise, il fut bientôt trouvé : à peine *l'Ulrique-Éléonore* était-elle arrivée à Porto-Novo qu'un quartier-maître et dix hommes de l'équipage désertèrent et se réfugièrent dans les établissements français et anglais.

La manière dont les équipages avaient été embauchés, à la suite de la déconfiture de la Compagnie d'Ostende, avait non seulement permis, mais encore encouragé, l'entrée de beaucoup d'étrangers dans la Compagnie suédoise : il y avait donc des Anglais dans la Société Konig, et leur présence pouvait jusqu'à un certain point justifier l'ingérence du gouverneur de Madras; cependant Pitt, craignant de s'engager dans une affaire douteuse, n'ayant pas les forces nécessaires pour faire un coup de force, éloigné d'ailleurs du centre d'action, avait besoin d'un aide qu'il trouva dans Lenoir. Lenoir fut habilement convaincu qu'il y avait dans l'équipage un grand nombre de Français et qu'il devait donc intervenir conjointement avec les Anglais. En réalité, il n'y avait qu'un Français à bord, et ce Français avait été recueilli par compassion à l'île de Saint-Iago où il avait été abandonné malade par un capitaine anglais.

Dès que *la Reine-Ulrique-Eléonore* fut arrivée à Porto-Novo, il paraîtrait que les autorités française et anglaise auraient fait courir des bruits extrêmement défavorables au sujet de l'équipage qui n'aurait été, suivant les rumeurs propagées, composé que d'écumeurs de mer sans passe-port valable et déjà coupables de pirateries en haute mer ou de la saisie de bâtiments indigènes. Sans s'inquiéter d'ailleurs de ces bruits fâcheux, les subrécargues s'occupaient non seulement de disposer de leur cargaison, mais encore de s'assurer de leur fret de retour; le mauvais temps en octobre les obligea à chercher un refuge, jusqu'à une meilleure saison, au Bengale. Pour protéger les intérêts de la Compagnie à Porto-Novo, on y laissa, gardant la factorerie et les magasins, une quarantaine d'hommes de l'équipage qui furent remplacés à bord par une quantité égale de lascars. Le navire mit à la voile le 29 septembre pour le Bengale, n'ayant à bord que le second subrécargue Charles Irvine, et comme marchandises, seulement ce qui était nécessaire pour se procurer du riz qui devait être vendu au retour à Porto-Novo, et d'autres produits du Bengale qui devaient former une partie du fret pour l'Europe.

L'influence anglo-française ne tarda pas à se faire sentir après le départ du navire par les tracasseries que suscitèrent les autorités indigènes au principal subrécargue Charles Barrington, et à son aide Thomas Thomson, qui étaient restés à Porto-Novo. A la suite d'une visite de Pitt à Lenoir, il fut décidé qu'un détachement de 200 hommes, moitié anglais, moitié français, sous le commandement du major La Farelle, agirait à Porto-Novo.

Le 20 octobre 1733, à huit heures du matin, arrivait par mer et par terre une petite armée composée de 200 étrangers et de 500 indigènes au service de la France et de l'Angleterre, qui se présentèrent devant les portes de la factorerie suédoise. C'est contre le subrécargue Barrington que Pitt semble avoir eu des griefs : cet agent, en effet, ne se sentant pas en forces, s'était empressé de déguerpir au plus vite et de s'enfuir avec une garde de six hommes de l'autre côté du Vellàr. Pitt, aussitôt, envoya une quarantaine de soldats indigènes à sa poursuite pour le ramener mort ou vif, et écrivit au gouverneur danois de Tranquebar pour l'aider dans l'arrestation de ce personnage.

Thomson, le quatrième subrécargue, n'avait qu'à se rendre devant la force, et il fut fait immédiatement prisonnier ainsi que le commis Thomas Combes. Les soldats furent désarmés, la factorerie et les magasins furent visités et, les scellés ayant été apposés, un enseigne français, avec deux sergents, quatre caporaux et soixante soldats, moitié anglais, moitié français, fut chargé de veiller sur le tout. Le subrécargue Thomson protesta naturellement contre la violence dont il était l'objet; les deux jours suivants, l'enseigne français fut remplacé par un officier anglais. Le 22 octobre, à 3 heures, le major La Farelle accompagné d'un officier anglais, Wilson, d'un membre du conseil anglais du fort Saint-David, Berriman et de Laurence, secrétaire de Pondichéry, visita la factorerie, dont on commença aussitôt le déménagement qui fut continué le lendemain matin 23 octobre. On enleva tout : cargaison, argent, provisions, mobilier, même les portes des magasins; tout fut transporté au fort Saint-David. Factorerie et magasins étant complètement mis à sac, le capitaine anglais Wilson persuada à l'équipage qu'au lieu de mourir de faim, il n'avait rien de mieux à faire qu'à le suivre au fort Saint-David, où ils seraient nourris et où ils avaient quelque chance de toucher leurs gages. Vingt-sept hommes écoutèrent cet avis et furent transportés au fort Saint-David dans deux bateaux, et il ne resta à la factorerie, sur laquelle flottait toujours le pavillon suédois, que le subrécargue Thomson, le commis Combes, le chirurgien en second Jonas Munck, un des domestiques des subrécargues, Antoine Bengston, et quelques matelots d'origine anglaise. Le lendemain 24 octobre, ces derniers, avec Thomson et Combes, furent envoyés sous escorte au fort Saint-David, et il ne resta plus à la factorerie suédoise que le chirurgien et le domestique. Deux jours après, le 26 octobre, troupe anglaise et troupe française quittaient Porto-Novo, y laissant quarante indigènes pour saisir Barrington, s'il s'y présentait.

L'affaire était grave, et elle le devint plus encore.

Les marchandises étaient saisies, la factorerie était ruinée, mais le navire, parti pour le Bengale, pouvait revenir d'un jour à l'autre; il était évident que la diversion d'une partie de l'équipage, la saisie des provisions, le pillage de la factorerie rendaient difficile la rentrée en Europe de *la Reine-Ulrique-Éléonore*, mais le gouverneur de Madras, Pitt, voulant écraser le germe dans l'œuf et en finir en une fois avec cette concurrence qu'il jugeait redoutable, essaya de faire saisir le navire avec le restant de l'équipage par son collègue, le gouverneur anglais du Bengale, qui, trop prudent pour se lancer dans une affaire pareille, refusa son concours. Je n'entre pas dans le détail de la correspondance de Pitt avec Lenoir, par laquelle ce dernier consentit une fois encore à prêter son aide à son collègue de Madras; toujours est-il que, le 31 janvier 1734, deux navires, l'un anglais, l'autre français, se mirent en observation dans les eaux de Porto-Novo pour attendre le retour du navire suédois. Cependant *la Reine-Ulrique-Éléonore* terminait ses opérations au Bengale et recevait, le 24 décembre 1733, au moment où elle se préparait à partir, avis, par l'intermédiaire d'amis de Calcutta, de ce qui s'était passé à Porto-Novo. Le 28 janvier 1734, le navire suédois se mettait en route et il arrivait devant Porto-Novo, le 9 mars, à la tombée du jour; il fut immédiatement reçu à coups de canon; les Suédois n'étaient pas de force à résister et, étant d'ailleurs meilleurs voiliers, ils s'enfuirent; après une course de 36 heures, ils réussirent à échapper à la poursuite de leurs ennemis. Après un voyage pénible, après avoir passé un hiver misérable chez les Français de l'île Maurice, la *Reine Ulrique-Éléonore* était enfin de retour à Gothembourg le 4 février 1735.

Tel est le récit d'un attentat qui n'est malheureusement pas le seul dont les Indes aient été le théâtre. La conduite de Pitt était d'autant plus surprenante qu'un traité avait été signé en 1720 entre la Suède et l'Angleterre, et que les deux pays avaient d'excellentes relations. Une correspondance très active fut échangée entre les cours de Suède, d'Angleterre et de France. La Suède était représentée à Paris par son ministre plénipotentiaire, le baron Gedda; les gouverneurs Lenoir et Pitt ne donnaient d'ailleurs qu'une raison pour leur agression : c'est qu'ils désiraient s'emparer des Français et des Anglais qui, contrairement au droit, s'étaient engagés au service de la Suède. Nous avons vu pour la France que le motif allégué par Lenoir n'avait aucune raison d'être, puisqu'il n'y avait à bord de *la Reine-Ulrique-Éléonore* qu'un seul matelot français, malade et recueilli par charité. Sans entrer dans le détail de dépêches fastidieuses, nous dirons que l'affaire ne fut définitivement réglée qu'en 1740, par le payement à la Suède d'une indemnité d'une cinquantaine de mille francs.

Je n'avais l'intention, dans ces notes, de ne rappeler qu'un fait fort peu connu ou même inconnu en France : l'histoire complète de la Compagnie de Suède m'entraînerait au delà des limites que je me suis assignées. Cet épisode d'histoire coloniale ne clôt pas fort heureusement l'ère d'entreprises inaugurée par le roi Frédéric. Le commerce de l'extrême Orient et, en particulier, de la Chine était extrêmement lucratif : la France, qui n'avait pas la part du lion, y faisait cependant de fort jolis bénéfices, qui s'élevèrent jusqu'à 141 1/4 p. o/o dans la période de 1736 à 1743 et rapportèrent encore 67 2/3 p. o/o dans l'année médiocre de 1768[1]. Pendant les longues guerres de la France avec l'Angleterre, le Comptoir français, puis le consul de France à Canton, considéraient que, parmi les neutres, les vaisseaux suédois qui prenaient la voie d'Espagne étaient les plus sûrs pour le transport des fonds. A la date du 31 décembre 1780, Vauquelin, consul de France à Canton, écrit à Sartine, ministre et secrétaire d'État : « Si vous jugez à propos, Monseigneur, de préférer la voie d'Espagne, je la crois plus sûre que toute autre; les vaisseaux suédois passent toutes les années à Cadix pour y prendre leurs fonds; quoiqu'ils aient refusé cette année de se charger de fonds pour les particuliers françois, je ne doute pas, Monseigneur, qu'ils ne s'en chargent volontiers lorsqu'ils seront adressés par vous, Monseigneur, et pour lever toute difficulté, Mrs du Conseil suédois en résidence à la Chine m'ont dit que le plus sûr était de leur adresser les fonds à eux directement et qu'ils me les remettraient à Canton[2]. »

Je n'ai pas ici la place de parler de ces aumôniers, comme P. Osbeck, comme Olof Torée; de ces officiers, comme Carl Gustav Ekeberg, etc., qui rapportèrent une foule de docu-

---

[1] *La France en Chine au XVIIIe siècle*, par Henri Cordier, t. I, Paris, 1883, p. 42.

[2] *La France en Chine*, l. c., p. 104.

ments dont l'immortel Linné sut tirer un si grand parti dans les *Actes de l'Académie d'Upsal;* je me contenterai de rappeler que la charte de la Compagnie de Suède, renouvelée quatre fois, et en particulier en 1806, ne fut plus continuée après 1814.

INSCRIPTION
GRAVÉE SUR UNE STÈLE
ÉLEVÉE
DANS LA SALLE DES EXERCICES MILITAIRES
DE KIANG-TZE
(TIBET ANTÉRIEUR),

PAR MAURICE JAMETEL.

La traduction de cette inscription présente un caractère tout spécial qui nous montre les officiers de l'armée chinoise d'il y a un siècle profondément pénétrés de l'utilité des études géographiques, comme complément de la stratégie. Ses auteurs nous apprennent qu'ils parcoururent les provinces tibétaines la boussole à la main, dressant « des cartes des régions qu'ils exploraient ». La composition même de l'inscription, qui était placée sur une des grandes routes du Tibet en Chine, n'avait pour but que de fournir aux officiers chinois, appelés à opérer dans le voisinage, des renseignements topographiques de nature à faciliter l'accomplissement de leur mission.

J'ai conservé, dans ma traduction, la forme chinoise des noms de lieux et, afin de rendre les comparaisons et les identifications plus faciles, j'ai donné, dans des notes, les caractères chinois correspondants.

INSCRIPTION

GRAVÉE SUR UNE STÈLE

ÉLEVÉE

DANS LA SALLE DES EXERCICES MILITAIRES [1]

DE KIANG-TZE [2]

(TIBET ANTÉRIEUR).

La quatrième lune de l'année du cycle I-mao, la soixantième du règne de Kienn-long (1795), nous fûmes chargés d'inspecter les frontières.

Partant du Tibet antérieur, nous mîmes dix jours à gagner le Tibet postérieur, en passant par Kiu-chouëi [3] et Pa-tsoo-kiang-tze [4].

De Tcha-ché-louenn-pou [5], nous mîmes onze jours pour atteindre Nié-la-mou [6], en passant par le temple de Kang-

---

[1] 教場, équivalent du mot mandchou ᠺᡳᠶᠣᠣ᠋ᠴᠠᠩ, qu'Amyot traduit ainsi : *lieu où l'on fait les exercices militaires*. J'ai cru cependant devoir traduire l'expression *kiao-tch'ang* par le seul mot de *salle*, parce que l'idée d'*exercices militaires* se trouve exprimée par deux autres caractères qui forment, avec les deux précédents, un de ces pléonasmes si fréquents dans les bons auteurs chinois.

[2] 江孜
[3] 曲水
[4] 巴則江孜
[5] 札什倫布
[6] 聶拉木

kienn-la-ma¹, les monts P'eng-ts'o², La-tze³, Lo-lo⁴, Chié-ko-eur⁵, Ting-je⁶ et le mont La-ta⁷.

Des monts Ta-eur-kié⁸, nous gagnâmes Tsi-long⁹ en six jours. Tout d'abord, nous nous dirigeâmes vers l'ouest et, après avoir traversé les prairies de Po-tze¹⁰, Kong-t'ang¹¹, le mont La-ta et le temple de Kiong-ko-eur¹², nous prîmes la direction du sud pour nous rendre à Tsong-ko¹³, d'où nous parvînmes à Tsi-long.

De Tsi-long, nous retournâmes à Tsong-ko, et dix jours de marche dans la direction nord-est nous conduisirent à La-tze¹⁴.

Nous entrâmes ensuite dans le massif des monts de l'Orient¹⁵ et un jour de marche nous conduisit au temple de Sa-kia-keou. De là, nous prîmes la direction du nord.

[1] 崗堅喇嘛寺
[2] 彭錯嶺
[3] 拉孜
[4] 洛洛
[5] 協噶爾
[6] 定日
[7] 拉大山
[8] 達爾結嶺
[9] 濟嚨
[10] 伯孜草地. J'ai traduit les caractères 草地 par «prairies», quoique plusieurs lettrés pensent qu'il s'agit ici d'une localité située sur les limites de la Terre des herbes. Cependant leur opinion me semble peu soutenable; la règle de position exige, en effet, que le qualificatif ou le locatif précède l'objet qualifié. Si *ts'ao-ti* qualifiait les deux caractères *po-tze*, ce mot devrait donc les précéder au lieu de les suivre.
[11] 鞏塘
[12] 瓊噶爾寺
[13] 宗喀
[14] 拉孜
[15] 東山

Deux jours après notre départ du temple, nous sortîmes du massif des monts de l'Orient et nous rentrâmes à Tcha-ché-louenn-pou, en passant par Kang-kienn.

Durant notre voyage d'inspection, nous étudiâmes avec soin le terrain; nous dressâmes des cartes des localités que nous traversions, afin de les faire connaître.

Lorsque l'on sort de Tcha-ché-louenn-pou, en prenant la direction du sud-ouest, on a à sa gauche le Sa-kia-keou[1] qui renferme le Kiu-to-kiang-kong[2], et à sa droite la chaîne des monts P'eng-ts'o[3]. Au sud, on rencontre de hautes chaînes de montagnes qui forment, pour ainsi dire, les clefs du Tibet postérieur. Ce sont autant de forteresses élevées par la Providence pour protéger le pays!

L'année Sinn-haï (1791), une troupe de Gorkhas, de mille hommes environ, partit de Nié-la-mou et arriva à Tcha-ché-louenn-pou par la route de Sa-kia. Toutes les troupes disponibles, chinoises et indigènes, furent divisées en deux corps, dont l'un s'en fut attaquer de front les rebelles à Kiu-to-kiang-kong, tandis que l'autre se dirigeait vers les monts P'eng-ts'o et occupait La-tze, afin de leur couper la retraite.

Les Gorkhas, engagés aussi avant en pays ennemi sans aucune chance de secours, jugèrent que leur situation était des plus critiques. Ils prirent le parti de se disperser.

---

[1] 薩迦溝廟

[2] 曲多江鞏. Au nord de ces deux pays, se trouvent Tch'a-long (察隴) et d'autres localités qui produisent du grain et possèdent de bons pâturages. Cette région renferme un grand nombre de points stratégiques importants (note des auteurs chinois).

[3] 彭錯嶺. Il y a sur ces montagnes un grand temple entouré de forêts et de prairies. Cette région produit aussi des grains et elle constitue un point stratégique important (note des auteurs chinois).

On se demande comment ces Gorkhas purent faire une semblable incursion, absolument comme s'il se fût agi pour eux d'envahir un pays inhabité.

Peut-être dira-t-on que les troupes disponibles étaient en petit nombre. Mais lorsque Siu Nan-p'eng[1] défendit héroïquement son camp, il n'avait avec lui que quelques dizaines de soldats chinois!

Tout d'abord, les officiers chinois et indigènes ignoraient l'importance stratégique de Kiu-to-kiang-kong, des monts P'eng-ts'o et autres positions aussi propres à l'offensive qu'à la défensive. Cette ignorance permit aux ennemis de surprendre nos troupes.

Chié-Ko-eur, Ting-je, toute la partie extrême gauche de Jong-chia[2], Ko-ta[3], Ting-kié[4], Tsong-ko[5], Kiong-ko-eur, Kong-tang et les monts La-ta, ces quatre derniers points sur la route de l'ouest, constituent les défenses naturelles du pays.

Kiu-chouëi et Pa-tsoo-kiang-tze[6] sont les deux points stratégiques importants du Tibet antérieur.

P'a-k'o-li[7], Kann-pa[8], au sud de Kiang-tze[9], et les localités couvertes par le fleuve Tsang-kiu[10] constituent la position stratégique la plus importante du Tibet antérieur et du Tibet postérieur.

[1] 徐南鵬
[2] 絨轄
[3] 喀達
[4] 定結
[5] 宗喀
[6] 巴則江孜
[7] 怕克哩
[8] 甘壩
[9] 江孜
[10] 臧曲大河

INSCRIPTION DE KIANG-TZE. 353

La connaissance des renseignements qui précèdent est très importante pour les officiers chinois et indigènes, ainsi que pour les Kablons[1]. C'est pour cette raison que nous les avons fait graver sur une stèle élevée dans le Champ de Mars de Kiang-tze du Tibet postérieur.

En comparant les renseignements que donne cette inscription avec les cartes de la région, officiers et Kablons se familiariseront avec la topographie du Tibet et pourront alors remplir avec succès leur mission.

L'année Jenn-tze du cycle (1792), l'Empereur se montra mécontent de la conduite des Gorkhas. Ceux-ci, honteux de leur attitude vis-à-vis de la Chine, se soumirent aussitôt et assurèrent ainsi la paix de l'Empire.

Si la pacification d'un pays révolté offre des avantages, assurer sa tranquillité à l'aide d'un gouvernement équitable est encore préférable. Et pour obtenir ce dernier résultat, il faut non seulement ne choisir que des fonctionnaires intègres pour commander les garnisons des pays de Tsi-long et de Nié-la-mou, mais il est aussi indispensable d'inculquer aux tipas et aux officiers des garnisons ces principes d'équité et de justice nécessaires pour bien gouverner les nations. C'est par ce moyen seulement qu'on parviendra à prévenir de grandes calamités.

Cette inscription a été composée par les fonctionnaires dont les noms sont gravés ci-après :

Song-Kiun[2], officier de la garde impériale, ministre des

---

[1] En chinois 噶布倫 *ko-pou-louenn*. Le pouvoir exécutif du gouvernement tibétain réside dans un conseil composé de quatre *ko-pou-louenn* (Kablons) qui peuvent être choisis parmi les officiers supérieurs de l'armée tibétaine.

[2] 松筠

travaux publics, commandant par intérim de la bannière bordée de blanc, ministre résident au Tibet;

Ho-Ning[1], membre du Conseil privé, vice-ministre des rites, vice-brigadier-général, honoré de trois mentions pour faits militaires, ministre résident au Tibet.

---

[1] 和寧. On trouvera des renseignements sur ces deux fonctionnaires aux paragraphes 41 et 42 de l'Appendice.

APPENDICE.

LISTE CHRONOLOGIQUE

DES MINISTRES CHINOIS RÉSIDENTS AU TIBET

SOUS LES RÈGNES

DE KIENN-LONG ET DE KIA-KING.

J'avais d'abord dressé cette liste pour mon usage personnel, mais les nombreux services qu'elle m'a rendus me font supposer qu'elle pourra être de quelque utilité aux personnes qui s'occupent de l'histoire moderne de la Chine et des contrées adjacentes.

Comme la nation mandchoue a joué un rôle considérable dans l'histoire contemporaine de l'extrême Orient, j'ai cru devoir donner, dans la liste ci-dessous, les équivalents mandchoux des titres des fonctionnaires mentionnés :

1° 那木札爾 Na-mou-tcha-eur, vice-président du ministère des travaux publics (工部侍郎, en mandchou ᡤᡳᠨᡨᡳᡥᡝ ᠴᠣᡴᡨᡳᠨ ᠠᠰᡥᠠᠨ ᡳ ᠠᠮᠪᠠᠨ), fut envoyé au Tibet en 1751, à l'époque de la révolte de Tchou-eur-mo-to.

2° 班第 Pann-ti, général de brigade (副都統, en mandchou ᠮᡝᡳᡵᡝᠨ ᡳ ᠵᠠᠩᡤᡳᠨ), fut envoyé au Tibet, en même temps que le précédent, en qualité d'auxiliaire.

3° 多爾吉 To-eur-ki, général de brigade, fut envoyé en 1752, pour remplacer le précédent, qui retourna à Pékin[1].

4° 舒泰 Chou-t'aï, général de brigade, remplaça, en 1753, Na-mou-tcha-eur.

5° 薩拉善 Sa-la-chann, commandant de la brigade de Tch'eng-tou[2] Sseu-tch'ouann), partit pour le Tibet en 1755.

6° 伍米泰 Vou-mi-t'aï, comte[3] de Tcheng-i, maréchal tartare[4] (將軍, en mandchou ⌇⌇), partit pour le Tibet en 1757.

---

[1] A l'avenir, lorsqu'un ministère quitte son poste, il faut toujours sous-entendre qu'il retourne à Pékin, à seule fin d'y rendre compte de sa mission.

[2] Le titre de 副都統 est employé avec trois sens bien distincts : 1° il sert à désigner un grade de l'armée chinoise correspondant à peu près à notre général de brigade; 2° c'est aussi le titre que porte le commandant en second d'un régiment (en mandchou ⌇⌇) de la garde impériale; enfin 3° il sert à désigner les deux officiers qui sont placés directement sous les ordres des tsiang-kiunn provinciaux (將軍, en mandchou ⌇⌇). C'est dans cette dernière acception que ce titre est employé en parlant de Sa-la-chann, qui remplissait les fonctions de brigadier auprès du tsiang-kiunn de Tch'eng-tou, lorsqu'il fut envoyé en mission au Tibet.

[3] En chinois 伯, en mandchou ⌇. Le troisième des cinq titres nobiliaires que confère le Fils du Ciel à ses sujets. Voici quels sont ces cinq titres, en chinois et en mandchou, en commençant par le rang le plus élevé : 1° 公, mandchou ⌇; 2° 侯, mandchou ⌇; 3° 伯, mandchou ⌇; 4° 子, mandchou ⌇; 5° 男, (n'existe pas en mandchou).

Si l'on traduit le premier de ces titres par notre mot *duc*, le second sera l'équivalent de *marquis*, le troisième de *comte*, et ainsi de suite.

[4] Le plus haut grade de la garde impériale du Fils du Ciel. C'est aussi un titre de noblesse que portent certains membres de la famille impériale. Le 護國將軍, en mandchou ⌇ ⌇ ⌇, est un parent de l'empereur au neuvième degré; le 輔國將軍, en mandchou ⌇ ⌇ ⌇, un parent au huitième degré; le 奉恩將軍, en mandchou ⌇ ⌇ ⌇, un parent au septième degré. Quelquefois l'empereur confère ce titre de 將軍 aux généraux qui se sont distingués, les assimilant, de la sorte, à des membres de sa famille. Aussi cette dignité est-elle très recherchée par les généraux chinois.

7° 官保 Kouann-pao, général de brigade, remplaça Sa-la-chann (n° 5) en 1758.

8° 積福 Tsi-fou, commandant de la brigade de Si-ning-fou (西寧府), remplaça, en 1760, le comte de Tcheng-i (n° 6).

9° 輔鼐 Fou-naï, général de brigade, remplaça, en 1762, Kouann-pao (n° 7).

10° 傅景 Fou-king, général de brigade, remplaça, en 1763, Tsi-fou (n° 8).

11° 阿敏爾圖 A-min-eur-t'ou, général de brigade, remplaça, en 1765, Fou-naï, qui fut nommé sous-secrétaire d'État du ministère des colonies (en chinois 理藩院侍郎, en mandchou ⲟⲟⲧⲓⲭⲛ ⲛⲟⲧⲟ ⲟⲛ ⲟⲓⲧⲛⲛ ⲟⲭⲓⲛⲛ' ⲧⲧⲓⲛ ⲧⲧⲟⲛ).

12° 瑪瑺 Ma-tchang, général de brigade, remplaça, en 1766, Fou-king (n° 10).

13° 官保 Kouann-pao, général de brigade, fut envoyé, en 1767, au Tibet, pour remplacer A-min-eur-t'ou, qui venait de mourir.

14° 托雲 T'o-yunn, général commandant d'une brigade au Sseu-tch'ouann, remplaça, en 1768, Ma-tchang (n° 12).

15° 莽鵠賚 Mang-kou-laï, commandant d'une division de la garde impériale[1] (en chinois 護軍統領, en mandchou ⲟⲛ ⲧⲧⲛⲛ), remplaça Kouann-pao (n° 13) en 1769.

16° 常在 Tchang-ts'aï, général de brigade, fut envoyé, en 1771, pour remplacer T'o-yunn (n° 14).

17° 素琳 So-lin, général de brigade, fut appelé, en 1772, à remplacer Tch'ang-ts'aï (n° 16), qui était mort au Tibet.

18° 恒秀 Heng-siéou, général de brigade, fut envoyé au

[1] Ce même général fut ensuite envoyé à Formose, où il se conduisit d'une façon peu remarquable. — Voir à ce sujet l'intéressante étude de E. H. Parker, *The maritime w--rs of the Manchus.* (*China Review*, vol. 16, n° 5.)

Tibet, en 1774, pour remplacer So-lin (n° 17), qui venait de mourir.

19° 伍米泰 Vou-mi-t'aï fut envoyé, pour la seconde fois, au Tibet, en l'année 1775; Mang-kou-laï (n° 15) fut alors rappelé à Pékin.

20° 畱保住 Liéou-pao-tchou, général de brigade, remplaça, en 1777, Vou-mi-t'aï (n° 19).

21° 恒瑞 Heng-joueï, général de brigade, remplaça, en 1778, Heng-siéou (n° 18).

22° 索琳 So-lin retourna au Tibet comme ministre résident, en 1780, après le départ de Liéou-pao-tchou (n° 20).

23° 保泰 Pao-t'aï, général de brigade, fut envoyé au Tibet, en 1781, comme ministre résident, à la mort de So-lin (n° 22).

24° 愽清額 Po-ts'ing-ngo, I-tcheng-ta-tch'enn[1], remplaça, en 1782, Heng-joueï (n° 21).

25° 慶麟 King-ling, duc de la bravoure éprouvée, remplaça, en 1784, Pao-t'aï (n° 23).

26° 畱保住 Liéou-pao-tchou, général de brigade, fut chargé, en 1786, de remplacer Po-tsing-ngo (n° 24), qui mourut au cours de sa mission.

27° 雅滿泰 Ya-mann-t'aï, général de brigade, rem-

---

[1] 義政大臣. Mayers, *The Chinese government*, ne fait aucune mention de ce titre. Les fiches d'un *Vocabulaire des mots chinois dérivés du mandchou*, que je prépare en ce moment, ne m'ont fourni aucun renseignement à ce sujet, quoiqu'elles renferment un grand nombre de titres dont Mayers ne parle point. L'étude de F. Hirth sur *The Chinese oriental college* (Journal of the China Branch of the Royal Asiatic society, vol. 22) ne m'a fourni non plus aucun éclaircissement sur ce sujet. Un chef de district de Canton m'a affirmé que ce titre était porté par les *conseillers au Ministère de la guerre*, mais il n'a pu me donner d'autres renseignements concernant ces fonctionnaires.

plaça, en 1787, Liéou-pao-tchou (n° 26), qui fut nommé président du Li-fann-yuann[1].

28° 佛智 Fo-tché, général de brigade. Après avoir fait partie de l'expédition dirigée contre le Népaul, il fut appelé, en 1789, à succéder à King-ling (n° 25), qui venait d'être destitué.

29° 巴忠 Pa-tchong, vice-président d'un ministère, fut, lui aussi, nommé ministre résident au Tibet, alors qu'il revenait du Népaul. Il succéda, en 1790, à Ya-mann-t'aï qui venait d'être dégradé.

30° 舒濂 Chou-lienn, commandant en second de l'Ili[2], remplaça, en 1790, Fo-tché (n° 28), qui fut rappelé à Pékin.

31° 普福 P'ou-fou, commandant en second du Tsing-haï[3] (Koukounor), remplaça, en 1790, Pa-tchong (n° 29), qui fut rappelé.

32° 雅滿泰 Ya-mann-t'aï, gouverneur militaire d'Aksou[4], fut envoyé au Tibet, en 1791, pour remplacer Chou-lienn (n° 30), qui venait d'être destitué.

33° 保泰 Pao-t'aï, commandant militaire de Tchakhar[5], remplaça, en 1791, P'ou-fou (n° 31), qui venait d'être dégradé.

---

[1] En chinois 理藩院尚書, en mandchou [mandchou script].

[2] 伊犂參贊大臣 I-li-ts'an-tsann-ta-tch'enn; il y a deux commandants en second pour l'Ili, l'un réside à Tarbagataï et l'autre à Yarkand.

[3] 青海副都統 Tsing-haï-fou-tou-t'ong, officiers délégués par le 總理青海事務大臣 tsong-li-tsing-haï-ché-vou-ta-tch'enn en résidence à Si-ning-fou.

[4] 阿克蘇領隊大臣 A-k'o-sou-ling-toueï-ta-tch'enn. Mayers, dans son Chinese government, p. 95, dit que les villes d'Ili, de Tarbagataï, d'Ouch, de Yarkand, d'Ouroumoutsi, de Tourfan, de Goutchen et de Karaousou possèdent seules des 領隊大臣, tandis que 阿克蘇 et autres districts de la Mongolie sont administrés par des 辦事大臣.

[5] 察哈爾都統. Ce fonctionnaire réside à 張家口 (Kalgan). Il est chargé de surveiller les nombreuses tribus mongoles qui occupent les territoires situés à l'ouest de la Grande Muraille.

34° 成德 Tch'eng-to, maréchal tartare du Sseu-tch'ouann, fut envoyé au Tibet, en 1792, alors qu'il venait de prendre part à la campagne du Népaul. Il remplaça Pao-t'aï (n° 33), qui fut destitué.

35° 鄂輝 Ao-houeï, vice-roi du Sseu-tch'ouann, revenait du Népaul, en 1792, lorsqu'il fut envoyé au Tibet pour remplacer Tch'eng-to (n° 34), qui venait d'être destitué.

36° 舒濂 Chou-lienn, général de brigade, remplaça Ao-houeï (n° 35) en 1792.

37° 鄂輝 Ao-houeï, général de brigade, fut chargé, en 1792, de remplir les fonctions de ministre résident, à titre intérimaire, à la suite de la destitution de Ya-mann-t'aï (n° 32).

38° 額爾登保 Ngo-eur-teng-pao, officier en premier de la garde impériale[1]. Après avoir pris part à la campagne du Népaul, il fut appelé, en 1792, à remplacer Chou-lienn (n° 36), qui était mort.

39° 和琳 Ho-lin, vice-président d'un ministère, remplaça, en 1793, Ngo-eur-teng-pao, qui fut attaché à un corps expéditionnaire.

40° 成德 Tch'eng-to, général de brigade, fut chargé, en 1793, et à titre temporaire, de remplir les fonctions de ministre résident, lors de la destitution de Ao-houeï (n° 37).

41° 和寧 Ho-ning, membre du Conseil privé, vice-président du ministère des rites, remplaça, en 1795, Tch'eng-to (n° 40).

Ce fonctionnaire a publié deux très bons ouvrages sur le Tibet : 1° le *Si-tsang-tché* 西藏志, dont le texte est tellement sem-

---

[1] En chinois 頭等侍衛, en mandchou ⟨mandchou⟩. Mayers dit, dans son *Chinese government*, que les officiers de la garde (侍衛) sont divisés en quatre classes. Cependant les règlements, rédigés en mandchou, concernant la garde impériale ne donnent que trois classes de 侍衛 (en mandchou ⟨mandchou⟩).

blable à celui du 衛藏圖識 que l'un de ces deux livres est certainement copié sur l'autre. Klaproth a donné une traduction du dernier des deux dans le *Nouveau journal asiatique* (août 1829 et suivants). Cette traduction est elle-même faite d'après la traduction russe du père Hyacinthe.

Quant au second ouvrage de Ho-ning, il a pour titre : 西藏賦 *Tribut du Tibet*. J'en ai fait une traduction française que je me propose de publier prochainement. C'est un poème didactique dans lequel l'auteur a réuni tout ce que savaient les historiens et les géographes de son pays sur le Tibet. Chaque vers est accompagné de gloses indiquant les ouvrages qui ont fourni les renseignements auxquels il est fait allusion.

42° 松筠 Song-kiunn, ministre des travaux publics, remplaça, en 1795, Ho-ning (n° 41), qui retourna remplir ses fonctions de vice-roi.

Song-kiunn fut, lui aussi, un écrivain distingué. Malheureusement, ses ouvrages sont aujourd'hui presque introuvables chez les bouquinistes de Pékin et de Canton. Parmi ses nombreux écrits, les suivants ont rapport au Tibet : 1° 西招圖略 ; 2° 西招紀行圖詩 ; 3° 丁巳秋閱吟.

43° 英善 Ing-chann, vice-président du ministère de la guerre, remplaça, en 1802, Song-kiunn (n° 42).

La longueur de la mission de Song-kiunn s'explique aisément. Pendant qu'il était au Tibet, l'empereur Kienn-long mourut, et ce ne fut que durant la quatrième année du règne de son successeur, Kia-king, que l'on songea enfin à pourvoir au remplacement de Song-kiunn, en envoyant Ing-chann au Tibet.

44° 福寧 Fou-ning, officier en premier de la garde impériale, remplaça, en 1804, Ho-ning (n° 41), qui était retourné au Tibet, après une courte visite à la capitale de sa vice-royauté. En quittant le Tibet, Ho-ning fut appelé à Pékin pour y remplir les fonctions de vice-président du ministère des travaux publics.

45° 成林 Tch'eng-lin, officier de la garde impériale (en chinois 藍翎侍衞, en mandchou ⟨...⟩), remplaça, en 1807, Ing-chann (n° 43), qui fut nommé ministre de la justice.

46° 策拔克 Tso-pa-k'o, général de brigade, fut chargé, en 1808, de remplacer Fou-ning (n° 44).

47° 宗室文弼 Ouenn-pi, de la famille impériale[1], maréchal tartare de 1re classe, remplaça, en 1808, Tso-pa-k'o (n° 46), qui venait d'être destitué.

48° 王寧 Ouang-ning, général de brigade, vice-président du Li-fann-yuann[2]. Après la destitution de Tch'eng-lin (n° 45), Ouang-ning fut envoyé au Tibet, en 1809.

49° 隆福 Long-fou, général de brigade, officier de la porte Kien-ts'ing[3], remplaça, en 1811, Ouang-ning (n° 48).

50° 陽春 Yang-tch'ouenn, officier en second de la garde impériale[4], *commandant héréditaire*[5], remplaça, en 1812, Long-fou, qui fut nommé gouverneur militaire de Ning-chia 寧夏.

51° 慶惠 K'ing-houeï, officier en troisième de la garde impériale[6], remplaça, en 1814, Ouenn-pi (n° 47).

52° 瑚圖禮 Hou-t'ou-li, vice-président en second du ministère des rites, remplaça, en 1815, Yang-tch'ouenn (n° 50).

53° 祥保 Siang-pao, général de brigade honoraire, com-

---

[1] Les 宗室 (membres de la famille impériale) portent, comme marque distinctive, une ceinture jaune (黃帶子).

[2] 理藩院侍郎, en mandchou ⟨...⟩

[3] 乾清門侍衞 *kienn-ts'ing-menn-che-oueï*.

[4] En chinois 二等侍衞, en mandchou ⟨...⟩.

[5] 兼世管佐領. Ces commandants héréditaires existent seulement dans les cadres de la garde impériale. Les fonctions de ces officiers ne diffèrent en rien de celles des 佐領 (en mandchou ⟨...⟩) ayant obtenu leur grade par promotion.

[6] En chinois 三等侍衞, en mandchou ⟨...⟩.

mandant héréditaire[1], remplaça, en 1815, Feung-chenn, qui retourna à Tch'eng-tou reprendre ses fonctions de maréchal tartare.

54° 喜明 Chi-ming, général de brigade honoraire, Batourou Teng-ko-to-i[2], remplaça, en 1817, Hou-t'ou-li (n° 52).

55° 珂寶克 Ko-ché-k'o, général de brigade honoraire, remplaça, en 1815, Siang-pao (n° 53), qui retourna à son poste de maréchal tartare de Si-ngan.

[1] 勳舊佐領. Ce grade est le même que celui porté par Yang-tch'ouenn (voir note 5 de la page précédente).

[2] 騰克特依巴圖魯. (Voir, au sujet de ces *batourous* avec appellations honorifiques, Mayers: *The Chinese government*, p. 67).

CHANTS POPULAIRES

DES ROUMAINS DE SERBIE,

PUBLIÉS

PAR

M. ÉMILE PICOT.

CHANTS POPULAIRES
DES ROUMAINS DE SERBIE.

La Serbie renferme une population roumaine assez considérable cantonnée entre la Morava et le Timok, particulièrement dans les districts de Ćuprija, de Požarevac, de la Črna Reka, et de la Krajina. Il est difficile de connaître le chiffre exact de cette population, sur laquelle les publications officielles du nouveau royaume ne contiennent guère de renseignements. En 1861, Lejean[1] l'évaluait à 104,343 individus; en 1868, Kanitz[2] la portait à 123,000 âmes; il est fort probable que ces évaluations sont aujourd'hui au-dessous de la vérité. Dans le district de la Črna Reka, l'accroissement annuel des Roumains est, d'après Milićević[3], de 1.42 p. 100; il est de 1.44 p. 100 dans le district de Ćuprija.

Aucun voyageur ne s'est attaché à étudier les Roumains de Serbie; aussi sont-ils aujourd'hui encore fort mal connus. On sait vaguement qu'ils sont venus du nord, c'est-à-dire de la Valachie, et non du sud. Ce qui le prouve, c'est que le dialecte parlé entre la Morava et le Timok est presque identique à celui de la Petite-Valachie. Les habitants de la frontière orientale sont désignés sous le nom de *Țaranĭ*, en

---

[1] *Ethnographie de la Turquie d'Europe* (Gotha, 1861, in-4°).
[2] *Serbien* (Leipzig, 1868, gr. in-8°), 325.
[3] Кнежевнна Србија (у Београду, 1878, in-8°), 919, 1137.

souvenir de la *Ţara romînească*, c'est-à-dire de la Valachie, dont ils sont originaires; les autres portent le nom d'*Inguriani*, c'est-à-dire de Hongrois[1], parce qu'ils ont dû venir du banat de la Temes.

Les habitants des bords de la Porečka Reka ne connaissent, paraît-il, ni l'une ni l'autre de ces appellations. Au dire d'un de nos correspondants, il n'existe chez eux aucune tradition qui les rattache à la Valachie ou à la Hongrie, et l'on peut se demander s'ils n'étaient pas établis dans le pays avant l'arrivée des colons venus de la rive gauche du Danube.

Les Roumains de Serbie n'ont aucune culture nationale; ils ne possèdent ni journaux ni écoles. Certains d'entre eux viennent chercher du travail sur la rive gauche du Danube; mais ils ne s'y distinguent pas du reste de la population.

En 1878 et 1880, M. Stojan Novaković, le savant linguiste qui occupe aujourd'hui le poste de ministre de Serbie à Constantinople, a bien voulu nous communiquer divers chants recueillis par MM. Georges Dimitrijević et Svetozar Stojadinović, de Negotin, et par une institutrice dont nous regrettons de ne pas savoir le nom. Les deux premiers collecteurs, qui appartiennent à des familles roumaines, n'ont cependant jamais étudié d'autre langue que le serbe; aussi ne sont-ils parvenus à reproduire un texte roumain qu'avec de nombreux tâtonnements. Il en est de même de l'institutrice serbe, qui, étrangère au pays, n'y a fait qu'un séjour plus ou moins prolongé.

Malgré l'intérêt qu'offrent les chants de la Serbie, nous

---

[1] Sur le mot *ingurian, ungurean*, qui désigne souvent en Valachie les Roumains de Transylvanie, voir Alecsandri, *Poesiï populare*, 1866, p. 3.

avons depuis dix ans hésité à les publier, en raison des inconséquences phonétiques qui s'y trouvent presque à chaque vers. Nous ne pouvions prendre sur nous de les faire arbitrairement disparaître; nous espérions pouvoir nous arrêter sur les bords du Timok, ou recevoir des renseignements qui nous auraient permis de compléter les précédents. Nos espérances ne s'étant pas réalisées, nous nous décidons à publier nos textes tels qu'ils nous ont été transmis.

Le fait qui paraît se dégager de ces textes, c'est que la phonétique des Roumains de Serbie est la même que celle des Roumains de la Petite-Valachie et du Banat[1]. Le phénomène qui la domine est le mouillement d'*e* en *ie*, et l'influence de ce phénomène sur les consonnes *d* et *gh*, *t*, *l*, *n*, *j* et *ci*, qui prennent le son de *ď* (ђ), *t́* (ћ), *ľ* (љ), *ň* (њ), *j́*, *ś*. Le même adoucissement se produit naturellement devant *i*.

Nous ne saurions dire pourtant si cette prononciation est constante. Nos correspondants, qui n'ont pas de parti pris, écrivent tantôt d'une manière, tantôt d'une autre. Il se peut donc que la prononciation varie, sinon dans la même localité, du moins d'un village à l'autre.

Le vocabulaire nous paraît être celui de la Petite-Valachie, avec addition de quelques mots turcs et serbes[2].

Parmi les chants que nous publions ci-après, les pièces amoureuses et satiriques, les dictons populaires et les vers enfantins n'ont pas grande importance. La plupart de ces

---

[1] Voir nos *Documents pour servir à l'histoire des dialectes romains*, extraits de la *Revue de linguistique et de philologie comparée*, t. V (1872), in-8°.

[2] M. Milićević (Кнежевина Србија, 1002) cite quelques-uns des mots slaves employés par les Roumains de la Krajina; presque tous se retrouvent en Valachie.

morceaux viennent probablement de la Valachie (cela même est certain pour notre n° XVII, qui n'a aucun sens dans la bouche d'un habitant de la rive droite du Danube). Il en est autrement de la curieuse pièce sur la peste (n° xx) et surtout des chants qui ont un caractère historique. Les chants de haïdouks présentent, à la vérité, des analogies avec des compositions du même genre répandues en Valachie et en Moldavie; mais l'histoire du célèbre Pazvandži (Pazvan-Oglu) de Stojan, le bölükbaši, appartient tout entière à la Serbie. Nous avons, pour la longue ballade publiée sous le n° XXIV[1], deux textes, l'un de M. Stojadinović, l'autre de M. Dimitrijević. Ces deux textes ne diffèrent guère que par des détails phonétiques; nous nous sommes cependant attaché à en relever les moindres variantes pour faire connaître au lecteur les difficultés que nous n'avons pas osé trancher de notre autorité propre et lui permettre de se former une opinion personnelle. M. Alexandre Odobescu nous a aidé, avec une bonne grâce dont nous tenons à le remercier, à transcrire ce poème, dont nos correspondants serbes n'avaient pas essayé de séparer les vers. Il a même eu l'obligeance d'en faire une traduction que nous avons en partie reproduite.

A la suite de la ballade de Stojan, nous avons donné deux fragments de rédactions très différentes de la même pièce. Ces fragments montrent combien le souvenir du terrible pacha de Vidin est encore vivant sur les bords du Timok.

Nous avons complété les chants relatifs à Stojan par une pièce recueillie dans le Banat de la Temes par M. Marie-

[1] M. Milićević a connu cette ballade dont il a donné une version serbe fort abrégée (Књежевина Србија, 1009).

nescu, bien qu'elle ait dû être composée en Serbie : l'aga Topalović (n° xxvii). Cette dernière pièce nous représente le haïdouk roumain comme un simple chef de brigands qui terrorise tout le pays.

Les chants historiques que nous avons groupés appartiennent tous, soit aux dernières années du xviiie siècle, soit au premier quart de ce siècle ; ils prouvent que l'établissement des Roumains en Serbie ne date pas, comme on l'a dit quelquefois, de l'établissement du règlement organique russe en Valachie, mais qu'il remonte à une époque plus ancienne.

CHANTS AMOUREUX.

I

    Mîĭ, ciobañe de la oĭ,
    Mîĭ, ciobañe, mîĭ!
    Tu n'aĭ grijă nicĭ nevoĭ;
    Tu te culcĭ pă pat de fîn,
5   Cu capu pă muşunoiŭ.

    Mîĭ, ciobañe de la oĭ,
    Mută [-ţĭ] stîna către noĭ;
    Drage [-mĭ] sînt oiţele.
    Iubesc [ca] un cioban,
10 Nu ca coconiţele
    [Ce-şĭ daŭ suliman].

    Eh, berger des brebis,
    Eh, berger, eh!
    Tu n'as ni soucis ni besoins;
    Tu te couches sur un lit de foin,
5   La tête sur une borne.

    Eh, berger des brebis,
    Avance ta bergerie vers nous;
    Les brebis me sont chères.
    J'aime [comme] un berger,
10 Non comme les demoiselles,
    [Qui se mettent du fard].

(Communication de M. Georges Dimitrijević. — Cette pièce est connue en Valachie; aussi avons-nous pu suppléer le dernier vers, grâce à feu notre ami le docteur Obédénare.)

II

Ieo sînt fată de ciocoiŭ,
Ieo iubesc pe ciňc voiŭ.
Vino, vino, vino, puiule,
Ş'al meo trandafirule!

III

Mărița de la vizir,
Cu cămașa ňeagră șir;
Mărița de la vizir,
Cu cămașa ňeagră fir,
5   Of, of, Mărița, of!

II, 2. Pe *est suppléé*.

Je suis fille d'un richard (d'un parvenu),
J'aime qui je veux.
Viens, viens, viens, mon poulet
Et ma rose!

(Communication de M. Svetozar Stojadinović.)

Marie de chez le vizir,
Avec sa chemise noire, tout galon;
Marie de chez le vizir,
Avec sa chemise noire, tout fil.
5   Oh, oh, Marie, oh!

Aid, băluță, să fujim;
Să fujim, să pribejim!
Acuma ie bun de fugă,
Acuma ie iarba crudă.
10 Of, of, Mărița, of!

IV

Să mor cu tińe,
Să vadă lumia
De te iubesc.

V

Ciñe ie împotriva de miñe,
Fețișoara mia?
Ia e junā și fromoasă,
Dar ieo sînt bătrîn.

III, 6. *Pour indiquer la prononciation que nous représentons par* j, *M. Stojadinović écrit* : фуџим *ou* фужим.

Allons, ma poule blanche, fuyons;
Fuyons, cherchons un asile!
Maintenant il fait bon de fuir,
Maintenant l'herbe est tendre.
10 Oh, oh, Marie, oh!

(Communication de M. Svetozar Stojadinović.)

Que je meure avec toi,
Afin que le monde voie
Si je t'aime!

(Communication de M. Svetozar Stojadinović.)

Qui est mon rival,
Jeune fille?
Elle est jeune et belle,
Mais je suis vieux.

(Communication de M. Svetozar Stojadinović.)

CHANTS SATIRIQUES.

VI

Foaie verde, tri smicele!
Of, of, of! Mîndrili miele
Cum îmĭ staŭ în potecele
Și nu pot să trec de iele,
5   Ieo cînd zic : «mă duc, mă duc»,
Mîndrili se fac buluc,
Nu mă lasă să mă duc ;
Și cînd zic : «mă duc, mă duc»,
Nu pot stà, și tot mă duc.

VII

Aș' mică pogace,
Că inima-mĭ place ;
N'are cine să 'mĭ face

Feuille verte, trois baguettes!
Oh, oh, oh! mes maîtresses
Quand elles se trouvent sur mon chemin
Et que je ne puis leur échapper,
5   Je dis : «je m'en vais, je m'en vais».
Mes maîtresses se rangent comme un régiment :
Elles ne veulent pas me laisser aller ;
Mais, quand j'ai dit : «je m'en vais, je m'en vais»,
Je ne puis rester et je m'en vais.

(Communication de Mlle X.)

Je mangerais des gâteaux,
Car le cœur m'en dit ;
Il n'y a personne pour m'en faire,

Că 'mĭ ńevasta dzace
5 Și încă 'mĭ cere
Rachiu cu miere
Și vin cu biber,
Cum a fost și ier.

DICTONS POPULAIRES.

VIII

Iuda făr de lege
Nu vrù să'nțelege.

IX

Frunza verde pe ogaș!
Pe dușman încă să nu lașĭ.
Viñe, șade pe tăciune;
Umple casa cu minciuñe.

Car ma femme est couchée,
5 Et encore elle me demande
De l'eau-de-vie avec du miel
Et du vin avec du poivre,
Comme cela a été hier.

(Communication de M. Svetozar Stojadinović.)

Judas son crime
Ne voulut pas comprendre.

(Communication de M. Svetozar Stojadinović.)

Feuillage vert dans l'ornière!
Ne laisse pas encore entrer l'ennemi.
Il vient, il s'assied sur un tison;
Il remplit la maison de mensonges.

(Communication de M. Svetozar Stojadinović.)

X

Fi cu minte
Ca 'nainte;
Nu fi prost
Cum aĭ fost.

XI

Scoală, Petre, face foc.
— Nu pot, frate, că sînt ştiop.
— Scoală, Petre, la mîncare.
— Unde-mĭ, frate, lingura mare?

XII

Dulce, rece,
De loc trece,
La noĭ, la noĭ,
Că sîntem doĭ.

X, 3. *Var.* pruost. — XII, 2. претрече.

Sois intelligent
Comme auparavant;
Ne sois pas sot
Comme tu l'as été.

(Communication de M. Svetozar Stojadinović.)

Lève-toi, Pierre, fais du feu.
— Je ne puis, frère, car je suis boiteux.
— Lève-toi, frère, pour manger.
— Où est, frère, la grande cuiller?

(Communication de M. Svetozar Stojadinović.)

Le doux, le froid,
Passent vite,
Chez nous, chez nous,
Car nous sommes deux.

(Communication de M. Svetozar Stojadinović.)

XIII

Frunza verde, usturoiŭ!
Bate 'l, Doamne, de ciocoiŭ¹!

Feuillage vert, ail!
Frappe-le, Seigneur, le parvenu insolent¹.

(Communication de M. Svetozar Stojadinović.)

[1] Ces deux vers sont le début d'une chanson répandue en Roumanie. Feu le Dr Obédénare nous a cité de mémoire cette suite :

    Colea 'n deal, la pițigoiŭ,
    E un car cu patru boĭ;
5   Dinderetul caruluĭ
    E arendașul satuluĭ :
    « Mĭ, Ioane Bălăbane ! »
    — « Uițĭ legea ta, miĭ, cocoane ! »
    — « Mĭ, Ioane, orĭ eștĭ beat ? »
10 — « Sictir, ciocoiŭ gulerat,
    « De trei zile n'am mîncat
    « Și tu mă facĭ că sîmt beat ! »
    S'a luat o bîtă groasă,
    La coadă cam..... (?),
15 Și la cap cam noduroasă
    Și'ĭ trase vro cincĭ orĭ șase.

[1] Un texte assez voisin de celui-ci se lit dans le recueil de Teodorescu (p. 296). On peut en rapprocher une pièce arrangée par M. Alecsandri (*Poesiĭ pop.*, p. 250) et deux autres pièces publiées par Teodorescu (p. 295 et 296). Ce fut vraisemblablement après les événements de 1848 que les paysans valaques donnèrent libre cours à leur haine contre les propriétaires insolents et les fermiers rapaces qu'ils qualifiaient de *ciocoĭ*.

XIV

Cocoana gîndește
În ce să s'îmbrace;
Coconu¹ gîndește
Pe cin' să 'l desbrace.

XV

Cu sapa nu ie nimic;
Numa cu condacu
Umple popa sacu.

XVI

Dunărie, Dunărie,
Drum fără urmele,
Pre unde 'mĭ umblașĭ,
Tot pe la oras,
5   Inima-mĭ secașĭ!

XIV, 3. Дар кокону. — 4. пе чине.

La dame pense
En quoi elle s'habillera;
Le monsieur pense
Qui il déshabillera (dépouillera).
   (Communication de M. Svetozar Stojadinović.)

Rien avec le hoyau;
C'est seulement avec son cantique
Que le pope remplit son sac.
   (Communication de M. Svetozar Stojadinović.)

Danube, Danube,
Chemin sans ornières,
Par où tu passes,
Tout le long de la ville,
5   Tu me dessèches le cœur!
   (Communication de M. Svetozar Stojadinović.)

XVII

Astadzĭ nor şi mîńe ciaţă :
Fistovgeni [1] trec pe diaţă.
Astădzĭ ciaţă şi mîńe senińe :
Fistovgeni nu maĭ vińe.

VERS ENFANTINS.

XVIII

Coĺea 'n vaĺe la fîntînă
Doo fete spală lînă;
Una spală, alta drugă.
Coĺea 'n vaĺe, pe părîu,
5 Doo fete spală grîu;
Doĭ băiaţĭ ţîn de mînă.....

XVIII, 1. Коља ън ваље апа ръу. — 6. Доо бајаће.

  Aujourd'hui nuage, demain brouillard :
  Les habitants de Svištov [1] passent sur la glace.
  Aujourd'hui brouillard, demain temps serein :
  Les habitants de Svištov ne viennent plus.
      (Communication de M. Svetozar Stojadinović.)

  Là-bas, dans la vallée, à la fontaine,
  Deux filles lavent de la laine;
  L'une lave, l'autre file.
  Là-bas, dans la vallée, à la rivière,
5 Deux filles lavent du froment;
  Elles tiennent deux garçons par la main.....
      (Communication de M. Svetozar Stojadinović.)

[1] Svištov est situé en Bulgarie, sur le Danube, en face de Zimniţa. On voit que notre dicton appartient à la Valachie et non à la Serbie.

XIX

  Prîmblă 'mĭ să, prîmblă
Cea călugăriță;
Prîmblă 'mĭ să, prîmblă
Baş pren Țarigradu,
5 Albă la pelița,
Neagră la cosiță.
Prîmblă 'mĭ să, prîmblă
C'un covor dodo (?) verde [1],
C'un copil de Sîrbo :
10 Copil ie Vasile [2].

      (Chaque vers se dit deux fois.)

XIX, 2. *Il faut probablement lire* Sea.

  Elle se promène, se promène
La nonne;
Elle se promène, se promène
Dans Constantinople même,
5 La peau blanche,
Les cheveux noirs.
Elle se promène, se promène
Avec un tapis vert [1],
Avec un enfant de Serbe :
10 L'enfant est Basile [2].

      (Communication de Mlle X.)

[1] Dans les chants populaires, les tapis turcs sont toujours censés être verts. (Cf. Teodorescu, *Poesii*, p. 550, v. 15; 558, v. 7; 562, v. 9.)
[2] Le nom de l'enfant devrait rimer avec Sîrbo.

COMPLAINTE.

XX

Verde foaie de un bojor!
Șede Ciuma într'un picior,
   Ciuma maică, Ciuma!
Șede cu săgețele
5 În toate părțele.
Scoborî, Doamne, pe pămînt
De văzi Ciuma ce a făcut,
   Ciuma maică, Ciuma!
Copilași, de cît ce-e o lună,
10 Fug porci cu iei în gură.
   Ciuma maică, Ciuma!

Feuille verte de pivoine!
La Peste se tient sur un pied,
   La mère Peste, la Peste[1]!
Elle se tient avec ses flèches
5 Tournées de tous côtés.
Descends, Seigneur, sur la terre
Pour voir ce que la Peste a fait,
   La mère Peste, la Peste!
Les enfants, depuis un mois,
10 Les porcs s'enfuient en les emportant dans leur gueule.
   La mère Peste, la Peste!

[1] On remarquera cette antiphrase. M. Alecsandri (*Poesii populare ale Rom.*, 1866, p. 35, n° XII) a publié un chant sur la peste, où une jeune fille dit au fléau :

    Nu'mi fi ciumă, ci'mi fi mumă.

Comme le fait remarquer le poète roumain, l'expression : *e ciumă, nu e mumă* est devenue proverbiale pour désigner une mégère.

Nevestele, tinerele,
Le trag porci pe socarele.
Ia, văzĭ, Doamne, ce ie jelea.
15   Ciuma maică, Ciuma!

CHANTS DE HAIDOUKS[1].

XXI

Staŭ în drum și mă gîndesc[2],
Mă mir și mă socotesc :
Cu vecine să trăiesc,
Toale să nu ponosesc,
5   Să tot staŭ, să tot croiesc?

===

Les femmes, les jeunes filles,
Les porcs les traînent par les rues.
Vois, Seigneur, quelle désolation :
15   La mère Peste, la Peste!
(Communication de M. G. Dimitrijević.)

Je m'arrête sur la route et je songe;
Je suis surpris et je réfléchis :
Vivrai-je avec les paysannes corvéables
Pour ne pas user mes habits?
5   Serai-je toujours immobile, travaillerai je toujours?

[1] Le même thème est développé dans quatre chants qui font partie des recueils d'Alecsandri (*Poesiĭ pop.*, p. 253, n° XXVII, et p. 285, n° L) et de Teodorescu (*Poesiĭ pop.*, p. 290 et 291).

[2] Le même vers se lit dans Alecsandri (p. 285) et dans Teodorescu (p. 290 et 291) :
Staŭ în drum să (*Teodorescu* și) mă gîndesc.

Şi mă mir si mă gîndesc
Cu ce hrană să mă rănesc.
Apucà m'aş de oţie?
Răo 'mĭ şede 'n puşcărie.
10   Apucà m'aş de furat?
Răo 'mĭ şede spînzurat.
Că sîmt voinic neînsorat;
Nicĭ musteţe nu m'a dat :
Cum sîmt bun de sărutat
15   La neveste cu bărbat,
Să le fur noapte din pat?
— Dar io, frate, să m'apuc
De coarnele pluguluĭ,
De hrana moşuluĭ.
20   — Plugu este goangă răa,
Merje d'îndărăteĺea ¹ :

Je suis surpris et je demande
De quoi je me nourrirai.
Me livrerai-je au brigandage?
Je me trouve mal dans une prison.
10   Me mettrai-je à voler?
Il ne me va pas d'être pendu.
Je suis un gaillard encore trop jeune pour être marié;
La moustache ne m'est pas poussée :
Comment serai-je bon à embrasser
15   Pour des femmes qui ont un mari?
Comment les enleverais-je la nuit de leur lit?
— Mais moi, frère, je prendrai
Le manche de la charrue,
Qui donne la nourriture au vieillard.
20   — La charrue est une mauvaise bête :
Elle marche en arrière¹;

¹ Nos vers 20-21 sont donnés sous la même forme par Teodorescu (p. 291).

Dă cu coarnele 'n burta mia
De 'mĭ sparge iñema mia.
Merje cu capu 'nainte
25 Şi cu coarnele în dert [1] :
M'e frică că 'mĭ sare în pept.
— Da io, frate, să m'apuc.
— Lăsai plugu şi loiŭ sapă,
C'o fi munca maĭ uşoară.

30 Lovaĭ sapa pe spinare
Şi plecaĭ la via mare,
A de-ĭ cu noo răzoare,
Cîtă ie zăoa de mare.
Săp zăoa patru parale,
35 Le biao sară din picioare;
Mîndr'a cas' moare de foamie.

Elle me donnera de ses cornes dans le ventre;
Elle me mettra le cœur en pièces.
Elle va la tête en avant
25 Et les cornes en arrière.
Je crains qu'elle ne me saute dans la poitrine.
— Mais moi, frère, je me mets à la charrue.
— J'ai laissé la charrue et j'ai pris la pioche;
Le travail sera plus facile.

30 J'ai chargé mon hoyau sur mon dos,
Et je suis parti à la grande vigne,
Celle qui a neuf rangées de ceps,
Longues comme le jour.
Je gagne quatre paras en piochant pendant une journée;
35 Je les bois le soir en entier;
Ma belle meurt de faim à la maison.

[1] Teodorescu (p. 291, v. 23) :
   Cu coarnele din dărăpt.

Coada lungă, sapa lată
Îmĭ mîncă vîrtułea toată.
Nu m'aĭ vedea paraoa'n pungă;
40 Numa aţa mămăligĭ
Lepită de fundu pungĭ.

Lăsaĭ sapa şi loiŭ coasă.
Plecaĭ la livadia mare,
A de-ĭ cu noo răzoare.
45 Traseĭ doo, treĭ poloaje;
Foamia la pămîntu m'trage.

Dacă văzuĭ şi văzuĭ,
O trînti de un păducel;
Mi o frinse di pă căţel.
50 Apucaĭ pe un ogăşel;
Mă intelni cu-un Ţigănel :
« Buna cale, mîĭ, Ţigane. »

Le long manche, le large hoyau
M'ont enlevé tout courage.
Tu ne me verrais pas un para en poche;
40 Rien qu'un fil de mamaliga
Collé au fond de ma poche.

J'ai laissé le hoyau et j'ai pris la faux.
Je suis parti dans la grande prairie,
Celle qui a neuf longues bandes.
45 J'ai fauché deux ou trois places;
La faim me renverse par terre.

Quand j'eus vu et bien vu,
Je jetai ma faux contre une aubépine,
Qui la brisa à la base.
50 Je pris par un petit bois.
Je rencontrai un Tsigane :
« Bon voyage, eh, Tsigane! »

— « Mulțămesc, căpitane. »
— « Fututʒ moarte-țĭ, mîĭ, Țigane!
55 « De unde m'aĭ sti, mîĭ, căpităne?
« Nu văzĭ că sîmt mort de foamie.
« Zadăr oiŭ fi un meșter bun;
« Tu eĭ pune cuznița 'n drum
« Făr de rudă de cărbun,
60   « Și tu mie
        « Că 'm'i face
        « Din coștoră
        « Săbioară,
        « Din oțel
65   « Un buzdușel,
« Să merg în codru cu iel,
« Sa scot bănișor cu iel. »

— « Merci, capitaine. »
— « Je te f..... la mort! Eh, Tsigane!
55 « Comment sais-tu que je suis capitaine?
« Ne vois-tu pas que je meurs de faim?
« En vain serai-je un bon ouvrier;
« Toi, tu mettras la forge sur la route
« Sans un morceau de charbon.
60   « Et à moi
        « Tu me feras
        « D'un vieux couteau
        « Un cher petit sabre;
        « D'acier
65   « Une chère petite massue,
« Pour que j'aille dans la forêt avec ces armes,
« Pour que je gagne de l'argent avec elles. »

(Communication de M. G. Dimitrijević.)

XXII

Colea 'n vale, predin munte,
Colea 'n vale, supt părete,
Micućel 'mĭ să foc vede.
Ao ie focu potolit,
5   Ao de voinicĭ ocolit?
Nu ştio dzece ao cincĭdzece.
Şi 'mĭ frigià un berbece;
Nu 'mi'l frigià cum să frige,
Nu 'mĭ 'l frigià în cîrlije,
10 Şi l' întorceà 'n belciuje,
Belciujele de arjint,
Ce n'am văzut de cînd sînt.

XXII, 1. *M. Stojadinović écrit* предин ђал (predin deal); *la rime rend l'erreur évidente.* — 7. ла ун бербече. — 10. Ши ... елчужи. — 11. Белчужиље.

Là-bas dans la vallée, sous la montagne,
Là-bas dans la vallée, sous un mur,
On aperçoit un petit feu.
Le feu est-il éteint?
5   N'est-il pas entouré de braves?
Je ne sais s'ils sont dix ou cinquante.
Ils me rôtissaient un mouton;
Ils ne le rôtissaient pas comme on rôtit;
Ils ne le rôtissaient pas suspendu à des crocs,
10 Mais ils le tournaient avec des anneaux,
Des anneaux d'argent,
Comme je n'en ai pas vu depuis que j'existe.

(Communication de M. Svetozar Stojadinović.)

XXIII

Vinde, muică, ce-eĭ vindă,
. Lelo, frunză lată;
Vinde sucna de mătasă,
Lelo, frunză lată,
5 Şi mă scoate din pediapsă,
Lelo, frunză lată;
Că mie 'mĭ s'a urît,
Lelo, frunză lată,
10 Tot să staŭ închis în piatră,
Lelo, frunză lată,
În cîrcăitu broştilor,
Lelo, frunză lată,
În şuieratu şerpilor,
15   Lelo, frunză lată.
Răŭ, muică, m'aĭ blăstămat,

Vends, ma mère, ce que tu pourras vendre,
Bonne amie, feuille large;
Vends ta jupe de soie,
Bonne amie, feuille large,
5 Et tire-moi de peine,
Bonne amie, feuille large;
Car je me sens malheureux,
Bonne amie, feuille large,
10 D'être toujours dans cette prison de pierre,
Bonne amie, feuille large,
Où s'entend le coassement des grenouilles,
Bonne amie, feuille large,
Où s'entend le sifflement des serpents,
15   Bonne amie, feuille large.
Tu m'as maudit, ma mère,

Lelo, frunză lată,
Să mănînc tot din furat,
Lelo, frunză lată.
20 Greŭ blăstămu de la mumă,
Lelo, frunză lată,
Și ca pocitu de ciumă,
Lelo, frunză lată;
25 Dar blăstămu de la surorĭ,
Lelo, frunză lată,
Ca o cunună de florĭ,
Lelo, frunză lată.

Bonne amie, feuille large,
Parce que je ne vis que de vol,
Bonne amie, feuille large.
20 Il est dur d'être maudit par sa mère,
Bonne amie, feuille large;
C'est comme une atteinte de la peste,
Bonne amie, feuille large;
[En comparaison], la malédiction des sœurs,
25 Bonne amie, feuille large,
Est comme une couronne de fleurs,
Bonne amie, feuille large.

(Communication de Mlle X.)

CHANTS HISTORIQUES.

XXIV

STOJAN, LE BÖLÜKBAŠI.

(VERS 1795.)

Frunzuliță ș'o lelea!
Begu din Cladova plecà
(La Țaligrad lucru avià)
Și la Dia ajunjià[1].
5 Mulți pași l'așteptà.

XXIV, 1. a (*texte recueilli par M. Sv. Stojadinović*) Фрунзулице. — 5 a Мулц паше.

Petite feuille et une tulipe!
Le beg partit de Kladovo
(Il avait à faire à Constantinople)
Et il arriva à Vidin[1].
5 De nombreux pachas l'attendaient.

[1] Osman Pazvanoglu, descendant d'une vieille famille bosniaque convertie à l'islamisme, était né vers 1758. Pendant la campagne de 1789, il avait fait, avec une bande levée par lui, une incursion rapide en Hongrie et en Transylvanie. Ses succès lui avaient permis de revendiquer les domaines que la Porte avait confisqués sur son père (1792). Enhardi par ce premier succès, il enrôla des Turcs, des Bulgares, des Albanais, et s'empara de Vidin (1794). Pendant neuf ans il se maintint dans cette ville, terrorisant la Bulgarie, la Serbie et une partie de la Valachie avec ses redoutables *kerdžalis*. A trois reprises il tint tête victorieusement à toutes les forces du sultan. Il fut cependant obligé de se soumettre vers la fin de 1803, et il fut massacré traîtreusement, dans un repas, par Mustapha, pacha de Ruščuk. Le fait que le beg de Kladovo s'arrête chez Pazvanglu en se rendant à Constantinople, permet de penser que le pacha de Vidin n'avait pas encore rompu ouvertement avec la Porte. La mort de Stojan peut ainsi être placée approximativement vers 1795. (Voy. J. K. Jireček, *Dějiny národa bulharského* (v Praze, 1876, in-8°), p. 438-452; *Geschichte der Bulgaren* (Prag, 1876, in-8°), p. 486-498.)

La Pozvangia conacu făćià.
Pozvangia biňe s' îngrijià.
Mare cinste-ĭ făćià,
Bun plocon mi-ĭ gătià.
10   Begu cînd mi 'l viedià,
Din gură še'mi-ĭ grăià?
«Pozvangia, dumňia ta,
«Še, măre, ĭe cheltuià
15 «Bună cinste a 'mĭ făćià!
«Or maĭ biňe aĭ 'mbogăţit?
«Or maĭ rău aĭ sărăcit?»
Pozvangia ce 'mĭ grăià?
«Beg efendîm, dumňia ta,
20 «Să trăiască cadîna ta,
«Cadîna şi fetiţa!

6 b (*texte recueilli par M. G. Dimitrijević*) фача. — 7 a са грижа; b са грижја. — 8 a чинста л; b фача. — 10 a ми ведја; b ма вједја. — 11 a шћем греја; b шим граја. — 14 a Шће море те келтуја; b Ши мулт ће келтуја. — 15 a сем фаћа. — 16 a Ор мој биње богацит; b Ор маи биње амкимијепт.

Il fit halte chez Pazvandži.
Pazvandži se mit bien en peine,
Lui fit grand honneur,
Lui prépara un beau présent.
10   Quand le beg le vit,
Que lui dit-il de sa bouche?
«Pazvandži, seigneur,
«Eh! combien tu as dépensé
15 «Pour me faire honneur!
«Serais-tu mieux enrichi?
«Serais-tu plus mal appauvri?»
Pazvandži, que disait-il?
«Beg efendîm, seigneur,
20 «Puisse ton épouse vivre,
«Ton épouse et ta jeune fille!

«Nu maĭ biňe am 'mbogăţit,
«Da maĭ răŭ am sărăcit.
«Am o tujbă de tujit.
25 «Dumňia ta
«Eștĭ begu la Cladova,
«Da Stoian buĺiubașa
«Pe Craina.
«Copilașu Sîrbuluĭ,
30 «Ďin mijlocu tîrguluĭ
«Ďila Negotina,
«Juďecă toată Craina.
«Ďe cînd s'a iel buĺiubașit,
«Pe noĭ Turcĭ de tot a'nsărăcit.
35 «Turcu Timoc n'a maĭ trecut.

22 *a* Ну мој биње богацит; *b* Ну мај биње амкимијент. — 24 *a* дс. — 26 *b* јет. — 30 *a* Ђс мишлоку; *b* Ђин мижлогу. — 31 *a* Дела; *b* Ђила Негӧтин. — 33 *a* Де; *b* Ђе кънд се јел буљубаши. — 34 *a* дс; *b* ансеречнре. *Il vaudrait mieux lire :* ňe-a sărăcit. — 35 *b* Тпмоку; *a* мој.

«Je ne suis pas mieux enrichi,
«Mais je suis plus mal appauvri.
«J'ai une accusation à porter.
25 «Seigneur,
«Tu es le beg de Kladovo,
«Mais Stojan est bölükbaši
«De la Krajina.
«L'enfant du Serbe,
30 «[Né] au milieu de la ville
«De Negotin,
«Administre toute la Krajina.
«Depuis qu'il est bölükbaši,
«Nous autres Turcs, il nous a complètement appauvris.
35 «Le Turc n'a plus passé le Timok.

« Dac 'a trecut Turc cu barbă,
« L' a făcut d'a păscut iarbă;
« Dac 'a trecut Turcu tiňer,
« Iel l'a pus sa măňince fîn.
40 « Dac 'a trecut Turc călare,
« L'a 'ntors cu şaoa pe spinare.
« De cînd s'a iel buĺiubaşit
« Tri orĭ Timoc a zătoňit,
« Toţi tri orĭ cu Turcĭ morţĭ :
45 « D'întăiŭ cu aĭ bogaţĭ,
« L'a doiĺea cu mijlocare,
« La treiĺea cu aĭ săracĭ.
« Mulťe cadňe a văduvit ;
« Feťile mare a 'mbătrînit.

37 ab Јел ла факут паскут јарба. — 38 a Турк; b ћинар. *Il faudrait lire* hătrîn *pour la rime.* — 39 a să m.; b Јел ла пус; *la fin du vers m.* — 40 b Турку. — 41 ab Јел ла торс. — 42 a Де. — 43 b Тимоку; a m. dans a. — 44 a Тот. — 45 a Динтеј; b ђинтју. — 46 a Ла допле. — 47 a Ла трепле. — 48 a Мулте кадине водовит; b Мулће кадње вадвје. — 49 a Фетле маре батренит; b Фећиле маре амбатрњиће.

« Si un vieux Turc[1] l'a passé,
« Il lui a fait paître l'herbe;
« Si un jeune Turc l'a passé,
« Il lui a fait manger du foin.
40 « Si un Turc est passé à cheval,
« Il l'a renvoyé sa selle sur le dos.
« Depuis qu'il est devenu bölükbaši,
« Trois fois il a fait déborder le Timok,
« Les trois fois avec des Turcs morts :
45 « La première fois avec les riches,
« La seconde, avec les hommes de la classe moyenne,
« La troisième, avec les pauvres.
« Il a rendu veuves beaucoup de femmes,
« Rendu vieilles les filles bonnes à marier.

[1] Littéralement : un Turc à barbe.

50 « Turci dila Niş încoacĭ
« Trag potcoave dila caiĭ
« Şi le vinde pe mălaĭ.
« Beg efendim, dumńia ta,
« Să 'mĭ facĭ judecata. »

55 Da begu cînd auzià,
Zece pungĭ de bańĭ śerià.
Pazvangia noo avià;
Da una nu 'l ajunjià.
La cadîńe vădve plecà,
60 Dila gîtu lor strinjià,
Care para, care doo.
Umplù punga pîn la zoo;
La mîna beguluĭ o dà,
Numa de zor şi de cafia.

50, 51 *a* дела. — 52 *a* Ши сле винде; *b* Ши пе еле винђе. — 54 *a* жудеката. — 55 *ab* ауза. — 56 *a* Зеће пунжи бањ шчера; *b* черја. — 59 *a* водове. — 60 *a* Дела гъту лор стринжа; *b* астрнца. — 62 *a* полна зоо; *b* пана пи ла зео. — 63 *ab* бегу. — 64 *a* де…де.

---

50 « Les Turcs depuis Niš jusqu'ici
« Enlèvent les fers aux chevaux
« Et les vendent contre du maïs.
« Beg efendim, seigneur,
« Rends-moi justice ! »

55 Quand le beg entendit [ces paroles],
Il lui demanda dix bourses d'argent.
Pazvandži en avait neuf,
Mais une lui manquait.
Il partit chez les veuves turques;
60 De leur cou il prit,
A qui un para, à qui deux.
Il remplit la bourse jusqu'au jour,
Et la mit dans la main du beg,
Rien que pour le sucre et le café.

65 Frunzuliță ș 'o ĭeĭea!
    Begu din Ďiĭ plecà,
    La Ňegotin ajunjià,
    La Carapangia conacu făćià;
    Cu iel îmĭ tăinuià
70 Cum să lucru isprăvià.
    Carapangia cînd auzià,
    La Stoian plecà,
    Că nașo la iel erà;
    Ďela poartă îl strigà :
75 « Stoiane, fiňe Stoiane!
    « Aiďe, fiňe, că begu te chiamă
    « Sa 'l petreśem pîn' la Cladova,
    « La Cladova cu aznaoa,

66 *a* дин Дија. — 67 *a* Ла Неготин ажунжа. — 68 *b* фача. — 69 *a* Ку јел ма тајнуја; *b* Ку јел тајнуја. — 71 *ab* ауза. — 73 *b* Ка нума ла јел ера. — 74 *a* Дела порта ла стрга; *b* Била порта ла стрига. — 75 *a* фине. — 76 *a* Аде, фине, кà бегу т кјама. — 77 *a* Сел петрешчим полна Кладова; *b* Сал петречем пана ла. — 78 *a* азнà; *b* азнаà.

---

65 Petite feuille et une tulipe!
    Le beg partit de Vidin,
    Il arriva à Negotin,
    Il descendit chez Karapandži.
    Avec lui il délibéra en secret
70 Comment il terminerait l'affaire.
    Lorsque Karapandži apprit cela,
    Il partit chez Stojan,
    Car il était son parrain;
    De la porte il lui cria :
75 « Stojan, mon filleul Stojan!
    « Va, mon filleul, car le beg te mande
    « Pour que nous l'accompagnions jusqu'à Kladovo,
    « Jusqu'à Kladovo avec le trésor,

«Sîmbria să 'ţĭ o dĭa.
80 «Bun bacşis veĭ căpătă,
«Că nu ie voinic de sama ta
«Să 'ţĭ sare săritura,
«Să 'ţĭ calce călcătura ;
«Că ie frunza de patru foĭ ;
85 «Jeme codru de mişei,
«De mişei, de oamiňi răĭ ;
«Nu poţĭ să treşĭ de ieĭ. »

Da fină-sa ieşĭà :
«Nu 'm'i Stoian aicĭ », răspundĭa,
90 «Ce ie dus la Craina
«Să strîngă verghia,
«Verghia şi rămăşiţa,
«Si śe a rămas la raia,

79 a дă. — 81 a де. — 82 a Се серп ; b Се сара. — 83 ab Се калка. — 84 a де патро фоје ; b ће патру фоје. — 85 a Жеме кодру де ; b ћеме кодру ће m. — 86 a Де мишеј, де омини реј. — 87 a Ну пот трешћ де јеј. — 89 b ајча ; a распундја. — 90 a Да је дус. — 92 b Вергија m. — 93 a Шће рамас ; b че.

«Pour qu'il te donne tes gages.
80 «Tu obtiendras une bonne récompense,
«Car il n'y a pas de brave de ton espèce
«Pour sauter comme tu sautes,
«Pour marcher où tu marches ;
«Car la feuillée est [épaisse] de quatre feuilles ;
85 «Les brigands font gémir la forêt,
«Les brigands, les méchantes gens.
«On ne peut passer à cause d'eux. »

Mais la femme de son filleul sortit :
«Mon Stojan n'est pas ici », répondit-elle,
90 «Il est parti dans la Krajina
«Pour recouvrer le tribut,
«Le tribut et les intérêts,
«Et ce qui est resté chez le raïa

« Şi la sat la Ielovița ¹. »

95 Carapangia cînd auzià,
    La begu s'întorcià
    Şi din gură grăià :
    « Beg efendîm, dumňia ta,
    « Cred, nu ie Stoian aićea,
100 « Da ie dus la Craina
    « Să strîngă verghia,
    « Verghia şi rămăşița,
    « Şi śe a rămas la raia
    « Şi la sat la Ielovița. »

105 Begu cînd auzià,
    La astal se aşezà;

96 *ab* са торча. — 97 *a* Ши т. дин. — 99 *b* анча. — 103 *a* Ши ће а рамас; *b* че. — 105 *ab* ауза. — 106 *a* Ла астулу са шеза.

― ― ― ―

« Et dans le village de Jelovica ¹. »

90 Quand Karapandži entendit cela,
    Il revint chez le beg
    Et lui dit de sa bouche :
    « Beg efendim, seigneur,
    « Crois bien que Stojan n'est pas ici.
100 « Il est parti pour la Krajna,
    « Afin de recueillir le tribut,
    « Le tribut et les intérêts,
    « Et ce qui est resté chez le raïa
    « Et dans le village de Jelovica. »

105 Quand le beg entendit cela,
    Il s'assit à table;

¹ Il n'existe actuellement en Serbie aucun village du nom de *Jelovica*. Le Рѣчникъ географійско-статистичный, de Jovan Gavrilović (1846) mentionne seulement un *Jelovac* dans le district de Ćuprija, deux *Jelovik* dans les districts de Kragujevac et d'Užica, enfin un *Jalovik* dans le district de Šabac.

Cu Carapangia carte scrià,
Şi în proţap o puńia,
La mîna Tătaru o dià.
110 Cu şapte cavazĭ după Stoian trimetià.
Da la carte śe 'mĭ scrià?
« Stoiane, sinco Stoiane,
« Vino, sinco, la Negotin,
« Să mă petreśĭ la Cladova,
115 « La Cladova cu aznaoa;
« Sîmbria să 'ţĭ o dau;
« Bun bacşiş veĭ capătà,
« Că nu ie voinic de sama ta,
« Să 'ţĭ sare săritura,
120 « Sa 'ţĭ calce călcătura;
« Că ie frunza de patru foĭ;

110 *a* шапте ... триметја. — 111 *b* чем скркја. — 113 *a* Вин. — 114 *a* петрешћ; *b* петреч. — 115 *ab* азнà. — 116 *a* се цъ о дем. — 117 *ab* Бун бакшиш капатај. — 118 *a* де. — 119 *a* Се серп; *b* Се сари. — 120 *ab* Се калка. — 121 *a* де патро фоје; *b* ђе патру фоје.

Avec Karapandži il écrivit une lettre;
Il la plaça au bout d'une fourche,
La mit dans la main d'un Tatar.
110 Avec sept kavas il envoyait chercher Stojan.
Mais dans la lettre qu'écrivait-il?
« Stojan, mon fils Stojan,
« Viens, mon fils, à Negotin,
« Pour m'accompagner à Kladovo,
115 « A Kladovo avec le trésor,
« Pour que je te donne tes gages.
« Tu recevras une bonne récompense,
« Car il n'y a pas de brave de ton espèce
« Pour sauter comme tu sautes,
120 « Pour marcher où tu marches;
« Car la feuillée est [épaisse] de quatre feuilles,

«Ĭeme codru de mișeĭ,
«De mișeĭ, de oamińĭ răĭ;
«Nu poțĭ să treșĭ de ieĭ.»

125 Da Stoian śe 'mĭ făćià?
La Zaiciar să dućià,
Ciubăru cu vin scotià,
La raia dà sa bià.
Lăutarĭ puse să cînte
130 Şi biňe să veselià;
Frică de ńimă n'avià.
Puțin somn cînd dormià,
Răŭ visu 'mĭ visà.
De la somn cînd sărià,
135 La oamińĭ povestià

122 ab Жсме (cf. v. 85); a де. — 123 a Де ... де. — 124 ab Ну пот; a трешћ де; b се трајеск ће јеј. — 125 a шће; b ча. — 126 b са дуча. — 127 a Чобар вин скотја. — 128 a се о бја. — 129 a пус се кинта; b пус се кънтје. — 131 a де. — 132 ab сом. — 134 ab Де ла [b ђела] сом кънд сера. — 135 a Ла омнин повјеста.

«La forêt gémit de brigands,
«De brigands et de méchantes gens;
«On ne peut la traverser à cause d'eux.»

125 Mais Stojan, que faisait-il?
Il allait à Zaječar,
Tirait un baquet de vin,
Le donnait à boire aux raïas.
Il fit jouer des musiciens
130 Et se réjouit bien;
Il n'avait peur de personne.
Tandis qu'il fit un petit somme,
Il rêva un mauvais rêve.
Quand il se releva de son somme;
135 Il raconta aux gens

Visu rău se 'il visà :

« Visaĭ : pistoalele mele

« Staŭ la cuiŭ făr d'oţele;

« Pînză ńcagră piste iele.

140 « S'aŭ scurtat zilile mele.

« Visaĭ : puşculiţa mia

« Stăĭ la cuiŭ făr de vergia :

« Viaţa mia va fì să perdia.

« Un şerp cu puĭ în gură :

145 « Par că gidea 'l meu cu streangu 'n mînă. »

Niśĭ vorba nu isprăvià.

Tataru ajunjià,

Cartea la mînă o dà.

Da Stoian śe 'mĭ făćià ?

136 *a* шћел; *b* чел; *a* вncja. — 137 *a* пистолеле меле; *b* бистоле.ье. — 138 *a* фард оцеле; *b* фарт оцеле. — 139 *a* пегра. — 140 *a* зплиле меле. — 141 *a* пушкулица. — 144 puĭ *m. dans b.* — 145 *a* гнћа алмеу; *b* гнча алмеу; în *m. dans ab.* — 146 *a* Hnш; *b* Пнч. — 148 *ab* Carte. 149 *a* шћем; *b* чем; *b* фача.

Le mauvais rêve qu'il avait rêvé :

« Je rêvais [que] mes pistolets

« Restaient au clou sans être armés :

« Une toile noire les recouvrait :

140 « Mes jours étaient raccourcis.

« Je rêvais que mon cher petit fusil

« Était au clou sans baguette :

« Ma vie va [donc] périr.

« [Je voyais] un serpent avec ses petits dans la gueule ;

145 « On eût dit mon bourreau, sa corde à la main. »

Il n'avait pas fini ces mots

[Que] le Tatar arrivait.

Il lui donna la lettre en main.

Mais Stojan que fit-il ?

150 Cartea la mînă primià,
     Şi pe ia să uită
     Şi singur vorbià :
     « Cată! futuĭ muma sa!
     « Mă ćiamă begu din Cladova
155 « Să 'l duc cu aznaoa,
     « Că nu ie voinic de sama mia
     « Să 'mĭ calce călcătura
     « Să 'mĭ sare săritura,
     « Că 'mĭ ie frunza de patru foĭ,
160 « Jeme codru de mişeĭ,
     « De mişeĭ, de oamiñi răĭ;
     « Nu putem să treśem de ieĭ. »

     Cartea Stoian isprăvià;
     Pe calu să 'ncălecà,

150 a Карте; b Карциле. — 153 b футј. — 154 ab къјама. — 158 a серн. — 159 a de m.; b патро; ab фоје. — 160 a Жеме; b Џеме. — 160-162 a де. — 162 a sá m. 163 b a Карте. — 164 a са калека; b са калька.

---

150 Il prit la lettre en main
     Et il la regarda,
     Et seul il parla :
     « Voilà! je f... sa mère!
     « Le beg de Kladovo m'appelle
155 « Pour que je le conduise avec le trésor,
     « Car il n'y a pas de brave de mon espèce
     « Pour marcher où je marche,
     « Pour sauter où je saute;
     « Car la feuillée est [épaisse] de quatre feuilles,
160 « La forêt gémit de brigands,
     « De brigands et de méchantes gens;
     « Nous ne pouvons la traverser à cause d'eux. »

     Stojan finit la lettre;
     Il monta à cheval,

165 Pistolile umplià,
Pe drumu mare s'apucà.
La balta Negotinuluĭ ajunjià,
Pistolile sloboziă;
Negotinu tremurà,
170 Ciamurile să spărgià.
Răŭ begu să spămîntà;
Supt patu să pitulà.
Carapangia 'l sloboziă :
« Beg efendîm, dumňia ta,
175 « Nu te spămînta aşa. »

Stoian a casă ajunjià
Şi di la poartă strigà :
« Firo, Firo, soţia mia,
« Ia, ieşĭ de mă văzĭ,

165 *a* Пистолиле; *b* Пистоље. — 172 *ab* са питулат. — 173 *b* слобоѕа. —
175 *a* Нут. — 176 *a* ажунжа; *b* ажунца. — 177 де ои ђи *m. dans ab*. — 178 *a*
Фиро, Фиро, соцу мъеу; *b* *ne répète pas* Firo. — 179 *a* де.

---

165 Chargea ses pistolets
Et s'achemina sur la grande route.
Il arriva au marais de Negotin
Et déchargea ses pistolets.
Negotin trembla,
170 Les vitres se brisèrent.
Le beg fut fort effrayé;
Il se cacha sous son lit.
Karapandži le délivra :
« Beg efendim, seigneur,
175 « Ne t'effraye pas ainsi. »

Stojan arriva à la maison
Et il cria de la porte :
« Fira, Fira, ma femme,
« Sors donc pour me voir,

180 « Să mă văzĭ şi să mă prămenești. »
　　Da Fira 'l prămenià,
　　Din creștet pîn' la pămînt,
　　Tot cu tablă de arjint.
　　Stoian tot aşa făćià :
185 Mult, puţin, śe căpătă,
　　Tot pe iel şi pe atu puńià
　　Și la raia dà să băià.

　　Biňe cînd să prămenià
　　Pe atu să 'ncăľecà,
190 De la Fira bună zoă alvà,
　　Și la begu să dućià.
　　Fira după iel să uită,
　　Din ochi ňegrĭ lăcrămià;

180 *a* промењеш̆. — 181-182 *b* Да Фира ђин крејер пана ла помат. — 183 *a* де. — 184 *a* аша тот. 185 *a* мће; *b* че. — 186, 189 *a* хату. — 188 M. *Dimitrijević explique en marge le mot* prămenià : скимба. — 189 *a* са калека. — 190 *a* Ла Фира буна зоа алва; *b* Ла Фира буна зоа спусе. — 191 *b* луча. — 193 *a* Дпн оки негри лакримја; *b* ојки.

---

180 « Pour me voir et me changer [de vêtements]. »
　　Alors Fira le fit changer
　　Du sommet de la tête jusqu'à terre,
　　Le couvrant partout de plaques d'argent.
　　Stoian faisait toujours ainsi :
185 Peu ou prou, tout ce qu'il gagnait,
　　Il le mettait sur lui ou sur son cheval,
　　Et donnait à boire aux raïas.

　　Quand il fut bien vêtu de neuf,
　　Il monta sur son cheval,
190 Il prit congé de Fira
　　Et il alla chez le beg.
　　Fira le suivait des yeux;
　　De ses yeux noirs elle pleurait;

Parcă'ĭ spuñià iñima :
195 « Of! sufletu mieŭ, dochilițe!»

   La begu cînd ajunjià,
   Nașu-săŭ Carapangia
   Naintea'ĭ ieșià
   Și din gură greià :
200 « Stoiane, fiñe Stoiane,
   « Lasă-te, fiñe, de relele țele. »
   — « Cum să mă las de rele
   « Cînd m'am învățat cu iele
   « Din tiñerățile mele ? »
205 — « Lasă-te, fiñe, de rele ;
   « Lasă-te la credințile mele.
   « Petreșem begu la Cladova.

194 ĭ m. dans ab. — 195 a суфлетул. — 196 a ажунжа ; b ажунца. — 197 a Нашо су. — 198 a Наинћа јеша ; b Наинће јеша. — 199 a дин. — 201 a те ... де ; ab реље ; a теље. — 202 a де. — 203 a Кънд самт нвоцат. — 204 a тињерацеле. — 205 a те. — 206 a крединцеле меле. — 207 a Петрешћем ; b Петречем.

   On eût cru que le cœur lui disait :
195 « O mon âme.....(?) »

   Quand il arriva chez le beg,
   Son parrain Karapandži
   Vint au-devant lui
   Et de sa bouche lui dit :
200 « Stojan, mon filleul Stojan,
   « Abandonne tes crimes, mon filleul. »
   — « Comment abandonnerais-je mes crimes
   « Quand j'y suis habitué
   « Depuis ma jeunesse ?
205 — « Abandonne tes crimes, mon filleul ;
   « Abandonne-toi à ma foi.
   « Conduisons le beg à Kladovo,

« La Cladova cu aznaoa;
« Sîmbria să 'țĭ o diă;
210 « Bun bacşiş veĭ căpătă. »

Pînă ieĭ tăinuiă,
Begu batu 'ncălecă
Şi drumu 'nainte alvă.
Stoian cu naşu după iel merjiă
215 Cu naşu, cu Carapangia
(Bată 'l Maica Precistă[1]
Şi sfînta Dumĭnecă,
Şi Vinerea de mîne,
Şi toate zilile buńe!)

208 *b ne répète pas* La Cladova. — 209 *a* Семпи; *a* да; *b* дау. — 210 *ab* Бун бакшиш капатај. 211 *a* Полна. — 212 *a* калека; *b* каљка — 213 *a* Шп друм најинће алва; *b* Шп друм ънаинће лоса. 214 *a* мержа; *b* мерџа. — 217 *a* Думенпка. — 218 *a* Шп Вињер; *b* Шп Винер; *b* мунс. — 219 *a* Шп тоте зилиле буње.

___

« A Kladovo avec le trésor;
« Il te donnera tes gages;
210 « Tu gagneras une bonne récompense. »

Pendant qu'ils s'entretenaient secrètement,
Le beg monta à cheval
Et prit la route devant lui.
Stojan allait derrière lui, avec son parrain,
215 Avec son parrain Karapandżi
(Que la Mère immaculée le frappe[1],
Ainsi que le saint dimanche
Et le vendredi de demain,
Et tous les jours favorables!)

[1] Cette invocation à la Vierge se retrouve ailleurs dans les mêmes termes. (Cf. Teodorescu, *Poesiĭ pop.*, p. 518, v. 124.)

220 Merjià cum merjià;
    La Grabovița¹ ajunjià.
    Conacu acolo să gălià;
    Bégu di pe hat să descălecà;
    Numa cafia ñeagră cerià să bià.
225 Stoian śe 'mǐ făćià?
    Ciubăru cu vin scoṭià
    Și la raia da să bià :
    Frică de ñimă n' avià.

    Da begu, cînd vedià,
230 Ciubucelu aprindià,
    Și pe hatu să 'ncălecà,
    Drumu înainte alvà.

220 a Мержа кум мержа; b Мерџа кум мерџа. — 221 a ажунжа; b ажунџа. — 222 a гатја. — 223 a де; ab хату; a са скалска. — 224 a шћс обја. — 225 a Стоја шћс; b че фача. — 226 a Чобор вин. — 229 a приндја. — 231 a Ši m.; a са калека; b са каљека. — 232 наинће јар алва; b ананће лоса.

220 Ils allèrent comme ils allèrent.
    Ils arrivèrent à Grabovica¹;
    On y prépara la halte.
    Le beg descendit de cheval;
    Il ne demanda à boire que du café noir.
225 Que fit Stojan ?
    Il tira un baquet de vin
    Et donna à boire aux raïas :
    Il n'avait peur de personne.

    Cependant, quand le beg vit cela,
230 Il alluma son cher petit tchibouk
    Et monta sur son cheval;
    Il reprit sa route en avant.

¹ Village du district de la Krajna où se trouvent des mines de charbon. (Milićević, Кнежевина Србија, 946.)

CHANTS DES ROUMAINS DE SERBIE.

  Stoian, cînd vediă,
  Pe hatu să 'ncălecă,
235 Săbioara o scotiă,
  După begu să alvă.
  Stoian de cadînă'l înjură,
  De cadînă și fetiță :
  « Tu mă duși la Cladova,
240 « La Cladova să 'mĭ iaĭ viața mia;
  « Maĭ bine ieŭ pe a ta! »

  Carapangia cînd vediă,
  Pe iel mîna puñia :
  « Stăĭ, fiñe; nu fașe-așa!
245 « Dacă va fi, fiñe, șeva,
  « Da-voiŭ blaga mia și a ta
  « Și scap viața ta.

234 *a* калека; *b* каљека. — 235 *a* скотја; *b* скућа. — 236 *a* са алва; *b* са ама. — 237 *a* Стој де; *ab* ла жура. — 238 *a* Де. — 239 *a* луѣ; *b* луч. 244 *a* ну фаћ; *b* но фача. — 245 *a* счева; *b* чева. — 247 *b* Шп скапа.

  Quand Stojan vit cela,
  Il monta sur son cheval,
235 Tira son sabre chéri
  Et poursuivit le beg.
  Stojan l'injuriait dans sa femme,
  Dans sa femme et dans sa fille :
  « Tu me conduis à Kladovo,
240 « A Kladovo pour prendre ma vie;
  « Plutôt moi la tienne! »

  Quand Karapandži vit cela,
  Il mit la main sur lui :
  « Arrête, mon filleul; ne fais pas ainsi !
245 « S'il arrive quelque chose, mon filleul,
  « Je donnerai ma fortune et la tienne
  « Et je te sauverai la vie.

«Dà-voiŭ hatu de supt miñe :
«Nu te las pe tiñe. »

250 Iel de naşu-so s'ascultà
De naşu Carapangia
(Bată'l Maica Precistă,
Şi sfînta Dumiñecă,
Şi Viñerea de mîñe,
255 Şi toate zilile buñe)!

Numaï taina isprăvià,
La Costaperu¹ ajunjia,
Cu Arapu să 'ntîlnià;
Fraţi de cruce cu Stoian erià.
260 La o parte pe Stoian ćemà,

248 *ab* de т. — 249 *a* те. — 250 *a* де нашо; *ab* скулта. — 251 де нашо.
— 251-255 *ab abrègent ce refrain*. — 256 *a* Шума. — 257 *a* Костаперулу.
258 *a* са тела; *b* са атрња. — 259 *a* де круча ... јера. — 260 *a* кајама;
b къма.

«Je donnerai le cheval qui est sous moi;
«Je ne t'abandonnerai pas. »

250 Lui, il écouta son parrain,
Son parrain Karapandži
(Que la Mère immaculée le frappe,
Et le saint dimanche,
Et le vendredi de demain,
255 Et tous les jours favorables!).

A peine finissaient-ils leur entente secrète
Qu'ils arrivaient au Kostaperu³.
Ils rencontrèrent le Nègre.
Lui et Stojan étaient frères d'adoption.
260 Il appela Stojan à part

¹ Ou Kostina Kruška, colline située au-dessus de Kladovo. (Milićević, Кнежевина Србија, 1011.)

Din gură greià :
«Stoiane, frate Stoiane,
«De cînd ne-am văzut,
«Nișĭ un rău ne-am făcut,
265 «Nișĭ tu mie,
«Nișĭ ieu ție.
«Tu, de te ducĭ la Cladova,
«Prăpădeștĭ viața ta.
«Ieu a sară am fost la cafcñea
270 «Și am auzit taina ta.
«Nu te duse la cetate.»

Da iel, cînd auzià,
Săbioara scotia,
După begu să alvà,
275 De mumă îl injurà.

262 a Фрате. — 263 a Де кънд на вазут; b наj вазут. — 264-266 a Ниш; b Инч. — 267 de est suppléé. — 268 a Пропадешће. — 269, 270 am m. dans a. — 271 a Нут дућ; b Пу ће луча. — 273 a скотаjа. — 274 b са ама. — 275 a Де мума ла жура.

Et de sa bouche lui dit :
«Stojan, frère Stojan,
«Depuis que nous nous sommes vus,
«Nous ne nous sommes fait aucun mal,
265 «Ni toi à moi,
«Ni moi à toi.
«Si tu t'en vas à Kladovo,
«Tu perds ta vie.
«J'ai été hier soir au café
270 «Et j'ai entendu ton [arrêt] secret.
«Ne va pas dans la forteresse.»

Mais lui, quand il entendit,
Il tira son sabre chéri,
Poursuivit le beg,
275 L'injuria dans [la personne de] sa mère.

Carapangia, cînd vědià,
Pe iel mîna puñià.
Iel de nașu-so ascultà;
Gîndià că ieste așa.

280 Begu calu silià;
În cetate tunà.

Stoian, cînd ajunjià,
Toțĭ caii pe pod intrà;
Da al lu Stoian nu 'mĭ vrià.

285 Trecînd tîrcñia,
Șapte grinzĭ din pod rupià;
La cetate nu tunà,
Parcă 'ĭ spuñia iñima.
Da Stoian cu un pumn îl lovià,

276 *a* ведја. — 278 *a* де нашо са скулта; *b* ђе нашу съ аскулта. — 280 *b* цъњьа. 281 *a* Ла четате. 282 *a* ажунжа; *b* ажунца. — 283 *b* уитраръ. — 284 *a* Да лу стојану пум врà; *b* Да лу Стојан пу врја. — 285 *a* Трег кънд; *a* тргња; *b* тркња. — 286 *a* Шапте. — 287 *a* четате. — 288 ĭ *m. dans ab*; *a* пињма. — 289 *a* ку ун пум ла ловја.

Quand Karapandži vit cela,
Il mit la main sur lui.
Stojan écouta son parrain;
Il crut qu'il en était ainsi [qu'il le disait].

280 Le beg pressait son cheval;
Il entra dans la forteresse.

Quand Stojan arriva,
Tous les chevaux s'engagèrent sur le pont;
Mais celui de Stojan ne voulait pas.

285 En passant,
Il brisa sept poutres du pont,
Il n'entrait pas dans la forteresse;
On eût cru que son cœur lui disait [quelque chose].
Mais Stojan le frappa d'un coup de poing,

290   Cu scărili rău îi dà.
      Da calu, cînd să mînià,
      Piste-cetate sărià,
      Da la poartă nu vrià.
      Turći cînd îl vĕdià,
295   Frigurile de moarte le prindià;
      Cadînele să spămîntà,
      De pămînt să stîrpià,
      Alți 'n Dunăre să 'necà
      De frica șe le ierà.
300   Stoian la cafeńia trăjià,
      Dulșe cafia o bià,
      Și la vorbă să alvà
      Pîn' la cocoșu cîntà;

290 *a* скарили; *ab* рęу о да. — 292 *a* Писто четате. — 294 *a* Турчи; *a* ла ведја; *b* ло вједља. 295 *a* Фригуриле де морте; *b* Фригурили ђе. — 296 *a* Кадине; *b* Кадъна. — 297 *a* Де спомонту; *b* е спмънту. — 298 *a* се ода. — 299 *a* Де; *a* шће ера; шп че јера. — 300 *b* ла кафења ката. — 301 *a* Дулше; *b* Дулче. — 302 *b* са лова. — 303 *a* Полна; *b* Пъна пила.

290   Le blessa de ses étriers.
      Le cheval s'irrita;
      Il sauta par-dessus la forteresse;
      Mais par la porte il ne voulait pas [passer].
          Quand les Turcs le virent,
295   La fièvre de la mort les saisit;
      Les femmes s'effrayèrent,
      Se jetèrent contre terre;
      D'autres se noyèrent dans le Danube
      A cause de la peur qu'ils avaient.
300   Stoian se dirigea vers le café,
      But un doux café,
      Et se mit à parler
      Jusqu'au chant du coq;

Și nașu atunsia
305   Veñià,
Din gură greià:
« Fiñe, fiñe Stoiane,
« Aide fiñe; begu le chiamă
« Sìmbria să-țĭ o dià :
310   « Bun bacșiș veĭ căpătà. »
        Da Stoian, cînd s'a sculat,
Și maĭ biñe s'a 'nărmat.
Da nașu-so se 'mĭ greià?
« Nu merjĭ, fiñe, armat,
315   « Că tare ie begu mîñiat.
« Acuș pleacă la Ada Cale¹;

304 a Шън нашо; a атунѣа; b атунча. — 306 a Дии. — 307 a Фине, фине. — 308 a Фине; a тъ. — 309 a дà. — 310 ab Бун бакшиш капатај. — 311 a сколат. — 312 ab са армат. — 313 a Да нашо со шѣем; b че; a грејат. — 314 a мерѣ; b мерг. — 315 b бегу армат.

Et son parrain alors
305   Vint,
Et de sa bouche [lui] dit :
« Filleul, filleul Stojan !
« Allons, filleul; le beg t'appelle
« Pour te donner tes gages.
310   « Tu recevras une bonne récompense. »
        Cependant Stojan, quand il se leva,
S'arma encore mieux.
Mais que lui dit son parrain?
« Ne va pas armé, mon filleul,
315   « Car le beg est très irrité.
« Il part maintenant pour Ada Kale¹;

¹ Ada Kale est le nom turc de la forteresse construite par les Impériaux dans une petite île du Danube, en aval d'Orsova. Cette forteresse, que les troupes austro-hongroises ont réoccupée depuis que les Turcs ont dû abandonner le Danube, ne porte plus que le nom de Nouvel-Orsova (Uj Orsova, Neu Orsova).

CHANTS DES ROUMAINS DE SERBIE.

« Pramu stă gătit la Dunăre. »

  Stoian cînd auzià,
  Îşĭ mulà (?) biciacu se aviă,
320 Și pe iel lăsà;
  Ca muierile plecà.

  Begu cînd îl vědià,
  Tot galbiñĭ din tandă vărsà;
  Si pămîntu îngălbiñià.
325 Da Stoian adună,
  Turći pe iel năvălià.
  Stoian cînd să scuturà,
  Turći ca perile cădià.

  Rău begu să spămîntă.
330 Unu din iĭ s'aleȝià,

317 *a* гатит; *b* *indique les deux prononciations*. — 318 *ab* ауза. — 319 *ab* Ши мула бичак; *a* шће; *b* че. - 321 *ab* Къа; *a* мујериле. — 322 *a* ла псаја. 323 *a* галбини дин. — 324 *a* Помонду галбиња; *b* ангалбињи. — 326 *b* Турчи. — 327 *a* скотура. — 328 *b* Турчи ка перили. — 330 *a* Уну де ји са алећа; *b* са алећии.

« Le bateau est prêt sur le Danube. »

  Stojan, quand il entendit cela,
  Détacha (?) le couteau qu'il avait
320 Et le laissa.
  Il partit [désarmé] comme les femmes.

  Quand le beg vit cela,
  Il laissa tomber de sa bourse (?) rien que des ducats,
  Et la terre en jaunit.
325 Pendant que Stojan les ramassait,
  Les Turcs fondirent sur lui.
  Quand Stojan se secouait,
  Les Turcs tombaient comme des poires.

  Le beg fut fort effrayé.
330 L'un des Turcs se mit en avant,

Asli, Romîn turćit din Rîtcova [1]
(Bată-l Maica Precistă,
Și sfînta Dumińecă,
Și Viñerea de mîńe,
335 Și toate zilile buńe!).
Bîtă de corn la mînă-aviă;
Pe Stoian cu ia după ureche loviă
(Maĭ biñe l'amețiă),
Și pe jenunche cădĭa.
340 Din gură grăiă :
«Iacă, nașo, sîmbrioara mia!»

Da begu să rîdiă;
Turći tare năvăliă;
Biñe frumos îl legă.

331 a Сали; b турчит; a дин. — 332 b Баћел Мујка. — 332-335 ab *abrègent ce refrain*. — 336 b авја ла мъна. — 337 a ла урски. — 338 b Ку ја ла амеција. — 339 a Ла женунге (*variante en marge* женуге). — 341 a нашо; b мошуље. — 343 b Турчи. — 344 a ла љага.

Asli, Roumain renégat de Rtkovo [1]
(Que la Mère immaculée le frappe,
Et le saint dimanche,
Et le vendredi de demain,
335 Et tous les jours favorables!).
Il avait à la main un bâton de cornouiller ;
Il en frappa Stoian derrière les oreilles
(Il l'étourdissait mieux [ainsi]),
Et il tomba sur les genoux
340 Et de sa bouche dit :
«Voilà, parrain, mes gages!»

Mais le beg riait;
Les Turcs se précipitèrent avec force,
L'attachèrent bel et bien,

[1] Village du cercle de Krajina, arrondissement de Ključ.

345   La begu îl suià.
       Begu cu ștrangu'n mînă ierà :
       « Stoian spînzurat»! poruncià.
       Da Stoian śe' mĭ grăià?
       « Beg cfendîm, dumńia ta
350 « (De cadînă 'l 'injurà,
       « De cadînă și fetiță),
       « Nu mă noaptea spînzură,
       « Că nu mis curva ta;
       « Da la zoo mă spînzură,
355 « Să mă vază lumia,
       « Că bińe am trăit cu ia;
       « Da d'întăiu mă judecă. »

       Begu atunśia spuńiă :
       « Stoiane, bre, Stoiane,

345 *a* ла суја; *b* ла судија. — 346 'n mînă *m*. — 347 *b* порнча. — 348 *a* шћем; *b* чем. — 350 *a* Де; *a* ла жура; *b* лъ жура. — 351 *a* Дє... фетица. — 352 *a* нопте. — 353 *b* Ка ну съит. — 355 *a* Се ме веда раја. — 357 *a* Да динтеј; *b* Да ђинтъи; *a* жудека. — 358 *a* атунћа; *b* атунча.

---

345   Le montèrent chez le beg.
       Le beg tenait une corde à la main :
       « Que Stojan soit pendu»! ordonna-t-il.
       Mais Stojan que disait-il?
       « Beg cfendim, seigneur
350 « (Il l'injuriait dans sa femme,
       « Dans sa femme et dans sa fille),
       « Ne me pends pas la nuit,
       « Car je ne suis pas ta putain;
       « Mais pends-moi le jour,
355 « Pour que le monde (*var.* le raïa) me voie,
       « Car j'ai vécu en bons termes avec lui;
       « Mais d'abord juge-moi. »

       Alors le beg dit :
       « Stojan, eh! Stojan,

360 « De cînd te-aĭ buḽiubașit,
« Tu nu te-aĭ purtat buḽiubașește,
« Numa te-aĭ purtat bejește,
« De la creștet pînla pămînt
« Tot cu tablă de arjint;
365 « De frica ta Turcu
« Nu trecù Timocu;
« Dac'a trecut Turc cu barbă,
« Tu l'aĭ pus d'a păscut iarbă;
« Dac'a trecut Turcu tinar,
370 « Tu l'aĭ pus să măṅinse fîn;
« Dac'a trecut Turc călare,
« Tu l'aĭ 'ntors cu șaoa pe spinare.
« Multe cadṅe aĭ vădovit;
« Fetiḽe mare a'mbătrîṅit.

360 a Де кънд та. — 361 a Ту ну тъе портат. — 362 a Нума тъа портат. — 363-364 Ces deux vers manquent dans b; a Де ... полна. — 365 a Ши де. — 366 a Ну трекут Тимока. — 367 b Дака треку. — 368 a Ту ла пус паскут; b Ту лаj пус паскунд. — 369 a тињер. Cf. v. 38. — 370 a Ту ла пус мањинше; b манъче. — 373 a Мулт кадине водовит; b Муље кадиње вједве. — 374 a Фетле маре батренит; b Феѓиље маре амбатрњит.

360 « Depuis que tu es bölükbaši,
« Tu ne t'es pas vêtu comme un bölükbaši,
« Tu t'es vêtu comme un beg :
« Du sommet de la tête jusqu'à terre
« Tout [couvert] de plaques d'argent.
365 « Par peur de toi, le Turc
« N'a plus passé le Timok.
« S'il est passé un vieux Turc,
« Tu lui as fait paître l'herbe;
« S'il est passé un jeune Turc,
370 « Tu lui as fait manger du foin;
« S'il est passé un Turc à cheval,
« Tu l'as fait repartir sa selle sur le dos.
« Tu as rendu veuves beaucoup de femmes,
« Tu as fait vieillir des filles bonnes à marier

375 « Tri orĭ Timocu a zătoṅit
 « Zătoṅit de Turći morțĭ.
 « Turći đi la Niş încoacĭ
 « Trag potcoavele đila caĭ
 « Şi le vinđe pe mălaĭ. »

380 Da Stoian će 'mĭ grăià?
 « Beg efendîm, dumṅia ta
 « (De cadînă 'l'injură,
 « De cadînă şi fetița),
 « Mult, puțin, će-am câştigat,
385 « Tot pe miṅe şi pe hat am 'mbrăcat;
 « Pentru asta aşa m'am portat.
 « Cu Turći tot am făcut aşa,
 « Aşa cum spuṅĭ dumṅia ta;

375 a Трпор тимок затопит. — 376 a Затопит лс Турки морт. — 377 b Турч; a дела. — 378 a подкове; b поткове; a дела. — 379 a винде. 380 a шћем; b чем. — 382 a Де . . . ла жура; b ла ънжура. — 383 a Де . . . фетица. — 384 a шће м; b че ам. — 385 a пе хату бракат; a ту амъбракат. 386 ab мъа. — 387 b Турчи; ab am m.

375 « Trois fois le Timok a débordé,
 « Débordé de Turcs morts.
 « Les Turcs depuis Niš jusqu'ici
 « Enlèvent les fers à leurs chevaux
 « Et les vendent contre du maïs. »

380 Mais que dit Stojan?
 « Beg efendim, seigneur
 « (Il l'injuriait dans sa femme,
 « Dans sa femme et dans sa fille),
 « Peu ou prou, ce que j'ai gagné,
385 « J'en ai vêtu moi et mon cheval;
 « Voilà pourquoi j'ai été ainsi vêtu.
 « Avec les Turcs j'ai agi ainsi,
 « Ainsi que tu le dis toi-même,

27.

«Şi, să nu fi fost naşu mieŭ,
390 «Aş fi alvat şi capu tăŭ.
«Dar aşa : ia tu pe al mieŭ,
«Să să ducă pomina!»

Pînă vorbiłe isprăvià,
Zoriłe să vărsà.
395 Turći Stoian pe cal puńia
Şi afară ieşià.
Of! la păru rotat
Ierà Stoian spînzurat.
Da soariłi 'ntuńecà
400 Şi pămîntu trămurà.

Turći bińe rămîńià;
Frică de ńimă n'avià.

389 *a* Шъи; *a* фос нашо. — 390 *b* Aj фи ловат. — 393 *a* Полна ворбиле. — 394 *a* Зориле. — 395 *a* Турчи; *ab* калу. — 396 *a* Шъи; *ab* јеша. — 399 *a* Сориле; *a* тунекат; *b* тунъкат. — 400 *a* трамурат; *b* тремурат. — 401 *b* Турчи. — 402 *a* де.

«Et, n'avait été mon parrain,
390 «J'aurais enlevé également ta tête.
«Mais la chose est ainsi : prends, toi, la mienne,
«Pour qu'il en soit fait mémoire.»

Comme il achevait ces mots,
L'aurore parut.
395 Les Turcs placèrent Stojan sur un cheval
Et sortirent [de la ville].
Hélas! au poirier arrondi
Stojan fut pendu;
Mais le soleil s'obscurcit,
400 Et la terre trembla.

Les Turcs restèrent à leur aise :
Ils n'avaient plus peur de personne.

XXV

STOJAN, LE BÖLÜKBAŠI.

(VARIANTE.)

    Verde foaia ş'o ĭeĭea!
    N'avià begu ce lucrà;
    Din Ṭarigrad se scolà
    Si plecà la Cladova,
5 Tot cu a mică sacsana.
    Treĭ conacĭ că făcià
    Pin la Deĭ cînd ajungià.
    Ia, văzĭ, begu ce lucrà.
    În conacu unde trăgià,
10 În curte la Osman Paşa,
    Numaĭ o noapte conacià;
    Demiñeaţă sa scolà,
    Pe oichĭ negrĭ să spălà;
    La cîrcĭmă cînd mergià,

    Feuille verte et une tulipe!
    Le beg n'avait rien à faire;
    Il se mit en route de Constantinople
    Et partit pour Kladovo,
5 Toujours sur son petit bidet.
    Il se reposa trois fois la nuit en route,
    Jusqu'à ce qu'il arrivât à Vidin.
    Or voyez ce que fit le beg.
    Dans le konak vers lequel il se dirigeait,
10 Dans la maison d'Osman Pacha,
    Une seule nuit il fit halte;
    Le matin il se leva,
    Lava ses yeux noirs,
    S'en alla à l'auberge

15 Numaĭ o cafia că 'mi-şĭ bià,
    Şi pe at că încălecà.
    Seiz după el mergià
    Tot c'o mică sacsana.
    Şi la Cladova plecà.

20   Cînd pe capie trecià,
    Cîte cadne în Deĭ ierà
    Tot la capie ieşià
    Şi pe begu îl dăruià
    Cu şecher şi cu cafia :
25 « Begia 'fenda, dumnia ta,
    « Ne rugăm de dumnia ta,
    « De te ducĭ la Cladova,
    « Ia, să te bagĭ pin Craina,
    « La Stoian buliubaşa .

XV, 21. M. *Dimitrijevic écrit* : Къће кадне удове у Деј јepa. *L'un des deux mots est une superfétation évidente.*

---

15 Pour boire simplement du café,
    Puis monta sur son cheval.
    Un séis marchait derrière lui,
    Aussi sur un petit bidet.
    Il partit pour Kladovo.

20   Comme il franchissait la porte,
    Toutes les femmes qui étaient à Vidin
    Sortirent également à la porte
    Et régalèrent le beg
    De confiture et de café :
25 « Beg efendi, seigneur,
    « Nous te prions,
    « Si tu t'en vas à Cladova,
    « Ça, passe par la Krajina,
    « Chez Stojan, le bölükbaši,

30 « Care judecă Craina.
   « Ficiorelu Serbuluĭ
   « Baş mijlocu tîrguluĭ,
   « Tîrgu Negotinuluĭ,
   « De cînd s'a buliubaşit,
35 « Turc Timocu n'a trecut.
   « Care Timocu a trecut,
   « Cu cizma'n piept l'a bătut,
   « Frumos căpşor ĭ-a tăiat
   « Ne întrebat, ne judecat.
40 « Şi şti, begia, de o nu şti
   « Pe noĭ că ne-a vădovit,
   « Coconaşĭ ne-a sărăcit,
   « Curţĭ albe ne-a opustit. »
   . . . .

30 « Qui est le juge de la Krajina.
   « Lui, fils de Serbe,
   « Au milieu même du bourg,
   « Du bourg de Negotin,
   « Depuis qu'il est bölükbaši,
35 « Le Turc n'a plus passé le Timok.
   « Celui qui a passé le Timok,
   « Il l'a frappé de sa botte dans la poitrine,
   « Il lui a tranquillement coupé la tête,
   « Sans interrogatoire, sans jugement.
40 « Sache, beg, si tu ne le sais pas,
   « Qu'il nous a rendues veuves;
   « Il a ruiné nos enfants,
   « Il a dépeuplé nos blanches maisons. »
   . . . .

(Communication de M. Georges Dimitrijević.)

XXVI

STOJAN, LE BÖLÜKBAŠI.

(AUTRE FRAGMENT.)

    Pazmangia s'a jurat :
    Unde o prinde babă slabă,
    S'o puńe sa pască iarbă;
    Unde o prinde moş bătrîn.
5 Să 'l puńe să roade fîn.
    Aiduc Velco s'a jurat :
    Unde 'l prinde 'l va tăià.
. . . .

1, 6. са зъјурат. — 2. Уиђау приинђе бабе слабе. — 4. приндe.

    Pazmandži a juré :
    Quand il surprendra une faible vieille femme,
    Il la mettra à paître l'herbe;
    Quand il surprendra un vieillard,
5 Il le mettra à brouter du foin.
    Hajduk Veljko[1] a juré :
    Quand il le surprendra, il le tuera.
. . . .

(Milićević, Кнежевина Србија, 1009.)

[1] Le célèbre Hajduk Veljko Petrović, qui prit une part si glorieuse aux luttes soutenues par les Serbes pour leur indépendance, était né, vers 1780, à Lenovci près de Zaječar, dans le district de Črna Reka; il fut tué à Vidin au commencement de l'année 1813. Veljko a été chanté par tous les poètes populaires de la Serbie et son souvenir se retrouve à chaque pas dans le pays. (Voy. Milićević, Кнежевина Србија, p. 889-903 et *passim*.)

XXVII

L'AGA TOPALOVIĆ ET STOJAN, LE BÖLÜKBAŠI.

   Aguşita[1] luĭ Topală
Mi pormise tot prin ţară,
Cu doĭ haţĭ la o coşară,
Şi din graiŭ aşà grăià :
5 «Dreghić, Dreghić, sluga mia,
Da cu haţi într'o parte,
Căci 'mĭ vin' acù o carte
De la 'nălţatul împărat,
Din mijlocu de Ţarigrad[2].»

XVII. *Nous donnons cette pièce telle qu'elle a été publiée par M. Mărienescu, sans tenir compte de la prononciation populaire. Nous rétablissons seulement les imparfaits en* ià (curià, ducià, scrià, făcià) *et nous substituons l'orthographe usitée en Roumanie à l'orthographe transylvaine suivie par le premier éditeur.*

   Le fils d'aga [1], Topalović,
Parcourait tout le pays
Avec deux chevaux attelés à une voiture légère,
Et de sa bouche parlait ainsi :
5 «Dregić, Dregić, mon serviteur,
«Va de ton côté avec les chevaux,
«Car il me vient maintenant une lettre
«Du haut empereur
«[Qui trône] au milieu de Constantinople[2].»

[1] *Aguşiţa*, diminutif d'*agà*, nous paraît s'appliquer ici au fils d'un aga, d'autant que le prénom *luĭ* indique la filiation. Nous traduisons *luĭ Topală* par Topalović, nom qui existe effectivement en Serbie. Miličević (Кнеж. Србnja, 347) cite un Milovan Topalović qui se distingua dans un combat contre les Turcs en 1815. En turc, *topal* signifie boiteux. Dans un autre chant publié par M. Teodorescu (p. 611-614), le même personnage est appelé «Aguş al luĭ Topală.»

[2] Les vers 8 et 9 se retrouvent dans la ballade de Constantin Brîncovanu également publiée par M. Mărienescu, *Balade*, II, 65.

                10   Un Turc tare maĭ curia;
                     Şi tiliga ş'o oprià,
                     Luĭ Topală carte-ĭ dà :
                     Împăratul îl numià
                     De beg mare 'n Sladova[1],
                15   Aga mare'n Cladova.
                     Şi Topală a plecat
                     Dirept pîn' la Ţarigrad,
                     Cu cincĭ zecĭ de Arnauţĭ,
                     Ca acestia sînt maĭ iuţĭ[2].
                20   La 'mpăratul se ducià,
                     Mulţăm mare de a-ĭ dà.
                     In deretru cînd venià
                     Pe la podu la Cladova[3],
                     Bate-mĭ, doamne, tambura,

                10   Un Turc robuste courait
                     Et arrêtait la voiture;
                     Il remit la lettre à Topală.
                     L'empereur le nommait
                     Grand beg de Sladovo[1],
                15   Grand aga de Kladovo.
                     Et Topala partit
                     Droit vers Constantinople,
                     Avec cinquante Arnaoutes,
                     Car ceux-ci sont les plus rapides[2].
                20   Il s'en allait vers l'empereur
                     Pour lui rendre de grandes grâces.
                     Quand il revint de [son voyage]
                     Vers le pont de Kladovo[3],
                     Le tambour battait, seigneur,

[1] Nous ne connaissons aucune localité de ce nom. Sladovo signifie « la ville des douceurs. »

[2] Les vers 18-19, comme les vers 8-9, se retrouvent dans la ballade de Constantin Brîncovanu, ap. Mărienescu, *Balade*, II, 65.

[3] Il s'agit du pont-levis donnant accès dans la forteresse.

25 Cît îmĭ seacă inima;
Toate boieresele
Îşĭ părăseà casele,
Închideà dugenile,
'Şĭ ascundeà averile.
30 Aguşiţa luĭ Topală
Se mirà ce află 'n ţară,
Şi-şĭ dedea cuvintele :
« Ce părăsiţĭ casele?
« Ce 'nchideţĭ dugenile
35 « Şi [v'] ascundeţĭ averile?
« N'am venit pe rebelie,
« Ci trimis de 'mpărăţie
« Ca şi beg în Sladova,
« Ca şi aga 'n Cladova. »
40 Şi pe toţi i renturnà,
Şi ieĭ în Cladova intrà.

---

25 A vous dessécher le cœur;
Toutes les femmes des boïars
Quittaient leurs maisons,
Fermaient les boutiques
Et cachaient leurs trésors.
30 Le fils d'aga, Topalović,
S'étonnait de ce qu'il trouvait dans le pays
Et prononçait ces mots :
« Pourquoi quittez-vous vos maisons?
« Pourquoi fermez-vous vos boutiques
35 « Et cachez-vous vos trésors?
« Je ne suis pas venu en rebelle,
« Mais envoyé par l'empereur
« Comme beg de Sladovo,
« Comme aga de Kladovo. »
40 Il les renvoya tous
Et entra dans Kladovo.

În cetate cînd ierà,
Sevai! foarte să mănià,
Că în scaun iel 'mĭ aflà
45 Pe Stoian bulibaşa,
Care -ĭ noaptea harembaşa.
Săbioara o scotià,
Mîna stîngă ĭ-o tăià
Cu ciubucu alaturea.
50 Dar Stoian aşà-ĭ strigà :
« Vuraĭ, vuraĭ! Ce-ĭ asta,
« Că 'mĭ tăiaşĭ tu mie mîna? »
Şi Stoian atuncĭ fugià
L'oberchinez din Craina.
55 N'avù aga ce lucrà;
Carte mare iel scrià
L'oberchinez din Craina
Pentru Stoian bulibaşa,

Quand il fut dans la ville,
Malheur! il s'irrita fort
De ce qu'il trouvait en place,
45 Stojan le bölükbaši,
Qui est la nuit chef de brigands.
Il tira son sabre,
Lui coupa la main gauche,
La plaça près de son tchibouk.
50 Mais Stojan lui cria ainsi :
« Malheur, malheur! Qu'est-ce que cela
« Que tu me coupes la main? »
Et Stojan alors s'enfuit
Chez l'oberknez de la Krajina.
55 L'aga ne sut que faire.
Il écrivit une grande lettre
A l'oberknez de la Krajina
Au sujet de Stojan le bölükbaši,

Care-ĭ noaptea harembașa.
60 Ș' oberchinezul ce făcià?
Luĭ Stoian haiducĭ i dà,
Și Stoian 'mĭ și venià
Și pe toțĭ i sărăcià;
Deschidea dugenile,
65 Și răpià averile![1]

XXVIII

LE PACHA D'IZVOR.

Bat' iel, Doamne, și îl omoare
Pie pașa, al din Izvoare[2],

Qui est la nuit chef de brigands.
60 Et que fit l'oberknez?
Il donna à Stojan des haïdouks.
Et Stojan venait
Et appauvrissait tout le monde;
Il ouvrait les boutiques
65 Et enlevait les trésors![1]

(*Poesia poporala, Balade culese si corese de At. Marianu Marienescu;* II, Pest'a, 1859, in-8°, p. 116-118.)

Bats-le, Seigneur, et tue-le,
Le pacha d'Izvor[2],

---

[1] Comme nous l'avons dit ci-dessus, il est question de l'aga Topalović dans un chant de la Petite-Valachie, publié par M. Teodorescu (*Poesiĭ populare*, p. 611-614), mais cette seconde pièce se rapporte uniquement à la Valachie et ne fait aucune mention de Stojan le bölükbaši.

[2] Veliki Izvor (la grande Source), village du district de la Črna Reka, arrondissement de Zaječar.

Ce a robit Izvoru al mare!
L'a robit și l'a pîrlit;
5 L'a pîrlit de l'a furșit.
Fete marĭ și dìn acĭ
A pus Turci după vacĭ;
Dar copiĭ d'aĭ mititeĭ
A pus tot după vițeĭ.

XXIX

LE TSAR ALEXANDRE Ier ET LES TURCS [1].
(1809-1810.)

Frunza verde, păr uscat!
Alecsander s'a jurat
Pe sabie și mizdrac
Ca să ia Țarigrad.

Qui a enlevé le grand Izvor!
Il l'a enlevé et l'a brûlé;
5 Il l'a brûlé pour le piller.
Les grandes filles d'ici
Les Turcs les ont mises à garder les vaches,
Et, quant aux petits enfants,
Ils les ont mis à garder les veaux.

(Communication de Mlle X.)

Feuillage vert, poirier desséché!
Alexandre a juré
Sur son sabre et sur sa lance
De prendre Constantinople.

---

[1] Un chant relatif à Kara-Georges que publie M. Teodorescu (p. 482) commence à peu près de même.

CHANTS DES ROUMAINS DE SERBIE.

5   Vot Cazachi, vot Moscali!
Rusia să stăpînească;
Pe Turcu să 'l prăpădească.
Vot Cazachi, vot Moscali!

XXX

TUDOR VLADIMIRESCU[1].
(1821.)

Şti, şti, şti, Todore, şti?
Şi ńe mîńĭ ca pe boĭ,
Şi ńe taĭ ca pe oĭ.
Noĭ, noĭ, săracĭ de noĭ!

5   Fi, fi, fi, ińima, fi!
Fi, fi, fi, Todore, fi!

---

5   Voilà les Cosaques, voilà les Moscovites!
Que la Russie règne en maîtresse;
Qu'elle écrase le Turc!
Voilà les Cosaques, voilà les Moscovites!

(Communication de M. Svetozar Stojadinović.)

Sais-tu, sais-tu, sais-tu, Théodore, sais-tu!
Tu nous mènes comme des bœufs,
Tu nous fais tuer comme des brebis.
Nous, nous, pauvres gens que nous sommes!

5   Allons, allons, allons, mon cœur, allons!
Allons, allons, allons, Théodore, allons!

[1] Théodore Vladimirescu, que le peuple appelle simplement Théodore, est le héros de la révolution de 1821, en Valachie. Son souvenir est resté vivant dans les chants populaires. (Voy. Alecsandri, *Poesiĭ*, p. 292, et Teodorescu. p. 216 et 484.)

Să ne daĭ direptate,
Să ne scoţĭ din strîmbate!

XXX, 8. *C'est bien ainsi qu'écrit M. Stojadinović pour* strîmbătate.

Fais-nous obtenir justice;
Tire-nous de l'oppression!

(Communication de M. Svetozar Stojadinović.)

TABLE DES NOMS PROPRES.

ADA KALE, forteresse du Danube (Uj Orsova ou Neu Orsova), xxiv, 316.
ALBANAIS (roum. *Arnauţĭ*), xxvii, 18.
ALEXANDRE, empereur de Russie, xxix, 2.
ASLI ou SALI, renégat, xxiv, 331.
BĂLĂBAN (Jean), xiii, 7.
BASILE, xix, 10.
CLADOVA. Voy. KLADOVO.
CONSTANTINOPLE (roum. *Ţarigrad*), xix, 4; xxiv, 3; xxv, 3; xxvii, 9, 17; xxix, 40.
COSAQUES (roum. *Cazacĭ*), xxix, 5, 8.
DANUBE (roum. *Dunăre*), xvi, 1; xxiv, 298, 317.
DEÏ, DIA. Voy. VIDIN.
DREGIĆ, xxv, 5.
DUNĂRE. Voy. DANUBE.
FIRA, nom de femme (Zamfira), xxiv, 178, 181, 190.
GRABOVICA, village de Serbie, xxiv, 221.
HAJDUK VELJKO PETROVIĆ, xxv, 6.
IZVOR (Veliki), village de Serbie, xxviii, 2.
JELOVICA, village de Serbie, xxiv, 94.
JUDA, viii, 1.
KARAPANDZI, xxiv, 68, 71, 95, 107, 173, 197, 215, 242, 251, 276.
KLADOVO (roum. *Cladova*), ville de Serbie, xxiv, 2, 26, 77, 78, 115, 154, 207, 208, 239, 240, 267; xxv, 4, 18, 27; xxvii, 15, 23, 39, 41.
KOSTINA KRUŠKA (vulg. *Kostaperu*), colline de Serbie, xxiv, 257.
KRAJNA, frontière, nom d'un district serbe, xxiv, 28, 32, 90, 100; xxv, 28.
MOSCOVITES (roum. *Moscalĭ*), xxix, 5, 8.
MARIE, iii, 1, 5, 10.
NEGOTIN, ville de Serbie, xxiv, 31, 67.
NIŠ, ville de Serbie, xxiv, 50, 114, 167, 377; xxv, 33.
PAZVANDŽI, xxiv, 6, 7, 12, 18, 57; — PAZMANDŽI, xxvi, 1.
OSMAN PACHA, xxv, 10.
PIERRE, xix, 1, 3.
RTKOVO, village de Serbie, xxiv, 331.
SERBES, xix, 9; xxv, 31.
SLADOVA (?), xxvi, 14, 38.
STOJAN, xxiv, 27, 72, 75, 89, 99, 110, 125, 163, 176, 184, 200, 214,

225, 260, 262, 282, 284, 289, 300, 307, 311, 325, 337, 359, 380, 395, 398; xxvii, 45, 50, 58, 61, 62.

Svištov, (roum. *Fistov*), ville de Bulgarie, xvi, 2.

Tarigrad. Voy. Constantinople.

Tatar, xxiv, 109, 147.

Timok, rivière, xxiv, 35, 43, 366, 375; xxv, 35, 36.

Topalović (L'aga), xxvii, 1, 12, 30.

Turcs, xxiv, 34, 36, 38, 40, 44, 50, 294, 326, 365, 367, 369, 371, 376, 382, 395; xxvii, 10; xxix, 7.

Veljko (Hajduk). Voy. Hajduk.

Vladimirescu (Théodore), xxx, 1, 6.

Zaječar, ville de Serbie, xxiv, 126.

GLOSSAIRE.

Aiduc (haiduc). haïdouque, xxv, 6. Cf. Hasdeu, *Etymologicum*, 581.
Astal, mot turc, table, xxiv, 106.
At (hat), cheval, xxiv, 186, 189, 385; xxv, 16. Par contre, *hat* aux variantes dans les mêmes passages et xxiv, 212, 223, 231, 234, 248; xxvii, 3, 6. Cf. Șaineanu, *Elemente turcești în limba rom.*, n° 65.
Aznà (haznà), trésor, xxiv, 78, 115, 208. Cf. Șaineanu, n° 659.
Bejește, adv., comme un beg, xxiv, 362. Șaineanu (n° 155) ne cite que la forme *briceag*.
Biciac, couteau, xxiv, 319. La forme roumaine ordinaire est *briceag*.
Buliubașesc, nommer bölükbași, xxiv, 33, 42, 360.
Buliubasește, adv., comme un bölükbași, xxiv, 361.
Buliubași, t. bölükbași, colonel. Șaineanu (n° 165) n'indique que les formes *bulucbașa*, *bulubașa*.
Buluc, régiment, vi, 6. Șaineanu, n° 165.
Buzducel, dim. de *buzdugan*, masse d'armes. xxi, 65.
Cadînă, femme turque, xxiv, 20, 21, 59. 238, 292, 350, 351, 373. *Cadnă*, xxiv, 48; xxv, 21. Șaineanu, n° 180.
Ciam (geam), vitre, pl. *ciamurĭ*, xxiv, 170.
Coștoră, couteau, xxi, 62. — La forme ordinaire est *custură*.
Cusniță, serbe кузница, forge, xxi, 58. — La forme ordinaire est *cușniță*.
Da (dar), mais, cependant, xxiv, 58, 88, 111, 125, etc.
Dert (În) (în derept), xxi, 25.
Di (de), xxiv, 51, 52, 60, etc.
Dochilițe (?). xxiv, 195.
Dodo (?), xix, 8.
Fistovgean, habitant de Svištov, sur la rive bulgare, 16, xvi, 2 (var.).
H. Les Roumains de Serbie, comme les Serbes eux-mêmes, laissent souvent tomber l'aspiration au commencement des mots : *aiduc, at, aznà, oție, rănesc*.
Iau, prendre. Imparf. *lovà*, xxiv, 302 (var.); parf. *lovaĭ*, xxi, 30; *loiu*, xxi, 28, 42; part. passé *lovat*, xxiv, 390 (var.); imparf. *alvà*, xxiv, 190, 213, 232, 235. 274, 302; part. passé *alvat*, xxiv, 290. Au lieu de *sà alvà*, un de nos correspondants dit : *sà lasà* (xxiv, 213, 232); dans deux autres passages (xxiv, 235, 274), le même correspondant écrit *sà amà* (?).
Închimicit, enrichi (?), synonyme de *îmbogațit*, xxiv, 22.
Iñema, xxi, 23.

Infinitifs irréguliers : *făćià* (*face*), xxiv, 15 ; *vindă* (*vinde*), xxiii, 1.
Lelea (*lalea*), tulipe), xxiv, 1, 65 ; xxv, 1.
Mănînc, manger. Inf. *a micà*, vii, 1.
Mul (?), tirer, xxiv, 319.
Oberchinez, serbe оберкнез, xxvii, 57, 60.
Ochiŭ, pl. *oichĭ*, xxiv, 193 (var.) ; xxv, 13.
Oție (*hoție*), brigandage, xxi, 8.
Pie (*pe*), xxviii, 2.
Piste (*piste*), xxiv, 139, 292.
Polna, forme donnée par M. Stojadinović pour *pîn'la*, xxiv, 62, 77, 303.
Pram, serbe прам, bateau, xxiv, 317.
Rănesc (*hrănesc*), nourrir, xxi, 7. Par contre *hrană*, xxi, 7, 19.
Savaï, interjection turque, malheur! xxvii, 43. Cf. Mărienescu, *Balade*, ii, 60, v. 10 ; 63, v. 19, et Teodorescu, p. 615, v. 52 ; 474, v. 99 ; 569, v. 642, etc.
Șecher, confiture, xxv. 24. Șaineanu (n° 1409) ne cite que le dérivé *chichirgiu*.
Sinco, voc. de *sincă*, dim. de *sin*, fi!s, xxiv, 112, 113.
Sînt, je suis, xxiii, 12 ; *sîmt*, xxi, 12, 14, 56 ; *mis*, xxiv, 353 ; *erià*, xxiv, 259.
Staŭ. Stăi (*stă*), xxiv, 142.
Strîmbate (*strîmbătate*), xxx, 8.
Tandă, bourse (?), xxiv, 323.
Tîrcnie, pont-levis (?), xxiv, 285.
Tun, pénétrer, xxiv, 281, 287.
Vecin, paysan soumis à la corvée. Fém. pl. *vecine*, xxi, 3.
Verghia, tribut perçu par les Turcs sur les raïas, xxiv, 91, 92, 101, 102.
Vot, russe вотъ, voilà, xxvii. 8.
Vuraï, interjection, xxvii, 51.
Zătonesc, déborder, xxiv, 43, 375, 376.

TABLE DES MATIÈRES.

	Pages.
Cérémonies religieuses et coutumes des Tchérémisses, par A. Dozon...	1
Notice biographique sur Jean et Théodose Zygomalas, par Émile Legrand.	67
Appendice..	149
Sourat per . oupamâ . an malayou. Le livre des proverbes malais, par Aristide Marre...	265
Les débuts de la Compagnie royale de Suède dans l'extrême Orient au xviiie siècle, par Henri Cordier............................	301
Inscription gravée sur une stèle élevée dans la salle des exercices militaires de Kiang-Tze (Tibet antérieur), par Maurice Jametel.......	345
Appendice..	355
Chants populaires des Roumains de Serbie, publiés par Émile Picot...	365

www.ingramcontent.com/pod-product-compliance
Lightning Source LLC
Chambersburg PA
CBHW070615230426
43670CB00010B/1539